从小到大再说日本

刘德秦 | 著

世界知识出版社

图书在版编目(CIP)数据

从小到大再说日本 / 刘德秦著. —北京：世界知识出版社，2015.2

ISBN 978-7-5012-4842-1

Ⅰ.①从… Ⅱ.①刘… Ⅲ.①日本—历史—研究 ②中日关系—研究 Ⅳ.①K313.07 ②D822.331.3

中国版本图书馆CIP数据核字（2015）第009913号

责任编辑　张永椿
责任出版　刘　喆
责任校对　陈可望

书　　名　从小到大再说日本
　　　　　Congxiao Daoda Zaishuo Riben

作　　者　刘德秦

出版发行　世界知识出版社
地址邮编　北京市东城区干面胡同51号（100010）
网　　址　www.wap1934.com
电　　话　010-65265923（发行） 010-85119023（邮购）
经　　销　新华书店
印　　刷　北京京科印刷有限公司
开本印张　720×1020毫米　1/16　24印张
字　　数　405千字
版次印次　2015年4月第一版　2015年4月第一次印刷
标准书号　ISBN 978-7-5012-4842-1
定　　价　56.00元

谨以此书献给母亲王惠敏！

作者序

30多年前开始学日语，从此和日本结下了不解之缘。20世纪90年代初去日本自费留学，长期生活在日本人中间，再反思自己通过书本认识的日本，阅读加亲身体验再思考，这才真正感觉到现实与书本上的内容之间存在巨大差异，这才让我对中日关系总是不尽人意有了自己的结论。

我认为中日之间如今只存在一个问题，那就是经济利益冲突的问题。研究日本问题，应该用“过去时”看日本，用“将来时”归纳日本，日本自“明治一新”后对周边国家发动了多次战争，干了那么多坏事，目的只有一个：掠夺资源。想自己独肥，骑在其他民族之上过好日子。

数十年前是中日间的“蜜月”期，之所以中日之间能够“蜜月”，完全是因为中日间的贸易按照日本希望的方式在进行。

日本当时对中国“充满信心”，日本当时跟中国的贸易多为“易货贸易”、“补偿贸易”。比如向中国出口生产方便筷的设备，作为交换，中国将加工好的方便筷100%出口给日本，几年后中国的山秃了，而换回来的却是几个日本的铁疙瘩（当时中国各地100%外销是政绩）。日本研究员们看到中国未来为“日本制造”提供了巨大商机，全国上下都要设法向中国出口各种生产线。中国挖地铁需要采购日本盾构机；修建高速公路要用日本的挖掘机、推土机、压路机等。当中国仅有少数人开始享用易拉罐、一次性塑料瓶、纸杯的时候，日本对中国市场消化“日本制造”的期待就逐渐变成了“中国威胁”。也就是说，假如十三亿中国人都过日本人同样的日子，在想吃麦当劳时就去享用，这时，十三亿份麦当劳就意味着十三亿张纸巾、十三亿个纸杯等，而这些对日本乃至世界都构成了巨大威胁。

日本是个原材料在外、产品市场在外的“两头在外”的国家。“日本制造”不但要在中国国内跟“中国制造”竞争；还要在国际市场上竞争，再加采购原材料竞争，这些才让日本最揪心，这些对日本来说才是实实在在的“威胁”，它比什么“航空母舰”、“歼20”的现实威胁大多了。日本人畏惧的，是中国未来的持续高速发展。中国人不再买日本货了，还出口“中国制造”跟日本抢市场，争夺原材料，造成日本人靠出口过好日子的生活水准难以为继，这才让他们感觉“受到

威胁”。

谁也不曾预料到中国经济能够发展得如此迅猛，能在短时间内缩小与日本之间的技术差距，“中国制造”走向了全世界。反观日本，近些年来以“日美同盟”一员为由支持美军攻打伊拉克、阿富汗、利比亚等，一切都是为了抢夺资源。不断对中国挑衅，实际上就是要为中国的发展与进步制造障碍，要遏制中国，要将中国压在日本之下，期待中国国内出现内乱甚至希望台湾与大陆能够像南北朝鲜那样打起来，所有阴招都是为了保证日本在亚洲的独大地位。

日本人喜欢将自己昨日的富足说成是自己勤奋、智慧超人带来的；而今天的衰落则是美国的货币战争导致，日本从来只字不提最大的恩人——中国。正是因为中国放弃了对日战争索赔，日本人才过上了好日子。中国那么大，那么多人要吃饭。而中国却主动提出放弃对日战争索赔，称要索赔会加剧日本人民的负担，可放弃同时意味着每个中国人必须负担，有谁算过这笔账？日本是最没有资格对中国说三道四的国家。中国人心胸太宽大了！

只要日本真爱和平，中国完全可以省出很多钱来发展自己。日本近代先后与英国、沙俄、德国、美国结过盟，这些“远交”，都是为了“近攻”同为黄种人的中国，这一点都看不透，那才是中华民族的悲哀。正是因为日本军国主义要复活，中国才不得不将有限的财富用在发展军工上。翻看一下中国近代史，每一页、每一行，都充满了屈辱、被人宰割、奴役的内容。中国为了让自己不再经历那样不堪回首的历史，才要用自己的智慧保卫国家、民族的利益不受侵犯。

限于篇幅，长期观察并且思考的日本，都浓缩在本书的短短篇章中，笔者对读者的最大期待是：认真思考在日本影响下的近代中国；因日本参与的整个世界。对该书的诠释将在今后继续推出，敬请期待。

是为序。

目录

『樱花』在日语中的含义和隐喻

日本有句俗语:“人是武士,花是樱花”。植物与人之间存在互通,前提必须是“武士”与“樱花”之间存在某种交点,也就是说,两者唤起的听觉图像存在交叉、重叠,上述表述才能成立。

语言学家、瑞士人索绪尔(1857—1913),他对语言学的最大贡献是他提出了“语言是一种‘人工符号’(sign)”的结论,该人工符号由“二元”组成,分别是作为形式的语音与作为词义的视觉图像。他将前者规定为“significant”;后者为“signifier”,中文翻译为“能指”与“所指”。“能指”是“所指”的载体,“所指”寓身于“能指”的外壳之中。

索绪尔去世后,他的理论逐渐为世人所接受并日渐发挥其影响力,如今,无论是语言学还是艺术学、建筑学,甚至哲学等,“二元论”都是其重要的思想内核,因为语言与思维密不可分。具体举例来说,“tree”是一个记录语音[tri]的视觉符号,它引发或者说传递的内容,实际上仅仅是一个图像,并非固体物质。假如是物质,那么人脑将无法承载,因为人的一生中需要记忆太多的词汇。正因为它是图像,人脑才可以将该图像压缩,进而人脑内可以装载无限量的词汇以及它所包裹的内容,[tri]引发的联想图像没有边际,它还可以不断地引发一系列与“tree”相关的联想。英文中的“tree”,当代普通话发[shu]的音,我们祖先为其再造的视觉符号就是表意的汉字,如今记录它的字是一个“形声字”,分别由表意的形旁“木”与表音的声旁“尌”组合而成。[shu]属于听觉符号,为其再造的“樹”是一个视觉符号,我们可以从两者的关系中很容易地发现,语言是第一次创造的“人工符号”;而作为视觉符号的汉字则是利用一次并在一次基础上创造的二次“人工符号”。听觉符号在先,视觉符号远在其后,用当代的事例来说,许多词在汉语中存在,但我们至今也还没有为其创造出一个合适的视觉符号,这种词语大量存在。

再看日本。我们通常说日本有语言没有文字，后来借用了汉字。这也就是说，他们创造了自己的第一次人工符号在先，借用汉字这一第二次人工视觉符号在后，他们从中国借用了汉字，用中国的视觉符号记录日本的听觉符号。在借用的过程中，因为汉字是视觉的，而借用汉字单纯表音，表音与表意之间总是“打架”，为了将纠缠在一起的两者分开，日本人发明了另外一套独立的视觉符号，他们将汉字称为“真名”，意为“真正的视觉符号”；而将自己发明的、仅记录语音的视觉符号称为“假名”，也就是我们所说的“表音文字”。通俗地说，“假名”来自对“真名”动手术，它是从汉字中切割出来的部分。表音的“假名”与表意的“汉字”，混用过程就是一个相当长的磨合过程。“和漢混淆”日臻完美时，西方传教士在日本登陆。他们在推广《圣经》的过程中，将他们记录语音的表音文字—我们通常说的罗马字母传授给了日本人，日本从此又多了一种表音的视觉记号。

[sakula]是个听觉符号，用假名记录就是“さくら”用汉字写就是“樱”，用罗马字表记就是“sakula”，翻译成汉语就是“樱花”。

语音记录词时是有限定的，由一个或一个以上的音节记录，比如“さくら”（sakula）是三个音节，而记录它的汉字仅有一个。中文的特点是单音节，记录这种单音节的字叫单音字，我们俗称“单词”就是“单字”，“ying”就是“樱”。然而“樱”（ying）承载的内容，由于它是视觉图像，所以没有边际，没有边际同时意味着它是一个开放的空间，可增、可减、可变。好似最初的“砲”与后来的“炮”，语音没有变化，但视觉符号发生了变化，前者“石”字旁，后者“火”字旁。最早的“砲”是“抛石机”，视觉符号变化是为了显示内容发生了变化，换言之，改变形旁是为了反映内涵变化而做出的相应调整。

词义、视觉图像，是人类通过大脑对外在存在的认识，简而言之，认识的化石就是词，词就是认识的结晶，词是把握认识的外在“把手”。人通过抓住更多的“把手”而获得更多的知识。越是自己身边的就越熟悉；对越熟悉之对象的认识就越深刻，同时就是图像更庞大。

比如“樱”，它是自然界中的一种植物，它与同类的“松”、“柏”、“柿”、“栗”等同样，都首先作为生长在自然界中的一种植物存在。在此之上，我们又对其赋予了本义之外的意义。“松”挺拔，“柏”长寿。“樱”在日本多见，日本人对它更熟悉，赋予它的意义也就更多。

“rose”，翻译成中文是“蔷薇花”、“玫瑰花”，中文通常将其作为一种花来把握。但在英文中，它却同时存在两个词义。一个是植物的花，另外一个表示爱情。也就是说，“能指”仅一个；“所指”却有两个或更多，两个“所指”的地位不同。为了将它们区分开，语言学上还有另外一个明确的规定，指示具体词义的“蔷薇花”是“指示意”，而表现“爱情”的是“共示意”，前者英文是“denotation”，后者英文是“connotation”。“connotation”有时还翻译成“象征意”。

这样的事例中文中同样俯拾皆是。比如“长城”。“长城”原本是自秦始皇统一中国之前就开始建造的、防御游牧民族的一种壁垒，随着长城的认识在使用汉语者中深入人心，它的保卫社稷的作用及意义被人为提升。词是人工创造的听觉符号，它本身只是个静态存在，自己无法使自己增减，人的作用使词义发生增减。在人脑的作用下，“长城”脱离了它原来的本义，不再单纯指示“城墙”，还引申出了“防御”、“防守”、“安全保障”等意义，现在我们所说的“钢铁长城”，显然是指“中国人民解放军”，解放军的军徽上也有长城图案，它属于在“本义”上的词义扩张。中国传统语言学用“引申”来说明词义变化，而在西方语言学中，没有“引申”，只有“词义增减”这种说法。词在运用过程中，词义会“扩大”或“缩小”，词义发生变化的事例比比皆是。比如“三明治”原是人名，随着这种方便食品被众人接受，它曾是人名的本义现在多被忽略或遗忘，一般人只知道它是一种面包夹火腿、蔬菜的方便食物。人们常说“你帮我买个三明治回来”。同样的事例还有，我们说买了一辆福特牌家用小轿车，也可以直接说：“我买了辆福特”。

每个民族，都有将自己熟悉的身边物提升为典型的行为特点，这也是使用语言的、人类的本能。对大象来说，香蕉永远是香蕉，但对于使用语言的人类来说，香蕉除了香蕉这一水果的本义之外，还有隐喻的含义。日本人将“樱花”定为自己的国花；中国将牡丹定义为自己的“国花”，两者都属于将对象提升。

日本人与“樱花”关系密切，这个对象就易于被他们用语言捕捉并把握，进而被提升为典型，仅此而已。所谓“樱花”培育出了日本独特的民族精神等，都是无稽之谈，这些是鼓吹“日本人优秀”的庸俗谬论，中国学者应该警惕，不应人云亦云。即便在日本，类似结论也会被有良知的学者耻笑。

日本有句俗语：“人是武士，花是樱花”。植物与人之间存在互通，前提必须是“武士”与“樱花”之间存在某种交点，也就是说，两者唤起的听觉图像存在交叉、重叠，上述表述才能成立。

任何一个词义，它都作为图像存在，图像本身没有边际，两个词语唤起的图像交叉重合，这是“比喻”成立的基础。要了解“樱花”与“武士”之间的共同点，必须分别了解各自的内涵，进而才能发现两者究竟在哪个点上交叉重合。

“樱花”的特点是瞬间开放，开放时好似天空中的彩云。当以天幕为背景时，晴空万里下的樱花与阴云低垂下的樱花，在观赏者看来感觉花本身在变化。“樱花”开放的特点是非常鲜艳、极为密集，还有开花期太短暂。它“来去匆匆”，瞬间绽放，立刻凋零。花开的瞬间实际上就是它生命的终结。看到它开花，就立刻能联想到死亡。落花之时，满地都是花瓣。它挂在枝头时令人怜惜：“还能挺多久？”掉在地上后则是“啊，就结束了”，接着就被人毫无怜惜地践踏。

再看武士。自镰仓时代开始直到“明治一新”，日本共有600多年武家统治的历史。进入江户时代之后，武士与农民才开始分离。此前，农民战时去打仗；和平时种地。日本是个岛国，没有外敌入侵，战争就是土地所有者之间相互争夺领地与劳动力的“内战”。室町时代之后，将军足利家对全国的控制力逐渐减弱，地方大名基本上处于割据状态，他们不交或者少交贡米。随之而来的是弱肉强食的战国时代，这时，只有钱多、武士多、土地多的领主，才可能吃掉他人或不被他人吃掉，经过织田信长、丰臣秀吉，战国时代最终在德川家康手上终结，德川家康成为了日本实际上的最高统治者，被天皇“委任”为“将军”，他成为了日本的“大君”。

为了避免重蹈战国时代的覆辙，德川家康下令“兵农分离”，以前兵农不分的农民只能两者择一，要么当农民；要么以武士作为自己的世袭的职业。选择当武士，就是以世代当“职业军人”为业。武士脱离土地并离开农村，在领主的城下居住，他们不能进入工商领域，靠从领主那里领取“俸禄米”生活。没有战争他们就没活可干，养他们等于白费钱，农民可以因为产量提高而生活有所改善，而武士在德川家族统治的二百六十多年的时间里，从领主那里获得的“俸禄米”一直没有增加。

理论上武士的地位在农、工、商之上，可现实生活需要货币，没有钱则无法改善生活。作为领主，他们在和平时期不断对武士发出“节俭令”，要求武士约束自己少花钱。领主愿意自己多消费但不愿给武士涨工资，任何一个领主大名都情愿让武士处于“活不好，死不了”的状态。武士阶级已将自己的生活水准压至最低，靠从领主那里获得的俸禄米根本无法维持正常生活，他们不得不从事其他行当。武士对领主极为不满，可是又找不到其他有效的反抗手段。领主有权随时废武士为“浪人”，假如一个武士被废为“浪人”，那么就意味着他只能当流浪汉，因为他去农村没田，而工、商也是世袭的，他们同样无法进入工、商领域。同时后代也失去了继承权，这意味着全家今后都无法再获得“俸禄米”，只剩死路一条，“忠顺”与“服从”，任何时候都建筑在“没有其他出路”之上。

与任何人都恐惧失业同样，武士最痛恨和平，和平时代让武士无用武之地，也自然没有“论功行赏”。武士与樱花，恰恰在这里存在了重合，它是两者可以互换的基础。

樱花只在每年的四月开放，除此短暂的瞬间绽放之外，其他时间都是不引人注意的默默存在。从另一角度而言，它不开放则无法吸引人，仅仅是一棵平凡的树。樱树似乎整整一年都在吸收养分，它要将吸收的所有养分在四月的开放瞬间全部用尽。也可理解为瞬间绽放需要耗尽养分，瞬间透支导致它迅速死亡。为了展示最美的瞬间，它将吸收的所有地力全部输出，“绽放”同时“凋零”，满地的落樱化作泥土。

武士也同样，长期被领主豢养，一家人吃的、用的，皆来自领主，常年从领主那里“吸收养分”，领主供养武士的目的，用中文来说就是“养兵千日，用兵一时”，领主要武士去打仗之时，就是令其绽放之时，生命终结、凋落之时。

武士的职业就是出卖生命。领主不单购买了武士个人的人生，还赊购了武士后代的生命。武士去执行任务之前，领主通常会再额外支给一部分报酬。武士平时生活困苦，与酒楼、妓院基本无缘，出征之前他们从领主那里突然领到一笔钱，想到自己的生命或许不久后就将终结，他们因此会到欢乐场所挥霍，在人生末日到来之前将金钱散尽，反正自己死了下一代或家人仍可继承“家名”。

日语中武士为领主而死就是“散花”、“散华”。武士出征赴死，好似樱花绽放，接着破碎飘零。

领主用购买武士本人生命及家庭成员继承权的方式，让武士为自己卖命，武士不敢且无法拒绝。武士去执行任务，要么死；要么活着回来，若能完成任务并活着回来，就可依据“论功行赏”原则获得提升。正因为武士与樱花在生命短暂这个层面上存在“交点”，因此才有“人是武士，花是樱花”的说法。

在现实生活中，“樱”通常没有更多的利用价值。树干顶多是烧柴用，因为樱木质地不坚硬，不密实。树叶及樱花，除了花开瞬间时好看之外，也没有更多的实用价值。大和族是个现实的民族，因樱花属于“有名无实”的植物，所以没有人特意栽种它，樱花在日本多为野生，多在河边的无主之地上生长。比如它跟从中国传去的银杏就不同。后者浑身都是宝，果实可以吃，树叶可以入药，树干可用做建材。还有柿树、毛栗子树等，均有较高的经济价值。

樱花“好看不好用”的特性，让日本人为“樱花”注入了“欺骗”的词义。中文中现在有“托”这个词。比如有人假装是自己也是病患者，以此博取其他真正患病者的信任，然后“托”诱骗真正的病患者去某个他事先串通好了的医院看病，这种人我们叫“医托”。还有在车站等外来人员流动较多的场所出现的“背包党”，他们也是“托”。他们在车站广场等地佯装等车，诱骗其他对城市地理不熟悉的新来乍到者，“背包党”一副外来人员打扮，貌似刚下火车，骗称某地有去某地的公交大巴，将他人诱骗到事先布置好的黑大巴上，骗他们上车，让同伙对他们收取高额车费。日语的“樱”中就有相当于中国“托”的恶劣词义。

“樱花”具有军国主义色彩，是在日本进入军国主义国家之后。明治时代起，日本统治者要将全部国民变成武士，以对外侵略扩张为国策，让国民效忠天皇，为天皇而死谓之“玉碎”；成为靖国神社中的“死灵”就是“散华”。

日本军部设立了专门培养间谍的学校，该学校被命名为“樱寮”。没有冠某某学校之名而以“寮”称谓，给人以学生宿舍的感觉，但前面再加一个“樱”，使命名具有多重含义。

在争抢“土地与人民”的战国时代，任何一个大名，无一例外，都最想知晓其他大名的情况，同时不希望别人了解自己，最怕“对手”对自己的领地“感兴趣”。有间谍潜入自己领地收集并刺探情报，这说明自己被他人“盯”上了，自己正在被别人“琢磨”，这些通常是军事行动的先兆。调查并去摸对方的底，就是为了“吃掉”对方。派遣去刺探情报的武士叫“忍者”，第一个忍，是说善于伪装，潜入敌方阵营且不能暴露自己的身份；第二个忍，是说一旦被捕，也要“忍”，绝对不能因为对方拷打等就吐露真情。

在“樱寮”中学习的是未来的间谍，他们就是战国时代的“忍者”。间谍学校要将他们培养成擅长欺骗、伪装，让自己像樱花般美丽讨人喜欢的人；同时要随时准备牺牲，死了如同樱花花瓣一样，瞬间凋落也在所不惜。

近代史上，日本间谍的确像樱花一样，被日本军部“种植”在中国各路军阀身边，他们都很擅长伪装，谎称帮助“中国文明进步”，是“国际主义战

“丛林法则”是武士的坚定信仰。

士”，这些人知道自己的工作同时充满危险，因为一旦被发现是间谍，有可能随时会被处死，但他们接受了被处死就变成“散华”之洗脑，它如同飘落的“花瓣”，这些是为国牺牲的英勇行为。

这些“听起来很美”的伪装的间谍，在中国干尽坏事。了解了“樱花”是“托”；是“欺骗”，同时还会成为“散华”，这样就会全面理解“樱寮”之命名。

2010.9.11

“倭”之称谓以及“日本”国名的由来

“倭”是大陆说岛国；“日本”是岛国人为回应大陆自己称呼自己。“和”与“大和”的称谓均来自“倭”。

日本人给了大陆一个并不完美的回答：太阳从我们这里升起。而这一回答最终成为“日本”的国名。

“倭”是大陆说岛国；“日本”是岛国人为回应大陆自己称呼自己。“和”与“大和”的称谓均来自“倭”。

《汉书》中说日本人是“倭”人，“倭”这个汉字，实际上是记录一个音译词的音义字。在日语中，最常用的一个日语假名是“は”，日本人说话的主语是“は”，大概去日本的汉族学士问他们话时，对方的回答中有许多“は”（wa），同时又看到他们个子矮，因此就音译他们为“wa”，而选用的汉字是“人”旁“委”音的“倭”。在“委”上添加“亻”旁变成“倭”，从视觉上将“矮人”的意思再现出来。

对于没有文字的日本人来说，从来自大陆的民族那里获得了一个字，从此有了记录自己语音的视觉记号“倭”，当初他们应该是很兴奋地接受了。但随着日本人对汉字理解的加深，当他们知道“倭”这一汉字中存在歧视，也就是具有“矮小”之义时，他们因此开始拒绝。为了消除这种视觉上、意义上的歧视，日本人选用了另外一个汉字“和”。在日语中，“倭”与“和”都发同样的音，都是“wa”。可仅仅选用了“和”，日本人觉得还不足以消除“矮小”，或许为表现一种反抗，日本人还在“和”前面加上了一个“大”，变成了“大和”。

为了彻底清除“和”与[wa]之间的语音联系，日本人干脆给“大和”这两个汉字注入了日本固有的读音[yamato]。[yama]是“山”的意思，[to]是“人”的意思。“人”读[hito]，[to]截取了其中的后半部分。日本多山，他们自称自己是“山人”、“山的民族”。

“日本”作为一国的国名，从这个称谓上，表面上看不出它与中国的联系，然而，无论“大和”还是“日本”，这两个称谓实际上都与中国有深层的密切联系。一个国家的国名象征着一个国家的尊严，通常不会与邻近国家发生什么关系，但国名不会凭空而生，只能在影响与被影响中确立自己的坐标。

“日本”，它是“日之本”的缩写，“本”是本源、源头的意思。“日之本”就是太阳的源头的意思。知道了这个意思，就必然会产生下一个疑问：日本人为什么要说自己是太阳的源头呢？也就是说，如此命名旨在强调太阳从自己身边升起，太阳在自己脚边。而这究竟又是说给谁听呢？太阳果真从日本列岛的某个地方出来吗？

回答是针对太阳从何处升起的提问而产生的，可究竟是谁急切想知道太阳究竟从何处升起？原来，说太阳从自己身边升起，是日本针对中国大陆说的；大陆急于知道太阳究竟从何处冒出来的，日本人回答，太阳从我们这里出来的，如此言论，实际上是在欺骗大陆。换言之，太阳从岛国升起是谎言。因为只要你站立在日本岛濒临太平洋的任何一个位置看日出，看到的结果都与在中国东海岸看到的同样，都是在大海的东方冉冉升起。太阳从中国大陆的东方，实际上也在日本列岛的东方升起。日本的东边是夏威夷，如果夏威夷的居民知道日本人说自己是太阳升起的地方，所以名“日本”，那么他们或可将自己的夏威夷命名为“真日本”。

中华民族有文字记录的历史表明，汉族是创造了汉语以及记录这种语言的汉字的部落，他们最初生活在黄土高原。与所有民族同样，生活在这里的人民也有太阳崇拜。在古代中国的神话中，对于天地的认识是：“天圆如张盖，地方如棋局。”对这种观念的具体汉语表述就是：穹庐、苍盖、天顶等。而“中国”这一称谓，同样起源于对东、南、西、北的定位中。“中”，就是自己位于正中的意思。确立方向的重要指标之一，就是日出、日落；而它又与冷暖、明暗结合在一起。在中国的《山海经》中，认为天就是“穹庐、苍盖、天顶”，它来自于一个巨大木柱的支撑，西边是昆仑，东边有“建木”，两者之上是穹庐、苍盖、天顶，其下是大地。中国的昆仑山，既是黄河文明发源地，又是太阳藏身之地，“太阳不会从西边出来”这种传统的认识，就浓缩了中国人对“日落西山”的观察以及认识。而广袤平原的东边，尽头是东海，太阳永远从那边出来。针对太阳周而复始的运动，以它为坐标进行“昼”与“夜”的划分。“昼”是“旦”，“旦”来自“日”。“夕”与“月”，分别表示“有月”与“无月”之“夜”。在蒙昧时代，对太阳与月亮没有当今这样的科学解释，但他们并不缺少说法，如今我们称其为“神话”。《山海经》中记录，东海中有一棵巨大的树木，中国人将之命名为“扶桑”，扶桑树下有一个“旸谷”。扶桑树上有一只乌鸦，太阳是一个巨大的圆盘，乌鸦从旸谷中将这个圆盘叼出①，乌鸦衔着它从东往西飞，最后进入了西面的“昧谷”。“昧”是“黑”，“死亡”的意思。

在“昧谷”，还有一个与“扶桑巨木”相对的山，因为大陆民族看到的日落，总是太阳落在高山背后，这个山被称为“崦山”②，它是“隐藏”的意思，太阳消逝、隐藏的地方。山像贝壳，它将太阳回收，或者说贝壳合上了口，太阳就不见了踪影。大地是浮在海龟身上的陆地，太阳隐身之后，又利用大海这个通道，重新回到扶桑树下，等待次日再次被乌鸦叼出来。“日出”、“日落”，就是如此周而复始的运行。古代人用他们对身边现象的观察，总结出他们对太阳运动的说明。

中国人如此为太阳定义、定位，一定会影响到他们寻找太阳。秦始皇屡登泰山，实际上就是要看太阳；追踪太阳。他派遣徐福东渡，同样是为了找到太阳的根源。想升天，希望获得永生，这些均来自于对太阳的崇拜，它也是“太阳崇拜”的一个分支，一个侧面。一方面是大陆民族对太阳起源的执著追求；另一方面是生活在东海彼岸的民族了解到了大陆民族的这种想法，因此才会产生针对性的回答：太阳从我们这里升起噢。

日本人是否是徐福的后人暂且不论，日本人给了大陆一个并不完美的回答：太阳从我们这里升起。而这一回答最终成为“日本”的国名。日本人将自己的西边定位为“天高原”，同时一直在本州的最东头，也就是三重县的伊勢一带寻找并观察太阳，它相当于中国山东的蓬莱，日本皇室的起源神社就在伊势。③

总之，“日出之国”之命名，实际上就是对中国追踪太阳的回答。可日本人明知是错，为什么还将错就错，用这个回答来“糊弄”大陆呢？

七世纪，日本天皇圣德太子派遣使节访问大陆，致中国隋炀帝的国书抬头称：“日出国天子致日落国天子。”日本将自己之西的中国看成是“日落国”；同时将自己说成是“日出国”，自称自己是“天子”的说法当然会引起中国皇帝的震怒。中国人认为天上有“天帝”，被天帝委任的地上的统治者就是“天

① 乌鸦的活动习性是日出前开始觅食。

② “崦嵫”是山名，现在甘肃天水西。古代传说中的日落处。

③ 神社是中国大屋顶式建筑，祖先崇拜的思想以及大屋顶建筑的风格、方式方法，无不反映出大陆文明的痕迹。没有大陆文明的影响，日本不会凭空突然出现大陆式样的建筑。

子”，只有一个，就是中国的皇帝。北京的天坛就是“天子”与“天帝”对话的地方，能够与“天帝”沟通的惟有“天子”，他向“天帝”请求风调雨顺，保佑“天子”以及他的子民，这也是“天子”维系统治的基石。以前日本的统治者自称“大王”，而在圣德太子的国书中，他变成了与大陆“天子”平起平坐的“天子”，一天之下岂容两个天子？这样的表述当然会令中国的“天子”不高兴。

试想，如果日本不是位于中国大陆的东方，而位于现在台湾、菲律宾等地，同样受到中华文明影响，但他们决不会回答“太阳从我这里升起”。

正因为中国大陆从来不会往那些方向想“日出”，也不会对那些方向产生强烈的疑问，那边的人也不用回答大陆的疑问。中国人主要生活在黄河流域，而菲律宾等并不在中国人追逐太阳的方位，因此“太阳崇拜”的大陆民族对他们关注小，而对日本关注更多，日本因大陆民族追逐太阳而显重要，派遣徐福出海，也要往东方。

2010.9.11

日本的『神道』

日本山有山神，河有河神，众神都有自己的“神社”，甚至有“豆腐神社”、“铁匠神社”等，没有一个凌驾于众神之上的全能神、祖先神

神道，是以神为崇拜对象的一种宗教。在日语中，“道”是“规则”、“方式、方法”的意思。日本人信仰“万物有灵”，相信天上、地下存在“八百万神”。他们认为“神”在天上浮游，安抚神，留住神的场所就是“神社”，有“八百万神”，理论上就应有“八百万”个“社”，同时有“八百万”种应对的“规则”，也就是“神道”。从事有关工作的从业人员是神官，所有相信神存在的人，都应参拜神社。“敬”是为了获得“佑”。“神道”就是这样的民间信仰，既不神秘，也毫无特殊之处。

中国古代的传统建筑是“左祖右社”，“社”是土地；稷是粮食，两者是不同的神，有各自不同的祭祀场所。除此通用神之外，各个家族还有祭祀自己祖先的宗祠。日本在这一点上与中国没有太大的区别。神社的规模，从某种程度上反映了国力，日本神社的规模，无法与中国的太庙，祭天的天坛，祭日、月、地的日坛、月坛、地坛相比。

“万物有灵”信仰的根源，在于相信世上的任何事物都由神灵控制，被神所主宰。成为“神”的事项，可以是现实中的人、英雄，也可以是虚构的主观产物。它们保佑人，所以人必须祭祀它们，以换取它们的庇佑。日本山有山神，河有河神，众神都有自己的“神社”，甚至有“豆腐神社”、“铁匠神社”等，没有一个凌驾于众神之上的全能神、祖先神。中国有三皇五帝的传说，有神农、炎帝等，这些成为中华民族的祖先，而祭祀这些神的场所就是太庙。

日本的天皇及贵族都有自己的神社，它们相当于中国的宗祠，是家族性质的神，是拜祭自我家族祖先神的场所。天皇家的神社就是“伊势神宫”，私家

宗祠后来成为祖先神的前提，是天皇成为日本国民、大和族的祖先神的认识被普遍接受之后。

日本的天皇，是在明治时代才被萨摩、长州的武士们“抬”出来的，明治天皇实际上只有“虚权”，是个“虚君”。为了使天皇是日本“大和族”象征的认识深入人心，明治天皇驾崩后，日本政府为其在东京修建了“明治神宫”，从此之后“明治神宫”才有了与中国的太庙近似的地位，但天皇夫妇的陵墓仍在京都。由于日本实际支配者要灌输所有日本人都是“天照大神”的子孙，天皇是“天孙降临”，因此明治神宫才有了上述地位。天皇家的私人神社一伊势神宫，也逐渐从天皇的家族神社过渡到日本祖先神的神社。

“神道”最初也是针对所有神的“规则”与“方法”，明治天皇作为“政教合一”的最高领袖，“神道”才成为全日本的精神支柱，换言之，自明治天皇时代起，天皇才成为了最高祭司。

“道教”是中国土生土长的一种主要宗教。道家思想的主要创始人，是中国春秋时期的著名思想家老子。老子名李耳，又名老聃。他是春秋末年楚国人（今河南鹿邑），比孔子大几十岁，据说孔子曾向他请教过“周礼”的问题。老子认为“道”是万物的根本，“道”在天地出现之前就存在，是世界万物的本原。“道”看不见摸不着，所谓“道”，通俗地说是“方法”。老子的其他思想，比如“小国寡民”、“无为而治”的治国思想，相信没有对日本产生过重大影响，但是，“道”是“方法”、“规则”的想法，从日本现行的许多词上可以看出，它来自老子。

比如“空手道”、“花道”、“茶道”等。这些“道”都有“艺”的意思。也就是某一个专门领域中的特殊规则及方法。日本的“花道”就是插花的方法；“茶道”就是沏茶的方法，并无更深奥的内容。

“茶道”就是品茶过程中的一整套规矩、规则，还有在这种规则支配下的言行。“花道”也同样，是在专门规则支配下的具体行为，“花道”中存在不同的流派，即不同的“家”。不同流派，实际上是来自同一宗门的不同分支。比如日本的“茶道”有“表千家”及“裹千家”，它们均以“千利休”为本源，儿子继承了一个，女儿、女婿也继承了一个，将二者区分而已。神秘化是为了拒绝其他人进入这个领域，日本许多领域都是“世袭”的，目的在于子子孙孙，世世代代可以靠这个饭碗吃饭。

“道”原本是一个很朴素的内容，换言之，重厚内容来自一代又一代人的人为添加，它最初是一个具体、实在、朴素的规则与方法。说它是“繁文褥节”也无可厚非。

“神道”当初与“茶道”、“花道”、“棋道”等并列对等，从“平起平坐”到君临其他，上升到所谓“日本的民族精神”的高度，完全都是主观制造的结果。“神”是“形而上”，“神道”的地位也就随之上升。基督教有《圣经》，有“赞美诗”，有“教堂”及修道院，还有教堂管理的墓地等，这些“神道”都不具有。将其“神秘化”是为了对抗外来宗教，换言之，发自于一种自卑的反抗：你们有你们的宗教，我们也有我们独特的“神道”。

“神道”是对待神的方式、方法，仅此而已。

日本神社的院内。

2010.9.11

日本已进入“老龄化社会”，然而许多人的养老金尚无着落，他们最担心医疗费用不断高腾，自己将来老了看不起病，领不到养老金，或者领到了，但不足以维持最起码的生活等。无论贫富，只要有一点钱，他们就省吃俭用先存起来。他们生怕自己老无所养，拼命存钱。

如今的日本，无论哪个领导人上台，实际上能够施展的空间都极为有限。在所有发达国家中，日本的人均负债是最多的。当你行走在街头看到一个日本人迎面而来或擦肩而过时，你就可以对自己说，今天遇到了一个“千万负翁”，如果遇到一个日本女子怀抱了一个婴儿，那么就等于遇到了两个“千万负翁”，可以如此调侃是因为，日本的国债，如果分摊到每个国民身上的话，人均已接近1000万日元。政府若不发行巨额国债，国家甚至无法运转，每年的国家预算，有四成要用来偿还国债利息，归还本金更是一个根本无法想象的问题。日本经济建立在一个未来发展可以吸收、消化庞大赤字的假想之上。人人用钱谨慎造成市场萧条，而一遇到消费不足，政府就“行政”拉动内需，政府找钱投入，找来的钱来自国债及国民储蓄，政府加大货币投入之后，市场开始显现“强心针”后的繁荣，而最终结果却是产能过剩，虚假的“红光满面”实际上来自于借债的“刺激”。保守政治家不惜让国家负债来制造虚假繁荣，它同时掩盖了自己从中掠夺和剥削的本质。日本的政治家，小泉、小泽、安倍等，每个人都是世袭，似乎他们就是为了当统治者而出生的，他们身上天生就具有领导国民，或者说骑在国民头上当老爷的基因。他们出入高级料亭、色情场所，吃一顿饭可以花300万日元，它相当于一个普通日本工薪阶层一年的收入。乘飞机坐头等舱满世界跑，吹嘘为了日本的国家利益而忙碌。电视上看到的政治家的形象是，在国会中接受记者采访时，双唇紧闭，步履匆匆，表情严肃，好像他们时刻在为国事、国政忙碌。电视里的与镜头之外的，让老百姓看到的与不让老百姓看到的，完全是截然不同的两个内容。

日本政治家最忙的事，说穿了，“国事”就是“家事”，就是忙着让自己发财，让自己的家族暴富，让自己的后代继续继承自己的政治遗产。他们与资本家勾结，让资本家以“政治献金”名义给他们个人钱，供他们挥霍，然后他们再利用手中的权力，给资本家创造机会获利，互相掩盖，谁也不说谁，最后苦的是日本老百姓。政府扩大内需，往往是人为制造了许多不必要的需求。

日本二战投降之后，《大日本帝国海军的覆没》一书的作者在序言中写道：“大日本海军罪该万死。”为什么这么说是因为，日本“明治一新”后，陆、海军分别被长州藩及萨摩藩的下层武士控制，他们要求建立现代军队的最直接的动机是，把军队变成自家的“私兵”；使陆、海军这个新生领域成为自己获利的“富源”。通过商社从国外采购军火，可以从中获得大量回扣。为了掩盖采购是让自己迅速暴富之实，他们找出“大义名分”，也就是为民、为国的“利他”理由，谎称强兵是“为了修改不平等条约”，看到“为了对抗外国威胁”的“威胁”并不存在，最后就用这些武器侵略自己的邻居。不打仗，枪炮就是废铁疙瘩。通过制造战争让全民就业，让当代武士拿着枪去弱小邻居那里去抢，耗掉了武器，减少了人口，抢到财富回来，以前的财政窟窿被填平。“甲午战争”前日本政府实际上负债累累，可战后从中国捞到巨额赔款，以前历年积累下来的国债一下子还清。藩阀政府从此“饮鸩止渴”，越来越想不断地复制这种模式。

日本鬼子去外国掠抢，日本终于有一天为此付出惨痛代价，所有的军舰都化为废铁沉入了大海，日本战败投降。日本战败投降后，依然抱着以前“欺软怕硬”的僵尸不放，摇身一变成为了美国的附庸国，在美国的保护下，以前的扩张主义分子们继续掌握政权，为了维护自己的统治，他们依然骑在民众头上说谎。

日本国内难题如山，若真是负责任的日本领导人，他们应该先从身边干起，从最贴近民生的地方干起。

日本已进入“老龄化社会”，然而许多人的养老金尚无着落，曾经为日本经济起飞贡献了青春的大量的社会底层，本身就没有多少积蓄，他们最担心医疗费用不断高腾，自己将来老了看不起病，领不到养老金，或者领到了，但不足以维持最起码的生活等。日本国内的所谓“高额储蓄”，实际上也是因为民众对未来不安所导致的，无论贫富，只要有一点钱，他们就省吃俭用先存起来。他们生怕自己老无所养，拼命存钱，可钱存在银行里，却被政治家、银行资本家拿去生财，他们动用银行存款购买国债等。老百姓把钱存在在银行里，他们是第一投资人，可银行的年利率仅为0.1%，而且还要扣税。也就是说，在通货膨胀的作用下，他们的存款都被吞噬掉了。银行对外放款时的利息至少要6%。

国内难题积重难返，统治者不是奋力解决国内民生的紧迫问题，而是将老百姓的注意力吸引开，找外国麻烦。造成国内问题是“外压”所致的假象。日本有这样一个笑话。一个人在电灯杆自下低头徘徊，来了一个路人问：“你在找什么呢？”“我的钱包丢了，我在找我的钱包。”来者再问“在哪里丢的？”“在那边丢的”，他随手指向远处。来者觉得无法理解，“你在那边丢的，应该去那边找，在没丢钱包的地方找钱包，永远都不可能找到。为什么不去那边丢的去地方找呢？”他回答：“那边黑，没有亮光，所以我只能到有亮光的地方找。”

日本一些政治家就是如此仿效“在灯光下找东西的傻瓜”。在灯光下可以让老百姓看见他们在干活，在为国家利益忙碌，可干的都是徒劳的事情。小泽等要向国民表现自己是个为了国家利益不向外国屈服的硬汉。可现实却是，美国才不管日本国内经济糟糕到什么程度，美国认为，你想扩大解释或修改宪法，这些都是你们的“内政”，只要你想跟我们“同盟”，那么你们就必须付费。二战前，日、德同盟是为了针对英、美；二战后日本宣称美国是自己的同盟伙伴，日本近代史上多次向世人展示了“昨日的对手，今日的朋友”。如今为美国盟友支付驻扎费已逾60年，最初的任务还包括“镇压内乱”，1960年的《日美安全保障条约》主要是协防日本，但如今越来越有攻击性，可越有攻击性，美国就要日本支付更多的驻扎费。据说如今每年要支付25亿美元。

2010.9.11

日本人外交外贸策略揭秘（一）

他们忙着收集各种信息情报，然后输送回日本，同时不断地制造出各种可以影响舆论的“情报”，说穿了，就是要对方的大脑沿着日本架设好的轨道的方向去思考并行动。

日本人对“情報”（日本表述，翻译成中文是“信息”的意思）的饥渴简直到了贪婪的地步，他们要知道你的一切；而自己的一切则想方设法不让对方知道。只要与日本存在利益及利害的地区，或者未来存在潜在利害或利益的地区，日本一定要派自己人过去。由于他们自己是一个不希望被别人吃透的国家，因此“以己度人”，也认为别人不会告诉你真相，透露给你的，许多也都是假的，这样就必须一切都得靠自己人去调查。不管是真、是假，总之，他们首先最相信自己人弄来的“情报”。利害越深重，利益越相关，那么派往那里的调查人员就越多。换言之，“驻在员”的多寡就是利益、厉害程度的“风向标”、“晴雨表”。日本人常说“日美关系是机轴”、“是所有外交中的重中之重”，正因为如此，日本派往美国的“驻在员”最多，日本各报社、电视台等，派驻美国的记者超过了其他任何一个国家，这些“工蜂”一样的日本驻在员们决不会每天闲着，不闲着他们每天忙什么？他们忙着不断地收集美国的各种情报，然后输送回日本，同时不断地制造出各种可以影响美国舆论的“情报”，说穿了，就是要美国人的大脑沿着日本架设好的轨道的方向去思考并行动。

先看日本如何散布假消息的事例。

英国人马尔科姆·肯尼迪曾任英国驻日本武官，还当过几年路透社常驻东京记者。他认为“在日俄战争中，日本战略和重大战术的一个最大特点就是保密和故意散布假情报。这一特点，加上战争开始之前和战争期间他们通过情报系统几乎奇迹般地掌握了敌人的行动和军事潜力，对于他们后来取胜起到了相当大的作用。”

英国军事专家前往日本访问，日本向英国人灌输自己的假情报，非常详细，英国军事专家称要将这个情报发回英国，日本表示同意，还称这是对他的特殊照顾，后来他发现，这份说明完全是骗人的。日本有意夸张俄国在中国东北的意图，（1）长期驻扎（2）有大量军事人员。目的造成俄国要从北方南下，抢夺英国在中国，尤其是长江流域的势力范围的错误印象。日本人夸大称：俄国有二十万人在东北。”

日本无论对内、对外，都有这个特点。统治者掌握话语权，为了有利于自己达到目的，故意散布假消息。

向对手散布假消息是为了欺骗对方，同时将自己巧妙伪装，以假身份出现，刺探对手的内秘，以达到偷袭时打对方一个措手不及，获得巨大利益的目的。近代史上美国就吃过日本间谍的大亏。

1941年3月，吉川猛夫以“森村正”的化名，乘“新田丸”前往檀香山。迎接他的是喜多长雄领事，吉川29岁。吉川毕业于江田岛海军学校，当过密码官，在水雷学校、水上航空兵部队工作过，后来加入海军情报部门，被派往美国夏威夷之前，他又对堆积如山的美国情报进行了重点筛选，英语也进行了强化，然后才启程。

到夏威夷之后，他立刻开始工作。他每天穿着绿色西装裤和夏威夷衬衫，头戴插着羽毛的夏威夷帽，以观光为名，雇上一辆出租车到处“观光”。实际上是要观察地形，确认军事设施的具体位置。主要是要确定军舰何时在军港内。为了获得情报，晚上他总出入海军官兵们经常聚集并出入的酒吧，通过喝酒聊天，从他们那里获得情报。每天他都认真阅读报纸，要从报纸夹缝中收集情报。比如，哪个军事设施正在招工，船舶进出港消息等。

他每月工资150美元，外加600美元的活动经费。他冒充乘飞机观光的观光游客，从天上观察夏威夷。还有就是利用日本式酒馆“春潮楼”里的日本女服务员，带着她们进入美军基地，观看美国海军的表演。“春潮楼”坐落在一个高地上，从这里可以看到美国海军的机场。

几乎所有能够利用上的在夏威夷的日本移民都被他筛选了一遍。他收集情报与吃喝玩乐同时进行，经常在“春潮楼”过夜，这里可以将整个港口内的舰艇都记录在他的一张地图上。

很快，他发现了一个重要规律，每到星期六和星期日，都会有大批军舰停泊在港口内。5月，他发回了首份情报，报告了珍珠港内有很多太平洋舰队的军舰汇集。对日本来说，最担心美国军舰不在港内的问题也解决了。

他另外的一个重要工作是要了解气象情况。当时，无论美国还是日本，为了保守军事秘密，都不在报刊上公开刊载天气预报和气象图，吉川因此跑到夏威夷大学、市图书馆查阅资料，还是没有获得满意的答案。得到的都是一些关于农业、特别是种植甘蔗灌溉用的降雨资料。

9月，他偶尔听说檀香山市内有一个日本的业余天文学者，他对流星进行过长期的研究。吉川因此去他那里碰运气。这个人不知道出于什么目的，对夏威夷进行了长达30年的气象研究。在吉川看来，他搞了一辈子天文研究，对美国的天文学发展没有任何贡献，可这次或许能够对日本偷袭珍珠港做出些贡献。这个毕业于日本海军学校的老头，向他介绍了许多潮水、季风的知识。老头告诉吉川："30年来，夏威夷没有经历过一次暴风雨，而且在瓦胡岛上东西走向的山脉北面总是阴天，而南面总是晴天。"这意味着，飞机可以不受季节的限制，任何时候都可以飞行。

在后来回答军令部的97个问题时，他回答："30年来，夏威夷一向无暴风雨。瓦胡岛北侧经常为阴天，可从北侧进入并对港内进行俯冲轰炸。"

为了弄清夏威夷军港内是否安装了"防潜网"，吉川将自己弄得蓬头垢面，装扮成菲律宾人，到军港附近的甘蔗田里去帮工。可港口里是否有"防潜网"的事情却始终没有搞清楚，因此他决定亲自前往冒险侦察一次。他拿上钓鱼竿来到港口附近，等到日落之后，他滑入了水中，游了50多米后到达了航道，他开始潜入水中摸索，多次下潜，最后还是没能确认是否有"防潜网"。

对中国和俄罗斯，如今日本同样派遣了各路人马，不说是间谍，至少是所谓的"中国通"、"俄罗斯通"，他们下沉到各个领域，收买各类可能的人物，要了解中、俄的一举一动。中国、美国、俄罗斯等，同样不乏"日本问题专家"，但政府不会派遣他们深入日本民间，看日本人每天饭桌上吃什么，谈论些什么。一个大国，自己的事情都多得忙不过来，管别人干什么呢？日本国土小，心眼也小，若你真强过别人，那么就发明出世界上独一无二的技术，让所有人不得不找上你门。没看见日本有革命性的创新技术，他们没有这方面的智慧及头脑，但他们要"以己之长补己之短"，自古以来他们就有"忍者"。"忍"有几个意思，一个是"擅长伪装"，潜入对方阵营，侦查。还有一个"忍"，就是被抓住后，绝不暴露自己的身份，无论对方严刑拷打还是利诱，都不动摇。过去日本藩国林立，相互之间非常提防，都想要知道对方但不能让对方知道自己。这种"忍者"传统一直延续至今。日本"明治一新"后开始针对周边国家派遣"忍者"，后来逐步扩大到全世界。战前的日本"间谍"都是为了战争目的，战后日本要"和平立国"、"贸易立国"，在世界经济一体化的当下，日本的"商业间谍"遍布全世界。

越要依赖别人，就越要算计别人。日本人称这种矛盾似"踩自行车"，要倒的时候只能拼命踩，这样才能防止不倒。为了将日本制造倾泻到世界各地，扩大市场占有率，采购便宜的原材料，日本往世界各地派遣商业间谍。

日本一直在搞“敌人的敌人就是朋友”的把戏，为了弱化对手，常用的手段之一就是把对方搞乱，太平洋战争前甚至还计划在墨西哥开辟对美敌后战场呢！日本想在除日本之外的所有国家内部制造混乱。和平对日本来说是立足之本，没有和平，依靠进出口贸易维持生活水准的日本的老百姓，都得去农村种植水稻或地瓜。日本领导人对自己的弱点是再清楚不过了，可他们要以攻为守，装腔作势，靠骗来撑台面，把对手的注意力吸引开。日本吹嘘自己有力量，而且还能够策动美国与自己一起进行“集团防卫”，这本身就是一个“皇帝新装”。假如自己力量足够，则没有必要拉着美国进行所谓“集团防卫”。而与美国一起进行“集团防卫”时，因为美国是老大，必然一切都要听美国的。

只要没有涉及或危害到美国的利益，美国不可能让自己的士兵流血。如今日本跟所有近邻都有冲突，今天要跟中国闹，明天对俄罗斯挑衅，就不想做一个和平国家。日本越不想做一个和平国家，那么就越需要美国保护；而越需要美国保护，日美之间的矛盾也就越多。日本对给美国付了钱但未达到日本的目的不满；可美国认为我只保证你们本土不受攻击，你天天在外惹事，我们没有必要为你出兵。

日本为了达到不战而胜的目的，总要收买些人“为我所用”，找几个文人为日本说话，要么从掌握机密者手中收买情报。

中国不靠日本一样能活，一样会继续高速发展，而日本不行。日本一方面要依赖中国，一方面还跟中国闹事，妨碍中国的发展进步。是中国给日本悬上“达摩克利斯剑”的时候了，中国应该让日本明白，中国可以在任何必要的时候松手，让悬剑落在日本头上。

日本经济是典型的资本主义、殖民主义生产模式。生产的产品，90%都是自己不要的，是用来出口并交换回原材料及农产品的，中国不要日本产品，日本就得出口到其他国家，工业发达国家已经深受日本工业产品之害，他们痛恨日本“输出失业”，痛恨日本只想自己肥。中国对日本关闭大门势必造成日本产品要挤进其他国家的市场，加深其他国家的恐慌和对日本的愤怒。因此，日本应该认真考虑跟中国冲突的成本及代价。

2010.9.25

日本人外交外贸策略揭秘（二）

要说高技术，德国、卢森堡、比利时，炼钢技术以及设备都比日本强，费用也不见得比日本的高。日本在推销（实为“强卖”）自己的成套设备时，大力宣传与中国“同文同种”、“一衣带水”。

1978—1982年期间，我在上海读书，当时有许多日本“专家”在上海“帮助”中国修建宝山钢铁厂。

据史书记载，日本要“送”给中国钢铁厂的计划，最早始于蒋介石统治时期。1944年开始，日本在太平洋战场上被美军打得抱头鼠窜，日本这时开始寻求与蒋介石政权“和谈”，目的是想抽走中国战场上的兵员进行本土防卫。中、英、美在“开罗会议”上约定，在彻底打败日本法西斯之前，谁也不能与日本单独媾和。对于日本的“一头热”，了解日本民族特点的蒋介石、何应钦、张群等都知道，日本大限已近，否则不会找上门来的。

日本是个凡事都要“双保险”的国家，在对蒋介石招手的同时，在中立国瑞士，日本还找美国战略情报局的欧洲代表—艾伦·杜勒斯[①]，声称日本国内存在亲英美的“和平派”，他们迫切要与美、英展开直接“和谈”。日本同时也向苏联“送礼”，说苏联红军陆军强大，但是海军不行，日本想将自己的军舰送给苏联，以此换取战争结束后“日苏同盟”。苏联人故意称“将中国也拉进来”，可这时日本的答复竟然是“与中国和谈的条件还不成熟”。

日本希望输得少一点，战争在自己想停的时候就停下来，一切都在绝密的水面下进行，而水面上的公然表现是：即便日本化为焦土，也要将“圣战”进行到底。当时日本将租界的管辖权还给了汪精卫伪政权，而日本人从租界里掠

① 福斯特·杜勒斯的弟弟，福斯特·杜勒斯在艾森豪威尔任总统期间被任命为美国国务卿，他的弟弟艾伦·杜勒斯则当上了中央情报局的局长。

夺走的黄金、美钞，一个子也不会给汪精卫，同时还继续对他不停地下命令，要汪精卫帮日本在中国收集黄金、铜、铁等战略物资，帮助日本继续进行战争。1943年11月，日本限令汪精卫调集100万石大米、20万壮丁帮助日本继续抵抗，11日晚，日本侵华军总参谋长松井太郎与犬养健一起上门催促，汪精卫下楼送客时心烦意乱，一脚踏空从楼梯上跌落了下来，以前留在脊椎骨里的子弹旧伤复发，从此卧床不起。刚好一年后的1944年11月10日死去。

为了诱惑蒋介石，或者说让蒋介石能够"说服部下"配合日本，日本主动提出要送一个见面礼给蒋介石，小矶国昭（1880—1950）内阁提出了一个送礼计划：将日本的"八幡制铁所"送给蒋介石，日本还给送这个大礼想出了一个"合适"的理由。该工厂是日本利用"甲午战争"后的清政府"赔款"建造起来的，现在"养大、养好"了，日本将它还给中国，以显示"诚意"。

在战争时期，要把工厂拆卸并运到中国来，工人到哪里去找？日本如何给中国？日本的军舰已经大部分沉到了海底，可还对苏联人撒谎说送军舰？！日本是能骗到一个先骗一个，"付出"是为了"获得"。

小矶与蒋介石的谈判后因国内反对没有进展，还有就是蒋介石根本不理睬日本。日本在美军开始进攻冲绳的一周之后，1945年4月7日，海军大将铃木贯太郎出任首相，当天日本的"大和号"被击沉。70多岁的人出来当首相，一看就知道是个投降内阁。选海军出身的人组阁，无非是想表现一下亲"英、美派"掌权。日本反对与蒋介石政权"媾和"的理由是：中国以及梵蒂冈都不具备左右世界大势的能力，要谈只能与苏联这样的未来世界强国谈判，日本要全力倒向苏联，对抗英、美。斯大林将日本主动要"送礼"的内容告诉了美国、英国。日本一边高叫"焦土抗战"，一边像热锅上的蚂蚁般地找人和谈，此举受到了大国的耻笑。将"千岛群岛"送给苏联，也是日本这时主动提出的。日本找谁"和谈"就给谁"送礼"。

日本投降后则全力倒向美国，要帮美国对抗苏联。日本换了一个投靠的主子，同时将自己当初跪拜在苏联面前的事掩盖。

1972年7月7日田中内阁成立，田中角荣此时再次提议要给中国送一个钢铁厂。日本是在确切知道中国放弃战争索赔之后才决定田中内阁成立、田中访华的，田中要送钢铁厂给中国，无非是想冲淡一下中国放弃对日战争索赔这件事对日本的恩惠。送钢铁厂最后为何变成了出售钢铁厂，参与其中的中国人应该出来澄清一下。但是我后来知道的情况是：宝山钢铁厂后来是中国花大价钱买的。中国后来看到金额相当高，想以中国国内在进行经济调整为由拒绝，实际上中国这时想不买日本都不答应。日本说自己是资本主义国家，私营钢铁厂的行为政府无法左右，钢铁厂已经开始下单为中国制造设备了，中国如果不买必须赔偿。送钢铁厂最后变成了中国必须购买。

要说高技术，德国、卢森堡、比利时，炼钢技术以及设备都日本强，费用也不见得比日本的高。日本在推销（实为“强卖”）自己的成套设备时，大力宣传与中国“同文同种”、“一衣带水”。

宝山钢铁厂进口全套日本设备，可当中国决定进口设备后，日本说该设备只适用澳大利亚的铁矿砂，中国的铁矿石不合适。中国此后不但要从澳大利亚进口铁矿砂，而且要从日本住友矿山是大股东的澳大利亚公司进口。还有，从澳大利亚开出的大吨位运输船无法驶入长江口，因此先要在宁波的北仑港卸下铁矿石，再转装上能够驶入长江的小吨位船上，再卸到从日本进口的传送带上，然后才能进入位于吴淞的宝山钢铁厂的锅炉内。假如“宝山钢铁厂”是中国的私营企业，早就被日本折腾垮了。换言之，私营企业在认为无利可图时，根本就不会买日本的什么炼钢厂。

2010.9.26

日本近代史究斥『诈谋』二字

1909年2月老罗斯福即将卸任前，他对后继者的唯一提醒是：日美之间可能会爆发战争。他的预言在小罗斯福任上成真，日美之间的战争果真爆发，日本对美国刻意保护的菲律宾动手。

1894—1895年的中日“甲午战争”之后，俄、法、德三国进行了“干涉”，史称“三国干涉还辽”。沙俄“干涉”的理由是：日本是个海洋国家，应该沿着海岛向南边发展，而不是“北进”向大陆发展。假如日本不听劝告，那么沙俄将不能坐视。此后，停泊在日本港口中的三国军舰生火冒烟，拉下了炮衣。日本一看三国要联合动粗，慌忙向三国保证，定将辽东半岛归还给中国清政府，作为交换，要求沙俄竭力促成两件事：一、要压迫清政府将台湾割让给日本，二、压迫清政府让条约立刻生效，清政府开始支付赔款。

自1868年日本“明治一新”之后，“萨摩藩”控制海军；“长州藩”控制陆军。“甲午战争”后以朝鲜为跳板的“北进”受阻，而以台湾为跳板的“南进”则成为了日本的新扩张方向。与沙俄相比，日本人认为西班牙人实力相对较弱，菲律宾是西班牙的殖民地，但他们已无力东顾，日本的惯用手段是“敌人的敌人就是朋友”。他们将自己在朝鲜、中国运用的手段复制到菲律宾，以支持菲律宾独立为由，煽动菲律宾人反对西班牙人。①

1897年马汉就曾预言：如果美国人不闻不问，日本就可能主宰太平洋上的那些岛屿与未来。

威廉·麦金利（1843—1901）在1897年3月4日的就职演说中说：“要和

① 日本曾支持朝鲜的金玉均推动“朝鲜独立”，支持孙中山为首的汉族反对满族统治，汉族人袁世凯上台后，日本支持孙中山反袁，同时还支持满人反对汉族人统治，支持蒙古独立。二战后日本支持新疆独立、台湾独立、西藏独立，至今未见支持冲绳独立。

平，不要战争。”但事实却是，在他任期内美国发动了“美西战争”，进攻北京的“八国联军”中有美国军队。

1897年，西奥多·罗斯福（1858—1919）出任麦金利总统的海军部副部长。1897年开始“美西关系”紧张，在一次白宫主办的宴会上，西奥多·罗斯福对麦金利总统说：“我们应该打场仗，解放古巴，这样做绝对不是出于商业目的。”①

1897年古巴发生叛乱，美国派“缅因”号战舰去保护当地的美国侨民。1898年2月15日，停泊在哈瓦那港的“缅因”号突然发生爆炸，164人死亡，美国认为这是西班牙人对美发动攻击，尽管真相不明，但在1898年4月，美国以此为由对西班牙宣战。西奥多·罗斯福辞去文职，组建骑兵队，率军队杀入古巴战场。在亚洲，1898年5月1日，美国军舰驶出香港，随后进入马尼拉湾，美国军舰在菲律宾仅仅开了几炮，西班牙人就出人意料地立刻投降了。1898年12月，两个交战国在巴黎签订和约，战胜国美国倒给西班牙人2000万美元，菲律宾及关岛从此成为了美国的战利品。美国同时宣布保卫夏威夷。美国用行动告诉世人，他们要与日本争夺太平洋上的主导权。英国称这次战争是美国承担“白人义务”。

战争结束后，西奥多·罗斯福回到美国竞选纽约州州长，竞选时每次都带7名骑兵队兄弟全副武装出场，1899年他当选为纽约州长。后来他当上副总统，1901年麦金利总统遇刺身亡，罗斯福成为继任总统。

为了转移日本人的视线及精力，美国人以支持日本“北进”作为交换，支持日本控制朝鲜，鼓励日本在中国东北扩张。

外国势力在中国动武需要找借口，而反帝的“义和团运动”也正是在这个大背景下应时爆发。日本在煽风点火时最积极；美国则招呼列强一起出兵干预最积极。美国率先派兵。

1894年，日本鼓动朝鲜闹“东学党”，反对“西学”。这次也同样，自1898年让中国的“百日维新”失败后，日本再怂恿中国“灭洋教”。日本人让中国人与列强相互消耗并冲突的借口是：我们日本是小国，没有足够的力量与列强抗衡，而中国可以，中国是东方大国，我们愿意接受你们的领导，誓将白人势力彻底从东方赶出去。中国统治者轻信日本人的“鼓励”，不假思索便接受。1894—1895年，中国打一个日本都没有决心和信心，可1900年竟然向所

① 保罗·伯勒著，晓钢编译，《总统们的趣闻轶事》群众出版社，第138页。

有列强同时宣战。

此前慈禧太后宣布要废除光绪皇帝，推荐另外一个新的皇储，日本一方面躲在北京外交使团的背后提议共同反对；另一方面有意将列强的所谓“动向”有选择地“泄露”给中国清政府，看似同情并示好，可实际却是要挑动清政府与列强冲突。大清帝国的内部事宜竟然要听外国人指手画脚，慈禧太后对外国的联合干涉异常恼怒，但最终还是选择了无奈接受。

1898年李鸿章被赶出北京后赴广东任职，在广东期间，1900年起风传康有为要以广东为基地，要用武力推翻慈禧太后的满人、老人统治，甚至军服都订做好了，6000套军装上都印着“灭清”的字样。

6月3日，各国军队陆续到达天津，从军舰上下来后进入北京。第一批进入北京的外国军队，是美国的海军陆战队员56人。

63年（1963年）后，维克托·伯塞尔写道：“有一点至少值得争论，加派卫队是否会为反洋情绪火上浇油？会否危及到所要保护的生命财产安全？”

“为保住退路要夺取大沽口炮台，而反过来又会导致战争。”①

6月8日，北京跑马厅的大看台及马厩被人焚毁。6月11日下午，一队人马去车站迎接英国海军将领西摩尔（1840—1929）率领的部队。日本公使馆的一等秘书杉山（1862—1900），头戴圆顶大礼帽，身着燕尾服，经过永定门车站时，被中国士兵从马车上拉下来处死。

慈禧太后下令对列强发动进攻，是因为她接到了一个“假消息”，不知是什么人，他们喜欢散布“假消息”，造成慈禧太后判断失误。日本人一分钟也没闲着，他们支持康有为，支持孙中山，还支持英国人造一个假的《景善日记》。德国统帅瓦德西不同意瓜分中国，后来竟传出了他与中国名妓赛金花的丑闻。

伊藤博文以喜欢狎妓闻名，1898年他进入北京之前先在天津逗留，赛金花与“维新六君子”之一的林旭有染，而林旭又与伊藤博文联系紧密，赛金花与伊藤博文有瓜葛倒有可能。

日本在1900年“义和团运动”期间究竟干了些什么，这些都需要历史学家认真去研究。

根据支持孙中山的宫崎滔天在其《三十三年之梦》②中的回忆，自1900年

① 参考西里尔·珀尔著，檀东鍟、窦坤译，《北京的莫理循》福建教育出版社。

② 宫崎滔天著，林启彦译，《三十三年之梦》广西师范大学出版社，第199页。

初开始，他再次从资助人那里获得了金钱资助，开始到中国、东南亚活动。

1900年6月底宫崎到达新加坡，希望与康有为见面，但后来被英国当局逮捕，被释放后再到香港。他计划利用北方义和团动乱之时，在南方进行暴动。暴动地点究竟选在广州还是厦门，孙中山与宫崎之间意见分歧。史料表明，日本希望孙中山等在厦门抢劫台湾银行，驻台日军以此为由跨越大海，从台湾进入厦门。孙中山当时的意见是先返回日本，然后再决定。后来日本和尚自己放火点燃了庙宇，想栽赃到中国人头上，但该阴谋被识破。

宫崎在新加坡被逮捕后，英国人问宫崎：

问：为什么喜欢和中国人结交？

答：因为同情中国的孤立与衰弱，希望它有所改良。

问：为什么对他国的事这样劳心呢？

答：今天不谈。[①]

7月李鸿章北上。8月孙中山再次潜入上海，打探李鸿章对广东独立的态度。日本人同行。9月宫崎滔天被“东亚同文会”除名。9月下旬孙中山秘密前往台湾。

西奥多·罗斯福1901年出任美国总统之后，英国、美国、德国，都希望日本与沙俄打一次，这样可以消耗掉武士的力量。1902年，日本与英国签署了《日英同盟》条约。

“日俄战争”爆发前，1904年1月，西奥多·罗斯福派陆军部长塔夫脱访问日本，告知美国站在日本一边。2月8日，日本对沙俄先偷袭后宣战，罗斯福预测：“将来可能出现这样的情况：两强相斗直至双方都筋疲力尽，然后实现和平，从而不会带来黄祸，也没有了斯拉夫祸”。[②]

1905年7月，老罗斯福命令驻扎在菲律宾的伍德司令，提防日本人攻击，同时派遣陆军部长塔夫脱（William .H.Taft）再访问日本。代理国务卿塔夫脱访问菲律宾途中经过日本，7月29日，塔夫脱与日本首相桂太郎签署了秘密备忘录《塔夫脱—桂太郎协定》[③]，日本保证：一、不进攻菲律宾；二、开放东北门户。作为交换，美国支持日本全面管理朝鲜。这些实际上是以往美国政策的延续，美国继续明里暗里鼓励日本北进，向大陆发展，避免日本南进，更

① 同上书、《三十三年之梦》，第201页。

② 《罗斯福书信集》第四卷，第761页。

③ 塔夫脱当时仅为陆军部长，并非国务卿。双方之间的谈话属于备忘录性质，现在双方都说这仅仅是个《备忘录》，塔夫脱称它仅仅是他个人的私下见解。

不愿激怒日本，让日本成为自己的对手。美国“情愿失去一个弱朋友，也不愿意制造一个强对手”，这种心态一目了然。美国多次在各种场合公开表示，朝鲜没有自己保卫自己的能力，但美国不愿意对日本在朝鲜的所作所为插嘴，也不选边站。而正是这样“不得罪双方”的态度，实际上是纵容日本在朝鲜为所欲为。

8月，日、俄双方在美国朴茨茅斯开始谈判，中途几乎破裂，但最终还是签署了条约。日本获得半个萨哈林岛，同时从沙俄获得对南满的铁路租借权以及对朝鲜的控制权。

1906年，老罗斯福以成功调解“日俄战争”而获得“诺贝尔和平奖”。具有讽刺意味的是，他怂恿日、俄两国相互消耗，之后再牺牲中国及朝鲜的利益。日本此后虽暂时停止染指菲律宾，但却拒绝开放“满洲”（中国东北），后来还设法将美国势力从那里彻底清除出去。

1906年之后，美、日矛盾激化，美国国内表现出强烈的反日情绪。旧金山教育局只允许日本学生进入专门为中国人、朝鲜人开设的东方学校。日本处处强调自己是东方人，是东方的领导，可实际上日本人并不愿意与中国人、朝鲜人在一起。日本宣称为捍卫权利不惜一战。德国皇帝提醒老罗斯福，大批日本士兵乔装成劳工进入墨西哥和南美。这时到处流传日本将要进攻菲律宾、加利福尼亚、阿拉斯加、巴拿马运河等的传闻。

1907年美国国务卿鲁特与日本公使高平小五郎交换照会，1907年10月陆军部长塔夫脱再次访问日本，摸清了日本的底牌，这时老罗斯福派出的“白色舰队”也即将起航。老罗斯福想告诉日本，美国不怕日本。传说日本要袭击白色舰队，老罗斯福也下令舰队做好准备。但是当舰队1908年10月18日抵达日本时，日本不是宣战而是热烈欢迎。1908年11月30日，《鲁特—高平协定》公开发表。日本保证不侵犯菲律宾，而美国承认日本在中国东北的特殊权益，这与美国要求的“门户开放，机会均等”相矛盾。日本此前要求在朝鲜享有“特殊权益”，这次再进一步，变成在中国东北享有“特殊权益”。

1909年2月老罗斯福即将卸任前，他对后继者的唯一提醒是：日美之间可能会爆发战争。他的预言在小罗斯福任上成真，日美之间的战争果真爆发，日本对美国刻意保护的菲律宾动手。

2010.9.26

把『How are you』说成『Who are you』的笑话及其他

小布什的最大特点是晚上九点睡觉，早上锻炼雷打不动，从来不上图书馆，但是夫人却是图书馆管理员。有一次他发言，突然出现了“口误”，他竟然忘记了他的日本盟友小泉纯一郎的名字。

日本首相森喜朗（1937— ）与美国总统克林顿会见之前，据说“恶补”英语，可当他见到克林顿时，他想说“How are you?”但激动加着急，结果忘了，说成了“Who are you?”这句话的意思是“你是谁？”“你以为你是谁？”

就连见过大场面的克林顿也被这见面的头一句问候打懵了，因为“Who are you?”是一句极为粗鲁的话。克林顿迟疑了一下后回答：“我是希拉里的丈夫。”

事后有好事者从多个角度解释这句“语误”，有的说日本首相想说“How are you?”但是说错了；还有的干脆说，就是故意的，日本就是对克林顿不满，真心是想说“Who are you?”但日本这话不能明说，因此只能借用“口误”的方式发泄一下。

美国、日本之间是“盟友”，见面多了，“口误”多也正常。

1993年举行大选，这次自民党失去了此前在众议院中的过半席位，反对派组建了“七党一派”的杂货店式“联合政权”。各党派的党首出任内阁大臣。明里首相是细川护熙，但有决定权的却是小泽一郎。“社会党”人村山富市作为委员长参加联合政权会议，“奇怪的是没有发言权也没有决定权”。1994年2月3日拂晓，细川突然召开记者招待会，宣布“导入国民福利税，税率为7%。”它立刻遭到内阁成员的反对，细川辞职，接着羽田出任首相。羽田当首相也是由小泽内定，内阁组阁问题，即不跟社会党商量，更不会让社会党人知道，等社会党人知道时，内阁已经组建完毕。对外则宣布这些都是社会党同意了的。在这样的情况下，社会党拒绝合作。

羽田政权因此也成为了“短命内阁”。羽田公开说，“我是小泽的演员，小泽是导演。”如此公然表白在日本宪政史上是首例。羽田内阁的寿命是60多天。

1994年6月29日，“政争”再次爆发。自民党总裁河野洋平推荐村山当首相，但社会党人执政必须要面对《日美安全保障条约》问题，“对方提出了社会党根本无法接受的内容，也就是安全保障问题”。此问题谈不拢，结果出现了竞选首相的局面，自民党有意推出前首相海部正树。村山强调社会党要研究是否参加联合政权，这等于拒绝了河野的提议，但当天下午情况有变，自民党摆出准备自己单独干的架势，社会党怕失去掌权的机会，最后加入首相竞选。第一轮投票后两人都没有过半，第二次，村山261票，海部214票。当日联合政权诞生，村山出任首相。

“社会党”号称“万年在野党”，没有任何组阁、统治经验，上一次社会党人当首相是1947年时的片山哲。当时社会党人被保守党整到几乎无法执政。

村山当选后，“只拿了一个手提包，在众人的簇拥下走进了首相官邸。”上任后的第五天，他去意大利那不勒斯参加发达国家首脑峰会（1994年7月8日—10日），他什么都不清楚。据说他一直闹肚子，整天吃不下东西。此次会议完全是按照“自民党”提供的脚本表演。

在举行正式首脑会议之前，村山与克林顿总统先举行了十五分钟的闭门单独会谈。

村山一见面就迫不及待地表明立场:“应当继续坚持《日美安全保障条约》，保持日美两国良好的外交关系。”

对此克林顿回答:“亲爱的村山先生，这正是我最想问的问题。您能如此坦率地说出来，我感到十分安心。”

与克林顿会见后，双方一起举行记者招待会，克林顿说:“我们见到了一位与我们的预测完全不同的人。”

克林顿用批评美国中央情报局的方式嘲笑日本:“中央情报局的工作很不得力，他们提供的有关日本社会党的情报全都是错的。”

日本社会党一贯坚持《和平宪法》，反对“太阳旗”作为日本国旗；反对“君之代”为日本国歌，认为自卫队违反宪法，坚持要废除《日美安全保障条约》。可社会党人自从接受了自民党的首相官位之后，立刻一屁股坐到了自民党一边，完全变成了自民党使唤的傀儡。克林顿不批日本“社会党”，而采用批评中央情报局的方式“指桑骂槐”，这一招让日本、日本的社会党十分难堪。①

① 以上内容均参考村山富市著，王雅丹译，《我的奋斗历程》当代世界出版社，第137页。

小布什的最大特点是晚上九点睡觉，早上锻炼雷打不动，从来不上图书馆，但是夫人却是图书馆管理员。有一次他发言，突然出现了“口误”，他竟然忘记了他的日本盟友小泉纯一郎的名字，此时他正在演讲，他不顾众人在场，回头问身后的国务卿赖斯：“那个该死的日本首相叫什么来着？”后者提醒他：晓犬、小圈、小泉。小布什也顽固，明明是自己“学习不够”，可他不“自我批评”，反而高调强调：“日本的首相也换得太快了，我还没记住他们的名字的时候，他们就换了。”

听众们哄笑大国总统的“无知”。

“ATM”，它像阿拉伯数字一样，世界上的成年人应该都知道它是“自动提款机”的意思。小布什以及他的团队，多次、在多个场合公开强调：“日本不是美国的‘ATM’”。这种“此地无银三百两”的澄清，实际上就是说：“日本就是美国的‘ATM’”。

中国人一般都知道“TMD”是中文一句骂人话的缩写，但在英文中，“TMD”是美国“导弹防御系统”的缩写。老布什时代日美之间总为“日美贸易摩擦”争个你死我活，美国要求日本购买美国的牛肉、柑橘、葡萄，但日本坚决拒绝。美国报道发现了疯牛病，日本以两头牛受到了污染为名，全面禁止从美国进口一切牛肉，时间长达两年。同时还对美国进行各种限制，苛刻到“牛肉里不能有骨头”，“必须是18个月以内的小牛”。实际上，美国发现的“疯牛”仅有两头，而且它实际上跟美国没有任何关系，这两头牛来自加拿大，日本也非常清楚，但日本就是要强调美国“或许受到传染”，因此要全面禁止。

美国“9·11”之后，日本完全转变，对美国“有求必应”。美国也用不着出售农产品了，“导弹防御系统”是高达一万亿美元的对日交易，小布什的军火贸易将日本的钱袋掏空。

小泉之后，安倍、福田、麻生，都是自民党人，都是政治家的第二代、第三代继承人。政权在他们之间“禅让”，而背后牵绳子的，依然是第二代政治家小泽一郎。

“青蛙的儿子还是青蛙”，这是所有日本人都熟悉的一句成语。虽然刚生出来的时候是蝌蚪，有尾巴，可长大后一看，尾巴没了，依然还是青蛙。日本人用这句成语表达对世袭制的愤怒。德川时代，日本的国内外和平维持了两百多年，但社会各个阶层之间的流动都处于冻结状态，等级地位世世代代不会发生变化。没有相互流动，武士及商人阶层感到厌倦并愤怒，最后终于在“外夷”到来的时候找到了机会，小藩国联手一举推翻了德川家的世袭统治，搬出了世袭的天皇，同时对其他人“论功行赏”。

战后日本进入和平时期，再次进入世袭的平静期。

喜欢收集情报的日本人问克林顿“Who are you?”从某种意义上来说是问到了点子上。克林顿去英国牛津大学留学学习国际政治时，据说同屋住着一个精通俄语的美国人，这个人不知怎么搞到了有“铁桶”般封闭的苏联领导人赫鲁晓夫的回忆录，他一个人翻译觉得力量不够，因此拉上了克林顿，两个人一起“编译”了《赫鲁晓夫回忆录》，虽然出版之后苏联说是伪造的，但美国与苏联之间玩些什么？怎么玩？谁知道呢！反正后来跑到美国去的赫鲁晓夫的儿子说真假参半，后者是苏联的导弹专家，相当于中国的钱学森。

《赫鲁晓夫回忆录》中有多个精彩片断，其中没有一句谈到日本，但日本这个国家一直作为影子存在着。赫鲁晓夫说杜勒斯是个绝顶聪明的伟人，他知道让冷战维持但不过度。而日本的岸信介描绘杜勒斯时说“艾森豪威尔在杜勒斯面前就像一个小学生。”日本人比喻“一个人无条件地服从另外一个人”时，常用这个表述。艾森豪威尔（1890—1979）是二战英雄，美国的五星级上将，1953年出任总统，他任命杜勒斯为国务卿。在岸信介看来，总统竟然听国务卿的。“先生服从学生”，这在日本属于“下克上”，是极为不正常的表现。

赫鲁晓夫画龙点睛的几个重要的事件是：与艾森豪威尔的副总统尼克松争论“和平发展”，还有就是与肯尼迪联手导演了“古巴导弹危机”。1960年，日本首相岸信介与美国延长了以前没有期限的《日美安全保障条约》并修改了部分内容。岸信介到处高调宣传要当美国“不沉的航空母舰”，进攻苏联的桥头堡，日本将用“渐进”方式满足《日美安全保障条约》中的同盟对等条件，今后将在大西洋保卫美国。岸信介前脚保证，“古巴导弹危机”后脚就出现了。美国的后院出现了“反美桥头堡”，美、苏之间的世界大战一触即发，日本此时哀求美国千万打不得，因为自己是“唯一的原子弹受害国”。好似美国为了保卫自己要进攻古巴同样，苏联为了保卫自己，首先要收拾掉自己前沿阵地上的堡垒。日本最怕苏联人攻击日本本土，自己成为美、苏之间世界大战的“受害者”。一方面鼓励美、苏打，另一方面怕两国打起来把日本牵连进去。

日本最喜欢研究、琢磨别人，美、苏之间再次用行动检验了“谎言”与“liar”（说谎者），日本历史上鼓励他人“相互消耗”，自己坐收渔利的例子极多，日本人认为这是生存智慧。

2010.9.28

日本人的战争观：摆脱国家破产危机

如今日本每年国家预算的40%用于归还国债的利息。尽管如此，日本官僚仍放话："只听到过个人因为资不抵债而破产、自杀的，可从来没有听说过国家因为负债而破产、亡国的。"官僚之所以敢如此大胆放言，是因为在日本近代史上，国家曾多次在破产的边缘徘徊，可后来都奇迹般地靠战争起死回生。

如今日本的国家管理者是官僚。官僚相当于股份公司中的职业经理人，他们是国家机器的维护者，因此对这台机器哪里出了毛病最清楚。是否要大修、如何修，原本应该来自国民的整体意志，但事实上现在政客是"民意代表"，官僚只有报告权或小打小闹的维持现状权。

如今日本每年国家预算的40%用于归还国债的利息。尽管如此，日本官僚仍放话："只听到过个人因为资不抵债而破产、自杀的，可从来没有听说过国家因为负债而破产、亡国的。"官僚之所以敢如此大胆放言，是因为在日本近代史上，国家曾多次在破产的边缘徘徊，可后来都奇迹般地靠战争起死回生。

"明治一新"前的江户时代，地处日本岛西南的萨摩藩（现鹿儿岛县），藩债高达500万两，当时萨摩藩每年的年收入只有10万两，债务是岁入的50倍，年收入甚至还不够归还每年35万两的利息。萨摩藩后来通过控制几个靠近自己、属于琉球的岛屿，对日本市场上需求很大的甘蔗及制糖行业垄断，再加上通过琉球秘密进行海外贸易，二十年后不但还清本息，还有了相当的积累，就是凭借这些家底，萨摩藩成为1868年推翻江户幕府的主要力量。

1868年新生国家建立之后，被萨、长下级武士控制的日本政府宣布，将承担幕府及各藩国的所有内外债务，仅此一项，就让新政府背上了沉重的财政负担。为了"省钱"，新政府甚至不得不在一年有多少个月上做文章。以前日本采用中国的历法，每一个春节为一个财政年度。看到春节与西方的元旦之间有一个月的时间差，新政府认为改用"洋历"可以让当年减少一个月，变成十一个月，因此以“文明开化、学习西方”为由，将春节合并到元旦，以此来减少一个月的人工费，因当时日本聘有不少外国雇员，仅少发一个月工资一项，就可以省下不少钱。

1877年，萨摩的武士领导人西乡隆盛对新政府不满，领导了武装暴动——西南战争。西乡知道在自己家乡打仗会造成自己家乡的财产损失，进而会失去家乡人的支持，因此率兵离开本藩，攻打熊本城以及九州的其他目标，在与前来镇压的政府军的交火过程中，包括熊本在内的上述地区深受战乱之害，除了各地的经济损失之外，政府还为这次战争支出一千多万日元。相当于一年多的国家财政总收入都用在了镇压暴动上。日本上下从此认识到：一、不能再打内战；二、打仗要在别国领土上进行。

日本旧债加新债，国家陷入了空前的经济危机中。可因为有萨摩藩的前车之鉴，统治者认为“国家不会破产”，同时将萨摩藩重建财政的掠夺发展模式复制到其他地方，新政府先南吞琉球，北进朝鲜，欲用占有土地、人民进行对外垄断贸易的方式，克服国内的经济危机。在朝鲜掠夺性开采黄金，拿回日本向国外出售。以帮助朝鲜“文明开化”为由，将从西方购买来的枪炮、船舶、铁路等，高价强卖给朝鲜。

在政府财政捉襟见肘，面临被反对派推翻的危急时刻，藩阀领导人冒险发动了“甲午战争”。而战争几乎没有付出什么代价就打胜了，此后不但从中国获得了巨额赔偿，还顺手牵走了台湾。甲午一战，日本成为亚洲的暴发户。战争赔款外加中国清政府为赎回辽东半岛的三千万两，日本一共获得了二亿三千万两库平银；舰艇等战利品财物价值也有一亿多日元。据统计，日本通过甲午战争从中国所得的赔款及财物，总计约合库平银3.4亿两，折合日币5.1亿日元。这是一笔巨大的财富，其数目是日本实际军费支出的3.4倍，也是日本当时全国年度财政收入的6.4倍（当时日本政府的年度财政收入只有八千万日元）。

日本尝到了对外侵略的巨大甜头，极大地刺激了其侵略别国扩张领土的欲望。战争让藩阀政府偿清了所有内外债务还不算，还让官民赚得盆满钵满，“要钱就去抢”的想法，刺激日本政府再为下一场战争进行积极准备。

10年之后的1904年，日本再次发动“日俄战争”，为了将这次战争进行下去，日本向国内外筹集的贷款高达22亿，而当时日本的国家财政预算才2亿多，日本期待日俄战争也能获得“甲午战争”同样的赔款与割地，可最后只获得了南库页岛以及沙俄对中国南满的继续租借权。战后日本实现了对朝鲜的独占，同时再将掠夺经济模式运用到中国东北。

十年之后第一次世界大战爆发，日本获得了前所未有的发财机会，欧洲列强忙于欧战；日本边上的中国国内又军阀混战，日本通过向欧洲、中国出售军火获得了暴利，从债务国摇身一变成为了债权国，日本甚至可以向段祺瑞的北洋政府贷款。1918年欧洲战场上的战争已经接近尾声，日本从中国东北、朝鲜向西伯利亚出兵，这次军事行动直到1922年华盛顿会议之后才以日军撤回而告终。日本认为这次出兵是“军事胜利，外交失败”。

此后爆发世界性的经济危机，第一次世界大战期间日本产业资本家预期军火还会有更大需求，因此在军工生产领域过度投资，随着战争结束且没有新订单到来，畸形的、偏重军火的日本工业再度陷入困境，日本再次从债权国跌落到债务国，而战争可以解决内外危机的经验，让日本染上了战争毒瘾。

此后日本国内围绕是否要再进行下一场战争展开争论，主战与主和，实际上是围绕着战争是否能克服经济危机而展开的。“主和派”并非热爱和平，他们反对战争的理由是：要战争必须先准备钱，而能借钱给日本的只有英、美。英、美不可能借钱给一个打自己或损害自己利益的人。因此，“主和派”主张日本必须要等到财政健全之后才能发动战争。而以昭和天皇为首的“主战派”则认为，“主和派”过于“保守”，日本面临严重的经济危机，不打仗经济会更加恶化，自己将会被推翻，至于借钱打仗的担忧，日本一要“速战速决”，二可以“以战养战”，如此则不会出现“主和派”担心的局面。

1931年“九一八”，日本以几百个军人死伤的代价，在四个半月的时间里，占领了中国的东三省，它相当于日本国土面积的三倍。打仗没花钱还抢来了不可计数的财富，日本不但迅速地再次摆脱了经济危机，而且担忧的英、美干涉也没有发生，这些冒险极大地刺激了日本军人的野心，1937年，日本再次发动对华战争。

所谓“以战养战”，实际上是用“明抢”和“暗抢”的两种方式“养战”。八国联军进北京就是“明抢”。日本早就调查好户部的财产藏匿点，八国联军一进北京，日本军人就开始有组织地去抢，怕日本一家抢引发中国人对日本的仇恨，日本军队再鼓励英、法等也去抢，日本人低价收购他们抢回来的古董、字画，抢完了再放把火，掩盖丑行。

“暗抢”是强迫中国政府赎回属于中国但被日军抢夺走的财产。日本1914年出兵青岛，强占后归还中国时，强迫中国北洋政府付钱（1874年出兵台湾时就是如此，一个茅草屋也能估算出几万两）。还有就是边打仗边发行无法兑现的“军票”，用“军票”强行征购战争物资，同时强买各种财物。日本军人抢夺走的是货真价实的真金白银，而留下的却是无法兑现的花纸头。

根据美国《密勒氏评论报》主编鲍威尔回忆，1931年“九一八”爆发后不久，“中国海关曾经在尚未被日军占领的边境城市奉天省的安东捕获一名日本军官，发现他口袋和衣服里塞满了抢来的珠宝和钱财，已经连坐下来都很困难了。天知道他谋害和折磨了多少个富裕的中国和白俄家庭才抢来了那么多财宝。”①

1937年“七七”卢沟桥事变之后，日本军人开始在中国关内抢，1938年日军攻陷武汉之后，日本军人一天通过邮局从武汉汇回日本的汇款，就相当于日本国家发给所有军人一年的工资，可见军人残暴之一斑。

日本人真正认识到战争的惨痛，是在1945年美国飞机开始轰炸日本本土之后，看到以前积累的财富会在瞬间化为灰烬，而且伴随大量人员伤亡，这才让日本民众真正感悟到战争原来如此残酷。

1945年8月日本投降之后，政府不时地将抢运回日本并藏匿起来的财富出售，同时拼命印刷纸币，通货膨胀高达300%。日本领导人坚信“国家不会破产”，政府一方面让所有国民分担经济重负，一方面期待着“神风”再次降临日本。1950年6月“朝鲜战争”突然爆发，日本经济再次起死回生。

1953年“朝鲜战争”停战，日本再次陷入经济危机之中。此后美国在资金、市场、技术上扶植日本，1965年“越南战争”升级，日本的内外债再次一笔勾销。20世纪70、80、90年代，日本一直在债权与债务国中转换。日本一直期待南、北朝鲜，大陆与台湾能够打起来。对爆发在中东、中国边上的阿富汗、巴基斯坦的战争，日本为追随美国不断投钱，可这几次非但没给日本带来利益，反使日本在经济危机中越陷越深。

日本至今仍靠“国家绝对不会破产”的虚幻之念支撑着，期待着“别人的灾难就是自己的幸福”这一时刻的到来。日本导演的这次钓鱼岛撞船事件给中国敲响了警钟，中国政府及人民应该擦亮眼睛，时刻警惕日本军国主义者想靠战争发财的梦想复活。

2010.10.3

① 鲍威尔著，邢建榕、薛明扬、徐跃译，《我在中国二十五年》上海书店出版社，第363页。

瑞士日内瓦国际联盟会场外的雕塑——缺了一条腿的椅子。“安全”是无法坐在这样的椅子上讨论出来的。

战争让日本暴富

日本从战争以及发行军票中尝到了巨大甜头，此后每占领一地，就立刻开始发行军票，用自己印刷的废纸，换取日本所需的物资。无论1918年日本出兵西伯利亚，还是1931年“九一八”、1937年“卢沟桥”之后在中国，太平洋战争爆发后在东南亚，日本都使用这一手，用“花纸头”骗取亚洲老百姓的真金白银。

“甲午战争”后，日本侵占了中国的宝岛台湾。日本藩阀政府将自己以前在经济上“起死回生”的经验复制到了台湾。

欧洲多用毛织品，对樟脑丸的需求巨大，世界市场上60%的份额被日本三井公司垄断，为了获取暴利，日本商人将台湾的樟树砍伐殆尽。台湾的气候适合种植甘蔗，日本因此强迫台湾种甘蔗，而台湾只能种植并压榨，蔗糖汁则被运到日本精炼，白糖要再从日本销往世界各地。滥采台湾的森林，美其名曰是为了让农民有田种植稻米，可让台湾人种植水稻，到头来还是为了让日本人吃上廉价大米，台湾遭受双重榨取。大量树木被砍让日本赚一次，开垦出来的农田种水稻还让日本再挣一次。台湾同时还得为所谓“文明开化”支付高昂代价，日本人修建铁路、港口、电站，价格高昂还不算，这些都是为了方便日本更多、更大规模地掠夺台湾资源，它们绝不是为了造福于台湾人民。

后藤新平（1857—1929）自1898年起任台湾总督府的民政局长（总督是児玉源太郎，民政局长则相当于大总管），他因在台湾建立向日本输送利益的经济传送带有功而被封为“殖民地经营家”，他于1906年再出任“满铁”首任总裁，将他从台湾调往中国东北，就是为了让他复制其在台湾的“成功经验”。“满铁”表面上是中日合资公司，可日本政府一分钱都没掏，将从沙俄那里获得的属于中国的铁路及经营权，被他以空手套白狼的方式变成了日本政府的“满铁”股份公司本金，同时在日本出售股票，让日本人在股东人数上超过中国。

东北铁路的进出口在大连港，铁路成为了港口的下游企业，铁路沿线的所有土地、矿产、森林，都变成了日本可支配的财产，“满铁”还继续在中国东北修建铁路，可日本既无技术又无资金，日本钱从美国借，铁轨、火车头以及相关设备都由日本三井等从美国进口，然后高价出售给“满铁”，满铁的巨大利润空间被挤压到只能维持现状的水平，账面上中国参股一半，可高级管理人员全部是日本人。“满铁”没有任何红利分给中国股东，貌似将钱用于不断衍生、扩张上。不断开设出的新分支机构和子公司，只是雇佣更多的日本人。这些公司渗透到中国的更多经济领域中，所有的所谓“开发”，都是为了让低价的中国的大豆、煤炭、圆木等原材料，滚滚不断地流入日本；而中国从日本获得的都是高价的工业产品。

日俄战争后，日本能够独资在中国开办的工厂，首先是火柴厂，因日本盛产木头和硫磺，有生产火柴的经验积累。日本喜欢在中国各地开设照相馆及药店，而这些多是日本的间谍机构，药店上均树立仁丹广告牌，它实际上是给军队指示大路方向的路牌。仁丹广告上面的头像，脸朝向的一边就说明这是大路，可以走得通。

日俄战争期间，日本在中国东北发行军票，最初要求两个殖民地银行负责担保，一个是朝鲜银行，还有一个台湾银行。日本的央行以可跟日本兑换为幌子，让两个殖民地银行发行在战争期间使用的军票。在中国，日本军人用这种“废纸”交换回各种物资，从兵马粮草到支付各种劳务费、间谍费等。战争结束后，日本央行开始赖账，两个殖民地银行也拒绝回收，这时，中国百姓手中握有大量的这样的“废纸”。中国老百姓找清政府，清政府不敢跟日本交涉，也没有任何手段能从日本人手里拿回实物。

后来日本三井想出了一个办法。日本人发现，美国棉布在中国东北很畅销，因为这里天冷，美国布又厚又结实，很受老百姓欢迎。日本想把美国人挤出市场，但苦于没有能够与美国竞争的手段。日本因此想出一个歪招，可以用“军票”来购买三井出售的棉布。老百姓因为军票无法兑现而视其为废纸，听到可以购买棉布，它又恢复了价值。当然，日本人将自己的棉布定价定得很高。但在中国人看来，用“军票”可购买棉布，日本棉布再贵也感觉比美国布便宜，因为原来被视为废纸的“军票”至少有了点滴价值，可以多少换回点实物，减少一点自己的损失，中国百姓争相用“军票”从三井公司购买棉布。

为了抢占美国的棉布市场，三井公司专门派人前往印度采购棉花，看到印度棉花远比美国便宜，三井开始在中国投资兴建织布厂，从印度购买棉花到中国纺织，再将布出售给中国人，他们将回收的“军票”拿回到日本政府那里兑换。经过这样一番倒腾，美国棉花及布商彻底被日本打败。

日本从战争以及发行军票中尝到了巨大甜头，此后每占领一地，就立刻开始发行军票，用自己印刷的废纸，换取日本所需的物资。无论1918年日本出兵西伯利亚，还是1931年“九一八”、1937年“卢沟桥”事变之后在中国，太平洋战争爆发后在东南亚，日本都使用这一手，用“花纸头”骗取亚洲老百姓的真金白银。

日本明治初期的大宗出口商品主要有生丝、茶叶、瓷器。丝织业随着出口增加而发展，但后来丝织减少，棉纺增加。中国当时的纺织以农村的家庭作坊为主，土布无法与日本的机织布竞争，中国的人工费仅有日本的三分之一或四分之一，而且市场需求巨大，与其将织好的布运到中国来销售，不如在中国建厂就地销售利润更大。这样既可以绕过中国对进口成品的关税壁垒，还可以减少运输费，且日本人多地少，种植棉花导致棉田与稻田争地，结果造成日本粮食和棉花价格都高。日本因此改变策略，从英国进口纺织机，从印度等地进口或采购中国棉花，在中国纺织并销售棉布。此后日本不再种植棉花，需要的布则从中国进口。

在中国的上海、青岛、天津等地，利润最稳定的日资企业就是纺织厂，而向日本军队提供最多“捐款”的也是纺织企业。因纺织企业门槛并不高，中国民族资本建立的纺织厂与日本企业形成竞争之势，中国民族资本的纺织厂因此被日资视为眼中钉，面粉、榨油、碾米厂等都在日资企业的黑名单之中。1932年“一·二八事变”时，生活在上海的日本人，主要的工作就是引领日本军队向中国民族资本的纺织厂、面粉加工厂投弹。全亚洲最大、最先进的印刷厂—商务印书馆也在此时被炸毁。

1937年中日全面战争爆发后，日本在中国各地的驻在人员，突然出现在各个关键经济部门，成为“接收大员”，“没收”中国的工厂。

中国经过甲午战争赔款、庚子赔款、1911年后的善后大借款，中国早已处在国家破产状态。为了表现所谓“大国风范”，中国从外国借钱来还债。战乱频繁让中国人民不聊生，而社会动荡又造成腐败横行，正如清政府军机处某高官所说：与外国签订的各种条约胡乱堆放在房间的角落里，没有人知道详细内容以及截止时期，只有日本人到了要获得利益，拿着条约来找中国人谈的时候，才有人想起要找出条约翻开看。

高官对自己国家失去了信心，权力今天不用明天作废，他们有机会就要捞钱，甚至不惜出卖国家、民族的利益。“不战而屈之，谋之上”，日本比中国人更娴熟地运用了《孙子兵法》，他们时常用收买的方式达到自己的目的。日本蔑视中国人“凡官必贪”，从清朝末年开始，甘愿充当汉奸、卖国贼的人就连绵不绝。日本人认为收买中国官员比直接打仗合算多了。他们或鼓动中国军阀相互打；或在支持双方的同时，选择一个给日本输送利益最多的。在日本人看来，只要能亡了中国，所有付出都可以加倍回收。

比如曹汝霖，靠日本人“夸赞”进入北洋政府高层，他对日本的回报就是泄露内部机密，让日本人对北洋政府在某个事项上会如何出牌知道得一清二楚。他利用从日本人那里获得的小钱，购买了开滦煤矿的股份，后来靠分红维持其在天津租界内的豪华生活。他同时还持有其他日本在华公司的股票，可“七七事变”后，日本军队打进长城内，东北、华北都成了日本的，日本不再承认他的股东身份。

以下是美国人《密勒氏评论报》主编，当时驻上海记者鲍威尔的回忆。

“1941年12月8日凌晨4时许，我听到枪炮声，在外滩的高楼上看到美军、英军的军舰被日军缴获，军舰上的有价值物品悉数被日军掠夺走。”

“日本人知道他们在上海需要什么，而且下手时毫不留情。英籍印度百万富翁维克多沙逊爵士的所有财产，包括旅店、办公楼、公寓等，均以“充公”名义落入日本人手中。跟上海公共租界历史一样悠久的英文大报《字林西报》也遭查封。”

“除了法租界之外，所有上海的租界都完全掌握在日本人手中。”

“若干家外国银行，如美国纽约花旗银行上海分行、大通银行、英国汇丰银行、麦加利银行。

美国花旗银行经理J.A.麦基被拘押后，银行业务完全操纵在日人之手，非经二名日本军官的核准，都被视作无效。这两人原在横滨正金银行纽约分行工作过，熟悉美国的银行业务。”

“和日本人的一切交易业务，均须用一种所谓‘军票’（Military Yen note）。这种钞票看上去和日币差不多，但没有编号。显然，日本人打算今后哪一天废止这种钞票，或任其贬值。日俄战争时，日本人和俄国人在中国满洲土地打仗时，就曾这样做过；当时日本人在东三省购物时都使用这种所谓‘军票’，战后这些钞票都变得一分不值。此后几经交涉，日本人才同意以几分钱兑换一元，然后全部予以销毁。现在，日本人又故技重演，在刺刀尖下用‘军票’购买了中国的棉花、食品及其他产品。”[①]

2010.10.3

① 鲍威尔著，邢建榕、薛明扬、徐跃译，《我在中国二十五年》上海书店出版社，第324—330页。

日本向韩国『道歉』的幕后

当时韩国驻日本的总统代表金钟泌曾说：只有当日本右翼需要韩国的时候，韩国的问题才能够解决。

日本就过去的侵略向韩国“道歉”，要看清这个问题，就要先回到1945年韩国人民欢庆日本投降的话题上。

韩国将天皇公开播报“终战诏书”的8月15日定为“光复日”。韩国自1910年被日本吞并之后，韩国人民在日本的压迫、奴役之下，被迫忍受了35年。

朝鲜自古以来就是一个独立的国家，与中国陆路相连。中国无论在历史上多么强大，也从未想过要侵略、奴役别国，因此与朝鲜也和平共处了上千年。可日本则不同，一有机会就要当强盗，要跨海到朝鲜半岛上抢掠。日本的战国时代末期，丰臣秀吉率领二十万日军大规模侵朝，给朝鲜国王的国书竟然是日本想“借道入明”。后在中国的帮助下，朝鲜终将“倭寇”驱逐下海。朝鲜因此更加敬仰中华文明，提防日本的侵害。1868年日本“明治一新”后，西乡隆盛立刻想要跨海进攻和平的朝鲜。日本口口声声要帮助朝鲜独立，称朝鲜为“韩国”，将朝鲜的国王恭维为皇帝。可朝鲜并不买账，不接受日本不怀好意的“奉承”。朝鲜自古以来使用中国历法，因此认为天下只有一个“天子”，那就是中国的皇帝，而自己的领导人就是“国王”，仅为一方的最高统治者，他的权力来自中国“天子”的认可。朝鲜人对自己自古以来用汉字、着汉服、使用中国同样的方式为人物、地方等命名也非常自豪。不像日本叫田中、松下什么的，朝鲜人认为如此起名是对祖宗的不敬。

日本自“明治一新”后就一直在朝鲜小动作不断。1873年日本计划出兵朝鲜，后来散布谣言，挑动朝鲜国王家族内部争斗，1882年、1884年多次在朝鲜制造事端。1894年“甲午战争”爆发，中国失去了朝鲜这个传统的朋友。李鸿章最后一刻也没有忘记朝鲜这个弱小兄弟，他要借助沙俄的力量来保卫朝鲜。为此日本再次向沙俄发动战争，1905年之后，沙俄从朝鲜以及中国的“南满”撤出。1909年伊藤博文在中国哈尔滨被朝鲜义士安重根刺杀，这加快了日本吞并朝鲜的步伐，1910年日本吞并了朝鲜。此后，日本强迫朝鲜放弃汉字，改用拼音的谚文；还强迫朝鲜人民信日本的祖宗，让朝鲜人民用日本的姓，放弃自己的民族语言，改学日语。

1937年中日战争全面爆发，加上1941年底太平洋战争爆发，日本国内的男性青壮年都走上了战场，国内劳动力严重不足，在这种情况下，日本想起了自己的殖民地，一个朝鲜，还有一个台湾。日本政府有计划地将大量朝鲜、台湾人强行押解到日本本土，逼迫他们在工厂工作，或挖矿、修建军事设施。同时还有很多年轻人被强征到军队中，但是日本严格规定，台湾、朝鲜人不能加入“有技术”的海军；进入陆军也只能从事后勤保障工作，比如给战马当饲养员、当伙夫等。

这种情况一直持续到1945年8月15日日本投降。日本前脚宣布投降，后脚就立刻宣布朝鲜、台湾人不是日本人。因为根据《波茨坦公报》，日本的领土只有四个岛。日本要迅速将朝鲜、台湾人“切割”出去，目的在于减少支出。战后有三百万军人先后从海外战场回到日本本土，日本统治者深怕这些人掉转枪口对准天皇，因此要对他们进行安抚，一方面给他们介绍工作，比如进入日本国铁，同时让许多人进入大学，延缓就业时间，减轻劳动力市场上的压力。另一方面给他们发放复员费，让他们住进政府投资兴建的简易房中。这些“福利”当然不能让“外国人享受”。为了将滞留在日本的朝鲜人赶走，日本政府断绝了对他们粮食供应，不允许他们的子女进入日本的学校就读。日本鼓吹自己发动“圣战”的目的是要解放殖民地人民，可台湾和朝鲜就属于日本的“殖民地”，日本的所谓“解放”，其实就是要将更多的国家变成自己的“殖民地”。当初针对中国发动“甲午战争”，宣称是为了“朝鲜独立”，可最终却使朝鲜变成了日本的殖民地。日本说谎毫无廉耻。

日本强行将朝鲜、台湾战死者的姓名写进靖国神社可以，可活人想从日本政府那里获得复员费、各种补偿则没门儿！被强行押解到广岛、长崎的台湾、朝鲜人，他们并非出于自己的意愿来到日本，他们当中的许多人是被绑架来的，可在日本从事苦役期间，因美国投放原子弹而成了美国、日本的双重受害者。日本对本国的“原子弹受害者”提供医疗服务，死难者“合祀”在原子弹受害者纪念碑下的名簿中，可在原子弹袭击中死去的台湾人、朝鲜人、中国大陆人则不能“合祭”，朝鲜人、台湾人多次要求为死难者修建纪念碑也遭拒绝。也就是说，日本想说日本人是唯一的原子弹受害者。经过在日朝鲜人多年的不懈抗争后，日本政府才最终同意，在广岛和平纪念碑不远处的一个不显眼的小角落，修建一个祭奠朝鲜人受害者的纪念碑。日本曾计划要在广岛修建纪念奥斯威辛牺牲者纪念碑，想将原子弹与纳粹德国屠杀犹太人相提并论。

1950年6月朝鲜战争爆发后，在日朝鲜人因无法获得日本政府“配给”的粮食，他们的子女无法进入日本的学校，他们就自己筹集资金，建立了朝鲜人学校，自己教育自己的下一代。直至今日，只要是朝鲜人，他们就不能享受日本的各种福利，不能进入日本的大公司就业，朝鲜孩童在路上经常会受到日本人的袭击。

依照《日美安全保障条约》，在冷战期间，日本是反共堡垒的后方，而韩国则成为了首当其冲的前线，都是美国“自由主义”阵营中的一员，可日本拒不给自己的“盟友”赔钱。但日本对给盟主美国却从来不含糊，向美军提供基地的同时，还负担驻扎费。自1945年8月15日日本投降之后，南朝鲜向日本的索赔一天都没有停息过，日本一直耍赖，谈判没有任何实质性进展。直到有一天，日本突然发生了转变，日本表示愿意赔一部分，还有一部分作为经济援助。是什么原因促使日本转变呢？是中国原子弹试验成功以及后来日本背后积极推动的越南战争。

日本一直耍赖不赔钱，1964年10月10日到24日，甚至在东京举办了奥运会，而且日本首次申办世界博览会也获得成功，日本要向全世界展示自己的经济奇迹，又是高速铁路，又是国民所得倍增，日本前所未有的富裕，但是就是“没钱赔”。就在日本举办奥运会期间的10月16日，中国宣布首枚原子弹试验成功，这让日本大吃一惊。当时的日本首相池田勇人认为，中国是个只能向日本出口毛笔、砚台和原材料的穷国，没想到中国会成功引爆原子弹。日本此时急着要“换人换政策”，同时还不能暴露池田下台与中国试验成功原子弹之间存在因果关系，池田在奥运会闭幕后称病辞职，接权者是佐藤荣作。佐藤的哥哥岸信介1957年到1960年出任日本首相，他要帮助蒋介石反攻大陆，这次弟弟上台要围堵共产主义势力扩张，要为美军提供“后方支援”，怂恿美国在越南大打、特打。

日本人之“治国”，实际上就是“治家”的放大。家庭由身为“主人”的丈夫以及处在从属地位的“妻子”组成，丈夫有决定权、支配权及否决权，妻子只能在“主人”眼色的指使下有限行动。自民党与社会党就是政府中的“主从”政党，日本的政治就是“主从”政治体制。日本一直要求美国在越南大打，美国要日本提供实际支持，要日本出钱、出人。这时，以佐藤为首的自民党是“主人”，不想多出的时候，佐藤就说家里的“妻子”不同意，找社会党人来反对。

社会党人来中国来控诉“自民党是美国的附庸，受美国控制，希望中国在越南痛击美国，这样才能对佐藤的自民党造成打击，也是对社会党的有力支持。”实际上，自民党与社会党是一对夫妻，他们是一家人。社会党人从中国捞到了好处，自民党人就跟进；没有捞到时就否决。同样，自民党人找美国去捞好处，看到对自己不利时就鼓动社会党人反对，追随美国有利时，就让社会党人保持沉默。

美国要求日本“出人”，日本回应“受和平宪法制约”不能出人。那么美国就要求日本出更多的钱。既然日本无法出人，而且韩国也是美国围堵共产主义同盟中的一员，那么美国让韩国出人。他们替代黄种的日本人走上越南战场，为此日本要出他们的人头费。要韩国出人的同时，为了防备北朝鲜，韩国还必须具有足够的经济实力，而且这也是间接“保卫日本”。正是在美国的压迫下，日本才终于同意赔款给韩国并迈出了实际步伐。

为了避免出现战争赔款的字眼，这次日本对韩国的赔偿写成政府贷款及民间贷款，总金额共8亿美元。日本政府部分的总金额为5亿，3亿美元为现金赠予，2亿美元为长期贷款。此外的3亿美元为民间商业贷款。该《关于解决纠纷的交换公文》于1965年2月在汉城草签，6月22日在东京正式签署。它作为《日韩基本条约》中的一个附属文件，与《日韩基本条约》同时生效。为了这一天的到来，韩日之间进行了长达十四年的谈判，举行了超过1500次的会谈。

要是没有中国试验成功原子弹，日本想在越南消耗中国的力量，日本与韩国之间的赔偿谈判还不知道要磨蹭到什么年月呢。韩国驻日本的总统代表金钟泌①曾说：只有当日本右翼需要韩国的时候，韩国的问题才能够解决。也就是说，只有当保守政府需要韩国的时候，韩国的要求才会取得点滴的实质性进展，不符合日本右翼政府要求的韩国要求是不会被满足的。

在二战结束了近40年之后，鹰派人物中曾根当政时期，日韩之间才实现

① 韩国总统朴正熙的侄子。

了首次高层正式互访，中曾根首相于1983年1月先访问韩国，然后韩国总统全斗焕于1984年9月访问日本。而这时是中曾根挑战苏联的时期，中曾根称日本要成为美国在远东的不沉的航母，防卫苏联扩张的桥头堡。

日本这次拼命鼓噪所谓“与韩国有相同的价值观”，这实际上是安倍的“价值观外交”中的一张可利用的牌，因为存在北朝鲜问题，与中国争夺钓鱼岛问题，日本暂时压制自己想抢夺韩国独岛的念头，同时向韩国表示道歉，而这些都只是权宜之计，并非发自内心的、对韩国的真诚的道歉。

2010.10.9

走廊外交与电梯外交的背后

为了“偶然相遇”，日本首相追到了欧洲、追进了酒店、再从走廊上追赶中国的温家宝总理。

跟日本人打交道，首先须对日本人的习惯有所了解，否则会对其言行注入中国式解读，导致“误读”发生。“钓鱼岛事件”发生后，中国要求“无条件放人”，可日本的回应却是：“我们将按国内法处理，不要为此影响中日关系大局”。根本就是“你说你的，我干我的”，完全不理中国的茬，同时反诬中国“反应过激”。中国的正当要求会“影响中日关系的大局”，那么反问一句：“日本人心中的‘中日关系的大局’是什么？”在中国领土上抓走一个中国人，而且要依照日本的“国内法”法办，这仅仅是小事一桩吗？若是一桩小事，那么日本应该为“中日关系之大局”赶快把人放了，以实际行动维护“中日关系大局”。可日本并不想如此，日本还有更深的阴谋。如果让日本“按国内法处理”得逞，日本就可以通过这个案例，将“钓鱼岛”划入日本领土，变成中国人在日本领土上犯法，日本人用日本法律将其法办，同时还为日本今后可以随便抓捕中国人开了一个恶劣的先例。日本政府想玩弄阴谋把中国的领土弄走，这难道不是中日关系大局？如果这个不是，那么什么是？！近代史上，日本对李鸿章、蒋介石等，一贯使用这种手段。

对于日本之“强硬”，中国采取了前所未有的“柔中带刚”的回应，一贯坚持“无条件放人”，按照通俗的说法就是：不跟你多啰嗦，你们必须照我们说的去做。日本最后只能“自己打自己耳光”，以“留一条尾巴”的方式，不情愿地对中国提出的要求说了声“哈伊”，将詹其雄释放，宣称“缓期起诉”。

此后日本开始在国际社会上“装可怜”，渲染中国太“横暴”，“以大欺小”。偷袭珍珠港时，日本开出的理由是“存在A、B、C、D包围圈”，俨然日本是个“受害者”。1945年8月15日投降之后再次开始“装可怜”，为博得全世界的同情，向全世界哀嚎自己是“原子弹的唯一受害者”，用这种方式、方法转移他人的注意力，要将自己迫害他人的丑行掩盖起来。高叫“受害”，其实是想将真正受害者的呼声湮没掉。

二战结束后，日本想从苏联要回“北方四岛”，为此一直在国际社会上“装可怜”。日本称苏联没有“大国心态”，太“小家子气”，那么大的国土，连一个岛都要跟日本争。正是因为日本反复在国际社会上宣传，俄罗斯才回应“我们的确大，但没有一寸土地多余。”通过俄罗斯的事例，中国应该明白为什么日本总是到处散布“中国没有大国心态”。

日本1956年没有从苏联手中获得两个岛，是因为日本没有满足苏联提出的赠予条件。苏联赠送给日本两个岛的前提是，日本本土没有美军驻扎，将来不再对苏联构成威胁。作为善意的表示，苏联将两个小岛“赠送”给日本。也就是说，这是一种交换，你日本消除了对我的威胁，释放了善意，那么我们也有所表示，我们就送你两个小岛，换言之，你一直威胁我，我为什么还给你送礼？！

但日本认为两个太少，必须给我们四个。为此日苏之间没有签署“和平友好条约”。日本自恃有美国支持，从最初的讨要，变成了后来的威胁：“你不给我们四个岛，我们就要打你。”苏联态度立刻硬化：“我就是不给你，有种你发动战争夺回去啊！”

看到近代史上芬兰也曾与苏联之间有过领土冲突，日本因此拉芬兰，还到挪威等欧洲国家到处“哭诉”，日本想在国际上对苏联施压。

这次钓鱼岛也同样。

一方面是日本“右翼”在国内乱闹；另一方面是日本领导人在国际外交舞台频频挥手，声称我们愿意为化解矛盾与危机努力，而这种“配合表演”的背后，是政府怂恿“右翼”闹事，闹的目的在于促成中日领导人会面并以中国行政让步的方式收场。满足了日本的要求，日本政府就“可以控制”右翼，不合日本的意，日本就继续在国内外散布、渲染中国“以大欺小”，鼓动“右翼”继续乱闹，是为下一次会面创造机会。

日本方面为解决实际问题做出过何种人为努力？！除了继续对中国施压之外，没有任何要收手的迹象。佯装自己进行了外交努力，舞台竟然连走廊、电梯里也不放过。在国际场合找各种借口跟中国领导人“搭讪”，在钓鱼岛问题上却对中国施压。日本一方面“煽风点火”、“火上浇油”，另一方面领导人以“救火者”的面孔出现，想通过会面让中国领导人“行政让步”，因此才不断有所谓“走廊外交”。

给中国“面子”，而日本要的是“裹子”，日本知道中国人喜欢“自我陶醉”，“自我满足”地收“虚礼”。为了“偶然相遇”，日本首相菅直人追到了欧洲、追进了酒店、再从走廊上追赶中国的温家宝总理。

日本人以前曾批评国际社会对己不公，对日本的态度是“三ing”，分别是Bashing、Passing、Nothing。日本是个“纵向社会”，对大小、强弱，谁对谁应该说敬语，谁应该给谁鞠躬等，非常敏感。国际社会对日本“Bashing”，就是“敲打”日本，斥责日本是“经济动物”、“输出失业”；日本首相是“半导体推销员”。而“Passing”就是从日本人身旁走过，但只点个头，客气地打个招呼，寒暄一句“Hello”之类就擦肩而过；“Nothing”则是从日本人身边走过时，“视而不见”，雄赳赳、气昂昂地，招呼都不打，根本不把日本当回事。

对日本一些政治家来说，上述“三ing”中，“Bashing”虽然让日本不舒服，可竟然好过最后一个“Nothing”。“Bashing”还把日本当回事，当个靶子攻击一下，日本人最怕“Nothing”，他演戏，你睡觉，这是无视日本。日本战前驻苏联的外交官曾在自己的回忆录中写道：去克里姆林宫，苏联领导人的第一句话就是：“快说，你们有什么事？”日本人喜欢“漫不经心”地将自己赤裸的利益要求，包裹在无关痛痒的话题当中，俄罗斯人此时要“粗暴地”打断他们的“寒暄”，要他们“废话少说”。

日本民族是个“无利不早起”的民族，在1973年首次石油危机爆发之前，他们对阿拉伯人要么是“Passing”；要么就是“Nothing”，对待非洲国家至今如此。而英、美、德等国对日本，态度也基本上是“Bashing”或“Nothing”兼而有之，日本情愿他们对自己“Bashing”。

中国人自古以来有“远亲不如近邻”的想法，对日本不曾有过“三ing”态度，可日本却将中国的善意解读为：日本有钱、有一流技术，中国需要日本，因此对日本礼让。如今中国发展迅速，一、“不差钱”；二、上够了日本“转让技术”的当。日本国内难题成山，老百姓会说看人家中国搞的如何如何，你们在忙啥？日本一些政治家最怕国民说到自己痛处。因此他们要回避国内的紧要问题，而在国际上不断用“Bashing”朝鲜、中国的方式，迫使朝、中回应一下，以免自己被“Nothing”式地“边缘化”。

2010.10.15

从驱逐刘连仁到扣押詹其雄——析日本法官的逻辑

中国人在自家院子里挖白薯，这时来了个日本人说你家院子属于我，然后再说白薯秧的根发自我家，我为此来找你“讲理”。你不但“不讲理”，还把载我来的车撞坏了，因此我要把你和载你的车带走，“司法解决”。

2010年9月，福建渔民詹其雄率领自己的14个帮手，驾驶着一艘拖网渔船，在自己的传统渔场捕鱼，7日，遭到日本海上保安厅船只的驱赶和撞击，随后再赶来两艘日本海上保安厅船只，日本海上保安厅警察接着强行登上中国渔船，将船只扣押并连人带船一起押解到冲绳。晚上，日本政府决定以涉嫌“妨碍公务罪”逮捕詹其雄，自此，日本要治罪，中国要求放人的“钓鱼岛事件”爆发。

中国外交部屡次要求日本放人，可日本第一次只释放了一起押解到日本的其余十四名渔民，将船长詹其雄扣押了十天之后，再延长羁押十天。日本又是拍照，又是警察问话、调查，还放话要公布整个事件录像等，这不禁使人想起近代史上日本炸死张作霖、制造“九一八”、“七七事件”后，日本要向国际社会公布“证据”的闹剧。

中国人在自家院子里挖白薯，这时来了个日本人说你家院子属于我，然后再说白薯秧的根发自我家，我为此来找你“讲理”。你不但“不讲理”，还把载我来的车撞坏了，因此我要把你和载你的车带走，“司法解决”。日本说院子属于日本，白薯秧根在日本院子里，那就是“事实”，自己说完了接着就自己“执法”。这完全是强盗逻辑，是日本二战投降前的做法。

刘连仁（1913—2000），中国山东高密农民，1944年9月的一个上午，他正在自己村子里行走，突然被三名日本军人捆绑，接着被押解到高密县城关押，同被关押的还有被强行抓来的近百名中国农民。次日，他们被转送到青岛，总共有800多名从各地抓来的中国人，后来通通被塞入货轮的船舱，他们只能坐在尖利的矿石上，人与货一起，都被掳掠到了日本。刘连仁的妻子当时已有7个月的身孕，妻子以及未出生的孩子，都不知道刘连仁的去向及下落。

矿石和人，都是日本当时迫切需要的货及物，日本男女当时都在忙于“解放亚洲”的“圣战”。“皇军”要女人，就抓女性当性奴；日本国家需要人去干活，就抓男性来当奴隶。孔子的故乡当时都属日本领土，800多中国人被当作“牲口”运去日本，在日本看来，这属于他们“解救黄种人于白种人统治之下”的必需，此后刘连仁与其他100多名中国同伴被“分配”给日本北海道的一座煤矿，因不堪虐待，1945年7月，刘连仁与4个中国同伴一起从矿中逃出，后来4个同伴先后被日本人抓走，只剩下他一个人。在北海道的冰天雪地中，他如同野兽般地挣扎活着，过了13年。

1958年刘连仁被发现，日本警察给他的第一个罪名是：没有能够证实自己身份的证件，是“非法入境”的“间谍”，日本政府准备以“非法入境罪”起诉他，然而此后全世界都知道了刘连仁这个活生生的人的整个“来龙去脉”，他在中国被日本军人非法绑架，接着非法被掳掠到日本，此后再被非法关押在北海道的矿山中当奴隶，日本政府“贼喊捉贼”，将“非法”的罪名强加在这个无辜、无助的中国人身上，造成他悲惨人生的，正是日本，这个“非法”政府才最应该坠入地狱。日本政府明知自己是“真凶”，还将自己装扮成“合法政府”。

与其他死在异乡，再也无法控诉日本的中国同胞不同，刘连仁活着回到了故乡，见到了分别14年的妻子和已经长大的儿子。且不说刘连仁在北海道的“野人”生活有多么惨烈，仅父子俩从未见过面，家人之间相互不知对方死活、身处何地这一项，就能知道日本的罪孽有多深重，对中国人的伤害有多大①。刘连仁一家仅仅是千百万个被日本祸害的中国破碎家庭的代表，一个缩影。

1995年之后，刘家父子到“法制健全”的日本，要求日本政府对自己被抓14年给个说法。2001年，日本东京地方法院一审判决日本政府赔偿2000万日元，也就是说，刘连仁“非自愿”地、花费了14年时间进、出日本一次，值2000万日元。2000万日元的数字如何估算出来先暂且不论，刘连仁不服上诉，2005年日本高等法院二审判决称：事实存在，但超过诉讼期限，不符合

① 如今的日本政府常以“人权”说中国的事，“前事不忘，后事之师”，以上是看清日本政府嘴脸的、最好的“人权保障”案例。

国家赔偿法，因此一分钱不赔。[①]

也说就是，刘连仁被日本军人绑架到日本当奴隶，在北海道当了13年野人等都是事实，但你活着也“过期”了，它与当今政府无关，现在的政府没有责任。

1958年的日本政府，原本想利用刘连仁之发现，攻击中国向日本派遣“间谍”，“图谋颠覆日本‘合法政府’”，可事后一看此路不通，属“搬起石头砸自己的脚”，因此赶快找一个“驱逐出境”的罪名，用“驱赶”的方式，替战前的日本政府“揩”了屁股。欲找罪名对刘连仁治罪时，现政府与军国主义政府一样恶；到刘连仁找当今的所谓“法治国家”讨要公道时，现政府却将一切“恶”都归在军国主义政府头上，一副“前政府干的事与我们无关”的嘴脸。[②]

与1944年刘连仁被抓走同样，2010年詹其雄同样是在自家地盘上和平劳作，日本海上警察来了，接着就将詹其雄抓走。这次抓人倒不再是因为日本国内需要“奴隶”，想掳走詹其雄到日本当“奴隶”，而是日本想通过对詹其雄治罪，证明钓鱼岛不属中国领土，属于日本领土。钓鱼岛属军国主义政府当强盗时抢夺走的“赃物”，一个口口声声、时时刻刻要与军国主义强盗政府划清界限的现政府，竟然想将当年的“赃物”洗白，变成“合法遗产”？！

日本的强盗逻辑是一套一套的，这次的“罪名”先在“妨碍公务”与“器物损害”之间游走，最后看连“罚款放人”都玩不转，就来一个“考虑到中日关系大局”，“保留处分”释放。玩弄所谓“国内法”的实质，就是想将钓鱼岛圈入日本。当有了这个先例之后，下次日本就要用“非法入境”、“驱逐出境”抓、放中国人了。

在詹其雄释放上，玩行政高于司法；可刘连仁事件上，玩司法高于行政。

日本政府与法院唱双簧，好似现政府身上附着军国主义政府阴魂一般，面对军国主义政府当年的“孽债”，现政府拒绝认账；而对于军国主义政府当年抢夺到的“赃物”，有可能持有，现政府就千方百计要占有。塞班岛当年也是

---

① 战后日本政府对参加战争的日本军人、军属的赔偿总额高达40万亿，相对这些战争的参与、加害者，对遭受日本战争侵害的亚洲国家的赔偿总额才区区1万亿日元，加害者是受害者的40倍。

② 西德于1956年制定了《补偿法》，1966年修订，政府支付了总额高达796亿马克的补偿费，1991年还制定了《波兰和解补偿法》，依据上述法律，对战争受害者的补偿一直持续至今。据说补偿总额已累计达1223亿马克，相当于10万亿日元。

日本一战后从德国手中抢夺来的，如今却是美国属地，咋没看到日本去向美国讨要呢？！

尽管日本政府的强盗逻辑依旧，但如今中国强大了，中国绝不会让今日的詹其雄再成为昔日的刘连仁！

2010.10.17

宣传牌提示日本民众：对北方四岛要用“心”去想。

精武馆的拳头如何PK诺门罕坦克的钢铁躯壳

眼前的炮弹壳、坦克和火炮，无不在阳光的照射下，懒洋洋地散发着寒光，不但本身冰冷，而且还通过冰冷、坚硬的金属身体，告诉你一个“超COOL”的现实：胜败的决定者是钢铁和科技。

20世纪80年代在上海读书期间，因看了电视剧《霍元甲》，突然开始对“精武会馆”产生了浓厚兴趣，某日专程前往位于上海虹口四川路上的“精武会馆”参观，当听说这里就是当年霍元甲曾主持过的武馆时，既惊讶又激动，立刻报名加入。这里每天都有不少男女前来习武，晚上尤其人多，那场面完全可以用壮观来形容。通过格斗，既可以强身健体，又可以锻炼斗志，在人人都感觉只有通过高考才能改变人生的年代，中国人最缺的，似乎应是强健的身体及高昂的斗志。

2000年，出于对“风吹草低见牛羊”的大草原的憧憬，专门去了一趟呼伦贝尔草原，在满洲里，参观了当年日本军队在这里修建的地下工事。据守门的工作人员介绍，至今仍没搞清楚地下工事有多长？多少出口？有多少不同用途的房间？现只开放了一部分供人参观。

参观了满洲里的地下工事之后，再去诺门罕战役遗址参观。蓝天、白云下的绿色大草原上，任何人工雕琢都会异常醒目。在诺门罕战役遗址，锈迹斑斑的炮弹壳、露天摆放的坦克、大炮，让你亲身感受到平静的此地，曾经是人马喧嚣、硝烟弥漫的战场。举目远眺，天际处是外蒙古，空寂的草原上，能够听到的只有风声；能够看到的突袭者，只是偶尔成群飞来的蝗虫。

空寂让我突然回想起上海精武会馆的狭小空间，那里人与人之间的搏斗靠拳头与身体，相互搏击，要么汗水飞舞，要么鲜血迸发，霍元甲来到诺门罕会怎样？这是当时的首个疑问。在电视连续剧中，每看到他凭拳头战胜了日本人，看电视的众同学都会喝彩、跺脚，尖叫、欢呼声会让整栋楼震动，可精武会馆中的老祖宗的“国粹”，霍元甲钢铁般的意志、钢铁般的拳头，跟大草原上摆放着的“钢铁”完全不属同一层次。他来这里挥拳舞腿，充其量只能扬起沙尘！在这个他可以无限发挥的空间，他所起的作用只能是自娱自乐。这里的场景，会让你对“钢铁”及“冰冷”，有前所未有的深刻理解和感悟。

眼前的炮弹壳、坦克和火炮，无不在阳光的照射下，懒洋洋地散发着寒光，不但本身冰冷，而且还通过冰冷、坚硬的金属身体，告诉你一个“超COOL”的现实：胜败的决定者是钢铁和科技。

回想二战史中，德国入侵波兰，具有中世纪贵族风范的波兰骑兵看到他们无法抵抗德国的机械化部队，他们在“不战胜毋宁死”的精神支撑下，骑上战马，挥舞着钢刀，高喊着杀敌的口号，奋勇冲入德军阵地，而坐在坦克和战车中的德国军人，以逸待劳地等着他们冲到自己身边，然后冷酷地扣动扳机，波兰骑兵成片地倒下……

1931年“九一八”之后，日本关东军只付出了百余人的死伤代价，在四个月的时间里，就占领了相当于自己国土面积三倍的中国东三省，看到中国如此好欺负，1937年日军再侵入中国长城以内，到了1938年底，中国的半壁江山都在日军铁蹄的蹂躏之下。1938年6月，狂妄的日本关东军在中、朝、苏的三角边境地带挑起“张鼓峰事件”，当时日本驻苏联大使是重光葵，他将“七七事变”时向蒋介石玩弄的那一套继续兜售给苏联，说政府的方针是“不扩大”，但军人“狂暴”不听话。苏联人听归听，亮剑归亮剑。小打奉陪，大打则准备派遣远程轰炸机从海参崴起飞轰炸日本本土，一切让日本自己看着办。日本最后自己主动撤离了战场。

一年之后，关东军再将战场转移到内蒙与外蒙边界。首先，日本认为外蒙军队不堪一击，同时乘机检测一下外蒙与苏联军事互助条约是否真有效；其次，新组建的关东军机械化旅团刚好配齐了装备，日本要在开阔地上，打一场与“张鼓峰”完全不同的大战。再有就是要给投敌的汪精卫、拒绝投降的蒋介石展示一下日本陆军的实力。

天气刚一开始适合作战，日本军队就在5月发动突然袭击，在最初的几次战役中，日军小胜。斯大林遂于6月1日任命朱可夫为远东军区司令，6月5日朱可夫到达现场后，立刻开始侦察并着手准备。骑兵出身的朱可夫为了首战告捷，下令火速调运各种战略物资，莫斯科方面全力支持他的要求，将坦克、大炮、飞机、汽车、炮弹等大量物资源源不断地运到。

日本方面集结了近4万军人，坦克135辆，甚至邀请了不少外国记者前来观战，显然，他们对战胜朱可夫充满信心，日军指挥官之一就是与朱可夫有过一面之交的日本陆军前驻苏联武官。他认为自己很了解朱可夫的作战方法。

日本人认为战场距离铁路线还有400多英里，苏联红军准备起来远没有日本那么迅速，当时日本在海拉尔一带已经修建好了铁路，可迅速调运物资。没想到苏联红军硬是用汽车昼夜不停地运送物资。7月1日，日本发动进攻，苏联军队“溃败”，日本军队迅速地跨过了哈勒欣河。

广袤的大草原视野极佳，双方可利用的遮掩只有夜幕，朱可夫下令苏联红军在沙漠上挖坑，坦克在夜晚驶入，然后再用土填埋伪装，当日本军队乘车、骑马、步行追击，轻松地在哈勒欣河上架桥并渡河后，日军决定乘胜猛攻，没想到苏联坦克突然从地下冒了出来，在河边迅速切断了日军的退路，天上苏军飞机轰炸，地面上苏军炮轰加坦克横冲直撞碾压，日军成为了钢铁的追逐对象。苏军用连发冲锋枪，日军用单发、带刺刀的三八大盖；苏军运输用汽车，而关东军的主要运输工具是战马，战马拉大炮、拉炮弹，军人则步行，日军让重武器发挥作用的前提是，先照护好自己的战马。面对苏军的T26、T28，日军的钢皮坦克根本不是对手。日军挖坑，让军人躲在里面，当坦克到来的时候，就将捆绑在竹竿上的炸药包捅过去，后者是“反坦克投弹筒”的原型。

日军在仓皇逃命的过程中，怕苏军坦克尾随冲过河，自己派工兵将浮桥炸毁，结果许多日军要么在河里成为了苏军的靶子，要么在河边被苏军消灭。7月3日到5日，仅仅三天的战斗，日军再也不敢渡河。

前来观战的外国记者，看到的是不可一世的日军精锐部队惨败，日本觉得大伤颜面，决心报复，下一次要打胜仗给所有人看。

此后的一个多月里，日本再集结了7万多兵力。而斯大林认为，若不对日军给以重创，日本还会不断地在边境制造事端。因此下令再打一次大的，彻底扑灭日军的嚣张气焰。在日军积极备战的同时，苏联方面更大规模地调兵遣将。朱可夫利用各种手段散布假消息，知道电话被日军窃听，就故意在电话中谈论防守。还散发了小册子，其中提到严密防守。日军以为只有自己会主动进攻，只有自己会偷袭。朱可夫得知日军将在8月24日发动进攻，而8月20是星期日，日军当官的都跑到海拉尔等地进行战斗前最后的潇洒去了，早上5点45分苏军开始进攻，命令在进攻开始前的三个小时才传达给士兵。这次战斗共打了十天，日军自以为自己擅长夜战，没想到苏联使用了新的作战方法，在天上投放照明弹、地上打开探照灯，让夜间变成白昼，日军像喷洒了农药后的蝗虫，成片地死去。

8月23日，希特勒与苏联签署了《苏德互不侵犯条约》，接着，平沼内阁总辞职。原先威胁苏联的那个重光赶紧出来要求停战，9月15日，苏蒙与日本代表在莫斯科签订了同意在哈勒欣河流域结束一切战斗行动的协议。

9月之后的主要作战，是苏军“观摩”日军挖坑放火焚烧自己阵亡士兵的尸体。日军死亡5万多人。

根据溥仪回忆，关东军司令植田谦吉在1939年11月间前来向他道别，告诉他关东军在对苏战役中取得了决定性的胜利，可溥仪也不傻，他知道日本是个“论功行赏”的国家。植田在“九一八”、上海“一二八”之后不断升官，“一二八”后他参加在上海虹口公园举行的庆功会，因朝鲜义士投掷的手榴弹被炸飞了一个脚掌，回国后他仍升任大将并再来中国出任关东军司令。回国后升官，就说明打了胜仗，可这次植田一边吹嘘打了大胜仗，一边说回国后将进入预备役，这本身表明植田在说谎。如果真战胜了日本陆军的头号敌人苏联，植田应回国升任元帅。

诺门罕日军之惨败，一使日本陆军不敢再对苏军挑衅，此后陆军积极推动海军“南进”：二为日本海军立了规矩。这次惨败后陆军严密封锁消息，将生存者关入医院，逼迫当官的自杀，或指使下级士兵将当官的刺杀。1942年日本海军中途岛海战惨败后，日本海军采用了同样的手段，严密封锁消息，同时让部分军官自杀或找人杀死知情人。

1937年日本在卢沟桥，1938年在中、朝、苏三国交界处张鼓峰，1939年在中国内蒙与外蒙的交界处诺门罕，三地、三次挑起战争，每次制造事端后的日本的对应手段都是相同的，都是政府决定“不扩大”。但政府一边对外宣传“不扩大”，让外国军人“别打了”，但自己的军人却继续作战，不断扩大。日本政府接着再诡辩“军人狂暴”，不听话。变成“如果你们不让步我们政府就无法管制住军人。”说政府无法控制军人是谎话，以上三次对外战争，唯有针对中国的战争是在“不扩大”的谎言中越打越大，直到1945年日本彻底战败投降才最终结束。而1938年在张鼓峰、1939年在诺门罕，这两次却都在日本政府的严令下停了下来。

“相扑”被称为日本的“国技”，相互格斗中败者的经典动作是：对胜者深深地鞠一个躬，然后退下。

打不过对手的时候，日本人会说自己“热爱和平”，而所谓“希望和平”，仅仅是为了保护自己避免遭到痛殴，一旦发现对方比自己弱，他们一定要将对手打到无法反击时才停手。

2010.10.17

和平必备——美国第七舰队指挥舰上的铭牌

美国太平洋舰队第七舰队“鹊巢鸠占”，横须贺海军基地二战前曾是日本的海军基地，可现在的基地主人却是美国人，旧主人被驱逐，新主人进驻，一切都缘于日本不敌美国的“Power”。

7月4日是美国的“独立纪念日”，每年的这一天，驻日本美军基地都要举行庆祝活动，庆祝内容之一是对外公开开放基地，让一般民众可以入内参观。对于“开放”，美军主办方声称是为了“亲民”，但从参观者的角度，还可理解为美军展示“肌肉”。

1996年7月4日的这一天，我登上了美国太平洋舰队第七舰队的指挥舰。甲板上指挥塔的一侧悬挂着一块金属铭牌，上面刻着一句浅显的英文：The power is ready for peace（为和平准备好了力量）。

同一天，我还首次登上了美国的航空母舰，可事后一直引发我无穷回味的，不是军舰中的“横纲”—美国的航空母舰，而是这句言简意赅的英文。

美国太平洋舰队第七舰队“鹊巢鸠占”，横须贺海军基地二战前曾是日本的海军基地，可现在的基地主人却是美国人，旧主人被驱逐，新主人进驻，一切都缘于日本不敌美国的“Power”。

美国的罗斯福家族出过两个美国总统，一个是西奥多·罗斯福（1858—1919）；还有一个是富兰克林·罗斯福（1882—1945）。富兰克林·罗斯福与远房叔叔西奥多·罗斯福有很多相似之处：俩人都毕业于哈佛大学，都出任过纽约州州长，都在出任海军部副部长期间，美国卷入了战争。

老罗斯福任美国海军部副部长时，美国与西班牙之间爆发了“美西战争”，为了上战场，他甚至辞去了海军部副部长的职务，亲自率领军队进入古巴。“美西战争”的另外一个重要结果是，美国从西班牙人手里获得了菲律宾及关岛，当时的美国总统麦金莱“鼓励”岛国日本“北进”，美国后来与日本联手积极镇压中国的“义和团”，1901年麦金莱总统遇刺后，时任副总统的老罗斯福接任总统。在他任职期间，他支持日本发动对沙俄的战争并积极参与两国“议和”，还因此获得了1906年诺贝尔和平奖。而事后他在私下说：“黄祸没有了，斯拉夫人也不可能威胁世界了。”

美国总统威尔逊1913年任命小罗斯福出任海军部副部长，此后爆发了“第一次世界大战”。小罗斯福1928年出任纽约州长，1932年竞选美国总统。1939年9月第二次世界大战爆发，此时正好是他第二个任期即将结束的时候，但1940年他成功连任第三届总统，1941年8月与英国首相丘吉尔在军舰上签署了著名的《大西洋宪章》，1941年12月8日日本偷袭珍珠港之后，美国对日本宣战。

1942年1月30日是小罗斯福总统的60岁生日，尽管60岁生日值得大庆，但因战争正在进行中，所以庆生晚会只在白宫内小范围举行。在《罗斯福回忆录》中，详细地记录了总统吹熄蜡烛的戏剧性瞬间。所谓“戏剧性”瞬间倒不是这时发生了什么意外或故事，而是因为精美蛋糕上的蜡烛为日本制造，因此“吹熄蜡烛”极具象征意义。

对美国总统罗斯福来说，战胜日本好似吹灭蜡烛一般简单。此举还存在另外一种解读：总统希望在与日本间的战火熄灭之后，再举行盛大的庆祝活动。在吹熄蜡烛后莞尔一笑的罗斯福总统看来，日本太不自量了，日本当时能够出口到美国的，仅蜡烛之类的低级产品而已，而美国向日本出口的却是汽车、飞机发动机、石油、钢铁等，如此欠缺“Power”同时又推崇“Power”、只认“Power”的日本人，竟然要与美国在“Power”上过招。

1941年1月，日本政府派遣前海军大将野村吉三郎（1877—1964）赴美“谈判”，之所以派他出使美国，一是因为他英语流利，还有就是在一战期间，野村时任日本驻美国使馆武官，而当时小罗斯福是美国海军部副部长，因美、日都对德国宣战，俩人在这期间接触较多。日本武士的历史是“非恩人不宰；非熟人不宰”，利用“朋友交情”蒙骗美国，容易让小罗斯福丧失警惕，这样日本才能在偷袭美国时造成更大打击。①

1941年3月，陆军的岩畔豪雄（1897—1970）少佐作为日本驻美使馆武

① 后来派来的另外一个外交官来栖三郎，曾出任过驻德国大使，因为他英文流利，夫人是美国人，在众人看来他是美国的女婿，亲美派。而恰恰是与罗斯福总统是好朋友的野村吉三郎与美国女婿来栖三郎，两个人联手将欺骗美国的外交谈判表演到了极致。

官而被派遣到美国，陆军一直以对外强硬闻名。陆军在日美谈判的关键时期赴美，一是要让他牵制野村，以防野村对美国泄密或有软弱表现；还有就是要利用岩畔访美，让他刺探并收集美国军队方面的情报。岩畔号称“科学家特工”，日本陆军的中野间谍学校在他手中组建，在对中国的作战中，他印制高达几十亿的伪钞破坏蒋介石国民政府的经济；他制造假护照、假军官证明等，派遣各类人物渗透到中国的各个领域，正是因为他打“看不见的战争”的能力超强，日本才派他到美国。美国也因此高度神经紧张。岩畔在美期间，美国间谍机构派人24小时盯梢他。岩畔3月份到美国，德苏战争爆发后的7月份回国，可他回日本后，完全变了一个人，他带回了意想不到的“有价值”情报。他用日本人擅长的方式，制作了一个通俗易懂的表格，将美、日之间的工业能力差异一目了然地罗列其中。说美国的飞机制造能力是日本的5倍、汽车450倍、钢铁20倍、煤炭10倍、石油500倍等，从武器装备到战争物资，日本所有方面的“Power”都不敌对方，他因此得出结论：日本完全没有能力挑战美国。据说岩畔总是问别人“我们这样能打赢吗？”而其他军人们的回答却是：“胜败已经不在考量范围内了”。陆军大臣东条英机认为他扰乱军心，8月份，将他调任近卫步兵任第五联队长。

日本偷袭珍珠港之后，岩畔被派往南方军司令部，岩畔临离开东京前往南方战场时曾说：不知能否活着回来，如果能活着回来，那时东京肯定已是一片废墟了。战争途中他曾回过东京一趟，但东条依然掌权，与美国“和谈”也没门，东条再次将他驱赶到南方战场。

1945年4月，吹熄日本产蜡烛的美国总统小罗斯福自己灯油耗尽，他没能等到吃庆贺美国战胜日本的蛋糕的那一天。美国并没有封锁他去世的消息，日本军部在得知消息后，庆贺“神风”再次降临日本。罗斯福总统的接任者杜鲁门，上任后奉行西奥多·罗斯福的Power invariably means both responsibility and danger（实力永远意味着责任和危险）原则，为了加速和平的到来，他承担了巨大责任及风险，决定向日本投掷美国最新研制成功的原子弹，“神风”没有降临日本，而原子弹造成的人工风暴却吹熄了日本最后一丝的战斗意志，1945年8月15日，日本宣布投降，此后美军在日本登陆，修建基地并一直驻扎至今。

武士的后代只认“Power”。

2010.10.17

美国前国务卿杜勒斯力压日本重新武装

1945年日本投降之后，“对日和平谈判”反反复复，进展不大。1949年5月18日，杜鲁门总统任命杜勒斯为国务卿的外交顾问，全权负责对日媾和工作。之所以共和党人能获得这项任命，完全是因为杜勒斯有与中国、日本打交道的经历。杜勒斯家族曾屡被日本欺骗，因此，他更清楚应该如何对付日本人。

在美国德克萨斯大学奥斯汀分校里有一个大型图书馆，里面保存了许多引起世界发生重大变革的珍品，比如世界上的第一张照片。另外一个引人注目并且特殊的展品，是约翰·福斯特·杜勒斯（John Foster Dulles 1888—1959）在担任国务卿（1953—1959）期间的办公室，它由杜勒斯家族捐赠，将他生前的办公室以及里面的用品通通搬了过来。

杜勒斯与他的外祖父同名，外祖父约翰·沃森·福斯特（John Watson Foster1836—1917）是一名律师兼外交官，在本杰明·哈里森总统任内出任国务卿，在1893年出任国务卿期间，约翰·沃森·福斯特与劳林·瑟斯顿（夏威夷内政大臣）合作，曾试图兼并夏威夷，但没有成功。后赋闲在家，于1895年作为李鸿章赴日谈判代表团的外国顾问，在李鸿章到达日本马关之前先到达日本。他参与了《马关条约》条约谈判的整个过程。将日本人如何欺骗、威胁中国人看了个透彻。

杜勒斯在普林斯顿大学学习期间，其外祖父作为中国清政府的外交顾问，出席了1907年在荷兰举行的第二届海牙和平会议，时年19岁的他陪同外祖父出席了这次会议。在这次会议期间，朝鲜国王派代表前来控诉日本对朝鲜名曰监管、实为吞并，可作为主席国的沙俄反对将其列为审议议题，朝鲜代表愤然自杀，这件事对杜勒斯刺激颇大。

在外祖父的影响下，杜勒斯放弃了当传教士的理想，改学法律，转学到华盛顿大学法学院读书期间，他常随外祖父出席白宫的各种活动，而且家里常有威廉姆·霍华德·塔夫脱总统、前总统格罗夫·克利夫兰以及后来的伍德罗·威尔逊总统之类的人物来访。法学院毕业后，他进入苏利文·克伦威尔律师事务所工作，不久后成为了合伙人。

1915年春，威尔逊总统提名罗伯特·兰辛（Robert Lansing 1864—1928）接替威廉·詹宁斯·布赖恩担任国务卿，兰辛是杜勒斯的姨父，兰辛于1890年娶了福斯特的女儿（Eleanor Foster）。在1914年—1920年的7年间，兰辛出任美国国务院的法律顾问兼国务卿。

1915年，日本对中国提出了臭名昭著的《二十一条》，当时中国对美国充满期待，第一时间就将所有内容通报给了美国方面，尤其是被视为绝密的《第五号协议》，它基本上是《第三次日韩协约》（1907年）的翻版。美国总统威尔逊在1915年5月11日发表了著名声明，"一切与美国的条约以及门户开放政策相抵触的条约，美国都不予承认"，该声明就出自兰辛之手。

两年之后的1917年11月，日本的石井菊次郎（1866—1945）与兰辛签署了《石井·兰辛协定》，美国的初衷是希望通过条约的方式约束日本的行动，美国不承认日本在中国存在"特殊利益"，可日本说好似美国对自己的后院——加勒比海中的国家，地理上的距离造成了"特殊利益"，日本与中国"同文同种"，历史交往多，因此存在诸多"特殊利益"。日本重申维护中国的主权和领土完整，同时保证"说服"中国加入第一次世界大战，兰辛因此与日本签署了该秘密协定。

1918年日本出兵西伯利亚，出兵理由是"保护捷克的士兵安全返回"，可实际上却是想利用苏联这个新生国家初始建立之时占领西伯利亚。1919年"巴黎和会"，兰辛带着自己的外甥杜勒斯参加"巴黎和会"，这时结识了日本代表团的副团长牧野伸显（萨摩藩大久保利通的二儿子）及他的女婿吉田茂，杜勒斯比吉田茂小十岁。

兰辛曾建议威尔逊不要去参加"巴黎和会"，对他准备建立"国联"也表示强烈反对，但威尔逊坚持要去，并在"巴黎和会"上积极推行他的"国际联盟"计划。其间日本提出对中国山东的领土要求。中国既是参战国，也是战胜国之一，可胜利的结果却是自己的领土被日本当"战利品"拿走。威尔逊坚决反对日本拿走中国山东，日本遂以不加入"国际联盟"反抗，威尔逊总统迁怒于兰辛与日本签订协议时没有注意，总统与国务卿之间出现裂痕，最后威尔逊建立"国联"的理想未能实现，美国国会也因此没有批准《凡尔赛条约》。这些也当然影响到了兰辛与总统之间的关系，1920年，威尔逊总统令兰辛辞职退出政府。

1945年日本投降之后，“对日和平谈判”反反复复，进展不大。1949年5月18日，杜鲁门总统任命杜勒斯为国务卿的外交顾问，全权负责对日媾和工作。之所以共和党人能获得这项任命，完全是因为杜勒斯有上述与中国、日本打交道的经历。杜勒斯家族曾屡被日本欺骗，因此，他更清楚应该如何对付日本人。

1950年6月6日，他提出了对日本问题的首个备忘录。

1950年6月17日，有两个美国代表团同时访问日本，一个是国务院的代表团，它由特别顾问杜勒斯及东北亚局局长阿里森率领，还有一个是国防部的代表团，它由国防部长约翰逊、参谋长联席会议主席布莱德雷率领，杜勒斯找吉田茂谈“对日媾和”问题；国防部跟日本谈未来日本安全问题、美军驻扎问题。国务院与国防部的大人物们同时聚集东京，这是继1948年3月凯南和德雷帕访问以来的首次。

杜勒斯到达日本后就去了韩国，在韩国待了三天，在“三八线”上用望远镜观察了北方，他与李承晚就安全问题举行了会谈。6月21日飞回东京。22日他与麦克阿瑟会见。23日会见吉田茂。

日本虽然制定了《和平宪法》，但并不希望与所有国家“媾和”，真正成为一个“中立国家”。吉田茂玩弄阴谋，口头答应要成为美国对抗苏联的桥头堡，为美国对抗苏联“贡献力量”。

而美国既不想跟苏联打仗，更没想过要打苏联时拉着日本这个帮手，美国只想让美军继续在日本驻扎，真实目的是防止日本的军国主义复活。日本以前答应了美国的要求，还为此专门派遣了大藏大臣池田勇人作为吉田茂的特使，到美国传达日本的想法。可一个月后杜勒斯再来日本要求日本明确时，他发现吉田茂又开始玩弄“两面三刀”了。在麦克阿瑟的安排下，杜勒斯与吉田茂在6月23日举行会谈。对于日本重新武装，吉田茂以国力不堪负担，《和平宪法》深入人心，民意会推翻现政府等来抵制美国的要求。杜勒斯实际上早就预料到了日本人会玩这一手。国务院在东京的政治顾问西博德回忆说：“吉田笑着，说话绕弯子，不着边际，还狡猾地打着比方，竭力避免作出任何承诺。”

杜勒斯还秘密会见了昭和天皇裕仁，天皇建议杜勒斯听取日本实力派人士尤其是那些被清洗的人的意见，也就是说，吉田茂如果不配合，可以找一个配合美国占领政策的人替代吉田茂。杜勒斯发现，所有日本人都强烈反对重新武装，但又没有让日本“中立”的想法，杜勒斯从与所有人的谈话中得到的结论是：“日本拒绝重新武装，却要求美国保护。”

美军驻扎，费用要自己掏；而美军“保卫日本”，则日本必须支付一定费用。日本一方面称要帮助美国打苏联，一方面要美国保卫日本，杜勒斯知道日本人又在欺骗，玩弄阴谋。美国在1948年6月10日已经通过了《范登堡决议》，要求“集团防卫”、“同盟”必须是对等的，只有在对方可以保卫美国的前提下，美国才保卫对方，这等于堵死了美日结盟的路，至于日本将美军驻扎说成是“保卫”，那么就请付钱。

就在大家争论不休，看不出何时才能争出结果的时候，6月25日朝鲜战争爆发。自1947年以来争论不休的问题，突然因这次战争爆发而有了飞跃性的进展。美国当时在日本驻扎有四个师，因战争爆发，驻日的三个师都要开赴朝鲜战场，日本要么跟随美国一起出兵“集团防卫”，要么美军“全上前线”，日本自己保卫自己。

战争爆发的次日，26日，在盟总的安排下，杜勒斯会见了日本各路领导人。他立刻感受到日本人在对待美军基地问题上，“态度出现了‘令人鼓舞’的积极变化。”

日本很清楚，仅凭北朝鲜、中国的力量，是无法打过大海的，但日本最怕苏联参战。7月8日，麦克阿瑟致函吉田茂，要求日本政府组建一个7.5万人的国民警察预备队，并将海上保安队从1万人增加到1.8万。这支队伍全部采用美式装备。以前美国国防部斥责杜勒斯异想天开，不切实际，这时才知道杜勒斯对付日本的方法很奏效。

10月19日，中国志愿军赴朝，11月25日，志愿军发起第二次战役，联合国军“溃败后撤”。11月30日，杜鲁门在记者招待会上宣称，“不排除对中国使用原子弹。”这实际上是将日本人的想法从美国总统口中说出，吉田茂一直怂恿美国对中国使用核武器。在此之前的秘密谈判中，探讨对苏联使用核武器的可能性，日本不准美国针对苏联在北海道使用核武器。

1950年12月8日，杜勒斯写信给艾奇逊，提出要利用朝鲜战争的有利时机，迅速缔结对日和约。1951年1月10日，杜鲁门任命杜勒斯为总统特使，1月23日，杜勒斯再次访问日本。1月25日抵达东京，29日，他与吉田就对日和约及安全保障条约举行了会谈。2月11日离开日本。

在与吉田的第一轮会谈中，吉田茂明知对中国开展贸易实际上很困难，但仍大谈要美国支持日本对华贸易。日本实际上是想要美国对日本开放市场，增加对日投资。而且他同时反复强调，日本对中国非常了解，很有经验，商人可以成为反中共的最好的“第五纵队”。

在杜勒斯操刀下，日本于1951年9月出席了在美国旧金山举行的和平会议，签署了《和平条约》，此后吉田茂一个人与美国代表签署了《日美安全保障条约》。

1952年艾森豪威尔宣布加入共和党并竞选总统，竞选时他攻击杜鲁门政府对共产主义扩张太软弱。在艾森豪威尔开始竞选前，杜勒斯以出席在巴黎的演讲为由专程去见任北约司令的艾森豪威尔，两人进行了深入的密谈，后来艾森豪威尔回国参加竞选，在杜勒斯的帮助下竞选成功。艾森豪威尔当选总统后提名杜勒斯出任国务卿。艾森豪威尔希望杜勒斯“担当起国际检察官的重任”，而杜勒斯的原则是“不与犯人打交道”。

1947年，美国在战略情报局办公室的基础上组建了中央情报局，杜鲁门及国务卿艾奇逊都认为这个部门重要，在艾森豪威尔任总统的时代，国务院与中情局之间的合作空前紧密，因为中情局的局长与国务卿实际上是两兄弟分别担任。爱伦·杜勒斯是弟弟，他曾作为战略情报局欧洲分部的负责人，1945年在瑞士与日本代表有过秘密接触，他当时探知到日本希望保留天皇制投降。杜勒斯任国务卿期间非常勤奋，每天从早到晚都只知道工作，每天工作结束前他都会前往白宫，向艾森豪威尔汇报一天的工作，在确定没有其他活动之后，他才回家休息。

1953年艾森豪威尔刚就任总统，东、西德就爆发危机，苏联要对西柏林实施封锁，而美国等则要突破禁运，美、苏之间的第三次世界大战“一触即发”。危机的处理结果却是：美国完成了二战后在欧洲、亚洲的战略布局。一战后英、法在德国联合驻军，但二战后却是战胜国将德国分割占领；对日本则是美国单独占领，日本说占领是保护，为了集团防卫，美国对此“没有异议”。

2010.11.11

『最后一个投降』的日本兵究竟是谁

在小野田之前有一个日本老兵名横井庄一（1915—1997），他于1972年1月在关岛被发现；在小野田之后还有一个叫中村辉夫（1919—1979）的，他才应该是“最后一个投降的日本兵”。

一些媒体称“二战最后一个投降的日本兵叫小野田宽郎（1922—2014），他于1974年3月在菲律宾‘奉命投降’”。

这么说是错的。

在小野田之前有一个日本老兵名横井庄一（1915—1997），他于1972年1月在关岛被发现；在小野田之后还有一个叫中村辉夫（1919—1979）的，他才应该是“最后一个投降的日本兵”。他于1974年12月在印度尼西亚的莫罗泰岛上的原始森林中被发现。从时间上来说，中村比小野田还晚9个月。虽然中村是理所当然的“最后一个”，可在宣传上，日本人要将夹在中间的小野田大肆宣传，将小野田说成是“最后一个”。日本花费巨大制造“假新闻”，真实动机是要鼓吹“日本人优秀”。

横井庄一于1972年1月在美国属地关岛被发现，1972年2月他回国后，日本开始鼓噪他受到过《战阵训》的严格教育，视投降为耻辱已经成为了一种信念，在原始森林中他曾多次看到过“劝降”传单，但他仍“坚持”了27年。可最后还是他自己走出森林，向美国驻军投降了。他回国后不久娶了媳妇，据说后来靠开商店、在自家庭院里开“野外丛林洞穴生活博物馆”为生，1974年还参加过参议院国会议员的竞选。总之，他离开原始森林，在战后商品社会中的生财本钱，就是他的所谓“传奇经历”。围绕对他的宣传，为后来吹嘘小野田打下了基础。

横井回国时，日本早已进入了“拜金”时代，只要有钱，什么享乐都有。统治阶级自己追求享乐，但他们要求老百姓克制自己的欲望。战前对老百姓洗脑，灌输对天皇的绝对忠诚；战后则要引导他们绝对忠于保守政府、保守政党以及雇主。让“下”对“上”绝对忠诚，宣传“忠诚”是美德，推广这些的背后巨大推手，是掌握话语权的统治者们，老百姓成为听话的牲口，这样最有利于“上”骑在“下”身上。与统治者的竭力鼓吹相反，民间流行的另外一个“热词”是:“啊！（你是）横井先生吗？”，它作为“傻瓜”的同义词，用在讽刺、挖苦那些不用脑，愚忠的蠢人身上。通俗地说就是，不直说“你这个傻瓜！”，而是幽默地说“（你是）横井先生吗？”

1974年3月走出原始森林的小野田，1939年以“平民”身份到中国武汉，1942年12月正式应召入伍，1944年9月进入日本陆军的间谍学校“中野学校“受训，两个月后的1944年11月被派往菲律宾。受上司派遣，他率三名部下进入丛林中开展“游击战”，1949年，其中一个名叫赤津的走出森林投降，此时美军与菲律宾当局已经掌握密林中还有三人在逃的信息，此后赤津也参与劝降，但小野田不为所动，继续率领另外两名部下“等待命令”。1952年日本政府曾组织过一次救助活动，规劝他们走出森林，但没能将他们带出密林，只好在密林中留下各种物品后自行回国。1972年10月，小野田等与当地警察交火，最后一名同伙中弹身亡，原始森林里就剩下小野田一人。

1974年2月，一个日本的所谓“民间探险家”铃木纪夫（1949—1986），他独自进入森林，一天俩人“偶然”相遇，交谈后，铃木说他将回国策划小野田回国。与美国的领地关岛不同，在菲律宾日本人可以“做足文章”。1974年3月，一队日本人在大批电视、报纸记者的簇拥下，来到了小野田藏匿的原始森林。小野田的哥哥每天拿着麦克风喊话，劝他“回家”；而天上则升起了气球，下面悬挂着劝他回家的标语。依照日本“心理战专家”的建议，为将这名“战斗到最后的皇军”吸引出原始森林，必须要造成日军“胜利”、大部队迎接“英雄”归队的假象，因此，解救小野田的人穿上了以前日军的作战服，山野里到处是举着日本太阳旗的“军人”，同时还用录音机反复播放日本军歌。在确认了小野田的所在之后，他的前上司谷口义美向他下达了“降伏命令”，在近百名日本记者的“见证”下，长官将下级“带出”了森林，离开菲律宾飞回日本。所有宣传都为鼓噪“日本人优秀”下足了功夫，日本传媒要将小野田打造成为“坚韧不拔”、“忠诚”、“不怕牺牲”的榜样。

可就在日本国内大造小野田“神话”的时候，突然又冒出一个新的“最后一个”。1974年12月，从印度尼西亚的丛林中，又走出了一个自称叫中村辉夫的“日本兵”。该“日本皇军”的身份，让日本的“造神”宣传热情突然降至冰点，日本后来要“封杀”这个“最后一个”，而将小野田宣传成“最后一个”。

日本名为中村辉夫的“前日本军人”，实际上是台湾人，他的汉字名字是李光辉。也正是他的身份，为宣传“日本人优秀”、“皇军神勇”泼上了冷水，故此，日本的宣传有意要封杀掉真正的“最后一个”。吹嘘日本人格外顽强，意志坚定，生存能力超强等，实际上上述情况也同样发生在被日本人视为“劣等民族”的台湾人身上，李光辉各方面丝毫不比日本的小野田差，而且他一直是一个人，也没有杀过其他人，他的出现本身就推翻了所谓“日本人优秀”的结论。而且他现在属于战胜国的公民，这对日本当初要解放整个“大东亚”，而惟独漏掉了“解放”台湾、朝鲜是个莫大的讽刺。

记者问：为什么脱离集体一个人活动？

答：他们欺负我，我就逃走了。

记者问：你还想见你的战友吗？

答：不想见，他们很恶。

1943年李光辉加入日本军队的动机，也并非日本“皇军”那么“崇高”。他为别人攻打别人，为别人占领别人的领土。他自己都身处日本的殖民地，连自己都没有解放，更别说什么解放“大东亚”了。昭和天皇的“八纮一宇”，是日本当亚洲太上皇的“日本统治”。

台湾人深受日本压榨，生活极为贫困，改日本人姓名走上战场，实际上是为了获得相对高的“工资”。他成为现代版的、日本人熟知的“浦岛太郎”①。1944年5月他离开台湾时，儿子才刚满一岁，战后日本方面通知家属说他死在了战场，妻子改嫁。日本政府对本国军人、军属、遗属有补偿，可同为“遗属”，台湾人却没有份。当他1975年1月抵达台湾的桃园机场时，前来迎接他的儿子已是而立之年。李光辉个人的一生、家人的所有生活，正是台湾被奴役五十年的缩影，无论对他以及他的家人，对台湾、印尼乃至整个亚洲，日本都是最大的罪人。

从个人来说，没有比“野人”的人生更悲惨的了。

---

① 日本的民间故事，浦岛太郎在海底龙宫中只生活了几天，回到人间时已经过去了百年，出去时是黑发少年，回家时是白头老翁。

小野田等一队四人，到走出森林投降时为止，还造成了上百名菲律宾平民的死伤。就这样一个“罪人”，日本统治者还要利用他“做文章”，将个人、家庭、民族的悲剧，军国主义的牺牲品，美化成为“英雄榜样”。由此可见，日本统治者时刻思考的问题是，只要有利于自己的统治，一切皆可为之。

2010.11.12

大国团结则日本没空子钻

8月8日莫斯科时间下午5点，佐藤准时出现在克里姆林宫。莫洛托夫没等佐藤开口，手持一份文书就开始宣读，看那架势就可以猜测出是“宣战书”。中心内容是，德国已经投降，但日本还在继续打，苏联受联合国的请求，为促使日本尽快投降，决定对日宣战。从8月9日起，与日本处于战争状态。莫洛托夫宣读完毕之后，将文件递给佐藤大使，头也不回地离开了现场。

1945年7月26日，《波茨坦公告》以中、英、美三国名义发布，中国实际上并未出席这次会议，而出席了这次会议的苏联却没有出现在发布名单上，据说这是因为苏联称自己与日本之间的《中立条约》尚未到期，而日本看到发布者中没有苏联的名字，便自认为有空子可钻，加快了要求派遣近卫作为天皇特使去苏联乞降的步伐，日本希望苏联出面调停或自己单方面向苏联投降，以保存天皇制。被本国政府频繁催促的佐藤多次求见莫洛托夫，但都没有得到任何答复。

8月6日，美国向广岛投掷了第一颗原子弹。设在广岛的第二总军司令部向陆军部拍发的密电中称：“遭到特殊高性能炸弹袭击”。当天的“空袭”让日本军人感觉不可思议。只来了三架飞机，只丢了一枚炸弹，竟然把广岛“吹”上了天。以往美军飞机空袭日本，动辄出动几百架飞机，天上黑麻麻的一片。日本实际上也在秘密研究原子弹，但以仁科芳雄博士为中心的研究团队人员少，经费也少，研究仅处在理论上推演阶段①。8月7日凌晨一点多，日本吃不准的“特殊高性能”炸弹被杜鲁门“泄露”了秘密。杜鲁门在美国发表广播讲话称“16个小时前，美军一架飞机向有实力的陆军基地广岛投放了一枚炸弹，它是一枚原子弹，相当于20000吨炸药。”日本终于搞清楚了，“特殊高性等炸弹”原来是原子弹，接下来让日本闹心的是，美国究竟有几枚？下一枚会投放到哪里？

① 据说美国投入的研发经费是50亿美元，125000人参与。

原子弹袭击加速了日本“倒向”苏联。8月6日下午5点，东乡外相向驻莫斯科大使佐藤电令，迅速求见莫洛托夫外长，要求苏联同意并安排近卫作为特使出访苏联。近卫是一个最强有力的活动家，1944年7—8月间，他曾积极向美国总统罗斯福建议，在夏威夷举行日美最高首脑会谈，罗斯福回应10月在阿拉斯加比较好。这次近卫没变，只是换了一个对手。日本偷袭珍珠港之前他要找美国，要求进行最高首脑会谈；这次为了“终战”他找苏联。飞机和飞行员都处在待命状态，随时可以起飞，近卫本人也做好了一旦获得苏联答复就可以上飞机走的状态。

24小时后的8月7日下午，东乡外相再次致电佐藤尚武大使“火速回复苏联的答复”。

8日中午，日本方面焦急等待的佐藤的电报终于来了，但并没有任何实际内容。佐藤称:“接到莫洛托夫的回复，他将在8日下午5点接见我。”8月8日下午5点是莫斯科时间，此时为日本时间的8月8日深夜11点。最高战争指导会议觉得这次机会来了，苏联这跟稻草抓住了。

根据佐藤的回忆，8月8日莫斯科时间下午5点，佐藤准时出现在克里姆林宫。莫洛托夫没等佐藤开口，手持一份文书就开始宣读，看那架势就可以猜测出是“宣战书”。中心内容是，德国已经投降，但日本还在继续打，苏联受联合国的请求，为促使日本尽快投降，决定对日宣战。从8月9日起，与日本处于战争状态。莫洛托夫宣读完毕之后，将文件递给佐藤大使，头也不回地离开了现场。两人上次相见，是在1945年2月雅尔塔会议前，当时莫洛托夫对佐藤说了一句古希腊的著名哲言:“当我们笑了的时候，世界这时已经发生变化。”

苏联选择时间是非常有讲究的。莫斯科时间8月8日下午5点，是日本时间8月8日深夜11点，苏联宣布从8月9日开始进入战争状态，等于给日本只留了1个小时的准备时间，即满足了先宣战再动手的道义条件，又没有留给日本战争准备的时间。因为佐藤大使将苏联的宣战书拿回去，翻译好，再发给日本政府，日本政府再开始反应、布置也来不及了。8月9日凌晨，苏联红军对关东军阵地开炮，此后从几个方向进攻日本关东军。

6日刚刚吃了一枚原子弹，焦急等待苏联调停之时，回复却是苏联对日宣战，8月9日凌晨，日本陷入巨大恐慌之中。根据东乡外相的回忆，他在早上一大早就前往铃木首相的官邸，他要求铃木首相赶快下决心投降。他们并不知道，美军飞机已经在凌晨3点从提尼安岛上起飞，现在正在飞往日本的途中。

铃木去见了天皇，从宫中回来后，通知10点半召开最高战争指导会议。以前该会议简称“五相会议”，首相牵头，陆相、陆军参谋长，海相、军令部长。这次铃木组阁后增加了一个外相，日本要外交为军人揩屁股。

六相会议开始后不久，日本再遭受一枚原子弹袭击的消息传递了进来。日本时间上午11点，美国造的“胖子”在长崎上空爆炸。也到吃中午饭时间了，会议终于结束，同时决定，下午召开内阁会议。下午2点，内阁会议开始，开到5点休会，接着从6点开始再开到10点。依然没有结论，铃木首相请求召开御前会议。因为惧怕美军向东京投掷原子弹，所有会议都是在天皇的“御文库”中举行的。“御文库”从文字上看是天皇的藏书楼、读书室，实际上却是防空洞，会议在深夜12点开始。继续争论到8月10日凌晨2点，铃木首相起身，说道，这样争论下去依然无法获得结论，现在请天皇“圣断”。

根据迫水书记官的回忆，天皇开始流泪，很痛苦的样子，最终决定投降。这时已是凌晨2点30分。此后再召开内阁会议，10日早晨6点45分和7点15分，分别向中立国瑞士及瑞典发电，要求两国将日本决定投降的决定转达给联合国，同时请求对方迅速答复。

东京广播电台海外新闻台，在8月10日上午7点半的英文新闻中，播报了日本接受《波茨坦公告》的消息。但日本老百姓并不知道。10日晚上对日本老百姓的新闻时间，播出了《陆军大臣布告》:“抗战到底，七生报国。”

1867年11月，美国驻中国大使蒲安臣（1820—1870）结束了他在中国的大使任期（1862—1867）。在为他饯行的宴会上，总理衙门的恭亲王奕訢突然提出了一个惊人的建议：邀请蒲安臣作为中国首任出使欧美的外交代表去欧美各国访问，后来果真送来了皇帝的聘书，钦命他为“办理交涉事务大臣”。1868年初，蒲安臣率领由中、美、英、法四国人员组成的中国外交使团一行30多人，从中国上海出发，开始了中国外交代表团的首次出国访问。这时日本的萨、长藩下级武士刚刚推翻了德川家幕府统治。

代表团在首站旧金山就受到热烈欢迎，6月6日访问白宫，受到美国总统的接见。在美国的一个月期间，签署了《蒲安臣条约》，其中有美国不干涉中国内政的承诺。此后代表团前往欧洲大陆，先后访问了英、法、德、俄等国，历时三年，1870年蒲安臣死在访俄途中。

1877年美国第18任总统格兰特任期结束，他开始环游世界，于1879年5月到达中国，在天津会见了李鸿章。此前日本屡次侵略琉球，提出要与中国联合瓜分琉球，都遭到李鸿章的严厉斥责。趁这次美国前总统格兰特来访，李鸿章恳请他途经日本时，向日本领导人“讲道理”，不要欺侮自己多年的“邻居”。他在访日过程中给李鸿章写过两次信，他在其中的一封信中写道：“我非常期望中国能够自强，但是日本有很多奸人愿意中国日渐衰弱，他们好趁机图得便宜。”

随从格兰特访问的扬·约翰，后来成为美国驻华公使，他在信中说：“在日本人心中，每视中国弱，自家强，所为无不遂者。彼既看不起中国，则无事不可做，日本既如此，则他国难保无轻视欺凌之事。”

“如果中国愿意真心与日本好，不在条约而在自强，因为条约可不照办，自强则不敢生心矣。中国大害在弱之一字，国家譬之人身，人身一弱则百病来侵，一强则外邪不入。”

1894年，日本在朝鲜挑起了针对中国清政府的战争，中国军队牙山打了一仗，耗时半天。撤退到平壤；平壤一仗仅打一天，再撤退回国内。对北洋海军，李鸿章严令“避战保船”，他不用袭击日本本土或者断绝登陆日军后路的作战方法维护和平，反而轻信日本的“不扩大”，用“站立不动”的方式期待日本“住手”，结果日本送给慈禧太后60岁大寿的礼物是不断深入中国领土，为了让日本“止步”，清政府先派张荫桓、邵友濂于1894年底去日本谈判，同时决定聘请美国人一前国务卿科士达[①]作为顾问，到日本帮助清政府“和谈”。当他们在日本碰头后，日本一边在中国继续“扩大战果”，一边羞辱中国代表，将他们驱逐出境，日本提出要李鸿章来才谈。科士达再来天津，后再随李鸿章去日本，中国对美国充满了期待。

《马关条约》签署后，德、法、俄三国联合干涉日本还辽，沙俄当时的理由是：日本是个海洋民族，不应向大陆发展。1896年3月，李鸿章不顾73岁高龄，在蒲安臣代表中国出访的34年之后，以参加俄皇加冕典礼为由，率领了一个45人组成的代表团，他带上棺材出访欧美。首站是俄国，接着德国，再下来法国、英国（荷兰、比利时、加拿大都是顺便过境访问），8月到达美国，美国总统克利夫兰专程赶到纽约会见李鸿章。李鸿章在俄国签署了遏制日本北进的《中俄密约》，从美洲回国途经日本横滨转船时，他“誓终身不履日地”，要求手下在两船之间搭上木版，他转登上专程来迎接他的招商轮船

① Foster John Watson（1836—1917），也翻译为福斯特。他1873—1875任墨西哥、西班牙、俄国公使，1892—1893年任国务卿，后退职赋闲在家。是1953年美国艾森豪威尔总统任内国务卿—杜勒斯的外祖父。

回国。

日本占领台湾后，“北进”道路受阻，日本开始“南进”。距台湾不远的菲律宾是西班牙的殖民地，为了进入菲律宾，日本采用以往对待朝鲜、中国屡试不爽的老办法：以支持菲律宾人独立为名，在菲律宾制造混乱。1897年8月，孙中山“适时”地被迎入日本，在犬养毅、头山满等人的支持下，“菲独”运动开始。西班牙政府后同意给菲律宾独立运动领导人阿吉纳尔多一笔钱让他流亡海外，他于1897年底收到40万比索的支票后流亡香港，他派手下彭西到日本购买武器。

就在日本暗中紧锣密鼓地支持“菲独”时，1898年4月25日“美西战争”爆发，在香港待命的美国军舰前往菲律宾。美西之间的战争，与其说交火，不如说交手，美国接手支持阿吉纳尔多，美国以6死44伤，只打了一天仗的代价，占领了马尼拉，阿吉纳尔多返回菲律宾宣布独立，同时还宣誓效忠美国。1898年9月，美国与西班牙在巴黎和谈，12月签订条约，明明美国打了胜仗，但美国却向西班牙支付了2000万美元。

原本从日本采购用来反对西班牙人的武器，莫名其妙地在1898年7月随船沉入了中国海域，究竟是否真装载了武器，是否真因台风到来而沉没，一切都是一个谜。菲律宾人再于1900年1月继续从日本购买武器，并派专人到日本查验、监督，可后来中国爆发了义和团运动，日本不再发货，总之，日本此后“北进”，美国积极支持，日本对菲律宾、夏威夷等地的压力减弱。

八国联军进京后，美国仍坚持“门户开放”、“机会均等”、“维护中国的领土完整”，清政府后签署了《辛丑条约》，每个中国人都向外国赔偿一两银子，共4.5亿两，39年还清，加上利息共9.8亿两。沙俄在中国东北陈兵，日本遂提出要当维护英国在远东利益的“宪兵”，同时声称要为同种的中国人当一次侠客。1902年日本与英国缔结《日英同盟》条约，1904年针对俄国的战争在中国东北打响，美国总统西奥多·罗斯福全力支持日本，让美国的犹太人银行家借钱给日本，向日本提供有关沙俄的情报，还在日本无力继续战争的时候，斡旋双方在美国朴茨茅斯谈判。此后沙俄退出朝鲜。日本开始着手吞并朝鲜的同时，还进入了中国“南满”，而美国原本计划的国际共管中国东北的目的也没有达到。

《辛丑条约》规定中国向美国赔偿3200万两白银，但1901年上任的美国总统西奥多·罗斯福（美国在国策的转折点上，总有总统被刺杀。比较麦金利、肯尼迪），依照1908年美国国会的决议，美国决定从1909年起不再收取中国清政府赔款，而将余款（约合1000多万美元）转用于培养中国年轻人到美国学习上。这就是著名的“庚子赔款”，这次“善举”应该是背后“事出有因”。

辛亥革命时美国力挺袁世凯，1915年日本逼迫中国签署《二十一条》时，中国第一时间透露给了美国，希望获得美国的帮助。反观日本，口口声声说要帮助中国发展，可对帮助中国提升经济实力方面没有任何作为，而在支持中国反对派反对合法政府上不断大力投入。日本“支持”中国不断变换国家体制，从帝制到内阁、责任内阁、共和、再帝制（袁世凯称帝）、再共和、帝制（张勋复辟）、共和，日本在中国一天也不闲着，实际上是要在中国制造混乱，弱化中国。1917年2月美国对德国宣战，中国于8月宣布参战，战争结束后召开“巴黎和会”，中国再次看清了日本的本质。美国总统威尔逊率领了1300人组成的庞大代表团，希望推行他的“国际联盟”计划，想帮中国，不让日本夺走中国青岛，但又投鼠忌器，怕日本搅黄自己的“国际联盟”计划，最终中国北洋政府拒绝批准条约，美国也没有批准《凡尔赛条约》。

1921年底美国再召集“华盛顿会议”，要求英国不再与日本延长《日英同盟条约》，后签署了《四国公约》、《九国公约》，1928年再签署了《非战公约》。可此后中国陷入军阀混战期，只要中国刚一出现统一的征兆，日本就要发动战争（1927年后多次出兵中国山东；1929年张学良刚“易帜”，1931年就发动了“九一八”。1936年底“国共”刚合作，1937年日本就全面入侵中国）。这就是口口声声要帮助黄种兄弟免受白人欺侮的日本人的真正嘴脸。

1929年，曾经有过中国生活经历的（1899—1913）赫伯特·胡佛（1874—1964）出任美国第31任总统（1929—1933），在他任内日本制造了“九一八”，虽然美国迫使日本签署了“不战条约”，但日本声称这次战争是“自卫战”，是中国东北军先袭击日本关东军，然后日本被迫还击。日本于1932年3月1日建立了傀儡国——满洲国。国民政府期待国际社会、美国的帮助，可最终等来的只是美国国务卿史汀生发表的“不承认”声明。“国际联盟”作为机构有；但既无军队，也没有有效手段制止破坏和平的侵略行为。

1937年“七七”卢沟桥事变，日本故技重演。这时的美国总统是富兰克林·罗斯福，美国不会为中国流血打日本，只有在道义上支持中国。美国“志愿军”陈纳德以个人名义到中国来组织国际航空队，后来美国向国民政府贷款。美国的主义、主张高叫了五十年，同时美国用种种手段笼络日本，希望能用部分满足日本的要求作为交换条件，推行美国的亚洲政策，可日本附和了五十年，在此过程中蚕食掉大半个中国。直到太平洋战争爆发，美国才开始与中国真正携手，打击日本侵略者。

二战结束后，同样对中国怀有感情的马歇尔作为总统特使来到中国，看到中国的内战一时半会儿没有停息下来的迹象，马歇尔回国着手推行美国的战后复兴计划。在亚洲，美国有40万占领军驻扎在日本，美国为此一天的支出不菲，计一天100万美元，理论上这笔钱必须由日本承担，但日本称没钱，要挂账，待今后有钱时再付。看到日本一片废墟，对日本何时还、如何还钱一事美国异常担心。美军不撤走，费用还会不断增加；可撤走又怕日本军国主义复活，而且身受日本蹂躏的亚洲国家都最担心日本军国主义复活，都将遏制日本的希望继续寄托在美国身上。

这时杜勒斯适时出现，他利用朝鲜战争爆发，将对日本的“占领”变成了“保卫”，自1952年《旧金山和平条约》生效之后，日本必须负担一部分美军驻扎费，当时是每年一亿美元左右。

因为“冷战”、1950—1953年在朝鲜战场上“热战”，中国大陆与美国、日本的关系开始逆转，美日之间原来是对手，此后开始拥抱成为“盟友”；中美原来是“盟友”，却反而成为了“对手”，直到1972年尼克松总统访华后，中国大陆与美国才不再是“对手”。尼克松是艾森豪威尔总统任内的副总统，后来又将自己的女儿嫁给了艾森豪威尔的孙子，尼克松在与肯尼迪争夺总统位置时落败。然而，无论他们属于什么政党，内外政策有什么差异，但他们在“日本不可信”的问题上都是一致的，肯尼迪班子中的重要岗位，都被艾森豪威尔的部下占据着。好似克林顿班子中的重要岗位，都被老布什部下占据同样。

每当日本渲染“共产主义威胁”时，美国就压迫日本“抱紧”美国，一要日本提高“自卫”能力，多购买美国武器；二要日本不断增加支付美军驻扎费。无论美国在中国边上还是在海湾的中东打仗，美国都说是为了日本打。日本需要中东的石油，而美国作为盟友，距离日本最近的阿拉斯加，有石油也不卖给日本，美国有稀土也不给日本。如今日本明里支付给美国的驻扎费为每年25亿美元。

为了和平，中国对日本已经仁至义尽，能做的都做了，而且善意、善行全世界都看到了。德国坚决不走军事大国的老路，美、英、法、苏才同意德国统一，反观日本，口头上说要和平，声称自己有世界上独一无二的《和平宪法》，是唯一的“原子弹受害国”，可实际行动却是“惟恐天下不乱”，总是希望其他国家之间相互“消耗”，自己从中渔利。不是“重新解释宪法”就是叫嚣要“修改宪法”，一方面要求美国提供“核保护”，另一方面威胁说要制造原子弹。

不能小觑日本的“捣乱”能量，但“多行不义必自毙”，日本过去是“世界的孤儿”，跟大国作对乱闹下去，今后也仍将是“世界的孤儿”。

2010.11.16

波茨坦会议的会议室。为三巨头准备的椅子是有扶手的三个椅子。（笔者摄于2014年7月）

李鸿章被枪击的真实原因是什么

伊藤以军方强烈反对为由，拒绝休战，提出休战条件是，让日本军队占领当时尚没有进行战争、日本军队也还没有侵入的天津大沽、天津、山海关，要那里的中国军队解除武装。同时要中国交出天津、山海关的铁路，休战期间的日军军费由中国方面负担。

看到日方提出的休战条件"过苛"，李鸿章提出搁置休战谈判。

"甲午战争"后，日本最怕中国清政府真的对日开始"持久战"。

1895年3月19日（西历），全权大臣李鸿章、全权大臣参议李经方、参赞伍廷芳等到达日本门司港，自20日开始在春帆楼进行谈判。一个月前的2月17日，日本军队已经攻占了威海卫，将北洋舰队全歼。

谈判一共进行了四次。首日的谈判，为了掩饰上次驱赶中国使节，伊藤博文等故意以确认相互资格开场。以前日本之所以不愿意开始谈判，就是因为看到战局对日本有利，日本为日后能在谈判桌上收获更大，就找茬说中国赴日代表资格有问题，一方面用高叫"不扩大"来瓦解中国方面的战争意志，同时以军人无法控制为由，鼓励军人扩大战争规模。

这些都是日本"明治一新"时萨、长藩下级武士对德川庆喜的老套路。

在春帆楼，日本内阁总理大臣伊藤博文、外务大臣陆奥宗光，与中国代表互换全权证书。相互演看之后，陆奥云："日皇敕书是否妥帖？"李云："甚妥。我国敕书是否妥当？"伊藤云："以此敕书甚妥。"然后中国代表把要求停战的英文节略面交伊藤。伊藤"略思"片刻，答明日回复。第一次谈判，就以见面确认资格文书结束了。

次日，中、日双方全权大臣开始了第二次谈判。日本终于亮出底牌。李鸿章要求休战；而伊藤以军方强烈反对为由，拒绝休战。提出休战条件是让日本军队占领尚没有进行战争、日本军队也还没有侵入的天津大沽、天津、山海关，要那里的中国军队解除武装。同时要中国交出天津、山海关的铁路，休战期间的日军军费由中国方面负担。

看到日方提出的休战条件“过苛”，李鸿章提出搁置休战谈判，请日本方面提出自己的媾和条件。伊藤威胁李鸿章道：一旦提出了休战条件并开始审议的话，就不能中止。李鸿章要求给三天时间，三天之后再开始谈判。

谈判没有结果，李鸿章散会后立刻将上述内容电告总理衙门。他本人的意见：“要挟过甚，碍难允行。”

李鸿章既不了解日本在打什么鬼主意，也不知道日本人已将中国的密码破译，他发回的每封电报内容，都悉数被日本人掌握。

李鸿章的电报到达清廷后，光绪帝感到日本欺人太甚，自己也无法决定，因此将电报以及自己的意见一起递上，希望慈禧定夺，但慈禧太后没有任何表示。

三天后，第三次谈判于24日开始。谈判结束后，李鸿章离开春帆楼，将至行馆，日本人小山丰太郎（通称六之助，许多中国史书写成“本太郎”）向李鸿章开枪，子弹击中左颧。

之所以说这次开枪事件是日本人精心策划的理由在于：

一、日本报章在介绍这次袭击的背景时，故意将日本的想法“泄露”：“日本国内对这么早就开始谈判不满，日本应该扩大战果。日本好容易才压制住了反对派，想跟中国和谈，可李鸿章不想和平，因此只有除去李鸿章才可能和平。”

二、小丰说要杀死李鸿章，可实际上他枪中共有五发子弹，他只开了一枪，开枪后即刻逃离，并没有连开五枪，由此可见他没有将李鸿章打死的想法。

三、24日开枪，30日就被判处无期徒刑，由此可以推断枪击事件完全是针对李鸿章的、精心策划的“表演”。（1868年3月让英国使节去见天皇，在去的路上跳出两个刺杀英国使节的“攘夷”武士。一方面要表现民间愤怒，另一方面表现政府有决心与“外夷”交好，并且完全有能力控制局面。）

四、3月25日晚伊藤去广岛见天皇，他声称“休战”的最终决定权在天皇。伊藤博文想借机对外宣传：日本因愧对外交使节而停战，停战出于对外交使节受伤之怜惜，日本方面用实际行动“满足”李鸿章提出的要求，以此掩盖日本无力继续进行战争之实。这与他在第二次谈判上所说的一致：提出了休战条件就不能改变，他最怕中国不休战，把日本拖进“持久战”。

五、最重要的一点是，迄今为止的所有说辞，均主要依据陆奥的回忆录《蹇蹇录》，并没有参考“三国干涉还辽”日本立刻接受的原因。日本面临的最大实际困难是国内空虚，几乎所有兵员都在中国大陆。光绪帝及李鸿章不明白“进攻是最好的防守”这一道理，打日本才可能让自己在谈判中处于有利地位。

日本借用“同种相残，外夷得利”之说辞瓦解中国的战争意志。

既然日本清楚他们自己口头强调的大道理，他们不挑衅就不会有任何事了。因为中国从来没有主动攻击过日本。战争爆发后李鸿章还严令北洋水师“避战保船”。清政府不出手，日本却不断地在攻击。当初日本声称“为了朝鲜独立”，此后中国满足了日本的要求，中国撤出了朝鲜，可日本又追打进了中国。清政府及李鸿章依然是以前的老套路：花钱消灾，给日本点钱让日本退兵。

此前日本将中国谈判代表张荫桓等驱逐回国时，有意向伍廷芳透露战争已经花费了一亿五千万日元，不在此基础上进行谈判不行。实际上仅仅是为了进行战争而发行了这么多的国债，并没有真正用掉。李鸿章这次来，日本已经知道中国至少愿意支付这么多钱。

1886年日本故意在长崎制造“长崎事件”[①]，清政府军舰知道自己水兵岸上受袭也没有用炮轰日本目标的方式保护自己的上岸水兵，连炮衣都没有拉下，日本生怕中国用列强方式对付日本，谎称一定会秉公办理，让清政府的军舰赶快驶回中国，可当中国军舰驶离日本之后，日本就像当年对待美国首任驻日本使节哈里斯那样，敷衍、拖延，让你找不到说话算数的人。

清政府代表与日本方面开始谈判处理“善后”，是在中国军舰驶离日本之后，这与“三国干涉还辽”、张鼓峰事件、诺门罕事件中，沙俄一边听日本的保证，一边用战争手段让日本实际兑现口头保证截然不同。德、法、俄三国提

① 1886年6月的“长崎事件”时，日本人吴大五郎捡到了一本大清海军遗失的小字典，其中汉字的两侧标注了0、1、2、3、4、5、6、7、8、9、10等阿拉伯数字。电信专家立刻查明这是密码表。1894年6月开始，清政府与日本之间为朝鲜问题争执，日本外相陆奥故意设圈套，6月22日给了清政府驻公使汪凤藻一份用汉字书写的政府文书，日本果然在次日就截获了使馆向清政府总理衙门的电报。破译该密码的关键人物是佐藤爱麿，后来他被秘密授予三等勋章及养老金，成为著名外交家，连续七年任驻美大使。他的养子佐藤尚武是日本二战投降前的驻苏大使。

出要日本归还辽东半岛时，停泊在东京湾内的军舰立刻卸去炮衣，所有岸上军人归队，军舰点火冒黑烟驶离码头，摆出日本若不接受就立刻开始攻击的架势。

反观中国，战场上没有军队去包围登陆日军，也没有号召全民准备跟日本大打的架势，只想一个问题，日本退兵休战，对此中国愿意“花钱消灾”。假如李鸿章遇袭之后清政府就开始对日“持久战”，那么所有日军很可能最终“客死中国”。

明明是日本无力再战，可日本却将其导演成为对中国、对李鸿章的“恩惠”。日本将当年武田信玄欺骗德川家康的手法重演。当年武田信玄突然死去，武田家军队已无心继续包围德川家康的军队，但武田方提出了“和为贵”的建议，他们声称为了“和平”而撤军。

伊藤博文诈称可直捣北京，可无论从哪方面来说，日本在中国人生地不熟，而且所有兵力都派遣到了中国，国内无防可守，他们最怕清军这时乘虚而入进攻日本。

日本当时的军队总人数为7个师团，12万多人，加上后备队不过22万人。为深入中国大陆，日本已实际投入17万多兵力，几乎倾巢出动，对国外已无兵可再派，对国内也无防可守。中国完全可以一边在陆上跟日本纠缠，同时利用移动的海军主动攻击日本。清军号称陆军有862个营，骑兵192个营，兵力总数是35万人。海军日本有28艘军舰，总吨位5.7万吨，最大战舰4000吨。中国号称有北洋、南洋四大水师，共有大小舰船82艘，8万多吨。

当初李鸿章轻信日本为和平谈判创造“气氛”，下令北洋海军“保船避战”，可日本并未住手，日本军队于1895年1月20日轻松从荣城登陆，接着迂回包围了威海要塞。李鸿章能“管住”自己的部下；可日本的伊藤博文却说：“你有实际行动之后我才能管住我的部下。”结果北洋海军十一艘军舰在威海港内“静候”日本军队攻击，活动堡垒变成了死靶。清军完全可以在日本背后再次形成更大的包围圈，让入侵者腹背受敌。清军陆军不支援海军，看着入侵者登陆；海军也不离开威海要塞，等着“和平到来”。

李鸿章遭枪击后，伊藤博文假装“震怒”，派陆奥来慰问李鸿章，慰问其实是为了观察李鸿章的反应，接着天皇派遣医生，皇太后送来亲手制作的绷带，派遣护士。慰问品、慰问信、发来的慰问电报堆积如山。日本表演了一场“渴望和平”的大戏，挽留李鸿章“谈完了再走”，这些都是送给李鸿章的“虚礼”。李鸿章在给北京的电报中称：“对于我遇难，日本官民表示出痛惜的态度，这都是表演的把戏。”他看穿对方在“演戏”，但并没察觉日本的真正弱点。陆奥看到了这封破译了的电报，只是苦笑点头。他庆幸日本弱点没有被李鸿章看破。

陆奥事后专门找伊藤：“这次事件过程中，皇室与国民对李鸿章表示了充分的礼仪，但是单从礼节上、社交上对他有所表示恐怕不够，还是应该干一个有现实意义的事，否则李鸿章应该不会满足。利用这个机会，‘允许’清政府提出的无条件停战怎么样呢？这样的话，不光向中国清政府表现出了日本的诚意，其他国家也会理解日本所采取的措施吧。”

以上是陆奥事后在《蹇蹇录》中的“马后炮”回忆。

“对于我提出的‘无条件停战’，伊藤表示赞成，但是在向广岛发电报后，军部回电：‘现在停战对日本不利，希望慎重考虑’，伊藤为此‘专门’向天皇请示，25日夜他‘专程’赶往广岛，27日夜回电，天皇同意停战。28日早晨，我去看望躺在病床上的李鸿章，告诉他‘喜讯’。”

30日签订了停战条约。“停战后不可反悔”，就是一旦宣布停战中国不可“扩大”，中国继续作战就是“没有信义”。日本近代史上何时对中国有过“信义”？！

4月1日日本向李鸿章提出了“和平提案”，内容大致就是后来的《马关条约》的内容。要中国割地、赔钱，日本要求中国四天之内必须答复。

李鸿章立刻电告光绪皇帝。中国方面因存在意见分歧，并没有在规定的四天期限内给李鸿章任何答复。而北京没有回电，日本也无从知道中国方面的真实想法，日本此时比中国还着急。李鸿章在没有中国方面任何指示的情况下，4月5日自己草拟了一个内容回复日本，除了承认朝鲜独立外，对日本的割地、赔偿要求均不接受。但他当天再次向北京致电：“若欲和议速成，赔费恐须过一万万，让地恐不止台湾。”这份电报被日本人破译，他们知道了李鸿章内心的真实想法。

4月8日，总理衙门的复电到。“先将让地应以一处为断，赔费应以万万为断，与之竭力申说。”

4月14日，总理衙门再电李鸿章：“原冀争得一分有一分之益，如竟无可商改，即尊前旨与之定约。”中国的一举一动都被日本了解得一清二楚。

这是光绪皇帝的最终指示，李鸿章据此与日本签约。4月17日，签字仪式在春帆楼举行。

《马关条约》签署后的第四天，日本天皇便批准了条约，接着急忙任命内阁书记官伊东巳代治为全权办理大臣，随时准备前往烟台换约，同时，请美国驻日公使谭恩转电北京，催问中国何时批准条约。

日本最怕中国清政府“不履约”。

2010.11.22

『日本再发现』一文的发现

对日本了解浮浅，只有在浅水中淌水玩的本事却要游入深水区，这才是最危险的。

《南方人物周刊》有一期的封面设计非常巧妙，一幅画着海浪及富士山的彩色“浮世绘”被从中间撕开并露出了一个三角形，被撕开的三角形中露出加粗、加大、加彩的五个大字：“日本再发现”，提取该周刊中的一篇文章上封面本身说明，该文章是这期周刊文章中的重中之重，换言之，它提醒读者看这期周刊一定不能漏这篇文章，买这本周刊主要就是要买这篇文章。日本是中国的重要邻国，而且是在中、日因钓鱼岛争议的敏感时期，这时出这样的文章，出版方的用心不言自明。笔者立刻读了这篇“重磅”文章，结合文章与独具匠心的封面设计，笔者的感受是，封面设计标新立异，可文章实在不敢苟同，或可解读为：“再发现”也不过是从一条缝隙中看日本而已，“管中窥豹”只见斑点。笔者希望能将封面完全撕开，将被遮掩的部分也“再发现”一下，知道“斑点”、“皮毛”固然需要，知道“全豹”啥模样更重要。

笔者在20世纪80年代曾经两赴日本，彼时中国与日本之间的差距比现在大许多，看到日本一家大公司的财富都可与一个国家抗衡，当时的最大感想是中国事事不如人，想在自身中找答案。不过恰如中国俗话所说的那样，“答从疑处生”。90年代笔者自费去日本留学并在那里生活了一段时间，随着疑惑的加深，认真对比并思考，笔者从最初的“自我怀疑”到“自我否定”，最终形成了如今的、另外一种想法，希望能与对日本感兴趣的中国读者们共同思考日本。

日本人“好学”是世界公认的。但是，当一个外国人也想学日本人的样，同样“好学”，甚至比他们更“好学”的时候，问题就来了。

当一个外国人初来乍到地“浸泡”在日本社会之中时，日本人会非常热情地、教会你从如何泡澡到丢垃圾等的一切。当该外国人过了一段时间后仍不谙日语，更不能对日本社会说出个所以然的时候，日本人会很泄气，开始拒绝、排斥这样的外国人。一反接触之初时的热情，变成一副不屑、蔑视神情：到我们国家这么久了，竟然语言、文化什么都不学。太傲慢了！你们与我们日本人完全不同，傲慢与无知同源。

而当该外国人待了没多久之后就能撇几句日语，知道了点日本的皮毛之后，日本人就会开始对其夸赞：“哎呀，你真了不起，才刚来日本没多久，在这么短的时间内就学会了这么多日语，能生活在我们日本人中间，知道那么多，真了不起。佩服！”夸赞中不乏得意：你真不简单！终于有点像我们日本人了，爱学习。

这时的表扬，从积极的角度上理解是对你学习的褒奖；从一般角度而言仅仅是恭维，因为日本人内心深处还藏着另外一个结论：想吃透我们日本？还早着呢！我们日本人其实都搞不懂日本。

日本统治者玩弄“民可使由之，不可使知之”的把戏，其程度比我们高出许多倍！他们的政府甚至都不希望自己的老百姓看明白，对外国人来说就更有难度了。当老百姓永远搞不懂时，“政治家”这种“专业人士”才可以将“统治”玩得风生水起。从便于统治者统治的角度而言，他们任何时候都要将“政治”搞得很神秘，让老百姓搞不明白，这样才好让政权一直在自己家族中世代禅让。

日本著名政论家大宅壮一（1900—1970）曾批评生活在日本四岛上的“大和族”是“一亿总白痴”，这个结论不乏夸大的成分，但也的确是事实，它是对日本现状的讽刺及挖苦，漫画式的批评。日本的识字率极高，没有文盲，所有人都能看懂报纸，报纸、电视是他们首要的信息来源。各大传媒的消息来自政府的发布，所谓宣传，不过是各大传媒（每家大报后面都有自己的电视台、出版社）将从政府那里获得的信息，通过自己的信息加工厂将其加工成不同口味的、工厂化的“信息快餐”而已。土豆片上添加了辣味、咖喱味、胡椒味的调味料，土豆片依然是土豆片，吃这类土豆片，差异仅在混入了不同的调味料。这种经过人工调味的“信息快餐”，吃多了、吃久了，就会产生依赖感，总会选那种口味。同时还会“慢性中毒”。所谓“一亿总白痴”，其实就是指日本列岛上的一亿人，都吃同样的“信息快餐”，因此想同样的事情，说同样的话，想法、说法都几乎一样。他们总吃同样的“信息快餐”，养成了懒汉般的依赖感。他们已经失去了跳出“垃圾食品”的冲动，丧失了获得深入思考的快感。“全民傻瓜”有利于统治。

日本是个集团社会，一个集团对另外一个集团非常警惕，对外国人就更加防范了。外国人在日本学习，学习文学、语言学、古代史等，教授恨不得手把手地教你，从获得奖学金到工作机会，等等，各种显而易见的奖励随处可见，他们以此鼓励你将大量的精力投入其中。从一般层面上了解日本的政治、经济、外交，他们也同样乐意接纳你，给予指导，不管怎么说，外国学生学习了之后回国后会传播，他们希望你泛泛地帮他们鼓吹一下。可当你要深入了解他们的政治、军事、外交等时，你就会发现其与报纸上读到的完全不是一回事。而日本人最不希望你看明白的，正是这部分。好似这次去日本采访的记者，当他略知一、二地去宣传日本，甚至可以将日本人不便说的内容传达给自己的同胞时，日本人兴奋得很呢！这也往往是日本政府愿意邀请中国记者到日本采访的原因，记者采访之后会写文章嘛。

当你深入日本社会，想比日本人还日本人，想刻苦学习、认真研究日本的时候，围堵、封杀你的大网就会在你身边悄然形成。再也没有人夸奖你了，到处是充满敌意的疑惑：“你想知道我们那么多干什么？了解多了就会知道我们的弱点，我们日本人的弱点要是被外人抓住就麻烦了！”

你去图书馆、史料馆、档案馆看东西，接待方从不直接拒绝，而是用“要预约”，“被他人借走了”，“现在正在修补”等，找出各种巧妙的理由让你达不到目的。别说一个外国人，就是日本人自己，他们想看的许多文书都往往无法获得，这才是真实的日本。

对日本了解肤浅，只有在浅水中淌水玩的本事却要游入深水区，这才是最危险的，同时也是日本鼓励的。近代史上，许多中国人就是在对日本的无知、恭维声中溺毙的。康有为等受日本支持在中国蛊惑，造成我们的思想混乱，行动失措。赫鲁晓夫，一个乌克兰农民的儿子，他向中国领导人直言在自家庭院中大炼钢铁愚蠢，此时只有日本的“中国通”向中国送来掌声。如今回过头来看，究竟哪一种声音是真心对中国好？！

该文作者在文章中举了一个日本富裕的事例，但同时又有一个日本泡沫经济破裂后惨状的描绘。

说日本人可在退休后领取退休金，一般人每月可领25万日元（还特意注明相当于2万人民币），大公司职员每月可以领40万日元，这是想宣传日本人的生活水准很高，富裕。另一方面又介绍日本现在经济低迷，泡沫经济破裂后的惨状为：有23%的工薪族平均年薪都在200万日元之下，这些是事实吗？当然也是。可退休的人比上班的人收入还多，这究竟又是怎么回事？在同一篇文章里，举这样两个看似矛盾但的确存在的事例，作者究竟是想说明什么？这种介绍恰恰说明日本现在“病”得很厉害，类似这样显而易见、多如牛毛的“怪病”，当今的日本政府竟然拿不出医治的处方。

该文作者举的另外一个事例是：刘翔跑赢了，日本人为他鼓掌，日本对中国宽容；中国人对日本队上场一片嘘声。日本人心胸宽广到可以“拥抱”给自己投了两个原子弹的美国的程度。反观中国人，一个大国，却没有宽广的胸襟，狭隘[①]。日本人如是说，中国记者就跟风铺陈！？此话出自中国记者之口令人遗憾、震惊。

日本战后“拥抱”美国，绝非对美国宽容，它恰恰反映了日本之极端狭隘与自私。首先，“拥抱”美国是因为战后美国单独占领日本，搞定一个美国，比同时搞定多个国家代价小，相对容易。更重要的是，美国有巨大的实力，是世界老大，要钱有钱，要影响力有影响力。投入到美国的怀抱中，可以获得美国的庇护，同时借助美国的保护，赖掉来自战胜国的战争赔款要求。不管怎么说，能赖先赖，能拖先拖，拖的过程中减。其次，美国拥有巨大的市场，还可以从美国获得资金、技术的扶持。选择“拥抱”美国，完全是建立在巨大的功利动机之上。表面对美国说“哈伊”，实际上它与宽容没有任何关系，只有战胜国对日本这个战败国宽容，何来战败国日本宽容战胜国之说？而且日本之于美国，连昭和天皇都说这是暂时的“隐忍”，说这是宽容，完全是无知。

第一次世界大战后美国曾在德国推行过“道威斯计划”，该计划旨在让战败国先挣到钱，然后再逐年支付战争赔款，因此日本在第二次世界大战后要求美国先给自己“输血”。

一、日本人喜欢将自己如今的富足说成是自己勤奋、智慧超人带来的，而今天的衰落则是美国的货币战争造成，日本从来只字不提最大的恩人—中国。日本当初单方面拥抱美国，将美国伺候得舒舒服服，就是为了让中国等受害国无法向日本索赔。1972年日本已经足够富裕，可日本依然要赖账，正是因为中国放弃了索赔，日本人才过上了好日子，日本没说中国一个好字还不算，还

---

① 某日本人总指责中国人及中国政府“没有大国心态”。“小气巴拉的”，言下之意是，当年的中国领导人都能免除巨额的对日战争索赔，如今领导人却连海上的小岛都舍不得让给日本。日本实际上就是想说这个。日本人抠是应该的，我们“小国岛民”嘛！只要能捞到实利，自我批评下不算啥。

将大量财富转输送给美国人。中国人心胸太宽大了！中国通常说放弃了6000亿美元的赔偿，而这是按照当时的银两折合成当时的美元换算出来的，考虑到美元贬值，6000亿在今天至少应乘10倍，也就是6兆美元，或者是一个更大的天文数字。

二、就是因为中国人心胸太宽阔了，结果造成今天日本一方面在中国大赚其钱，一方面骂中国，或找吹鼓手来为日本说话。中国卖给日本的一袋饺子，超市里的零售价才200日元（合12元人民币），而日本卖给中国的却是一台人民币售价高达几十万、上百万的丰田汽车。现在日本人不买中国饺子了，日本方面的理由是出了“毒饺子事件”，日本人要追求食品安全。可中国人停止了购买日本汽车吗？日本人心胸究竟有多大，去日本的企业门口看下停车场就明白了。

无论去哪一家三菱企业，停车场里停的全都是三菱汽车，谁敢买丰田？宝马？不但上班地点如此，三菱公司的员工，家里的电器从电视到热水器到修剪树木的电动锯，都是三菱或三菱相关企业的产品。三菱公司的员工，去酒吧都指名要“麒麟啤酒”，之所以这样，是因为该啤酒的最大股东之一是三菱。一台丰田汽车的售价可以从中国购买几个集装箱的中国冷冻饺子。日本连区区几百日元的中国冷冻饺子都要封杀在日本岛之外，让你小钱都挣不到；可反观中国，中国人觉得买合资的汽车都不够气派，要买原装、全进口的日本车。中国人“宽大”过头了！中国很多国家采购，指名要日本电梯、日本的中央空调、日本越野汽车、甚至卫浴产品也要日本品牌。民族品牌的生存空间受到极大打压。

牧野伸显（1861—1949）是大久保利通的二儿子，从小过继给大久保利通远亲牧野家当养子。1921年起出任宫内大臣，女儿嫁给了吉田茂。他早在20世纪20年代就曾说过：“同文同种仅仅是个虚名，日本要获取实利，就是铁道、矿山等。”日本热衷与中国谈“中日同文同种”，其实是为了跟中国套近乎，拉近距离之后就要想方设法从你腰包里掏钱。

都说日本人危机感强烈，中国制造要跟日本制造竞争，他们当然有“危机感”，按着这个思路想下去，他们所谓帮助我们发展，转让技术，实际上是不可能的。他们自己也承认，转让高技术是自杀行为，他们一定要设法保持技术上的领先优势。

只要日本真爱和平，中国完全可以省出更多钱来发展自己。正是因为日本军国主义要复活，中国才不得不将有限的财富用在发展军工上。翻看一下中国近代史，每一页、每一行，都充满了屈辱、被人宰割、奴役的内容。中国为了让自己不再经历那样不堪回首的历史，才要用自己的智慧保卫国家、民族，才自己动手制造原子弹，而日本口口声声说自己要接受战争教训，为此制定了《和平宪法》，可如今却说要制造原子弹，时时刻刻想阻碍中国的进步。

日本近代与英国（1902）、沙俄（1916）、德国（1940）、美国（1951）结盟，历次“远交”，都是为了“近攻”黄种人的中国，亡我之心不死，这一点都看不透，那才是中华民族的悲哀。中国希望跟日本世代友好，中国主动提出放弃索偿，思考若要索赔会加剧日本人民的负担，可放弃同时意味着每个中国人必须负担，有谁算过这笔账？日本是最没有资格对中国说三道四的国家。

政府应该扶持什么企业，传媒人应该以什么方式引领舆论、开启民智，监督政府，这才应该是向外国学习的真正方向。中国那么大，那么多人要吃饭，脱贫奔小康，解决劳动者的就业问题，保证他们的权益，这是政府以及全社会最应该向日本学习的问题。政府创造就业机会不是一句空话，应首先想到自己的民族责任。现在竟然有人说外资企业养活中国员工？！中国的国企、民营企业太弱，不强，外资企业才在中国畅通无阻，中国政府必须想方设法扶植自己的企业。政府官员同时要为自己的子孙考虑，思考让什么样的外企进来，而不是盲目地什么企业都让进来。外国来中国的企业，许多是别人淘汰的，高耗能、高污染的，日本的县、村、町领导人也想引进外资企业，但他们不会这样干。

以前中国穷，日本人比中国人自己都着急，他们希望中国能快点富起来，借钱给中国都盼着中国买日本的消费品。如今中国跟日本相比，问题还很多，环境、资源、养老、医疗、教育等，这些都需要大量投入，作者本人也看到中国与日本间的巨大差距，可日本却渲染中国威胁，指桑骂槐地说中国在国防上投入过多。中国人口袋里没钱，日本怕自己生产的高附加值消费品在中国没有销路；希望中国人富。可中国刚一富，他们又说不行了，他们不希望中国太富，绝对不能超过日本，这样会与他们争夺资源，影响他们过好日子。中国的民族企业发展了，日本的家电产品渐渐退出了中国市场，日本害怕汽车、音像产品这个最后一个日本的高端市场被中国民族品牌占领，技术封锁还不算，还要制造谣言，诋毁中国制造，称中国制造是威胁。中国自己造出了好东西，日本也造谣说中国偷了他们的技术，好像世界上只有日本人才具有优秀的大脑，能够想出好主意，能够生产出高质量的工业产品。中国人只能拿日本种子去种大葱、白菜。

美国是全球最大的军火商，日本怎么不将美国威胁挂在口上。美国中央情报局一年的经费高达800亿美元，跟中国一个大国的国防总支出差不多（2010年5321亿人民币，合800多亿美元，这还是在人民币升值的情况下），美国的军事力量可以将地球摧毁7、8次，换言之，一国的军火可以摧毁7、8个地球，可日本从来不说美国威胁。中国有那么长的边境线，还有日本在边上要抢夺领土，中国不在国防上多投入，莫非还等着日本再来中国肆虐一次？！

既然称中国对日本构成巨大威胁，而日资企业又养活了1000万（有人统计，不知确切否）中国员工，那么日本完全可以"釜底抽薪"，将所有日资企业从中国撤出或转移到其他国家，瓦解中国威胁，让中国彻底崩塌日本就安全了，可日本竟然一边高叫中国威胁，要美国来遏制中国，还一边要在中国拼命扩张。

"经济上富裕而政治上独裁的国家是最让人害怕的。"不知作者引用日本人的这句话究竟想说什么。作者专门论述"1955年体制"与"自民党"崩溃，似乎这是日本"一党专制之终结"，实际上作者对"55年体制"之形成与崩溃缺乏全面、深入的了解。

1955年下半年开始，日本的两大保守政党一"自由党"与"民主党"合并为"自由民主党"（1955年11月），此前分裂为"左"、"右"两个的"社会党"，也回复到当初的一个"社会党"（1955年10月），日本出现了"自民党"为"执政党"；"社会党"为"在野党"的"两党制"，貌似西方民主制度中的多党制，实际却是日本为了应对世界上的冷战格局而摆下的棋子。"社会党"当初分裂，就是因为内部出现了"全面媾和"还是"片面媾和"的争论，这才分裂为"左"、"右"两个社会党。"全面媾和"是日本与所有国家，而不仅仅是与美、英两个国家单独签署《旧金山和平条约》。日本就是为了赖掉索赔，才"拥抱"美国；不想当一个名副其实的"非武装"国家，才"拥抱"美国。

1955年5月奥地利签署了《中立条约》，美、英、苏、法四大国结束了对奥地利的军事占领，所有大国都希望日本能以奥地利为榜样，依据自己的"和平宪法"，水到渠成地宣布"中立"，做一个让世界放心的和平国家，可日本却出现了"55年体制"，此后保守的"自民党"反其道而行之。1954年开始"日苏谈判"，两年后因日本不愿意而没有签署《日苏和平条约》。大国希望冲绳独立，苏联送两个岛给日本，美国从日本本土撤走，可日本拒绝战胜国提出的善意提案，日本在全世界都渴望和平的时代，1957年起竟然高调宣称要成为美国进攻苏联的、"不沉的航空母舰"，"冷战"体制持续到1990年苏联解体，日本的所谓“两党制”就坚持到20世纪90年代。

“自民党”一党专制，实际上是为了方便追随美国。日本社会自古以来都是“纵向”的“主从”体制，这种体制轻松地复制到了二战后的政党上。1955年11月，保守、革新两大政党分别先后合并之后，一个是在国会中占有绝对多数议席、拥有否决权的自民党；还有一个是唱红脸的、万年反对党—“社会党”。保守政治的幕后操纵者小泽一郎都明白地说：“自民党人与社会党人在背后亲密无间”。“自民党”与“社会党”之争论，都是愚弄、欺骗国民的表演，日本一个官僚曾经写过一本书，其中揭露官僚要为在国会上提问的反对党议员以及答辩的执政党大臣同时写提问和回答。电视上看到的国会上的针锋相对，实际上都出自同一个官僚之手。官僚下了班还要加班，忙着写提问再写回答，而此时政治家们在“料亭”（日本的会员制高级餐馆）里一起喝酒，等着写好的东西送来。日本的两党制，过去是民主制度的坟墓，今天仍是。只有傻瓜才会羡慕或要模仿他们的制度。

以前“社会党”专司社会主义阵营国家的事务，他们作为“自民党”的另外一张面孔对付苏联、中国，去上述国家访问是为了获得利益。日本首相手中有将近五百亿日元的机密费，平均每天可以支出一亿多日元，任何一个出访的政党、国会议员，都可以去首相的官房长官处申请出国经费。首相批钱给他们，前提是必须给日本带来利益，只有充当自民党的跑腿，干自民党无法干的事，才可能从首相处领取到机密费。当“社会党”人去完成“自民党”人无法完成的任务时，有利，执政的“自民党”就跟进。看到无利可图或者利益不大时，“自民党”就否决，然后两党假装争吵，互相对骂一通。

“自民党”独大一直持续到1993年，是谁摧毁了“自民党”？“自民党”为什么这时被摧毁？冷战结束了，苏联解体了，日本国内不再需要“社会党”这张脸了，结果“55年体制”玩完。而“自民党”被推翻，并非是反对派——“社会党”壮大的结果，而是“自民党”从内部自己推翻了自己。自民党“从自己手上对着自己的身体丢了一颗炸弹。”小泽、细川、武村等都脱离“自民党”另立“新党”，“自民党”最终一分为二，而以前的反对党－“社会党”，则被彻底挤出了政坛。如今日本政坛上的两党制，一个是驴皮，另外一个是皮影，两党是在“前自民党”照耀下才一分为二，在幕后扯绳子的是号称“破坏大师”[①]的小泽一郎。以前日本的两党制是跛脚罗汉，自民党是“万年执政党”，

① 日语为“破坏屋”。

社会党是“万年在野党”。如今“民主党”与“自民党”表面上轮流坐庄，实际却是“保守党”自己在接力赛跑。这就是当今日本政党“总保守化”的现状。

日本是个太需要中国深入研究的对象，绝不能用撕开的纸卷成一个“望远镜”，透过纸卷张望一下后，就对日本“戏说”或下结论。

2010.11.29

拿『日美关系』也调侃一下

1957年上台的岸信介首相提出要修改《日美安全保障条约》，这原本是一个办理日、美“离婚”、让太平洋“太平”的好机会，可日本政府将以前没有期限的，修订成为十年一期的《新日美安全保障条约》，让美军继续驻扎。

日本大使说“中日的关系是‘夫妻关系’”，这与日本不久前说“与韩国的关系基于共同价值观”同样，是对日本与中国、韩国关系的极不恰当的描述，日本与美国才是“夫妻关系”。石原慎太郎多次在多种场合强调：日本是美国的小妾。

1945年8月15日日本宣布战败投降，40万美军此后进驻日本。美军在日本登陆后，上午还紧握手中的卡宾枪，保持相互掩护态势集体行动，下午美军就身着便服，不带任何武器穿行在日本的大街小巷中，到了晚上，就与日本姑娘进入温柔梦乡了。尽管美国占领军没有提出这方面的要求，但日本保守政府仍千方百计要让美军“快乐”，几天前还称他们是“鬼畜”，但刚踏上日本国土，日本就立刻接纳他们为“洋女婿”，日本保守政府专门安排了许多日本年轻女子充当美国占领军人的临时夫人。

美国政府当初计划对日本实施军事占领十五年，1951年9月日本签署《旧金山和平条约》，日本宣布独立的同时，却又与美国签署了《日美安全保障条约》，1952年2月28日再签署了《日美行政协定》，日本请求美军驻扎保卫日本，驻日美军享有“治外法权”。

日本以“本人自愿”的方式，向全世界宣布与美国占领军领取了“结婚证”，日本“明媒正娶”了美国洋女婿。

驻日盟军总司令部，英文写为“General Headquarters”，它的英文缩写是“GHQ”，日本当时的首相吉田茂自诩英文好，能与麦克阿瑟等美国人直接交流，他曾将“GHQ”这个英文缩写调侃为“Go home quickly”。可具有讽刺意味的是，就是他死拉着美军不让走。美军在日本驻扎如今已逾60年，这对“鸳鸯”原子弹都打不散。

从1945年到1960年刚好十五年，1957年上台的岸信介首相提出要修改《日美安全保障条约》，这原本是一个办理日、美“离婚”、让太平洋“太平”的好机会，可日本政府不放美国女婿回去，岸信介首相将以前没有期限的《日美安全保障条约》，修订成为十年一期的《新日美安全保障条约》，让美军继续驻扎，当自己的“大鼻子女婿”。

日、美之间安排在这一年“互走亲家”，约定日本皇太子明仁代表昭和天皇于1960年5月先访问美国，接着1960年6月，美国总统艾森豪威尔回访日本。后来不知何故，日本将“女方先上门”改为艾森豪威尔6月先访问日本，然后明仁皇太子9月访问美国。岸首相与昭和天皇都曾在1941年12月的《对美宣战诏书》上签过字，可1960年还是他们，让美军继续待在日本，同时还要促成在自家门口与美国亲家拥抱。或许因为“走两个极端”让他们感觉“耻辱”，在艾森豪威尔到访之前，岸政府突然单方面宣布，取消美国总统艾森豪威尔的访日计划。

“夫妻间不记隔夜仇”，1960年9月22日到10月7日，皇太子夫妇代表昭和天皇访问美国。皇太子夫妻先去风光秀丽的夏威夷，他们前往国家公墓献花，对珍珠港的美军死难者表示哀悼，接着访问华盛顿，再去阿林顿国家公墓，为那里的无名战士纪念碑献了鲜花，皇太子通过电视向美国民众表示：感谢战后美国对日本的支持与帮助。

1970年《日美安全保障条约》自动延长，1971年昭和天皇访问欧洲，在阿拉斯加转机时，美国总统尼克松夫妇专程前往迎送，这是昭和天皇首次踏上美国国土。1975年9月30日到10月14日昭和天皇出访美国。天皇在白宫的宴会上致辞说：“美国为日本重建伸出了充满善意的援助之手，对此，我愿意直接向美国人民表达谢意。”10月3日昭和天皇去华盛顿阿林顿公墓，向无名烈士纪念碑献了鲜花。

1972年9月中日邦交正常化，6年之后的1978年才签署了《和平友好条约》，邓小平副总理为条约换文访问日本，1980年5月27日，华国锋主席再访问日本，但直到1989年1月昭和天皇去世时为止，他本人以及皇太子，从未访问过距离日本最近、近代史上受日本之害最深的中国和韩国。1992年10月，平成天皇到中国来访问，既没有去天安门广场给人民英雄纪念碑献花，也没有去北京边上的卢沟桥走一趟。

从1960年到2010年，日、美这对“鸳鸯”已经过了值得庆贺的“金婚之年”，1950年生下了朝鲜战争这一“混血儿”，1960年再生“越南战争”。1973年的“中东战争”、1980年代的“两伊战争”、1991年的“海湾战争”、如今的“阿富汗反恐战争”，实际上都与这对“夫妻”有关。

这次日本大使去南京，可没有报道说他为南京的三十万死难同胞献花，而且他的前任不久前还向中国政府抗议，说中国各地都有“抗日战争纪念馆”，牌匾上的“抗日”两字伤害了日本的国民感情，破坏了中日友好的气氛。虽然该大使这次强调中日是“夫妻关系”，但中日之间并不存在钓鱼岛或冲绳这一“共同财产”基础，为改变冲绳属于琉球人民的现实，日本刚拉着美国“亲家”进行了“钓鱼岛夺岛联合军事演习”。

石原慎太郎在多个场合，多次说日本与美国是夫妻关系。对美国不满的时候，就说日本是美国的小妾，日语中写“爱人”，就是中文中“包养的情人”之意。在男尊女卑、男主女从的日本社会，当妻子有时并不舒服，妻子是“专业主妇”，就是主管“内”的，专管家务事。日本愿意给美国当“妻子”、“小妾”，但并不愿意也给中国当。

对日本来说，对于一个强者，他们很愿意立刻攀附上去。日本认为中国比日本弱，当然不会“攀附”到中国身上。

2010.12.25

《中日和平友好条约》签约的大环境

田中角荣选择7月7日这一天组阁，明显是想与当年的“卢沟桥事件”挂钩。

1972年7月7日，田中角荣替代佐藤荣作组成新内阁，他是日本战后史上首个没上过大学的首相，虽然他的发家史以及后来从政都与日本的对外侵略扩张密切相关，但仅从他草根出身这一角度而言，他是一个“平民首相”。他选择7月7日这一天组阁，明显是想与当年的“卢沟桥事件”挂钩。日本通常认为的对外战争，是从1931年9月18日开始到1945年8月15日投降时为止的“十五年战争”。

田中是在获得了中国方面放弃战争索赔的确切承诺之后组阁成功的。二战投降后的日本，最怕周边受害国向日本索要战争赔偿，“甲午战争”、“庚子赔款”、一战期间日本出兵中国山东“没收”德国财产，后让中国再出钱赎回，日本向中国“黄种兄弟”要钱时从未对一分钱含糊过，可二战后日本投降，想到的第一件事就是“耍赖”不赔钱。美国放弃、苏联放弃，而中国此前一直没有说过要放弃，日本一直担心中国要求赔偿。

韩国与日本谈了近14年（从1952年《旧金山和平条约》生效到1965年），围绕赔款进行的双边谈判达1500多次，可直到1964年才突然“柳暗花明”，韩国要求100亿美元，日本只给了8亿，即便这个“天壤之别”的数目，也并非日本突然对“黄种兄弟”开恩，而是因为在1964年10月日本主办东京奥林匹克运动会期间，中国在罗布泊隔海送去了“礼花弹”，日本为了拖住中国，让主张发展经济、不追随美国扩张军备的池田勇人“称病”下台，换上了坚决支持美国扩大越南战争的佐藤荣作。日本对支持美国在越南打仗舍得给钱；对向亚洲的战争受害国支付战争赔款或支持发展经济，不但不舍得给，而且还要设法破坏，这是战前、战后日本政府的一贯政策。日本对美国出兵越南提供“后方支援”，同时声称“受‘和平宪法’制约，日本无法出兵”，此时需要韩国军人代替黄脸的日本人出现在越南战场，正是在这样的境况下，日本才终于开口同意赔钱给韩国。

佐藤政府坚决支持美国在越南大打，尼克松以“极右”面孔上台，可1971年9月突然宣布于1972年初访问中国，结束越南战争，日本对这次“晴天霹雳”行动的评价是“越顶外交”[①]。此前佐藤与福田赳夫曾精心密谋策划，要阻止北京进入联合国。佐藤因阴谋彻底失败，外加尼克松总统访华，日本对华开始紧急转向，而且迈步要比美国还大。对于中国主动放弃战争索赔之宽大，在日本看来是“外交胜利”，是“右翼”寻求美军驻扎保护，“左派”向中国“表示善意”，两者“合力”所致。

田中角荣上台的同时，就抛出了“日本列岛改造论”[②]。改造日本列岛，而且是在推开中国大门之时，兜售者又是热衷“建设”的田中，一切貌似巧合，可实际内容却是日本不敢公然宣传的、将“日本制造”倾泻在中国。田中敲开了拥有十亿人口这一庞大市场的中国的大门，中国需要化学纤维解决穿衣问题，需要化肥解决粮食增产问题，需要塑料解决生活用品问题，这些都是石油的衍生制品。日本想玩当年东印度公司在亚洲的“拼装贸易”。印度不种棉花改种鸦片，由英国收购再出售给中国，用鸦片换取中国的茶叶、瓷器、丝绸，英国再出售棉、毛纺织品给印度。印度只要种棉花就不会买英国的机织布。

日本设想在沿海地带建设更多的化工厂，然后将中东的廉价石油运到日本，由日本在自家的化工厂内对石油进行深加工，提升附加价值后再将产品出售给中国。日本工业，中国农业，日本在“上”、中国在“下”的纵向生产体制从此建立。

1918年5月，日本与中国北洋政府先后签订《中日陆、海军共同防敌军事协定》，紧接着出兵西伯利亚，当时日本要当亚洲“盟主”，要中国的段祺瑞提供“后方支援”。1972年中日邦交正常化之后，日本自恃中、美“支持”自己，开始对苏联强硬，要求苏联归还“北方四岛”。1973年10月7日，田中角荣一行到达莫斯科，勃列日涅夫以“北极熊式拥抱”让这个日本人几乎窒

---

① 有人说“越顶外交”是指美国从日本头顶上飞过去中国，我个人认为不应是这个意思。在日本人的心目中，自己是亚洲的主宰，凡事不通过日本这个老大都属于“越顶”。

② 1972年6月11日发表的施政纲领，1972年6月20日出版。但据说真正的执笔者是日本通产省的事务次官小長啓一及他的部下。这些人都是通过高等文官考试的“官僚”。

息，10月6日，在世界另外一个角落，发生了一件与美国、苏联、日本、中国等貌似“无关”的大事，第四次中东战争爆发。

此前因为苏联一直拒绝给埃及等中东阿拉伯国家提供武器，以色列与阿拉伯国家之间的暂时和平才得以维持，可自日本再提只有“归还北方四岛”才签署“日、苏和平友好条约”之后，苏联不知何故一方面不理会日本，另一方面突然开始给阿拉伯国家打气，结果第四次中东战争爆发，后美、苏两国联合“刹车”，战车停下，可战争产生的“惯性”却让日本人仰马翻。阿拉伯国家宣布对美国以及追随者石油禁运，石油价格立刻从每桶3美元飚升到10美元，即使付这个价钱日本也休想买到。当田中角荣一无所获地从莫斯科回到东京时，才发现日本已经失去了往日的“辉煌”，石油危机导致电力供应空前紧张，东京、大阪等大城市晚上要限制使用霓虹灯，许多地方的电梯停驶。日本全国货架上的石油衍生产品——洗衣粉等都被抢购一空，日本自给自足都困难，更别说想深加工石油并出口石油制品给中国了，日本自认为能够联合美国、中国对抗苏联，但实际上却吃了美、苏连手的“一闷棍”。

1978年，在美国的压迫下，日本终于同意将“钓鱼岛搁置”，签署了《中日和平友好条约》，但1978年伊朗发生革命，此后爆发两伊战争，1979年韩国总统朴正熙遇刺身亡。美国宣称北朝鲜会乘乱取代韩国政权，5000名第七舰队的海军陆战队员在韩国登陆。韩国下台的、接着上台的，都是与美国关系密切的。1979年苏联出兵阿富汗也同样，下台的、后来接着上台的，都与苏联关系密切。苏联此举据说是为了打通通往印度洋的陆上通道，可以切断美国在印度洋上的运输线。在是否延长《日美安全保障条约》的关键时期，石油再从13美元涨到34美元。1979年4月中国政府发表声明，宣布一年之后期满的《中苏友好同盟互助条约》（1950年4月起生效，有效期30年，对当时的中国来说主要是为防止再次受到日本侵略）不再延长。此时日本列岛上出现了福田赳夫与大平正芳争夺首相宝座的所谓“政争”，可实际上依然与日本能否摆脱美国，日本是否走和平中立道路有关，就在大平正芳“累死”任上之时，《日美安全保障条约》又继续延长10年。

2011.1.1

日本吸食『大麻』，德国吸食『海洛因』

《非战公约》草案于1928年向日本提出，可日本在审议期间，一边对条约中“不能以人民的名义发动战争”这一句话挑刺，一边于1928年5月出兵中国山东济南，造成6000多中国军民的死伤，2600万元的财产损失，而日本军人仅死亡25人。6月4日再将张作霖炸死。当年中国人不反抗，反而让日本军阀觉得中国人最好欺负。

第一次世界大战结束后，看到战争对人类造成的空前浩劫，出于对战争的反省，以阻止今后再次战争爆发为目的，美国提议成立“国际联盟”。美国希望通过该国际组织，一要减少武器数量，二想通过条约的形式，以加入国国家名义确认各签字国之间的相互保证以及承诺，平息国际纠纷。

在一战结束后的巴黎“凡尔赛和平会议”上，美国率先提出了上述建议，但美国的理想首先遭遇到日本的抵抗。日本威胁美国：如果美国拒绝承认将中国山东的、原属德国的利权转让给日本，日本就拒绝加入“国际联盟”。美国总统威尔逊为了保住“国际联盟”得以成立，最终向日本屈服。后《凡尔赛条约》签署，但中国拒绝签字，美国国会也拒绝批准。至此，“国际联盟”尽管成立了，但美国却由最初的积极倡议国转变成为一个局外旁观者。

一战之后美国成为世界头号强国，美国不甘心自己对国际事务只是一个局外人，美国要继续推动自己的理想。1921年底，美国召集“华盛顿会议”，美、英、法、日四国参加，会后签署了《四国条约》，该条约主要终止了《日英同盟》，使日本今后无法再以《日英同盟》成员国为借口发动战争。

1922年初再召集“九国会议”，会后签署了《九国公约》，与会国共同保证在中国“机会均等”，维护中国的“门户开放”。这是重新确认日、俄战争前日本对英、美等国的承诺。战前与战后，日本都信誓旦旦地保证要实现中国东北对国际开放、实施国际共管。虽然日、俄战争后英、美将朝鲜作为“牺牲”给了日本，但日本得了朝鲜也不放手中国东北。一战后美国希望用向全世界昭示的方式，日本保证今后不在中国发生独占。

1927年4月，法国外交部长白里安为纪念美国参加第一次世界大战10周年，向美国提出缔结放弃战争的条约，法国的目的是为了防止德国重新武装，以此支持国际联盟及建立集体安全保障体系，美国对日本在太平洋以及中国使用武力不安，主张此条约不应仅限于美、法两国，因此力邀日本及其他国家，美国国务卿凯洛格拟定了一个包括三条内容的草案。该条约的首要内容是视战争为罪恶，其次，不允许用武力手段解决国家间的冲突，防止个别好战分子将众多国民拖入战争。后共有十五个国家签署了《非战公约》。

在美国的牵头、推动下，“凡尔赛——华盛顿体系”终于建立起来了，为了维护世界和平，保证经济发展，公平竞争，美国能用的手段、能想到的办法都用上了。

但是，保证白纸黑字的“国际公约”能够发挥效用的前提是：签字国家必须具有高度的道德约束意识及责任感，可对日本来说，不但要找条约的空子钻，而且只将这些条约视为约束他国，保证自己偷偷积累力量的纸片。《非战公约》草案于1928年向日本提出，可日本在审议期间，一边对条约中“不能以人民的名义发动战争”挑刺，一边于1928年5月出兵中国山东济南。日本出兵济南，造成6000多中国军民的死伤，2600万元的财产损失，而日本军人仅死亡25人，事后日本撤兵走人，跟没事一样。6月4日再将张作霖炸死。中国人不反抗，反而让日本觉得中国人最好欺负。

日本在1929年8月签署该条约之前，在国会审议《非战公约》时就发现条约存在没有对受到攻击之后的“自卫”进行规定的漏洞。1931年9月18日晚，日本军人发动了精心策划的“九一八事件”。这次军事行动属于对国际公约的重大挑战，日本不但占领了中国东北全境，还于1932年1月28日在上海这个“远东的巴黎”再制造“一二八事件”。日本将这个国际大都会当成皇军的“靶场”，用航空母舰上起飞的飞机轰炸。大炮炮击，海军陆战队登陆，接着陆军加入，造成大量中国平民死伤的同时，也让中国的巨额财产化为灰烬。在国际社会的谴责下日本最终撤军，但对造成的人员、财产损失，日本根本无视。

事情虽然发生在东方，可作为一战战败国的德国，一直睁大眼睛看国际社会对此事的反应。德国代表在“国联”多次发言并重复同一问题：当德国依照《凡尔赛条约》的规定裁军后，其他签约国家却不守信用，德国认为这种情况不能容忍。面对德国代表的谴责，其他代表无言以对。希特勒在一次国会会议上说：德国已经裁军，和约的一切规定已彻底履行，而这种规定是远远超出公道和合理的程度的。因此，德国有完全正当的理由从道义上呼吁其他强国遵守

《凡尔赛条约》的规定。

德国于1921年5月20日与中国签署条约，德方郑重承诺，按照《凡尔赛条约》的相关规定，放弃在中国山东的所有权利。除了庚子赔款中国早已停付之外，德国还支付给中国巨额赔款。这是自民国成立以来，第一次严格遵照平等互惠原则与外国签订的协约。

1932年3月1日，“满洲国”在日本人的支持及操纵下宣告成立，此前的1月，国际联盟派遣了由五国代表组成的代表团起程赴中国，三个月后的4月才到达沈阳，五国代表中就有一个德国代表。虽然国际联盟代表团在10月公布了14万字的报告，可它对日本的侵略没有起任何实质作用。1933年1月，兴登堡任命希特勒为魏玛共和国总理。2月“国联”开会不承认“满洲国”，但日本3月高调表态退出“国联”。看到“国联”无可奈何日本，希特勒痛斥《凡尔赛条约》，他学日本的样，10月德国退出“国联”。

1935年意大利入侵埃塞俄比亚，德国开始公然撕毁《凡尔赛条约》，停止对一战战胜国赔款，拒绝执行军火限制条约。德国扩军的同时，开足马力生产军火。1936年11月，德、日之间签署《防共协定》。一战时的对手，此后成为了盟友。

1922年美、英与日本签署了《华盛顿海军条约》，作为对该条约的补充，1930年再签署《伦敦海军条约》，两个条约的终止时间均为1936年12月31日。1935年12月9日“第二次伦敦海军会议”召开，美、英等想继续给日本套上“马嚼子”，但日本于1936年1月宣布退出。

1937年7月7日，日本以在卢沟桥受到中国攻击为由，对华发动全面战争。8月13日，日本再次将战火引向国际都会上海，日本要用将中国大都会打个稀烂的架势，逼迫蒋介石投降。繁华都会立刻变成了人间地狱。1937年12月13日日军攻入中国国民政府的国都南京，接着有计划地实施了震惊世界的“南京大屠杀”。德国驻南京的外交官将所见所闻以报告形式报告给了本国，报告中称“日本军人是野兽”，该外交官详细介绍了日本军人杀、抢、奸淫妇女，然后再放火焚烧掩盖罪行的禽兽行为。纳粹党员拉贝在南京救助了许多中国人，写了日记，拍摄了大量电影胶片，1938年他被召回后将影片带到德国放映，并亲自写报告给希特勒，这些资料后来都被纳粹党“没收”。德国人看到的，英、法、美等外交官也都看到了。日本军人的所有兽行都是对国际社会的嘲弄，各种条约对日本全无约束。1938年7月日本再挑起“张鼓峰事件”。

日本“皇军”能在中国抢；纳粹党人觉得自己在德国国内干同样的事更应

不成问题。德国学日本的样，看英、美、法能怎样！ 1938年11月9日是“砸玻璃窗之夜”，这一天晚上，德国各地发生抢砸犹太人财产事件，三万多犹太人被送进了集中营。德国纳粹政权公然抢夺大量犹太人财产。

日本历次的对外战争都是以不宣战的偷袭方式开始，战争的唯一目的是为了抢夺财富，战争期间针对非战斗人员实施有组织、有计划的屠杀，针对医院、学校等平民设施进行狂轰滥炸，所有国际公约禁止的，日本“蝗军”在中国都做了，看到世界上的“道德国家”对日本除了谴责之外没有更多的实际行动，日本更加放肆，希特勒也当然要学日本“皇军”的样。

1939年5月日本在内、外蒙古交界的诺门罕挑起战争，1939年9月1日德国入侵波兰，9月3日英、法对德国宣战，第二次世界大战爆发，德国入侵波兰之后开始对犹太人实施大屠杀。

日本轰炸中国的锦州、上海、南京、武汉、重庆等人口密集的大城市，德国希特勒学日本的样，轰炸伦敦。

2011.1.3

二战期间纳粹德国袭击英国的U2火箭。

日本“结盟”面面观

日本选择“盟友”，实际上是要以该外国为支点，日本作为杠杆，撬动一个日本单独无法撼动的“重量”，达到靠自己单独行动无法达到的目的，动机是要让自己追求的利益达到极限。

中国想跟日本友好，但日本对中国说“不”，为什么中日之间无法友好呢？要找到问题的症结，应该从历史中寻找答案。假如仅仅找一个个案，结论会对日本有“不公平”之嫌，因此要纵看历史，横向对比日本在何时、为何、要达到什么目的而选中某个伙伴作为“盟友”。1960年代起美国驻日本大使赖肖尔曾在他的《日本人》一书中说：只有正确把握了日本的过去，才可能准确地预测日本的未来。日本选择“盟友”，实际上是要以该外国为支点，日本作为杠杆，撬动一个日本单独无法撼动的“重量”，达到靠自己单独行动无法达到的目的，动机是要让自己追求的利益达到极限。

1870—1880年代向中国“示好”

1868年日本“明治一新”之后，萨摩、长州的“下级武士”成为了新政府中的高官，他们想到的第一件事，就是日本战国时代不断引发战争的“土地”和“人民”。日本作为新生国家，领导人要将争夺“土地”与“人民”的战争扩大到岛国之外。当时日本的国力非常有限，因此要让中国成为“支点”。日本不断派遣使节来中国找李鸿章，声称要与中国联合，共同抵御白人的入侵。可日本拿出的具体方案，却是要拉中国跟日本一起“干坏事”。口头上说“抵御外来入侵”、“对抗白人帝国主义”，可实际行动却是自己要“帝国主义”。日本提议“中、日两国一起瓜分琉球”。李鸿章认为这不符合中国人的“交友之道”，中国历来是不能欺负弱小。中国历史上从未想过要与琉球或其他国家一起联合瓜分日本，同样道理，中国也不能与日本联合，一起瓜分琉球。李鸿章不但反对，还要阻止，他向美国呼吁，共同从道义上帮助弱小琉球，可日本自战国时代开始就信奉“丛林主义”，看到琉球无力反抗，而中国也没有提供武力支持，日本就自己动手，于1879年吞并了琉球。

日本在自己的“南边”成功了，接着就将成功经验复制到“北边”，日本开始对朝鲜动手。对中国的手段依旧：跟我们日本一起瓜分朝鲜就是朋友，否则就是对手、敌人。为了保护朝鲜，1882年清政府出兵朝鲜，1884年日本再次闹事也以失败告终。日本再积累了10年力量之后，1894年挑起“甲午战争”。日本用“清政府一半”、“日本一半”诱骗李鸿章，要一起来瓜分朝鲜。所谓“三八线”，根源在此。日本后来宣称朝鲜国王希望独立，请求日本帮助独立，中国清军从此一战一退，牙山一战之后撤退到了平壤；平壤一战后退回中国本土。可日本仍不依不饶，追打过鸭绿江，最后还在山东荣成登陆，直到将李鸿章的北洋舰队消灭。

1902年《日英同盟》

“甲午战争”后，李鸿章依然不肯放弃朝鲜这个邻邦，情愿牺牲自己的部分利益，用满足沙俄部分要求的方式，也要换取沙俄取代中国继续保护朝鲜。日本对沙俄，是对中国李鸿章的老套路。用战争威胁沙俄，要“和”就接受日本的“满韩交换”；否则就是战争。“满韩交换”就是跟日本一起“干坏事”，沙俄“经营”中国满洲；日本“经营”朝鲜，这样“井水不犯河水”。看到沙俄不理并借“义和团事件”出兵中国东北之机待着不走，日本转向英国。日本巴结英国似武士对领主，日本声称愿充当英国在远东的武士。用西方人易懂的“文明”说法就是“愿充当维护英国远东利益的宪兵”。中国爆发“义和团”时，英国人正忙于在南部非洲的“英布战争”，英国从地球另一端“调兵”，没有从日本“借兵”来得更快、更经济。英国人为，能有日本这样一个既不会进攻自己又能维护自己利益的“东方宪兵”，英国可以“一箭双雕”。“义和团”之后日本在英国与沙俄之间玩“骑墙，表现出谁给我利益我就跟谁的架势，散布加入了其中一方会对另外一方不利的假消息，英国怕日本投入沙俄怀抱，沙俄陆路与中国接壤，而英国太远，英国赶忙与日本签署《日英同盟条约》，结束了“光荣的孤立”。

此后日本凭它压迫沙俄，提出与沙俄一起对半瓜分朝鲜，以朝鲜三十八度线为界，北边归沙俄，南边归日本。沙俄称“天下没有用战争威胁来一起干事的”。

1904年“日、俄战争”爆发。接着日本又两次要求英国续签《日英同盟》条约。

1916年《日俄同盟》

“日、俄战争”后，朝鲜的“土地”和“人民”都归了日本，日本继续威逼沙俄。1907年7月日本与沙俄签署《第一次日俄协约》，日本提出“满满交换”，日本“南满”；沙俄“北满”。看到只要与日本一起“干坏事”就会避免来自日本的麻烦，沙俄情愿牺牲中国这个“弱朋友”。1910年7月再签署《日俄第二次协约》，内容扩大为日本“内蒙”；沙俄“外蒙”。1911年中国爆发“辛亥革命”，沙俄乘机让外蒙“独立”。日本此时野心更大，同时支持“内蒙独立”、“满清独立”、汉族人统治长城以南，但日本的阴谋被老对手袁世凯挫败，日本因此于1912年7月再与沙俄签署《日俄第三次协约》。

1914年“一战”爆发，日本利用《日英同盟》出兵中国山东，接着向袁世凯摊牌，提出“二十一条”，欲将中国变成“第二个朝鲜”。日本支持孙中山“二次革命”、“三次革命”闹袁世凯，因怕袁世凯奋起抗日打“持久战”，因此在1916年7月与沙俄签署了《同盟条约》，10年前的对手从此成为“盟友”。没想到袁世凯在1916年6月突然死去，日本的大隈、加藤等所谓“亲英”的“宪政”政权立刻垮台，山县友朋的傀儡寺内正毅上台。虽然山县等表现日本陆军“亲德”，但对德国在中国的利益丝毫不手软。日本再次在“联盟国”与“协约国”之间“骑墙”，谁给日本利益大我们就支持谁。从英、美、法等国获得支持后，决定支持“协约国”，同时希望早日打败德国，以便自己占有德国权益。美国参战后，日本拉中国参战，同时以帮助沙俄将战争进行到底为由，迫胁沙俄将“北满”给日本。沙俄此后爆发“二月革命”、“十月革命”，沙俄变成了苏联，退出了战争还不算，还将与日本的《同盟条约》等抖了出来。

1918年与段祺瑞

袁世凯在台上时，日本支持孙中山，支持他的同乡唐绍仪，支持黎元洪。袁世凯死后，日本转向“支持”段祺瑞。袁世凯换成了段祺瑞，沙俄变成了苏联，日本因形势变化，也将“瓜分对象”和“盟友”掉了个。1917年底决定出兵西伯利亚，1918年5月，与段祺瑞签署了《中日陆军、海军共同防敌协定》，联段是为了获取西伯利亚。日本一家出兵胆怯，日本还拉上英、美一起出兵。1919年“巴黎和会”召开，当日本将自己的要求在巴黎的谈判桌上摊开时，段祺瑞从头凉到脚，日本一边抢中国的，一边拉着中国再去抢别人的。好似日本一边拉沙俄抢中国的，一边再抢沙俄的。

第一次世界大战让全世界看清了日本的本质，日本是一个“趁火打劫的强盗国家”。1921年底“华盛顿会议”召开，美国压迫英国终止《日英同盟》，要求日本从西伯利亚撤军，将中国山东交还给中国。看到来自英、美的压力增大，日本声称要结成日、中、苏联盟。政府与英、美等周旋；后藤新平则邀请苏联代表越飞到日本谈“联盟”，继续“敌人的敌人就是盟友”的游戏。

1940年与德国结盟

正如“田中奏折”中所说，“要瓜分世界，须先占有中国。”为了达到目的，日本一天都不闲着。1928年炸死张作霖，这是一次不成功的“九一八”，或者说是“九一八”的预演。1931年“九一八”之后，1932年建立满洲国。“凡尔赛——华盛顿体系”，在欧洲是为了约束德国这个“战败国”；在亚洲则是为了防备日本这个“战胜国”，日、德两个亚、欧国家，从前是对手，但后来在扩展各自“生存空间”上找到了共同点。1936年11月，日、德之间签署了《日德防共协定》。日本要在德、中之间打入一个楔子，同时威胁苏联不可轻举妄动。1937年7月发动对华全面战争，1938年7月在中国东北制造“张鼓峰事件”、1939年5月再在内蒙与外蒙边界的诺门罕挑起战争。苏联于1939年8月23日与德国间签署了《互不侵犯条约》，日本对德国转为愤怒。1939年9月1日德国入侵波兰，英、法对德国宣战，第二次世界大战爆发。1940年春季开始德国横扫欧洲大陆。看到英、法、荷等在欧洲深陷战争泥潭而无法脱身，他们在亚洲的殖民地都成为俎上之肉，日本立刻向德国招手，要立刻搭乘“抢夺”大巴，1940年6月，日本与德国签署了《三国同盟条约》。日本与德国“欧亚交换”，德国当欧洲的“霸主”；日本当亚洲的“盟主”。一战收缴德国在亚洲的“利权”；二战要收缴英、法、荷在亚洲的“利权”。然而，进入南太平洋必然会与驻扎在菲律宾的美国冲突。日本估计美国无法支撑太平洋、大西洋的“两洋”作战，因此1941年12月8日日本偷袭珍珠港，同时进攻东南亚。太平洋战争爆发。

1945年拉蒋介石、苏联

1945年德国已经输掉了欧洲战场，亚洲的日本开始找蒋介石和谈。为了让蒋介石上钩，日本首相小矶谎称送“八幡制铁所”给中国，该厂是日本利用“甲午战争”的赔款建立的。冲绳之战开始后，日本70多岁的老人铃木组阁，这次主攻目标是苏联，日本的手段依旧，用送军舰、领土等诱惑苏联。日本驻苏联大使佐藤尚武发回给本国的电报中称：“用利益诱惑苏联只会遭到对方的嘲弄及蔑视，因为苏联在战胜之时所获得的，远比现在日本能送出去的‘礼物’更多。”

还是日本人自己最了解自己，知道自己送礼是为了“诱惑”别人，“吃小亏占大便宜”是这个精于算计的民族的特点。在自己即将“没顶”之时，日本这个溺水者会对自己期待的救助者许诺：未来一定将自己的部分财产给你。同时还对苏联蛊惑：第二次世界大战结束后美国将主宰世界，这时苏联需要日本与美国抗衡。

1945年之后的盟友是美国

大国要联手加速日本法西斯灭亡，美国投原子弹，苏联出动地面部队，当美军军靴踏上日本本土之后，日本立刻踹苏联，拉美国。以前曾信誓旦旦地对苏联保证：“我们愿意充当苏联抵御美国的卫兵”，此后只更换了两个字，或者说只换了一个国名：“我们愿意充当美国攻击苏联的堡垒。”日本之“华丽转身”差点没让美国“背”过去，日本拉一个踹一个，有时候明拉暗踹，有时暗拉明踹，战争刚结束，日本竟然要策划下一场战争，要让美、苏之间打起来。近代史上，所有大国都曾是被日本人玩转的“魔方”，想转为朋友就朋友；想转为敌人就敌人。日本就差没跟南极、北极联盟了！

如今美国是“世界警察”，日本是“世界警察”羽翼下的“螳螂”[1]。

2011.1.10

① 螳螂的特点是，一边交配，雌螳螂一边将雄螳螂吃掉。

日本国债高企，缘自国铁改制

“国铁”被民营企业分割，但债务转给国家了，这笔被挂的帐何时、由谁来消化成了大问题。日本如今人均国债近1000万日元，其中有不少就来自于“国铁”改制。

日本的“国铁”，是相对私营铁路而言的“国营铁路”。“国营铁路”（“JR”是Japan Railway的缩写）财大气粗，一直以追求规模效益为目标，尽管不少线路不盈利，但出于军事目的的考虑，许多地方依然开通了铁路线。

20世纪60年代开始，日本经济进入了高速增长期，战后日本“国铁”的技术进步，也是因为大力引进了美国“通用”的技术。而此时美国铁路已进入衰退期。美国此时的长、短途客流，分别被飞机、汽车分担。1950—1960年代，一桶石油的价格（2美元左右）比一瓶法国矿泉水的价格高不了多少，美国用汽油像用水。1964年东京主办奥林匹克运动会，此前开通了东京至大阪的“新干线”，日本的高速铁路从此扬名世界。

“新干线”的全称是“东海道新干线”。“新”相对繁荣于江户时代的“东海道”而言。德川家康在江户建立幕府之后，从关西到关东的“东海道”开始繁忙，当时它仅是一条“驿道”。“明治一新”后新政府将首都设在江户，相对西京的京都而言，新都成为了“东京”。

战后日本工业、贸易立国，成为了名符其实的原材料在海外、产品市场在海外的“两头在外”国家。从东京到广岛好似“皮带”般的太平洋工业地带上，自战前开始就逐渐集聚了日本的工业企业，如今全日本近六成人口都居住并生活在“太平洋工业地带”上。人口密集导致人流、物流频繁，昔日的“东海道”，如今成为了“交通繁忙”的代名词。全日本人流、物流的一半以上都发生在这一带，通俗地说，在这里闭着眼睛经营都能赚到钱。

正因为太平洋工业地带与其他地区间的经济发展极不平衡，日本一直将改变这种状况视为国家战略。自民党中有不少国会议员号称“建设族”，以提倡“列岛改造论”的田中角荣为首，他们将“修路”、“架桥”、“挖隧道”等，视为本党、本族的政治主攻目标，而拉项目搞建设也就成为了他们的“财源”。

地方上的年轻人全被吸引到经济发达的太平洋沿岸，由此引发了两个极端，“一极”是过密；另外“一极”是“过疏”。太平洋沿岸的工业地带吸引走了大量年轻人；而地方上则都是老人，种地也找不到强壮劳力。地方上经济萧条，当地人强烈要求“振兴地方经济”。而政治家们看到太平洋工业地带已经饱和，发展空间受到制约，也想利用自己手中的权力及享有的信息优先权，在推动产业转移过程中捞一票，“建设族”国会议员与被称之为“陈情族”的地方民意代表们一拍即合，政治家压迫官僚通过国会审议预算，官僚批准项目，将高速公路、大桥、高速铁路修建到少人居住的偏远地方，甚至海岛上。从资本主义市场经济的角度而言，资本追求的是利润，收不回本就没人投资，然而政治家不管这些，行政命令与市场经济之间的灰色地带是他们寻租的温床，政治家们要利用行政手段从项目中捞钱，同时还要从地方选民那里捞取选票。

田中角荣等“建设族”们，以国有资产的“国铁”作为抵押，从银行贷款，修建通往地方的“新干线”。东京到他家乡新瀉的“北陆新干线”就是这样建成的。“高速铁路”延伸到了北海道（东北新干线），“建设族”国会议员赚到了钱；地方上的土建公司也挣到了钱，地方百姓出行也确实方便了，还解决了部分就业，看似皆大欢喜，但列车从通车之日起就开始亏损，越开越亏损，原因在于地方上没有那么多的需求，没有足够多的流动人员去乘不多的运行车辆，谁来了也束手无策。“国铁”是“大锅饭”，“东海道线”最挣钱，可赚到的钱，许多都必须拿去填补其他线路的亏空，无论工会还是管理层，都对这种现状极为不满，“国铁”强烈要求政府改革，自1980年代中曾根内阁开始，日本推行“国铁”民营化，将“国铁”分割成独立核算、独立经营的几个公司。从“国铁”被分割为“东日本”（JR東日本）、“西日本”之日起，各分公司开始独立核算，独立经营，但以前所欠债务都由国家承担。

“国铁”被分割成民营成功，债务转给国家也成功，但被挂的帐何时、由谁来消化成为了大问题。日本如今人均国债近1000万日元，其中有不少就来自于“国铁”改制。日本国铁的债务是天文数字，在没有特殊的“出口”出现之前，巨额债务列车将一直会在黑暗的隧道中行使。

日本原寄希望向中国输出“新干线”，这样可以彻底翻身，未料想中国在请求日本技术转让过程中吃尽了亏，“新干线”被中国坚决拒绝。

如今中国高铁在中国人自我努力的浇灌下，绽放出令中国人骄傲的、举世瞩目的民族工业之花，而此时日本声称他们有技术领先的磁悬浮，还声称准备30年后出口到美国。自己都从未投入商业运营的铁路，出口给美国只是一个“画饼”。有报道称日本最近开始开行东京至青森的“东北新干线”。其实这种可能早在30年前就一直存在，之所以没有开行，就是因为无利可图。

日本有钱、有技术，但有这些也无法保证铁路公司将乘客塞进车厢。飞驰的列车是空的，没人敢让这种车跑。日本是供给过剩；中国是供给严重不足。中国高铁与日本新干线无可比性，因中日之间国情存在巨大差异。

2011.3.8

日本的乡村火车站，车内、车外一样空。

日本『3·11』地震之殇

这次地震后“核问题”再次凸现，许多国家及国际组织都在事发后立刻表示愿意帮助日本渡过难关，可被日本拒绝，错过了最佳救助时间。

日本“3·11”发生地震后，中国乃至全世界的民众纷纷表示关注，毕竟我们都生活在同一个地球村。

由于网络科技的进步，中国人可以在较短时间内得知日本发生的事情，比如日本记者在记者招待会上厉声斥责东京电力公司的高层，记者问核反应堆是否会爆炸？东京电力公司主管回答:“形势严峻”。你声色俱厉；我态度谦卑，但鞠了躬之后就结束了记者招待会，至于记者乃至全世界都想知道的问题，作为日本“制造危险方”的东京电力公司，有关原子能发电站的事，或许高层真不知道；或许他知道也不能说、不敢说。

利用核能发电，世界上有大致相同的方式，但日本偏要选用自己的一套做法。日本方式不经济，会产生大量核废料，可日本情愿选择这种方法，日本核电站此前曾多次发生核泄漏，每到这时，他们一是坚决拒绝国际原子能机构的帮助，二是对国内严密封锁消息。这让世界有足够的理由怀疑，日本选择不经济的方法建设核电站，实际上是想在和平时期囤积核原料，为将来有朝一日生产原子弹进行原材料储备。从理论上来说，和平利用核能比制造原子弹并引爆，前者在技术上要复杂得多，因为将核能控制在临界状态用于发电，好似点燃了鞭炮但不让它爆炸。

这次地震后“核问题”再次凸现，美国及国际组织都在事发后立刻表示愿意帮助日本渡过难关，可被日本拒绝，错过了最佳救助时间，如今日本陷入危机，才又转向美国求助。当一个人陷入灭顶之灾时，有人伸出援助之手，出于求生本能他应会立刻抓住，可日本的反应却是将对方伸出的手打开。

1923年9月1日，日本发生关东大地震，中国的成仿吾（1897—1984）写了一篇名为《东京》的短篇小说，这是他在日本留学多年留下的唯一一篇表现日本的文章。文章公然庆幸日本发生地震。他的文章看似“不合时宜”，可当你了解了后来的历史的时候，你会觉得他利用小说排遣对日本的愤怒丝毫不过分，而且恰如其分。

20世纪20年代，中国自身经济上都非常困难，而且处在日本的不断蚕食之下，尽管如此，中国绝大部分人并未采取隔岸观火的态度，政府、民间积极募捐，第一时间将募集的财物送往日本。梅兰芳演戏筹款，段祺瑞政府组织捐款，连末代皇帝溥仪都将故宫中的珍贵字画拿出来出售，捐款给日本。

可东京发生地震、中国忙着给日本捐款的时候，日本人却忙着在东京集体屠杀朝鲜人、中国人，他们捏造中朝人民投毒、抢劫，谎称组织他们去某地集中避难，可实际却是将他们有组织地屠杀。近万名朝鲜民众，近千名中国人，已躲过了天灾，但后来死在日本人的人祸中。当时资讯不发达，从尸体堆中逃出的活口，后来才将真相传递到外国。

与成仿吾同在日本留学并同为创造社成员的郁达夫（1896—1945、9、17），他深爱日本，可在日本已经宣布投降之后，日本军人临回日本前在新加坡将他害死。

日本将朝鲜变成自己的殖民地之后，在朝鲜干的第一件事就是“登记土地”，将许多世代属于朝鲜人民的良田说成是无主之地，然后从日本移民，将良田分给日本移民。失去土地的朝鲜民众被驱赶到中国，日本接着以“你们是日本臣民，我们政府会为你们撑腰”为由，支持他们去抢夺中国人的土地，有意挑起民族间冲突，1931年5月发生在中国东北的“万宝山事件”就是日本军警故意挑起的。中朝人民之间的冲突发生后，日本立刻利用自己在朝鲜的报纸造谣、教唆挑拨，煽动不明真相的朝鲜人在朝鲜排华，结果造成上百名中国人死伤，后来朝鲜人发现上了日本人的当，呼吁停止针对中国华侨的仇杀。事后朝鲜人非常痛心，反省自己受到了日本人的离间，他们知道，朝鲜人、中国人，都是日本侵略的真正受害者。日本在中国周边的挑拨离间，第二次世界大战后一天也没有停止过。

1905年“日俄战争”后，日本元气大伤，已经无力进行下一场战争。在日本国力大衰之时，日本统治者一方面设法掩盖自己虚弱之实，一方面高调宣传黄种人首次战胜了白种人，它是整个黄种人的胜利，声称他们为中国打了一仗，把俄国人从满洲赶走了。日本希望清政府缓一缓，等清政府与俄国之间签署的租期到期，也就是到1923年时，日本会将权益交还给中国。如果当时清政府趁日本虚弱之机发动对日战争，完全可以将日本赶回大海彼岸。可中国人自认为自己的传统是“不能落井下石”，不能在朋友困难的时候“出手”，结果到了1923年，日本不但只字不提租期已满归还，而且还宣称就是将国家变成焦土，也绝不将中国东北的权益还给中国。称这块土地是他们牺牲了几十万人夺下来的，因此应该属于他们。日本任何时候都是此一时，彼一时，没有言而有信的时候。

日本老一辈在中国国土上作孽，他们屁股一拍轻松回了日本，可他们还在中国国土上遗留了大量的化学武器，中国老一辈深受日本之害，但与战争无关的年轻一代，依然被迫卷入受日本战争之害中。

1972年中日邦交正常化，中国说放弃战争索赔，当时日本不敢公然向中国讨要钓鱼岛，因为怕因小失大，怕因为小岛之事惹恼中国，中国不放弃战争索赔，当时日本对中国说因为日本国内存在“右翼势力”，存在不愿看到日中友好的分子，随着中国不断感化他们，他们终将会悔悟，不会为小岛问题跟中国作对。中国再次相信了日本，可如今日本当初的“一小撮”不断发展壮大，愿日中友好，觉得一定要对中国感恩的人反而噤若寒蝉，反变成了“一小撮”了。如今的日本政府领导人高调宣称，日本从来没承认过钓鱼岛是中国领土，日本摆出准备为钓鱼岛跟中国打一仗的架势。

章炳麟（太炎，1869—1936）是个地道的“知日派”，他用“逢蒙杀羿”比喻日本人，这个事例十分精准。中国人无私地将各种生活技能传授给日本，从种植大米到制作豆腐，种植桑、茶，日本文明在大陆文明的浇灌下才得以发芽、成长，但徒弟总要杀师傅，日本近代对我们造成了巨大的伤害，1972年中日建交时我们非常贫穷，我们免除了战争索赔！我们不奢求回报，只要求日本与我们“和平共处”。

历史学家郭廷以（1904—1974）先生曾说：“两千年来，中国施之于日本者甚厚，有造于日本者至大。百年来日本报之于中国者极酷，为祸中国者独深。近代中国所遭受的创痛，虽然不能说全部来自于日本，但实际上以日本给予的最多最巨。”

前事不忘，后事之师，等中国人感觉日本用行动清算了过去的罪责，真心为中日友好做些实事的时候，全民同情日本也不迟。

2011.3.16

不汲取历史教训才是人类的『最大教训』

日本一直对"富源"精于统计，无论是清政府吏部银子的藏匿点，还是世界上哪里有资源，他们都会派人不遗余力地调查。掌握了准确信息之后，信息本身就可以成为有力武器。

英国有个哲人曾经说过：人类的最大教训，就是他们从来不从历史中汲取教训。

蒋介石1908年官派到日本留学，后进入日本士官学校。该校是培养日本营、排级干部的速成学校，主要学习如何带兵，如何执行来自上司的命令。日本只有士官毕业生经过若干年实践再考入陆军大学之后，才可能学习战略，但这里对中国留学生关闭。蒋介石在日本所受教育，通常是说他学会了整洁、守时、严于律己的生活习惯。但让他对日本佩服并且学以致用的部分，却扎实地反映在后来的抗日战争中。

日本从天皇、贵族统治转换到武士统治，输在居住在京都的中央贵族对地方事务疏于管理上。他们在宫廷中学习如何作汉诗，而被派遣到地方管理粮食生产以及收获的武士，利用中央对他们的信任，通过在数字上弄虚作假，瞒报、虚报粮食和人口为自己积攒力量。待他们实力足够后，用"架空"的方式，成功地"下克上"。日本后来历次武士政权的更迭，也都是先开始于用虚假数字掩盖自己真实力量。幕府要求地方提供人力、物力，地方守护就立刻表忠报告："愿随时提供差使"，提供的清单精确到每个出征武士铠甲之有无，刀剑的多寡，但实质却是"老人瘦马"。保藏"壮丁"就是保存"宝藏"。战国时代后期，一个曾经为织田信长提鞋的丰臣秀吉脱颖而出，虽然他不识字，但他来自日本社会最底层，他深知日本社会"面从腹背"是江山改易的根源，因此夺权伊始，第一件事就是"检地"，将每家每户的土地和人口严密造册还觉不够，还绘图明确谁与谁是邻居；土地具体在山边还是河边。德川家康通过"面从腹背”推翻了丰臣家统治，但丰臣秀吉实施的精确“统计”被他继承下来。二百多年之后，德川家幕府再次败在藩国的瞒报财、物上。萨摩藩有钱后依然装穷，与另外一个积攒了财力的长州藩秘密结盟，最终一举推翻了德川家幕府。而当时天皇家的资产供自己维持生活都捉襟见肘。

明治之后直到日本战败投降，日本一直对“富源”精于统计，无论是清政府吏部银子的藏匿点，还是东南亚哪里有资源，他们都会派人不遗余力地调查。掌握了准确信息之后，信息本身就可以成为有力武器。

据国民党将军盛文（1906—1971）先生回忆，抗战期间中国军队竟然要用日本人编制的军用地图作战。

“过去国防部用的地图很多都不实在，全国只举行过一次勘测，而且很多省份都没有经过实际的测量。抗战期间，我们在山西作战时便捡日本人的地图来用。日本图很详细。日本人和德国人测的中国地图比我们自己用的要确实得多，这不能不承认他们厉害。我们在陆大读书时（民国21至24年），重要课程都是德国教官担任，每年暑假德国教官和商人都借游历之名到处去侦察我国的地形，他们侦察得很详细的。记得曾有一个教输送学的教官叫克利浦尔，是希特勒的好友，他曾问我：‘你是湖南人，湘江涨水时，由汉口到岳州可行多少吨的轮船？由岳州到长沙可行多少吨的？由长沙到衡阳可行多少吨？冬季枯水时可行多少吨？’我不晓得，但他晓得。他又问：‘粤汉铁路你常跑的，我不问得太远，太远你又不晓得，由长沙到武昌这一段有多少桥梁涵洞？铁路桥梁有多宽多高，某公路的桥负荷力多少，有多少涵洞你知道吗？’我不晓得，他晓得！在陆大使用的是德国人测的地图，要不然就用日本测的地图，日本二百万分之一的图比我们十万分之一的还详细，二百万分之一比十万分之一小二十倍，还是比我们的正确。在山西作战时，我们自己的地图比例不对，只好捡日本人的用。

日本人的地图详细到什么程度？比如上等房子，四方的四合院这种房子可容纳多少人，在地图上都详细注明的。此外如高粱三月种的，冬天收成，种下去一个月有多高，障碍力多大，有无隐蔽力，二月有多高，障碍力、隐蔽力有多大，等等，无微不至。我们自己的地图就不能用，很多村落张冠李戴，在河南的放到河北去，荒唐至此。”[①]

孙中山在20世纪曾怀有要修建二十万英里铁路的梦想，中国直到今天还

① 《盛文先生口述历史》九州出版社，第136页。

没有实现，对此不知该夸赞他有“雄心大志”，还是应批评我们后继者“不够努力”。还是蒋介石最了解自己民族以及军队的弊端，他深知中国人喜欢“纸上谈兵”，堆砌在纸上的数字战时往往相差十万八千里，因此自己首先要掌握第一手情报，他学日本，组建了“中央统计调查局”和“军事统计调查局”。在准确把握自己家底的基础上，“保密”与“泄密”就可运用自如了。“泄密”是散布假消息迷惑对手。汪精卫跑到越南后，蒋介石派人去刺杀。刺客动手前在汪精卫住房对面居住了近半个月，袭击后还在汪精卫的寓所内抽完了烟才撤离，可就是没有将汪精卫打死，蒋介石在日记中对此只有寥寥几个字：“不幸之幸”。这句话或可理解为：既然你不愿意听我劝，那我就送你去当“汉奸”。

汪精卫后来去了上海，高宗武将民国时代的“二十一条”公布于众。对手玩阴谋，蒋介石的表现也不比日本人差。（段祺瑞认为蒋介石还不是高手）

日本战败投降后，在亚洲各地的前日军、日本侨民，如同退潮般返回了日本本土，窄小的日本到处空前拥挤，大家都等着政府给粮食吃。

首相吉田茂向麦克阿瑟哭穷，说粮库见底，他给麦克阿瑟的统计数字在纸面上精确到每个人每天的定量，当时日本国民每天的定量是一个人一天100克大米，煮碗稀饭都不够，尽管如此，依然不能保证按时、准确发放。东京街头到处是排队等待发放大米的市民。日本政府当时拼命渲染的一个“战后英雄”是：自己坚决不吃黑市大米，也不准家人到黑市采购大米，这个法官后来饥饿至死。在宣传这个守纪法官的背后，传递出了另外一个重要内容：在遵纪守法的国民之上，必须先存在一个“最应该存在”的保守政府。如今的研究表明，这是吉田茂政府上演的一场“苦肉计”，保守分子通过牢牢控制手中的财富，以达到控制国家政权的目的。当时的保守政府绑架国民，让美国人觉得必须依靠“高效”的保守政府实施间接统治。同时给老百姓传递如下信息，如今的政府至少能让我们填饱肚子。

发动战争，将国家带入深渊的是他们；“解救国民”的同样是他们。昭和天皇都说“终战大诏”是“圣断”，避免了“大和族”绝种。后来社会党人片山哲领导的联合政府执政，保守分子到处制造混乱，终于将该政权拖垮。

吉田茂保守政府散布假消息称，日本将有1000万人饿死，粮食缺口为450万吨。麦克阿瑟向他保证：“决不会让一个日本人饿死”，后来美国给日本紧急粮食援助70万吨，可单这些已足够而且还有余，同时还发现了多处军国主义政府的粮食藏匿点。事后麦克阿瑟严厉批评吉田茂：“为何能杜撰出450万吨这个数字？”吉田茂感谢了美国的“无私援助”之后说：“我们日本败给美国就是因为我们当初的统计数字不准确。”

日本统治者对成功欺骗麦克阿瑟一事不无得意地说：“我们结结实实地利用了一次美国人的虚荣心。”吉田茂的外甥则说：“我后来才明白皇宫广场上的红旗与粮食之间的关系，知道了什么叫外交。”

记得去年中国闹油荒时曾看到过一个日本的、关于石油的资料。日本自豪地宣称：为了应对战乱引发的国际油价波动，日本储备了可以使用一年的石油。可“311”地震爆发后，日本各地出现了“油荒”，这让我想起1993年底到1994年间日本全国闹“米荒”之事。日本媒体鼓噪日本大米歉收，将在国际市场上大量采购大米。泰国政府第一时间给日本运来了最好的大米。可接着出现的宣传让人觉得不可思议，也让泰国政府如同“吃进了苍蝇”。日本媒体宣传在泰国大米中发现了死老鼠，令泰国大米的声誉一落千丈。一边是泰国大米价格极为低廉也没有人买[①]；另一边是日本人排队购买日本大米。可后来传媒又宣传日本不再采购泰国大米是为了照顾亚洲人民，因为日本一采购，抬高了粮价，会让亚洲吃泰国大米的国家受到损害。实际上日本一直在国际市场上采购大米，用外国大米酿酒、制作点心等，政府将以前悄悄进行的行为此时公然宣传一下，实际上进口外国大米的总量并没改变，但利用这次造假宣传，有意利用“民意”将外国大米贬低了一番。

1918年日本出兵西伯利亚之后，日本国内爆发了“大米骚动”，民众抢米，政府“无力控制”，结果寺内内阁被推翻。如今的研究表明，这次骚动竟然是政府自己在背后有意鼓动的，目的在于将出兵的责任推给藩阀内阁一出身于山口县的寺内正毅，让接着上台的平民首相原敬[②]对出兵可“收放自如”。历史不会重复，但总会出现惊人的相似。

这次“311”地震，日本民众为断电、停水而生活陷入困境，日本是世界第二经济强国，避难群众竟然每天只能吃到一个配给的饭团！？日本人危机意识世界第一，平时会到处储存食物、饮用水、手电筒，如今竟然惨到排着长队等一瓶水。半年前还说即便发生战争也有油，怎么现在说没就突然没了呢？自卫队半天都无法从军营里走出来救助老百姓，日本方面的公开报道是通讯中断，油料缺乏，指挥系统因断电等原因而瘫痪，菅直人指挥不动自卫队等；可

① 笔者本人当时就买过泰国大米。日本大米当时要600日元一公斤，而泰国大米100日元一公斤都少有人问津。直至今日我都没想明白日本政府当时出于何种理由要制造这种恐慌。

② 原敬后被刺杀而死。

另外一个报道却让人犯糊涂了，说俄国别有用心，地震后派侦察机在日本上空侦察，为此自卫队飞机立刻升空并一直跟踪。边说没油、没电、没人、指挥系统瘫痪；边战斗机迅速起降，雷达正常工作，并且飞机随时能找到飞行员。

事实表明一切都在严密“掌控”之中，想高效可高效；想“低效”也同样可以。

日本，一个太需要认真研究的对象。

2011.3.20

人求自救才真有救

欧洲各国能够接纳德国，完全是因为德国彻底反省了战争对欧洲乃至世界造成的伤害，正是在这样的前提下，美、英、法、俄才于1990年同意德国实现统一，此举加速了欧洲共同体的诞生。

日本有救吗？回答是肯定的：当然有救。但途径既不是大的、贫穷的中国再给日本财、物；也不是什么要敞开大国胸襟给日本卸下历史包袱（日本让美国、俄国展示大国胸襟就是给钱、物），而是日本人自己拯救自己。

美国、俄罗斯联手玩日本，许多中国人在旁边看都看不明白，有些中国评论家奢谈什么中国提携日本，要在日、美关系中打入一个楔子等，切实希望中国人少些这样的梦呓。现实不是中国给日本的不够，而是日本太贪婪，为了亚洲乃至世界的和平，中国能干的都干了，此后的牌在日本人自己手中。日本应该做一个有“国格”的国家。

日本应将冲绳还给琉球人民，别想通过与中国争钓鱼岛将琉球包裹进去。同时应承认独岛属于韩国；千岛群岛属于俄罗斯。只要日本做一个名副其实的和平国家，那时不光中国，所有亚洲国家都会敞开胸怀，接纳这个曾经迷失过的亚洲成员。

欧洲有欧洲共同体，欧洲各国能够接纳德国，完全是因为德国彻底反省了战争对欧洲乃至世界造成的伤害，誓言绝不允许纳粹思想再次复活，而且辅之以实际行动，正是在这样的前提下，美、英、法、俄才于1990年同意德国实现统一，此举加速了欧洲共同体的诞生。同样道理，古老的中华文明渗透到亚洲的多个角落及领域，亚洲各国人民有着深厚的共同生活基础，这是祖先留给亚洲民众的宝贵遗产。进入近代之后，亚洲各国深受白人殖民主义者侵食，明治后的日本，不是独善其身，而是为虎作伥，历次“远交”，都是为了吞噬自己的恩人中国。中国后来非但没有被日本吃掉，反倒让日本应验了一句中国的老话："多行不义必自毙"！ 1972年中日邦交正常化时，中国以博大的胸怀，放弃了对日本的战争索赔，这让每个日本老百姓都获得了实实在在的好处。

1949年新中国成立，在毛泽东主席的强烈要求下[①]，中国与苏联之间签署了《中苏同盟互助条约》，该条约一共有六条，除去其中两条是规定条约本身的之外，其余四条都与日本有关。这个条约本身说明，贪婪并且言而无信的日本是让邻国不安的根源，该条约是为了防止日本军国主义复活的不得已之举，美国对日本所做的一切也同样。

1951年的旧金山和平会议之前，日本国内曾就与所有国家同时媾和还是单独与美国媾和的问题，展开了争论，保守领导人吉田茂死抱战前的"势利"想法不放，对深受日本之害的亚洲兄弟一副不屑的态度，他只想投入美国的怀抱，期待大国间再次冲突时找到日本渔利的机会，美国看透了日本的用心，策动朝鲜战争，接受了日本提出的单独媾和，1951年旧金山和会召开，1953年斯大林去世后，朝鲜战争停战并签署停战协定。

1954年底苏联主动提出要与日本谈判，此时鸠山一郎上台，可战败国日本向战胜国提出的要求竟然超出了苏联的想像，日本自恃有美国在背后为自己撑腰，向苏联讨要千岛群岛中的四个岛。看到日本对领土如此执拗，苏联表现出极大的诚意，承诺只要日本成为一个和平国家，苏联愿意赠送齿舞、色丹两个岛给日本，为此和平谈判拖延了两年之久。日本袭击珍珠港的特混舰队就是从择捉岛出发的，假如苏联将这个岛给日本，美国从感情上也不会答应。美国没有利用日本为跳板进攻苏联的想法，同样道理，苏联也不曾想要日本成为自己的卫星国或缓冲国，可日本有意渲染美、苏两大阵营是零和存在，自己加入任何一方，都会令天平倾覆。

日本贪婪，既想从苏联要回两个岛，还想要美国管理下的冲绳，结果苏、日谈判两年后只结束了战争状态，双方间没有签署和平条约，争议拖延至今。1960年是对日战争结束15周年，亲自指挥过二战的美国总统艾森豪威尔依然对日本走和平道路充满期待，可日本强硬地要按照自己的意志解决问题。岸信介政权将吉田茂的《日美安全保障条约》修改为十年一期，此后每十年日本就面临一次国家走向的选择问题。（十年的前一年开始谈判，无异议则顺延）

1969年美国登月成功，尼克松上台美国要向日本展示"肌肉"，一、美国即便要进攻苏联也用不着日本，二、日本休想跟美国较量，三、与中国关系

---

① 参照吴冷西著，《回忆领袖与战友》新华出版社，第39页。

解冻。

日本此后跑得比美国还快，1972年9月底中日邦交正常化，与对苏联同样，日本再向中国提出对钓鱼岛的领土要求，为此《和平条约》一直拖到1978年。最后用“搁置”的方式，中日间才终于签署了《中日和平友好条约》（8月签署，10月生效，有效期十年。）。1979年1月1日，中、美建交，接着日、美之间开始就《日美安全保障条约》是否继续延长展开谈判。

福田赳夫与中国签署了《和平友好条约》后下台，大平正芳在1978年12月上台，1979年在任期间与福田等展开了“四十日抗争”，同年底大平访问中国。1980年5月社会党提出政府不信任案，大平解散国会举行全国大选。简直就像等着华国锋总理来日本签署经济协议，5月27日华国锋总理到访日本，签订完经济协议之后，华国锋总理去关西访问，接待华国锋总理时大平首相身体还很硬朗，可在5月31日晚突然住院，6月1日华国锋总理回到上海，大平首相于6月12日去世，7月举行了葬礼。由此开启了一系列的“葬礼外交”。

在日本，为了集团的利益，让一个重要领导“牺牲”有许多先例。

惊人的重复又出现在了千禧年前的转折点上。

1999年4月，也正是日本开始与美国谈判是否延长《日美安全保障条约》

日本右翼团体在活动。

的关键时期，小渊惠三（1937—2000年5月14日）内阁的官房长官青木干雄突然宣布：2000年的八国峰会（因俄国加入而变成八国）将于7月21日到23日在日本九州与冲绳同时举行。2002年为显示日、韩友好，分别在两地同时举办世界杯足球赛，这还可以理解，可将千禧年的峰会同时设在日本的九州以及冲绳，日本的用意显然是想将冲绳划入日本版图。（日本报界用“晴天霹雳”来描述突然宣布冲绳为八国峰会主办地）

2000年4月2日晚11时（星期日），官房长官青木干雄召开紧急记者招待会，他在记者招待会上宣布，小渊首相4月1日深夜突然感觉身体不适，2日凌晨自己乘公务车去了医院，无大碍，记者招待会仅仅举行了4分钟。

3日上午，青木再次举行记者招待会，称病情加重，已无法回到岗位。还说小渊首相委托他为代理首相。

事后记者质疑：4月2日深夜举行记者招待会时还说“无大碍”，怎么一夜之间就病情急剧恶化了？而且委托青木代理首相时神志应清醒；怎么委托结束后就“陷入昏迷状态”？！换言之，一个神志不清的人又如何委托青木出任代理首相？假如一开始就陷入神志不清，那么为何要隐瞒病情22个小时？！鸠山领导的民主党事后向日本东京地方检察厅提起刑事诉讼，控告青木涉嫌捏造首相遗嘱。4月1日晚8时，小渊还在记者招待会上发表过谈话，他向记者们通报，2小时前与小泽会谈，但没有取得一致意见。当晚11点，也就是记者招待会结束的3个小时之后，他“自行前往医院”并再也没能自己走出来。

与20年前的大平同样，入院前还活蹦乱跳的首相，入院后不久就永远起不来了，而且都在日本面临与美国、俄罗斯等商谈解决战后最大“悬案”的关键时期。

小渊5月14日去世，接任者森喜朗在密室商议中产生。6月份举行葬礼，又一次“葬礼外交”。（每10年的6月19日起，《日美安全保障条约》自动延长。）按照日本的规定，在任首相去世时应由在野党领袖致悼词，这时最大的反对党党首是民主党的鸠山由纪夫，但小渊家属坚决拒绝鸠山由纪夫致悼词，最后社会党人、前首相村山富市致悼词。（有关小渊病逝前后的异常，可参考新华网2000年4月4日前后的报道）

在冲绳举办八国峰期间，日本对出席峰会的美国总统克林顿做足了功夫，专门将克林顿儿时在美国住过的房子拆了运来并重新拼装，让克林顿入住其中，感受儿时的快乐。但克林顿并不买账，他声称要解决中东问题，不得不“迟到早退”。这是美国现任总统相隔40年之后的第二次“被迫”踏上冲绳领土（艾森豪威尔1960年到达日本之前先访问了冲绳，后被日本单方面取消了访问）。克林顿改变了先去东京再冲绳的行程，直飞冲绳还迟到一天，于21日会议正式开始之日抵达，原计划他于次日的22日就要离开回国，据说后来为了照顾东道主的面子，延期到23日离开。俄罗斯总统普京也绕了一圈才来，他先访问了朝鲜，然后去远东待了一天，他21日到，但没参加首脑会议，显示他对经济峰会不感兴趣。他给克林顿带来了自己在朝鲜与金正日谈的问题。

鸠山由纪夫早就声称自己瞄准了2009年的首相位置，结果果真在这一年他入住首相官邸。2009年8月日本国内大选，自民党在大选中失利，鸠山由纪夫领导的民主党获胜，党首鸠山顺理成章地组阁。（2009年5月小泽因政治丑闻“下”，鸠山被选为党首，7月众议院解散举行全国大选，8月底大选后民主党在国会内占过半议席。一切都为鸠山当上首相开绿灯。当年他爷爷鸠山一郎当选为首相也是如此。）

又是一个是否延长《日美安全保障条约》的关键年份，联想当年他反对小渊而小渊家人抵制他致悼词，似乎可以获得这样一个答案：假如当年小渊解决了日本战后的最大“悬案”，从苏联那拿回两个岛，同时让冲绳独立，日本根本用不着鸠山再谈判什么“日美机轴”。

日本与美国之间谈延长美军使用冲绳基地权本身，就等于说冲绳属于日本，而冲绳民众认为自己是独立的琉球国。

只有孩子的假母亲，才会冷酷到同意用“一个母亲一半”的方式将孩子分为两半，日本对待冲绳就是如此。1962年古巴导弹危机时，日本坚决否认自己是“美国进攻苏联的不沉的航空母舰”，日本说冲绳才是。日本告诉苏联，美军进攻苏联的基地在冲绳，而日本本土的美军基地仅仅是为了保卫日本。1962年的古巴导弹危机，是美、苏之间测试日本的“所罗门的智慧”。

冲绳属于琉球人民，琉球是否愿意接纳美军，用不着劳烦日本与美国谈判，琉球人反对美军驻扎，实际上也是反对自己被强行纳入日本版图，成为日本未来战争的牺牲品。

在《日美安全保障条约》又继续顺延十年完成之后，鸠山于2010年6月2日辞职（可对比岸信介“引咎辞职”）。他保证让“美军搬迁”如实兑现，如同让北京的京西宾馆从西城搬到东城也是搬迁那样，鸠山实现的“美军搬迁”，是让美军在冲绳岛内搬迁，此举完成之后，冲绳又将在日本的行政管理下，继续提供给美军作为基地使用十年。菅直人（2000年6月4日）上台后，将前首相鸠山手书的“日美、日中、日韩关系拜托了”展示给电视记者看，这等于公开承认自己是“日美机轴”的傀儡，“不允许冲绳独立”的大外交轨道已由鸠山等铺就好，我菅直人只管在轨道上继续惯性运行而已。

日本的自救之途，在于彻底反省其对外发动的侵略战争，做一个真正的和平国家。

2011.3.28

朝有金玉均，清有康有为

武士进攻对手的方式之一是先在敌后“搅乱”。在朝鲜，日本要挑动国王与王子、王妃之间的矛盾。1873年大院君退位，他儿子高宗亲政。日本以支持闵妃、帮助“文明开化”为由，派出军事教官训练朝鲜的“新军”。

自日本1868年“明治一新”之后，日本就“南”琉球、“北”朝鲜地上下其手。武士进攻对手的方式之一是先在敌后“搅乱”。在朝鲜，日本要挑动国王与王子、王妃之间的矛盾。1873年大院君退位，他儿子高宗亲政。日本以支持闵妃、帮助“文明开化”为由，派出军事教官训练朝鲜的“新军”。

1882年7月23日，朝鲜国内的军人们非常高兴，因为拖欠了十三个月之久的大米总算今天要发放一个月的了。当时朝鲜国内存在两个军队，一个是旧军队，另外一个是闵妃邀请日本军人训练的新军（1881年底开始，专门招收贵族子弟），前者的实物工资经常被拖欠；而后者的新军名为“别技军”，有统一的制服，工资高且有保障。新旧军队存在差异，让旧军人感到不满。恰巧这时久旱无雨，旧军人期盼已久的粮食拿到后一看才知道，石子多、米的质量低劣、分量不足，军人们为此与仓库的管理人员发生冲突。政府得知后立刻宣布要将几名领头的旧军人处死。旧军人因此开始举行暴动，他们袭击高官的住宅、政府衙门，日本使馆也是他们袭击的目标。这就是朝鲜历史上有名的“壬午军乱”。

当时大院君与自己当国王的儿子以及媳妇闵妃有矛盾，原本与大院君无关的军队内部的不满，后来演变成为支持大院君推翻闵妃政权的政变。参与暴动者将一切归结为闵妃专权，期待大院君重返政坛。自从《江华条约》（1876）签订以来，朝鲜的大米价格飞涨，日本人则通过给朝鲜出售肥皂，收购便宜的大米。7月24日，日本军事顾问以及外出的日本人被杀，日本公使馆被包围，公使花房义质放火烧了使馆之后，带领二十多个人逃离了日本使馆。就在这天晚上，汉城普降大雨，人们认为这是天意。

这次政变也促成了九年未谋面的父子俩见了一面，闵妃则身着宫女服装逃离了王宫。高宗任命大院君为全权，大院君称这次军事政变是由于内政紊乱所致，他下令免除参与政变军人的罪责，政变由此平息。花房经仁川29日晚抵达长崎，他要求日本政府出兵。当时伊藤博文去欧洲考察宪法，刚刚离开日本三个月，山县有朋坚决要求出兵并占领朝鲜要地。

金玉均这年3月到日本，此时他正在下关等候回朝鲜的船，得知国内发生军事政变后，他反对日本出兵，他认为大院君、国王都有各自的优缺点，但他可以说服他们。

清政府从驻日公使馆得知朝鲜发生军事政变的消息，当时，朝鲜赴中国的使节正好在天津。他们向清政府提出派兵。当得知日本将因此出兵朝鲜时，清政府决定立刻出兵，以免日本借机占领朝鲜。

闵妃出逃后，立刻给国王写了一封信，信中称："大院君锁国、斥倭，是这次军事政变的根本原因。造成日本人死伤并烧毁日本使馆，为日本出兵朝鲜制造了借口。为避免日本军队单方介入，她提出公开大院君的罪状，恳请上国（清政府）温情处置"。收到闵妃的信，高宗一方面庆幸闵妃还活着，同时对她提出的计谋叫绝，他立刻派人与清政府联系。8月8日，日本军舰首先到达仁川。10日，马建中、丁汝昌赶到。两天后日本援兵再次到来。朝鲜使节随马建中的船返回朝鲜，上岸之后，他们立刻展开调查并将结果报告给了马建中与丁汝昌。看到日本准备动武，丁汝昌紧急返回天津。8月16日，花房率领日军进入汉城，尽管大院君坚决拒绝，但是花房还是率领军队强行闯入汉城。日本人认为，大院君反日，因此他们要见国王。8月21日，清政府的4000陆军援军赶到，为了避免与日军冲突，他们没有从仁川登陆。花房提出朝鲜必须赔偿50万日元，这对朝鲜来说是一个天文数字。大院君看到日本强硬，只好找到马建中。马建中与花房见面后，劝说日本不要动武，同时表示愿意说服朝鲜赔偿。日本虽然想动武，但见到中国军队人多，而且动武的结果就是要与中国清军冲突，日本此时尚未做好与中国冲突的准备，因此，尽管外务卿井上馨命令花房不能接受清政府的调解，但是花房还是接受了中国方面的建议。8月26日，马建中、丁汝昌、吴长庆拜访了大院君，同时谎称当晚要宴请他，到了指定时分，大院君来到清军营地，宴会刚一开始，大院君就被押进了事先准备好的轿子中，马建中说要带他去中国见皇帝。他的轿子一直被抬到了清军的军舰上，9月2日到达天津。中国用息事宁人的方法避免与日本冲突，将大院君"调虎离山”，这既保护了大院君，也想通过将父子隔离开的方式，让父子俩不要内部争斗。大院君与李鸿章见面后，李鸿章让他暂住保定，时年60岁。

从日本匆忙赶回国的金玉均对中国的做法非常不满，他认为：1.中国将朝鲜视为家奴；2.公然绑架一个国家的君主。

大院君被送往中国后，国王、闵妃选定的代表开始与花房谈判。谈判地点是停泊在济物浦（仁川）的日本“比睿”号军舰上。8月30日签订条约，日本提出的要求基本上获得满足。9月8日，政府公布消息称闵妃仍然活着。12日，闵妃在清军（庆军）的护卫下返回汉城王宫，长达50天的政权转换终于结束。

《济物浦条约》规定，朝鲜向日本赔偿50万日元，同时还要派遣“谢罪代表团”前往日本，向天皇谢罪。该代表团由15人组成，金玉均是代表团中的一员。使节团10月13日到达横滨，一个月后，除金玉均一个人仍然留在日本外，其余成员返回朝鲜。1883年初，金玉均返回朝鲜。在日本期间，他经人介绍结识了福泽谕吉，福泽在后藤象二朗应允下，派遣井上角五郎到朝鲜汉城办《汉城旬报》。金玉均称自己在日本广交朝野上下人士，有相当人脉，国王开始重用他，他可以自由出入王宫。金玉均说服了国王，选了50多名年轻人去庆应义塾及日本学校读书。

在朝鲜出版的日本报纸，多次登载煽动朝鲜人反华的文章。袁世凯看到这个报纸后，并不知道其中内幕，但是非常愤怒，因此找到了接任花房的驻朝公使竹添进一朗，质问他是否要默认这一报纸的存在。竹添当时也不知道该报有背景，因此同意了袁世凯的要求，禁止该报在朝鲜国内发行，该报只能在日本马关才能买到。井上角五郎立刻将此情况报告给了福泽谕吉，福泽再找伊藤博文，伊藤得知经过后拍了一下大腿高叫：“是我疏忽了”。接着说：“以前你告诉我这件事时，我想让更多人知道这事没好处，也就没对竹添透露。”伊藤此后通知竹添。井上角五郎再返回朝鲜，竹添开始暗中事事支持他们。在朝鲜的反华运动从此成了气候。

金玉均后来再次作为王室代表去日本，虽然日本口口声声说愿意帮助朝鲜进步，可当朝鲜真提出要日本经济援助的时候，日本就开始玩弄花招。金玉均向福泽提出经济援助300万日元。300万并非小数，福泽找到井上外务卿，井上立刻同意说可以筹集到这笔巨款。日本方面提出要国王的亲笔信以及朝鲜海关税作为担保。金玉均按照日本的要求提供了上述文件。井上找到涩泽荣一，交代他找私营银行筹款。就在此时，竹添来了电报：“金玉均的国王亲笔信可疑”。

据说是闵妃察觉此事对朝鲜不利，因此想出了一个计谋，让皇室顾问、中国清政府推荐的德国人告知日本公使竹添，金玉均与日本的交涉是他个人的行为，与朝鲜政府、国王无关。而且朝鲜立刻将关税业务转让给了朝鲜第一银行，这样一来，用关税抵押贷款一事终止。1883年7月，金玉均前往日本准备取钱，日本政府通过福泽告知金玉均，日本无法拿出这笔巨款。金玉均听到后非常愤怒。他说，“此事已经通过电报上报国王以及国内的文明派，现在日本突然说拿不出钱，这让我怎么办？！这件事办不成我只能一死谢罪。”福泽看到金玉均态度坚决，再次找到井上。福泽要井上说清楚，井上说自己仅是介绍人，银行不拿钱他也没有办法。福泽因此说“若不找出解决问题方案，他会将整个事件内幕在自己办的《时事新报》上公开，揭露日本外务卿不守信用。”井上屈服。

福泽离开井上私邸后，井上找来横滨正金银行行长，要他拿出300万的百分之十。收到30万元的金玉均，虽然对金额不满意，但是也没办法，1884年4月，他拿着这些钱回国。

日本给他钱，不是要他用于建设国家，而是鼓励金玉均回国制造动乱。日本的自由民权运动在国内遭到封杀，这些人希望能在国外干些“大事”。日本要金玉均模仿日本“明治一新”。日本土佐藩的后藤象二朗、板垣退助都表示会积极协助，而他们都是曾因鼓吹“征韩”而退出政府的人。此后这些人在日本国内主张“自由民权”，实际上是想向“藩阀政权”挑战，而藩阀则鼓励他们到国外去闹事。陆奥宗光在他的《后藤伯（爵）》一书中写道：“他（后藤）在内政上失败，看到无法在内政上施展拳脚，就开始想在朝鲜问题上做文章，私下与他的朋党策划，决定支持金玉均等‘开化党’，强化他们的势力，然后自己成为朝鲜的总理大臣，专门经营朝鲜八道。”

金玉均回国后，1884年6月，越南爆发了“中法战争”，清军不断失利的消息传到了朝鲜。在朝鲜驻扎的清军有一半撤回了中国。金玉均认为这是一次机会。7月，以前通过金玉均派往日本的留学生14人回到了朝鲜。10月，竹添也被井上馨派回朝鲜。竹添来找金玉均，而金玉均嘲笑日本人言而无信，竹添发誓今后坚决支持金玉均，金玉均因此决定投靠日本，驱逐支持闵妃的清政府。参加当时行动的朴泳孝事后回忆称：“当时唯一的担心就是清军动向。只有借助日本军队的力量才可能对抗清军，几次踌躇后，最终从竹添那里得到确切答复，此后开始筹划政变。”

日本此后发动宣传攻势，多次、多种场合向政变者保证，日本将坚决支持他们发动政变。

1884年12月4日，文明开化的象征——现代化的邮电局落成，而庆祝邮电局落成的晚宴，实际上是金玉均与日本人勾结，杀害本国领导人的一次阴谋。

依照金玉均与日本人一起预谋好的计划，庆祝晚宴开始后，有人先在王宫某处放火，将赴宴的高官们吸引出来，然后在半路上将他们暗杀。竹添原定出席晚宴，可当晚突然告病缺席。厨师、侍从等都是日本人，为配合行动，他们故意拖延上菜速度。但等了许久也没有着火的消息传来，后来有人回来通报，火无法点燃，金玉均下令将邮局附近的民房点燃，结果这次成功，听到有人高叫“着火了”，赴宴的朝鲜高官们先后跑出宴会现场，闵泳翊刚出去就遭到刺客暗杀，匆忙返回时已满身是血，其他政府要人遂待在宴会场内等待救助。金玉均、朴泳孝赶忙前往日本公使馆，那里的日本军人已经整装待发。竹添此时称，必须有国王要求日本出兵的亲笔信日本才能出兵。事到如今，金玉均只能一条路上跑到黑了，他再前往王宫，向国王谎报清军与一小撮朝鲜人勾结，发动政变，现在只有请求日军帮助平息。闵妃在竹廉后听到此报告，不顾身份，立刻反问：“的确是清军吗？不是日军？”这时，王宫内传来爆炸声，国王顾不上确认究竟发生了什么事，只好相信金玉均。金玉均要求国王转移。同时按照朴泳孝的要求，在他准备好的纸上写下：“日本公使来护朕”。

拿到国王的亲笔信后，金玉均的同党火速携信前往日本公使馆，日军出动，封锁了国王暂时躲避的景祐宫的四个大门。金玉均通知高官进宫朝见，但凡是他计划暗杀的所谓“亲华派”都被杀死。5日早晨，金玉均宣布新政府成立并颁布新政纲。就在金玉均忙于发表政纲的时候，国王的一个心腹也溜进了景祐宫，他向国王通报，金玉均与日本人勾结发动了政变。他们知道宫门被日本人把守，无法从宫中逃出，为了搬兵救国王，他们决定制造一次混乱。国王一行坚持要离开景祐宫，回到原来的王宫——昌德宫，表面效忠国王的金玉均十分为难，听国王的不是，不听也不是，最后他同意转移。混乱中，前来报信者乘机逃离了大部队，他前往清军驻地，请求清军前来解救国王。

下午5时，国王一行终于回到了昌德宫，竹添看到形势不对，提出要日军撤回，而金玉均再次指责日本人言而无信。6日早晨，清军包围了昌德宫，下午3时开始进攻。日军仅有150人，而清军有1500人，金玉均想挟持国王前往江华岛，但遭到国王拒绝，日军看到局势不利，从昌德宫撤离。金玉均、朴泳孝随日本军人一起逃回日本公使馆。12月7日下午，竹添等将公使馆点燃，

300多人逃往仁川。途中，竹添多次要赶走金玉均，但已走投无路的金玉均坚持要跟日本人走。8日，一行到达仁川，登上了等候在那里的日本船。而朝鲜军人也同时赶到，欲押解金玉均下船，竹添赶金玉均下船，但金玉均知道下船后自己将性命不保，坚决不下船。后来朝鲜军人撤离，船终于驶回日本。

国王被金玉均欺骗，国家遭遇重大灾难，朝鲜上下当然对金玉均恨之入骨，而亡命在日本的金玉均，此后已经失去了利用价值，日本先将他放逐到北海道，后来又驱赶到小笠原群岛。

明明是日本在朝鲜闹事，但日本还要倒打一耙，捏造朝鲜伤害了日本使节。1884年12月底，井上馨作为全权代表前往朝鲜，清政府此时也加派军队，在朝鲜的军人数量多达4000人。1885年1月，日本与朝鲜开始谈判，日本称竹添与日本军人、民间人士没有参与政变，朝鲜必须向日本赔偿损失并谢罪。朝鲜最后接受了日本的讹诈，签署了《汉城条约》。4月，伊藤博文前往中国天津与李鸿章谈判，最后签署了《天津条约》，该条约共三条，其中一条为："今后朝鲜有事两国共同出兵。"10年后，中日之间的"甲午战争"爆发。

看到朝鲜出现混乱，李鸿章释放大院君回国，想削弱日本在朝鲜的影响。

1890年，金玉均从流放地小笠原群岛回到东京，开始与清政府驻日本大使、李鸿章的儿子李经方往来。李经方回国休假期间曾向金玉均发出过邀请，让他到中国一游。金玉均在日本连生活费都没有，哪有余力前往中国。1894年3月，机会终于来了，在日本政府的背后支持下，金玉均终于成行。这时距中日在朝鲜爆发"甲午战争"还有四个月。

金玉均前往中国上海，据说是为了兜售他的"三和主义"：中、日、朝三国联合，共同对抗欧美白人。金玉均犯有欺君的大罪，朝鲜上下都对这个民族的叛徒恨之入骨。一个亡命客，竟然代表日本来中国谈"联盟"。日本要再利用一次金玉均。3月27日，金玉均在一个日本人的陪同下到达上海，住进美国租界内的一个日本人开设的旅馆"东和洋行"。次日，他的日本陪同刚出门，从日本尾随而来的朝鲜人洪钟宇就闯进房间，立刻开枪将金玉均打死（43岁），朝鲜行刺者实际上是从日本人处得知金玉均行踪的。据陪同金玉均前往上海的日本人和田延次郎透露，"日本政府知道暗杀金玉均的计划"，也就是说，是日本政府故意要让金玉均死在上海。

日本最初称要将金玉均遗体送回日本；可后来突然变卦，李鸿章遂将洪钟宇及金玉均遗体送回朝鲜，国王将金玉均暴尸。

1885年12月，日本的自由民权主义者大井宪太郎等就公然叫嚣要推翻朝鲜的“守旧政府”，因为它受中国清政府的支持。日本故意将这些准备暴动的“暴徒”逮捕并判刑，实际上这些都是作给中国与朝鲜看的“戏”，10年后金玉均死在上海，大井宪太郎再次在日本闹事，声称一定要将金玉均遗体运送回日本。

对金玉均实施暗杀的洪钟宇也是一个不可思议的人物。他在1893年从留学地点法国巴黎回到日本。洪钟宇是所有朝鲜人中第一个去法国留学的，而送他赴法留学的不是朝鲜；而是日本。

日本是个“因循守旧”的民族，他们喜欢“复制”自己的成功经验，从金玉均封锁朝鲜“王宫”的阴谋活动中，可以发现它是中国“围园锢后”的样板；从“欺君”的金玉均身上，同样能折射出撒弥天大谎的中国的康有为的影子，两人都被日本“推崇”，受到“鼓励”，可最终都死在日本人手中。金玉均是中国的康有为；康有为是朝鲜的金玉均.

2011.6.29

日对韩国『大陆架新主张』为何保持沉默

韩国这次的用意很清楚，要通过自己"搅局"的方式，警告大国必须约束日本的领土扩张，在对日问题上应步调一致。韩国用自己独特的方式，对破坏国际秩序的日本加以谴责。

最近韩国提出"苏岩礁"属韩国领土。将"礁岩"视为一个"岛屿"，因此海域扩大，这引起了中国媒体的强烈关注。令人惊讶的是，对领土问题最敏感的另外一个当事国日本，这次却变成了一个静观反应的旁观者，日本这次"迟钝"的背后究竟隐藏了些什么？本文将从历史的角度提出另外一种见解。

将海面上的礁石说成是岛，日本一直这样干没停过，日本将台湾边上的"冲之鸟礁"（中国命名为北露岩、东露岩）说成是属于日本的岛屿，还不断地人为扩大其面积，对此，中国明确表示该主张违反了国际法，中国不予承认。

就在日本外相松本刚明7月3—4日访华期间，海权问题再次刺激中、日神经之时，韩国拿出"苏岩礁"来搅局，看似韩国不合时宜，而本人认为这是韩国要通过自己的方式警告整个世界：对破坏和平秩序的举动如不坚决制止必将酿成大祸。也就是说，假如日本主张的礁岩被作为岛屿接受，那么韩国也同样可以。好似2010年9月日本在钓鱼岛扣押了中国渔船，韩国也接着扣押中国渔船那样，韩国要逼着大国出牌。

前事不忘，后事之师。世界各国承认了的条约，后来在实施过程中没有得到坚决贯彻，最终导致悲剧发生的殷鉴不远，发生在20世纪的第二次世界大战就是最好的例子。第一次世界大战结束后，战胜国压迫战败国签署了《凡尔赛条约》，德国受到了严惩。同样是战胜国的中国，出了人，出了力，帮助"协约国"战胜了"同盟国"，可最终的结果，却是青岛被日本作为对德国宣战的战利品拿走了。同为战胜国，英、法、美等大国对日本网开一面。虽然中国后来拒绝签署，美国没有批准，但在1922年2月的"华盛顿会议"之后中国依然吃亏。中国要为一个趁火打劫、不请自来的强盗“埋单”。中国想无偿收回山东，可英、法、美都压迫中国同意日本提出的付钱赎回方案。“华盛顿会议”期间签署了《九国公约》，各签约国承诺不用战争手段解决冲突，可到了1931年9月18日，日本捏造自己受到中国东北军攻击，关东军“被迫自卫”，而“自卫”的范围远超出日本称受到攻击的“奉天”（如今的沈阳）。日军迅速地占领了中国东北全境。此时中国举起手来任日本人打，让全世界看，期待“国际联盟”能够主持公道。中国的传统思想是“纸里包不住火；雪里藏不住人”，中国没先动手，而且被日本打了也没还手，轻信一切经过“国联”调查都会水落石出，“国联”会给中国还一个公道。“国联”虽然召集各国开会，可英国、法国袒护日本，没有人“给猫脖子上系铃铛”。[①]日本得寸进尺，1932年1月28日再在上海挑起事端，这时英国才跳了起来，英、法、美认为上海是他们的传统势力范围，无论在“国联”的会议上还是在行动上，英、美、法必须联合，结果1932年5月5日中日签署了《淞沪停战协定》。

在“国联”的会议上，德国在日内瓦的代表“多次发言并反复强调同一个问题：当德国依照《凡尔赛条约》的规定裁军后，其他签约国却不守信用，德国认为这种情况不能容忍。对此其他国家代表无言以对。”“希特勒也在国会上陈述同样问题：德国已经裁军，和约的一切规定德国已经彻底履行，而这种规定远远超出公道与合理的程度。德国有完全正当的理由从道义上呼吁其他强国遵守《凡尔赛条约》的规定。”德国提醒“国联”不能持双重标准，对德国严；对日本宽。出席会议的美国代表就私下表示，若不遵守条约，德国几年之内就可以强大到打败法国。

英、法、美在对待日本入侵中国问题上采取“双重标准”，对日本的绥靖政策最终养痈遗患。德国看到日本1931年、1937年公然撕毁国际条约也没事，因此1939年挑起第二次世界大战，英国、法国等后来都成为德国发动战争的受害者。1941年底太平洋战争爆发，“华盛顿会议”上给日本套上的“马嚼子”被彻底挣脱。

历史不会重复，但会以惊人的相似再现。如今，20世纪“华盛顿会议”后的局面再次显现，前战败国日本现在不断公然挑衅战胜国以及国际公约。第二次世界大战结束前的《开罗宣言》以及《波茨坦宣言》都对日本的领土范围有明确规定：日本必须回到自己的四个岛上去，通过战争侵吞的土地必须都吐

① 《伊索寓言》中讲老鼠们商量由谁给猫脖子上系铃铛，比喻“没有人挺身而出”。

出来。可战后真到了用国际条约约束日本时，各战胜国的步调并不一致，造成日本不断扩大解释并违背自己当初对国际社会的承诺，当今世界朝着当年“华盛顿会议”后的危险方向滑落。韩国这次的用意很清楚，要通过自己“搅局”的方式，警告大国必须约束日本的领土扩张，在对日问题上应步调一致。韩国用自己独特的方式，对破坏国际秩序的日本加以谴责。

维护世界乃至亚洲的和平，各国必须携起手来，坚决依照《开罗宣言》及《波茨坦公告》行事，只有各国联合起来维护国际条约的权威性，遏制日本的扩张图谋，世界才不会重蹈覆辙。

2011.7.7

瑞士日内瓦的国际联盟会场。（笔者摄于2014年7月）

中日两国间的关系只透一层薄纸

所有战略家、外交家、政论家，他们议论的各种热点问题，从宏观到微观，从“航母”到岛链，从历史认识到各种现实冲突，各路专家们貌似深远的挖掘，语不惊人誓不休的总结，实际上它们都是附丽在经济利益之争以外的表象。

三十多年前被分配学日语，从此和日本结下了不解之缘。20世纪90年代初去日本自费留学，长期生活在日本人中间，再反思自己通过书本认识了十多年的日本，阅读加亲身体验再思考，这才真正感觉到现实与书本上的内容有很大差异，这才让我对中日关系总是不尽人意有了自己的结论。

我认为如今中日之间只存在一个问题，那就是经济利益冲突的问题。所有战略家、外交家、政论家，他们议论的各种热点问题，从宏观到微观，从“航母”到岛链，从历史认识到各种现实冲突，各路专家们貌似深远的挖掘，语不惊人誓不休的总结，实际上它们都是附丽在经济利益之争以外的表象。日本最喜欢用“障眼法”，不希望中国看到本质，而中国的许多所谓专家，都忙着为“日货”拆除“外包装”。他们将日本兜售的各种说法，翻译过来之后就作为自己的见解“转卖”给中国人。为了不让中国人看明白，日本不断用“新饭盒装陈饭”，不断地搞出些名堂，掩盖其追求经济利益之实。

战后日本记者采访战争期间的企画院（相当于中国的“计划委员会”）总裁铃木贞一。

记者问：日本为何战败？

铃木答：因为我们没有足够的资源。

记者问：知道我们资源不够为何还发动战争？

铃木答：因为我们没有资源。

许多中国人没有看穿本质，常常陷入日本制造的理论陷阱之中，日本不断地制造各种虚幻问题，就是为了把水搅浑，中国总是被动地回应、解释，结果是问题越扯越远，原本不是问题的问题，也最终扯成貌似成问题的问题。

专家对老百姓，说的都是“现在进行时”的热点问题，一套一套的，他们不说则问题炒不热，如果问题不成为“热点”问题，传媒少了活儿，专家们没地方喷口水。实际上，既然是专门研究日本问题的，那么就应该用“过去时”看日本，用“将来时”归纳日本，日本自“明治一新”后对周边国家发动了多次战争，干了那么多坏事，目的只有一个：掠夺资源。想自己独肥，骑在其他民族之上过好日子。

在日本生活期间我发现日本人很节俭。他们注意“环保”，家庭主妇们将用完的牛奶盒用清水洗净，晾晒干了之后统一交给再生纸公司的回收员。垃圾分类扔，玻璃瓶等可回收物品专门放进一个垃圾箱。旧报纸有专人负责回收，餐馆油炸天麸罗的废弃油脂，投入固化剂将其固化后交给专门收购的公司。

日本家庭主妇们多生活悠闲，中午丈夫不回家吃饭，不少家庭主妇去麦当劳等快餐店解决午饭问题，那里常年温度适中，窗明几净，客人用餐结束后，只消将所有的纸盒、餐巾纸都当垃圾丢进垃圾桶就结束了。在来自中国的我看来，日本富裕得似乎有用不完的电，烧不完的油。

数十年前是中日间的“蜜月”期，日本人喜欢吃中国榨菜、中国产的鳗鱼、橘子罐头等，中国的农产品足足可以装满一艘货轮，可日本只用一辆丰田汽车就能将它们都交换回去。去日本的货轮里装满了山西的煤炭，云南的锡锭、江西的铜锭以及钨、锑等稀土，而从日本来中国的货船里装的都是本田摩托、松下电器、丰田汽车等，之所以中日之间能够“蜜月”，完全是因为中日间的贸易按照日本希望的方式在进行。

日本好，到处山清水秀。

旧报纸上油墨多，制造再生纸的过程中不但要耗费大量淡水，还要投入大量漂白剂漂白，而这些都会造成严重的水污染，日本因此“优化生产环节”，将利用日本旧报纸造“再生纸”的工作“留给”中国。日本报废的汽车，也在日本拆解并重新组装“再出口”到中国。等中国河川里的水黑臭了；北京街头上的“夏利”汽车跑烂了，日本再出口净化水源、空气的技术或设备。

日本当时对中国“充满信心”，日本当时跟中国的贸易多为“易货贸易”、“补偿贸易”，向中国出口生产方便筷的设备，作为交换，中国将加工好的方便筷100%出口给日本，几年后中国的山秃了，而换回来的却是几个日本的铁疙瘩（当时中国各地100%外销是政绩）。中国人渴望享受日本人同样的生活水准，想每天喝个纸盒装的方便牛奶，来一杯用易拉罐或可回收啤酒瓶装的啤酒，日本研究员们看到中国未来为“日本制造”提供了巨大商机，全国上下都要设法向中国出口各种生产线。中国挖地铁需要采购日本的盾构机；修建高速公路要用日本的挖掘机、推土机、压路机等，当中国仅有少数人开始享用易拉罐、一次性塑料瓶、纸杯的时候，日本对中国市场消化“日本制造”的期待就逐渐变成了“中国威胁”。也就是说，假如十三亿中国人都过日本人同样的日子，在想吃麦当劳时就去享用，这时，十三亿份麦当劳就意味着十三亿张纸巾、十三亿个纸杯等，而这些都对日本乃至世界构成了巨大威胁。

日本是个原材料在外；产品市场在外的“两头在外”的国家，亚洲四小龙的经济特点也多少有点日本，若再加上中国，“日本制造”不但要在中国国内跟“中国制造”竞争；还要在国际市场上竞争，再加采购原材料竞争，日本最担心的是这个。这些对日本来说才是实实在在的“威胁”，它比什么“航空母舰”、“歼20”的现实威胁大多了。令日本人焦心的问题，在于中国未来的持续高速发展上。中国人不再买日本货了，还出口“中国制造”跟日本抢市场，争夺原材料，造成日本人靠出口过好日子的生活水准难以为继，他们担心的是这个，因此要为中国制造障碍。他们认为自己是“优等民族”，只有“大和族”才应该过好日子，只有日本人才配高消费。

近日有日本的中国问题专家跑到中国人家门口跟中国人理论“中国威胁”，这完全是无理取闹，混淆视听。日本人开发新技术，挖掘头脑资源的本事没有，但到中国来寻衅闹事制造事端却很在行。看看近代史上日本为何最舍得花钱在中国国内制造内乱你就可以明白，日本的真心想法就是千方百计要设法阻挠你发展。

谁也不曾预料到中国经济能够发展得如此迅猛，能在短时间内缩小与日本之间的技术差距，日本不希望看到“中国制造”走向世界，日本要诋毁中国。明明是日本对中国技术封锁，看到中国人靠自己力量前进了，日本就捏造中国侵犯了日本的知识产权，“偷”了日本的技术。拿过期的技术专利卡中国的脖子还不算，还要拉上其他发达国家，围堵中国。以“日美同盟”一员为由支持美军攻打伊拉克、阿富汗、利比亚等，一切都是为了抢夺资源。不断对中国挑衅，实际上就是要为中国的发展与进步设置障碍，要遏制中国，要将中国压在日本之下，期待中国国内出现内乱甚至希望台湾与大陆能够像南北朝鲜那样打起来，所有阴招都是为了保证日本在亚洲的独大地位。

没有一个中国人愿意回到以前一周只吃一顿肉，农村甚至一年只有到过年才能吃一顿肉的“票证时代”，中华民族中的每个成员对希望自己也能过上好日子的欲望被压制了很久，日本想用“声东击西”、制造事端来阻碍、延缓中国的发展与进步，这些根本是徒劳的，同时也是值得我们每个中国人认真思考并警惕的。我们努力使自己过上好日子招惹谁了？难道我们就必须穿草鞋？把核桃仁出售给外国，我们拿核桃壳去烧火？去做成工艺品出售？我们用优质煤换回汽车、空调，再编草篮子、拖鞋去换回日本摩托车？！经济帝国主义国家才最希望这样的商品交换模式。

日本与其将金钱投放在为中国制造事端上，不如投入到能给世界带来巨大变革的革命性技术进步上。换言之，别做一个有本事“制造事端”；但没本事开发新技术的、让中国人看不起的国家。

2011.8.27

日本很注意保护自己国家的环境。

『靖国神社』的来历和性质

而藩阀政府为了将自己对外掠夺的“倭寇”战争正当化，找出种种理由发动对外战争，随着日本对外侵略扩张的规模、频度逐渐扩大、增多，“靖国神社”中“合祀”的阵亡者也越来越多，后来内务省干脆退出，完全交由陆军、海军省管辖。

“搅屎棍”是乡下的一句土话，本义为“搅和臭屎的棍子”，它非常形象地将“麻烦制造者”、“吃饱撑得没事找事”者的嘴脸再现出来。

在日本战败投降日的8月15日前后，透过媒体看到了有关“靖国神社”的许多图片，日本领导人屡屡利用参拜“靖国神社”来制造麻烦，这绝不单纯是什么“日本文化”问题，而是暗藏了野心。

日本人常说的“明治一新”发生于1867年底，不满德川家幕府世袭统治的西南强藩——萨摩藩、长州藩等，利用“列强”迫使江户幕府开国而焦头烂额之机，口口声声称要帮幕府“攘夷”，可实际却是钻进幕府肚子里，最后突然“反戈一击”，转向“尊王倒幕”，结果“言行不一”的德川家幕府被“口是心非”的西南强藩一举推翻。1868年改年号为“明治”，萨摩、长州下级武士把被冷落了700多年的天皇“抬”出，此举既可达到萨、长下级武士“挟天子令诸侯”的目的，同时还可以用“王政复古”、“皇土皇民”的谎言，以“万世一系”的天皇权威压制武士集团的首领——“藩主”们。①

在德川家幕府时代，日本共有260多个藩国，各藩国由不同的领主家族世袭统治，每个领主都有自己的家族神社，其中供奉着自家的祖先，还有部分为保卫本藩国存亡过程中死去武士的亡灵。②将死者分为“鬼”与“神”的思想

① 最初叫“一新”，义为“上下新气象”，后来为了强调其进步，改“一”为“维”，日语中读音相同，改换同音的汉字，目的在于达到不同的意义效果。

② 德川家康的家族神社是家康死后埋葬的“东照宫”，武士集团的共同神社是“八幡宫”，天皇家的神社是“伊势神宫”。

源自于中国，一般人死了之后变成“鬼”；英雄人物死了之后则上升为“神”，日本人认为“神灵”会浮游在空中，为“神灵”搭建个房子是为了让它们能安居其中，该建筑成为祭拜点的同时，还有彰显功绩的功能，通过“敬神”，祈求“神灵”保佑子孙，同时还鼓励活人模仿死后变成“神”的“英雄”，以求更多的人不惜牺牲生命保卫“本藩”。

“倒幕”军号称“官军”，它主要由萨、长两藩的武士构成，与德川家幕府间的主要战争通称“戊辰战争”，它始于发生在京都附近的“鸟羽”、“伏见”之战（1868年1月3—6日），止于最后一战的“函馆战争”（1869年5月），其间共有3575人战死，为了让没掏钱也没出力，但又通过这场战争翻盘的天皇以及贵族们能够记住为他们而死的武士，依据长州藩出身的大村益次郎（1824—1869）的建议，新政府于1869年在东京的九段设立了“招魂社”，“合祀”由此开始。

1874年5月日本出兵台湾，“倭寇”死灰复燃，由3000多日本人组成的“台湾远征军”，其中500多人死于水土不服及霍乱，真正原因是日本人无法在台湾待下去了，可去北京谈判的大久保利通竟然还从李鸿章处顺手牵羊捞得50万两的“义举费”，以萨、长为首的战争冒险，因成功而在新政府中获得了更大的发言权。萨、长藩阀政府在1875年1月挟持明治天皇对“招魂社”进行了首次参拜，通过让明治天皇给死于对外侵略中的强盗“下跪”，“招魂社”也随着日本国家走上对外扩张侵略道路而发生了性质的根本改变。

1877年日本国内爆发了“西南战争”，它是由明治功臣西乡隆盛领导的反政府暴动，政府军前往镇压，“官军”中的阵亡者牌位进“靖国神社”；相反则成为了“冤死鬼”。藩阀政府此后将制造对外摩擦、冲突乃至战争作为化解国内危机的有效手段，此后的所有战争都是针对周边国家，发生在日本本土之外的战争。“招魂社”于1879年更名为“靖国神社”，由内务、陆军、海军省联合管辖。

日本周边的独立国家琉球、朝鲜、中国等，没有一个招惹过日本，而藩阀政府为了将自己对外掠夺的“倭寇”战争正当化，找出种种理由发动对外战争，随着日本对外侵略扩张的规模、频度逐渐扩大、增多，“靖国神社”中“合祀”的阵亡者也越来越多，后来内务省干脆退出，完全交由陆军、海军省管辖。

在对外扩张侵略战争中死去的所谓“阵亡者”，在朝鲜、中国等深受日本对外扩张侵略之害的人民看来，他们都是杀人掠货的强盗，都是死有余辜的侵略者，他们早死、快死、全部死光，潘多拉的盒子里才不再会有魔鬼，这是受害国家人民最期待的事。而日本藩阀政府将“倭寇”供奉在“靖国神社”中，给他们贴上“英灵”的标签，“彰显”他们的“功绩”，目的在于鼓励更多人加入强盗队伍，不断地“再生产”魔鬼。后来所有将奔赴战场的军人都要参拜“靖国神社”，相约不活着回来就在“靖国神社”再相会。

由此可见，靖国神社里的“死灵”，均是具有特殊意义的“死灵”，绝不是所有死难者，一般意义上的死者。不是谁死了都能进，必须是军人，而且是有人证明为日本打仗而死的军人。烧杀掠抢、奸淫妇女被中国人、朝鲜人打死的，都是“英灵”，都可以进。同为军人，在战场上开枪打死上峰，后被枪毙的人不能进。拒绝服从命令，不去杀人放火，因反战而被自己人处决的军人，他们也不能进。

统治者先将“强盗”粉饰成“英雄”、“军神”，祭拜这些“死灵”是为“罪犯”洗刷罪恶，鼓励活人模仿，以他们为榜样，鼓励他们“邪恶”。所谓“奋勇”，就是杀死更多的外国人。明明是中朝人民在自己国土上和平生活，日本军人跨过大海来杀他们，可杀人犯死后回国还受表彰，日本统治者要鼓励更多人去外国当杀人犯。

中国人公祭南京大屠杀中的手无寸铁的中国死难者，日本都说“伤害了日本人的感情”，可见日本政府有多么邪恶。

实际上，日本的统治者个个贪生怕死，可他们都热衷鼓励日本百姓变成“神”而自己成为参拜者。昭和天皇鼓励所有人为“玉”而“碎”（“玉”指天皇；“碎”，似樱花花瓣落地，为天皇而死），“本土防卫”期间要他们拼死抵抗，宁死不当俘虏。

战后招募“日本女子挺身队”队员，让穷人家的女孩“挺身”去陪美军睡觉，男性以死对抗；女性“软化”美军，送美军去“温柔乡”。对待对手的态度一硬一软，背后的实质都一样，都是拿自己人不当人，花钱买老百姓的生命是为了让自己免于一死，这是最卑鄙的欺骗。骗老百姓去送死，招募日本女孩子陪美国兵睡觉。从未听说过统治者们的妻女去当“女子挺身队员”；只听说过天皇的弟弟及弟媳，经常在自己家举办宴会，招待美军高级将领。

日本小说家坂口安吾战后写了一篇名为《堕落论》的政论文，讽刺、挖苦日本统治者。“让二十多岁的年轻人开自杀飞机去撞美国军舰，可自己都七老八十的人了，被美军用绳子牵着进法庭，他们还要在法庭上与美国抗争，实际上就是想多活几天。真是堕落啊。”

日本战败前参拜“靖国神社”的时间主要集中在春、夏这两个中国农历季节，日本战败投降后，随着日本国力的逐渐恢复，“参拜”也从偷偷摸摸逐渐转向公开进行，后来竟选择在每年8月15日的日本战败投降日。

1952年4月28《旧金山对日和平条约》生效后，10月昭和天皇进行了战后首次参拜。1972年中日建交之后，三木武夫首相以私人身份在1975年8月15日参拜。10年后的1985年8月15日，中曾根康弘以首相身份高调参拜。1978年10月22日邓小平副总理为交换《中日和平友好条约》批准书访问日本，可就在此前一周的17日，日本偷偷将远东军事审判中的甲级战犯牌位移进了“合祀”行列。

20世纪80年代，中曾根与美国总统里根谈强化“日美同盟”，中曾根声称“日、美是生命共同体”，“日本要成为美国攻击苏联的‘不沉的航空母舰’”，当美、苏战争爆发时，日本要“封锁四海峡”（东西对马海峡、津轻海峡、宗谷海峡）。

每当日本高调强调“日美同盟”之时，也就是日本首相高调参拜“靖国神社”之时。90年代小泉对小布什强调要重新定义《日美安全保障条约》，签署了《日美防卫新指针》，小泉也在2006年8月15日参拜，将“冤鬼”吹捧为“英灵”。“美化强盗”实际上是想找人来打仗。

德国没有为希特勒歌功颂德，树碑立传，可日本却以自己文化“独特”为由，公然为“杀人犯”们“正名”，如此行为是对反法西斯战争的亵渎；是对1945年彻底战胜法西斯轴心国的联合国的公然挑战。对于日本为“太平洋战争”、“远东军事审判”翻案，美国表面上“不愠不怒”，实际上美国此时已将手伸进了日本的钱袋。反观包括中国在内的亚洲国家，愤怒往往只能停留在抗议、谴责上。无法对日本构成实际打击的“言辞愤怒”，只会让日本“右翼”更加“趾高气扬”。

2011.8.29

日本的神社外景。

自卫官的儿子『右』咋的？

一个国家一旦处在日本产业链的末端，没有自己的民族工业，这样日本就可以像大人拧小孩胳膊般对付他。

日本新首相终于露面了。此前、此后，究竟谁出任日本的下一任首相，着实曾让中国的媒体及评论家们忙了一阵。大选前有“专家”在电视、报纸、网络上评论、预测，大选后接着“点评”、“总结”。

一个演员登台唱戏，最怕的是观众沉睡。同样道理，日本换相，如同大海涨潮落潮，再普通不过了，咋没见“俄罗斯”把它当回事呢？人家该晒太阳晒太阳，想打盹就打盹，就中国激动，结果日本给你来一个高潮迭起，然后出人意表。

现在许多“专家”强调野田佳彦（1957— ）来自自卫官家庭，因为从小生长在军营中，所以更“右”，会对中国更强硬。海江田上了难道就会对中国咏“汉诗”？别忘了，菅直人还曾经当过日本“红卫兵”组织的头儿！

自卫队也仅仅是一个职业。朝鲜战争爆发后麦克阿瑟压迫吉田茂立刻组建自卫队，应募人数超过了募集人数的十几倍。当时的年轻人想进自卫队，并非是想扛枪打仗或思想“右倾”、“左倾”，完全是为了找到一份职业，想有个旱涝保收的饭碗。战后日本的失业率高居不下，许多人找不到工作，而自卫队员是“公务员”、“铁饭碗”，因此适龄青年争相报名。同样道理，当下日本经济也很不景气，不少人也想加入自卫队。

生长在自卫队军营中的自卫官的子女就会对中国强硬，他们“极右”？实际上两者之间并无必然联系。冷战时期，日本的假想敌是苏联，日本当时看中国，如同看今天的北朝鲜。他们喜欢叫嚷，但并不认为中国有实力跨过大海进攻日本。在日本的国会议员中，以前最活跃的是“建设族”，他们最热衷将全日本变成大工地，在海滩上打桩填海造地；在陆地上架桥、修隧道，如今“国防族”活跃，谁能争取到更多的预算，引“肥水”流到自家田里，谁的日子就最好过。

从“松下政经塾”出来的50后、60后们，都是在自民党分裂之后作为“新生力量”被小泽等拉进政坛的，这些人要时时看小泽的眼色，然后找到自己的位置，扮演应该扮演的角色。与其说野田强硬，前原诚司（1962—　）“极右”，不如说背后有人给他们派了不同的活儿而已。

“大和民族”的特点是“极端现实”，近千年武士统治的历史，让他们推崇“欺软怕硬”的生存哲学。中国强，日本“热爱和平”的人士会像喷泉般不断涌出；中国弱，想对中国友好的人，他们想拦“右派”都拦不住，最终变成“不敢阻拦”。

克林顿在意大利那不勒斯的八国首脑峰会上曾对叶利钦说：当日本人对你说“Yes”的时候，实际的意思是就“No”。（据说此时麦克风没有关，结果这句私下闲聊变成了让全世界哄笑的“爆炸新闻”。）

对日本的任何一个领导人，不但要“听其言”，还要“观其行”，看其言行是否一致，“不一致”是政客们的共同特点。

要说生长环境决定“左”、“右”；“亲华”、“仇华”，那么比野田生长环境“恶劣”的首相多的是。小泉、麻生、安倍，都生长在“极右”家庭，福田康夫也好不到哪里去。来一个“右派”又能咋的？

麻生是吉田茂的外孙；安倍是岸信介的外孙，都是“蔑华”世家。日本的领导人，都希望中国处在日本产业链的末端，没有自己的民族工业，这样日本可以像大人拧小孩胳膊般对待中国。中国人只能在厨房里给他们炒菜，这样的中国当然不会对日本有任何“威胁”。

中国要用“只争朝夕”的方式把自己国内的事情办好，这样才会“全无敌”。

2011.8.31

揭秘『以邻为壑』态度

日本对华采取“以邻为壑”的态度。笔者希望用自己的研究心得将该结论具体化。

中国不少媒体对日本对华采取“以邻为壑”的态度表现出强烈愤慨，但很少有人举出具体事例，笔者希望用自己的研究心得将该结论具体化。

自小渊首相2000年5月死在任上之后，日本的首相换了一茬又一茬。

盘点一下迄今为止的日本历届首相，上台后披露自己的对外方略、对华方针时，都信誓旦旦地宣称要“发展中日间互信及互利互惠关系”，可落实到具体问题上时就变了调，日本领导人总用各种方式挑衅中国，对中国是抽回了“左拳”再打出“右拳”。怎么能激怒中国就怎么干，日本如今的外交，主要内容之一是跟中国作对。

森喜朗（1937—　）坚称“太平洋战争”是“大东亚战争”，否认战争期间存在将外国女子强掳为日本军人“性奴”的事实。森喜朗延长了十年一期的《日美安全保障条约》后，于2001年4月下台，任期仅一年。日本接着换上小泉（1942—　）与田中真纪子（1944—　）组合。小泉要追随美国，田中真纪子说要与中国保持友好关系，看不明白日本政治的人甚至会产生这样的疑问：日本这是怎么了？政坛为何如此混乱？一驾马车中的两匹马，各自往相反的方向拉。这样如何齐心协力？相互作用会让马车原地不动。其实日本追求的就是这样的效果，他们不希望外界看明白。

小泉时代的政治号称“剧场政治”，在政治舞台上表演的两个人，力量一正一反，而相互抵销，既不亲中，也不追随美，维持原状是他们原本最期待的。首相与外相，两人表面上互掐，暗中却是看到追随美国于自己不利时，外相田中真纪子就占上风。此时小泉咧嘴一笑：没有办法，对方是女强人，田中角荣的女儿，她很受选民欢迎。把中国当成与美国周旋的一张牌。当看到美国政策于日本有利时，立刻踹开中国，小泉全力追随并支持、怂恿美国“遏制”中国，这时田中沉默。

外相与首相“不和”，如此闹剧在日本政治史上绝非首次。鸠山一郎主政时，重光葵最初“拖后腿”，可最后比首相跑得还快、还远。首相决不会任命一个跟自己作对的人当副手，更不会将自己的对头放在外相这一重要岗位上。表面上看“一个踩油门”，另外一个“拉刹车”，玩危险动作，实际却是为了追求日本利益的最大化。在十年一期的《日美安全保障条约》延长之后，美国要求日本增加防卫力量，压迫日本购买美国的导弹防御系统。而打中国及《和平宪法》牌，恰恰是拒绝美国“强卖”的挡箭牌。日本比谁都清楚，自己实际上并不需要TMD。

小泉与田中真纪子之间的闹剧，终于在美国“9·11”爆发之后，以田中被赶出内阁而终止，它同时表明，日本列车在小泉引领下加速向美国方向行驶。（日本于10月即出台了为期两年的《反恐特别措施法》，此后于2003年、2005年、2007年多次延长，安倍内阁实际上就是因为是否继续为美国输送利益问题被自己人整下台。）在“联合反恐”，支持美国出兵伊拉克、阿富汗等问题上，日本与美国联合行动，此时日本方面投入的资金是否超过了海湾战争的130亿美元不得而知，但是，日本没少掏钱是肯定的。日本要“小鬼闹大事”，它躲在美国身后指使美国遏制中国。中国的传统友好邻邦朝鲜、巴基斯坦、缅甸等，都是日本要制造事端的对象。与中国有距离的蒙古、印度、菲律宾等，则都是日本极力要拉拢的对象。

小泉紧追美国，可最终并没有从美国那里捞到什么好处，只能以高调参拜靖国神社刺激中国，暗中反对美国。美国看到小泉的利用价值已经所剩无几，开始“温和”地批评日本：日中关系不好会损害美国的根本利益。无奈之下，小泉下台，再换上安倍晋三。在朝鲜问题上，安倍晋三在行动上比小泉还强硬。安倍晋三上台后的头一件事就是向全世界表演“脱美入亚”，日本新当选首相通常都是首站出访美国，安倍要与众不同，效仿他外祖父岸信介，当年岸信介外访亚洲国家是为了围堵中国，这次安倍首访地是中国，接着韩国，他要拉这些国家与日本一道，联合制裁北朝鲜。来北京访问总共一天一夜，离开中国飞往韩国途中，在公海上空得知朝鲜用进行核试验的方式欢迎他访问韩国，朝鲜给了安倍当头一棒。

与小泉不同，小泉置亚洲各国的愤怒而不顾，依然我行我素地高调参拜靖国神社，安倍对中国领导人保证，在他出任首相期间不参拜，但他用其他方式继续否定日本的对外侵略战争。

安倍2007年访问印度。安倍要拉澳大利亚、印度包围中国，支持印度“抗击”巴基斯坦。第二次世界大战结束后的远东国际军事法庭中有一名印度法官叫帕尔，他说“南京大屠杀证据确凿”，不容否定，可日本对这一部分不予披露，却将他的“25名甲级战犯应判无罪”的观点大肆渲染。安倍的外祖父岸信介任首相期间就曾邀请帕尔访问日本，昭和天皇还给他颁发过勋章。安倍访问印度时专程去帕尔的儿子家，说他父亲“干了件很有勇气的事情”。在否定日本战争责任、“以邻为壑”这一点上，安倍与前任绝无二致。

美国人主持了“远东军事审判”，为了不让昭和天皇上绞刑架，美国不惜多方做手脚。岸信介（1896—1987）的外孙安倍晋三口口声声说“与美国有共同的价值观”，可实际行动却是要为战犯们翻案，这种“煽美国耳光”的行为，应是让美国始料未及、同时又后悔莫及的事情。

《日美安全保障条约》自诞生之初起就是一个畸形儿，日、美两国各在其中掺杂了自己的用意，而最终解释权当然在美国。日本想躲在美国羽翼之下对国际事务吆三喝四，可美国也不是傻瓜，日本送礼的时候美国答应，“礼物”揣到怀里之后就变脸，美国用“日本方式”对付日本。

森喜朗的前任小渊死在任上，铃木善幸[①]（1911—2004）的前任大平正芳也同样死在任上，作为继任者，可以发现两人都是小派阀头目，都是过渡内阁，完成了十年一期的《日美安全保障条约》后就交权。

以小泽一郎（1942— ）为首的日本保守政治家们，对向美国输送了利益但未获满意回报不满，因此将安倍“敲打”下台，此后“亲美鹰派”麻生（1940— ）没上，“鸽派”的小福田（1936— ）上台。老福田（1905—1995）曾经在汪伪政权中出任过“财务顾问”，战后继承了岸信介、佐藤荣作（1901—1975）的衣钵，是个善于玩弄“两个中国”，企图将台湾从中国分裂出去的“台湾帮”中的骨干分子。儿子小福田虽然不参拜靖国神社，但在继承日本保守外交路线的问题上，则完全继承了他父亲的“遗产”。

小福田与老福田不仅相似在都在71岁时出任日本首相，还相似在到了要修订《日美安全保障条约》的关键年份，每十年一期的第九个年头时，他们就将挑子甩给他人。老福田将艰巨任务交给了大平，结果大平没能让日本外交进

① 最初是社会党人，后转入自民党。

步死在任上（1978年12月当选为自民党总裁，1980年6月12日死在任上），小福田于2008年9月将政权交给了自民党人麻生太郎。是否延长《日美安全保障条约》是个极为艰巨的任务，终止需要极大勇气，而顺延则相对容易。

麻生是吉田茂（1878—1967）的外孙，而吉田茂是牧野伸显（1861—1949）的女婿，牧野伸显是“明治三杰”之一的大久保利通（1830—1878）的二儿子。麻生不是叫嚣日本要修改宪法，就是鼓噪日本应该拥有核武器。小泉追随美国还“比较听话”，麻生追随美国则是“越线”追随。

麻生曾是“大家一起参拜靖国神社吧”的发起人之一，出任首相之后立刻迎接美国新任国务卿希拉里访日，虽然他也宣称在任期间不以首相身份参拜靖国神社，但他声称“钓鱼岛”属于《日美安全保障条约》适用对象，日本要用武力保卫“钓鱼岛”。希拉里到访日本时表示“欢迎麻生成为奥巴马入主白宫后的首个外国来访领导人”；同时用“和谐”、“和平”挡开日本最急切要确认的《日美安全保障条约》是否适用钓鱼岛问题。麻生2009年2月访美，他不辞辛劳地往返飞行48小时，就是为了要跟奥巴马会谈一个小时。面对美国冷对，他厚着脸皮还要往上贴；而中国善待他，他却对中国“来劲”。2009年4月29—30日麻生访华，可就在此前的4月21日，他本人没有亲自前往靖国神社，但他送去祭品，紧接其后的22日，执政党、反对党，两党议员共190多人，浩浩荡荡地参拜了靖国神社。一切都发生在首相眼皮底下，而且就在麻生作为首相出访中国之前。

明眼人都明白，在日本这种“纵向社会”中，假如没有麻生的授意与许可，这种事情绝无可能发生。如此行为不是为首相出访“添乱”，而是首相让手下向中国公然示威。麻生家族今日积累起来的财富，主要来自日本对外扩张侵略时期，让这种人否定日本对外扩张侵略如同希望太阳从西边出来。

麻生没有从《日美安全保障条约》上捞到日本想要的，因此于2009年8月黯然下台，他将是否延长《日美安全保障条约》的接力棒转给了反对派、民主党的鸠山由纪夫。两人都曾在美国斯坦福大学留过学，号称“亲美”政治家。

鸠山由纪夫（1947—）是明治之后日本政坛上的不倒翁家族的后嗣。他们家族貌似专事俄国问题，但日本的“北方领土”问题与南方“琉球问题”实际上是联动的，早在20世纪五十年代，鸠山一郎（1883—1959）领导的日本就曾面临选择，作为从苏联获取两个岛的回报，美军从日本本土撤离，冲绳独立。可鸠山一郎在最后一刻釜底抽薪，让去苏联签署条约的全权代表重光葵（1887—1957）中止签署条约离开苏联，而他后来亲率代表团，于1956年10

月抵达莫斯科，他签署了《日苏共同宣言》，结束了日、苏间的战争状态，但接受苏联赠予两岛的问题搁置。时隔五十多年，世人期待鸠山由纪夫能够完成爷爷鸠山一郎当年未竟的任务，可当他看到北方无望，南方日本不愿放弃，鸠山由纪夫让美军在冲绳岛内折腾了一番之后，他在自己爷爷当年画线的地方原地踏步。毕竟他前面已有大平正芳、小渊惠三两个“烈士”。

他将政权交给了菅直人，可菅直人也不傻，菅直人上台后立刻将鸠山写给自己的手书公开，菅直人此举是要“避嫌”，通过公开鸠山手书表示重大外交问题自己没参与，都是鸠山决定好了的。

鸠山高调宣称“要让东海成为和平之海”，海面上他的呼声尚存，陆地上他对中国的重拳又开始出手，鸠山支持“藏独”。

进入21世纪的头一个十年，出自日本政治“华丽家族”的二代、三代政治家们在日本政坛上轮番登场，他们谢幕之后，以“草根”、“亲民”、“亲华”为招牌的菅直人（1946），于2010年6月4日上台，尽管他也没有参拜靖国神社，但中日关系在他任上明显倒退却是不争的事实。中、日船只在钓鱼岛海域发生碰撞，原本各自修理、“不欢而散”也就了结了，可日本执法船竟然将中国渔船强行拖到日本去问罪。上述事件发生后，菅直人首相不“刹车”反“加速”，内阁中的国土交通大臣前原诚司（1962—），在事件处理过程中当上了权力仅次于首相的外务大臣。在日本，不处罚就是鼓励；上升就是因为“有功”。

历届日本内阁都面临严峻的内政问题，可他们处理内政无能，却要靠在外交上处处给中国制造麻烦、不断挑衅博得国内喝彩。

日本拉拢韩国，目的是要打压朝鲜。同样，日本领导人在去靖国神社“拜鬼”问题上“抽手”，目的是为了换上另外一只手对中国“出手”。篡改历史，为战犯、对外侵略战争翻案，要从中国抢夺领土，拉其他国家围堵中国，支持疆独、藏独、台独，日本历届内阁的上述活动一天都没有停止过。日本要给高速行驶的中国经济列车设置障碍，让你无法提速，这是日本任何一届领导人都一贯坚持并乐此不疲的功课。

中国上自政府下至一般民众，必须对此有清醒的认识，对日认知错误才是中国的最大悲哀。反观日本，作为一个国家，毫无“国格”，近代日本对中国造成的伤害最大，但战后中国给与日本的最多，中国人自己勒紧裤腰带也想着不要加重日本国民的负担，中国放弃了对日战争索赔，可非但没有换回日本的“将心比心”，反让日本觉得中国“软柿子好捏”，“穷大国”喜欢“充大方”。

如此没有国格的国家竟然还要申请加入联合国常任理事国？！与中国讨论未来中日关系的日方代表来中国变成了“兴师问罪”，竟然将中国发展自己国防诬蔑为“穷兵黩武”，与日本战败投降前的对外侵略扩张国家相提并论，这些都是日本张狂本质的大暴露。

2011.9.3

日本电影《入殓师》小议

不少中国的日本电影影评人，他们出于何种理由及动机去评论日本电影，各种缘由无法揣测，更无法妄评，但从他们的影评结论而言，他们对日本社会、历史、文化、日本人思维习惯等不甚了解，因而也不可能正确理解植根于这种土壤中的精神产品——电影，似品茶师去鉴定香水，不出错才怪。

日本电影从来不缺乏中国观众，但如果问及他们对电影的观后感，他们的回答往往与电影的主题南辕北辙。即便将其解释为“丰富了作者的思想”，但认真品读后仍会发现它们离题太远。之所以出现这种情况，笔者以为责任首先在中国的影评人，他们对日本电影的评介不够水准或出现偏差。作为观众思想的引领者，影评人起灯塔作用，保持灯塔高度，增强灯光强度，这样才能起到打破黑暗，引领观众走上正确方向的作用，但现实令人遗憾。不少中国的日本电影影评人，他们出于何种理由及动机去评论日本电影，各种缘由无法揣测，更无法妄评，但从他们的影评结论而言，他们对日本社会、历史、文化、日本人思维习惯等不甚了解，因而也不可能正确理解植根于这种土壤中的精神产品——电影，似品茶师去鉴定香水，不出错才怪。比如对日本电影《入殓师》的评介，有中国影评人结合自己亲人从死亡到进殡仪馆、火葬场的亲身经历，把日本电影《入殓师》作为比对的对象，进而得出日本人尊重死者，而中国人对待故人粗暴的结论。这种将中国现实生活中的经历与日本导演创造的文化符号简单地排放在一起进行对比，接着就轻易下结论的方式、方法，既无助于提升日本人的道德水准以及中国观众对日本电影的欣赏水平，同时也侮辱了日本电影导演的智慧。日本导演绝不会拍摄一部单纯赞美、咏叹殡葬行业的巨片。日本导演的深刻与中国影评人及观众对现实的愤怒之间存在天壤之别，假如日本导演知道他拍摄的电影被中国观众如此解读，他一定会拭泪痛哭，而这种巨大偏差也正是中国观众错误解读的典型事例。

笔者是这样理解这部电影的。

一、中国语境下易产生中国式解读

中国观众对日本电影出现误读不足为奇，因为中国观众往往将自身的经历及思考，注入到对日本电影的解读之中。

与日本同样，中国也存在就业歧视。为了消除歧视，政府进行了各种努力。首先在职业定性上将殡葬业定位于事业单位，属民政局管理。其次是政府在宣传上对该行业有一定的倾斜。譬如殡葬行业承担的重任与社会的目光成反比，他们承受了太多的“不公平”，因此政府要大力宣传他们，以达到消除社会偏见与歧视的目的。中国有劳模制度，每年到了一定时期，各行各业都要推选一个代表当“劳模”。在民政部门中，最具代表性的通常是殡葬工作者。

正因中国存在上述语境，中国观众才易于从两国殡葬业的层面上进行对比，进而仅仅从“送人最后一程”的服务业角度理解电影，获得“日本人工作认真”、进而得出他们对死者“更尊重”的结论。还有人从文化的角度上说“日本文化特殊”，只因为电影中有几个死者家属在葬礼上不但没有流泪哭泣，反而喜笑颜开的场面，他们把“白事”办成了“红事”，如此这般就总结说“日本文化特殊”

二、思想内涵透过具体细节表达出来

1. 人名用得巧妙

男主角名“小林大悟”，“小”与“大”形成鲜明对比，而且“悟”还不是一般程度的“悟”；是“大悟”。“大彻大悟”的男主角与女主角“美香”是一对夫妻。殡葬业在日本人看来是“脏”、“臭”、“低”的行业，导演安排从事“臭”、“脏”工作的“大悟”养活妻子“美香”，“脏臭”和“美香”是紧密结合的一对夫妻，他们生活在同一个屋檐下。阴阳交错，相互扶持、相依为命。

社长名“佐佐木”，“佐佐”日语读“sasa”，在日语中是“小、细竹”的意思，它与“小林”在语义上相近。两人小人物在一起谋生。在日语中，“下積”、“下端”是社会最底层的意思。社长手下的女职员名“上村百合子”，她起穿针引线的作用，将“社长”与他的“部下”联系起来。“百合花”洁白，象征纯洁与美好。而且“百合”这一汉字视觉符号表示它跟许多事物都能

“合”、“匹配”。“百合子”的人生经历也充满曲折并多彩，仅有三个人的NK公司，都是社会底层，每个人都有一个属于自己的辛酸故事。

另外一对同居者是浴室老板娘与看门人，也同样是“萍水相逢”的有趣组合。浴室老板娘名“山下艳子”，名如其人，“山下”也是小人物，与“大悟”母亲有相似的一面，一个人独撑一个公共澡堂，她的名字叫“艳子”，普通的职业并不妨碍她有爱美之心，她每天都把自己打扮得光彩照人。浴室看门人名“平田正吉”，在日语中，“平”是低矮、普通的意思，一般职员就是“平社員”。他不凸出，质朴得像田地，他名叫“正吉”，“吉”在日语中还有“好”的意思。普通人，但堂堂正正。他的职业在最后才暴露，他是火葬场的焚尸工。他自嘲道：在哪里都是烧火。（浴室与火葬场）

在电影中，“遗体”成为了一个媒介，“入殓师”因要处理遗体而进入了日本寻常百姓家，而不同人家中的不同人物又折射出日本社会中的众生相，它反映了日本社会的形形色色问题，通过从事“入殓师”的工作，“大悟”接触到不同的死者，同时也阅读了每个人的花样人生，与以前单一、高雅的大提琴师相比，他对社会及生存有了更深刻的认识，每个死者背后的故事，都是促成他迈向“大悟”的一课，最终坚定了他要将这份“脏”、“臭”工作继续下去的决心，到达“大彻大悟”的境界。

首具遗体是无名氏，她死后两周才被警察发现，在现场看到遗体已高度腐烂，房间里蛆虫遍布，臭气熏天，别说为死者化妆，就是当个垃圾包裹起来丢出去都困难。它反映了日本社会底层孤独老人的生存状况。

第二具遗体是一个年轻的母亲，女死者名“尚美”。日语是“依然美”、“仍然美”的意思。

第四具名“美雪”。在日语中，“雪”与“行”同音（yuki），“雪”是女孩名字，通过与“行”同音及葬礼上争吵的场面，寓意年轻女孩完美地“走了”。“走”与“没走”又是一种对立，“走”指“逝者”；“不走”、“没走”表示活着的人。死者是一个青年叛逆者，处于反抗期的少女，与其说父母疏于管理，不如说这类年轻人根本不服管。年纪轻轻，既没有充分享受生活，也没有为社会做出什么贡献，父母好容易将他们养大成人，她却因交通事故先于父母而辞世。她是“飞车党”成员，与她一起飙车的男友，头发染成金黄色且发型怪异，穿着也“另类”，缠着绷带来为女友告别，这些都反映其“叛逆”。但不管怎么说，年轻的叛逆者为贯彻自己的意志离开了人世，她死在了自己的追求中。死者是一个只对自己负责的年轻人。

该人物促使“大悟”联想自己。“大悟”的父亲在他儿时离家出走，留下了一间酒吧间以及他与母亲两人，从此杳无音讯，“大悟”认为自己的父亲是个“没有责任感”的男人，而他要当一个“有责任感”的男人。“大悟”既是人夫又是未出生孩子的父亲，他既要对自己负责，还要为妻子、下一代负责，他是一家之长，拿钱回家养家比什么都重要，而且这才是高于一切的负责任行为。与社会上歧视的言行，本人的“面子”相比，挣钱养家糊口比抛弃妻小离家出走更“男子汉”。与其贯彻自己主张“死”；不如顺应社会“活”。

第五个死者名叫“止夫”，他是一个变性人。

他出现在影片的“序幕”中，是向观众说明电影主题、人物关系的首个人物。

死者看上去是一个年轻貌美的女子，“社长”在角落悄悄提醒说“她”死于烧炭自杀。“大悟”一边为死者擦拭身体；一边为如此美女自杀感到不解并叹息。而此后的发展出人意表：死者其实是“男儿身”。

惊人的发现引发了另外一个惊人的故事，“止夫”的母亲说：“要是当初生下来就是个女儿，那他就不必遭这么大的罪了”。而父亲补充道：“自从儿子‘变’了之后，性格发生了很大变化，总跟人吵架。哎，无论男儿、女儿，都是我儿。”

这表明死者生前曾为变性问题烦恼，最终因无法克服来自自我以及社会的压力，用一死解脱。即便在如今富裕的日本，男性选择当“人妖”，多是冲着这个职业容易挣钱而来。年轻小伙子选择“变性”，或是为了生活，或是心理问题。

如果说“止夫”改变的是内在的身体的话，那么“大悟”改变的则是外在的职业及思想。巨大落差同样存在于“大悟”身上。“大悟”在东京干的是“体面”活，靠拉大提琴为生，可回到家乡山形县后却改行从事殡葬业，同样是靠一双灵巧的手谋生，但因接触对象不同导致社会地位存在云壤之别。尽管“止夫”与“大悟”两人的改变存在本质不同，但为了生活而改变却是不变的事实。死容易活着难，这就是现实，哪怕从事存在社会歧视的殡葬业，“大悟”也选择坚强地活着，堂堂正正地活着。能够克服拉琴高雅与殡葬低俗的巨大落差，靠自己双手自食其力，这才是真正的男子汉。

“不高雅毋宁死”；“顶不住压力就去死”，这不是“大悟”的人生态度。

2. 注重“条块分割”的结构美

（1）以主人公的工作地点来划分。

国际大都会东京与人口“过疏”的家乡山形县某小镇。工作内容也因此划分为两大块。在东京拉大提琴，在家乡当“入殓师”。前者灵巧手指转动后流淌出美妙的音乐；后者则是在冰冷的尸体上滑动。相对在东京工作时间短暂，电影中在家乡的工作没有尽头。拉琴始于幼儿园时代，背负着父母的期待，自小受到过严格训练，投入了大量的时间、精力，还有金钱，包括购买昂贵的大提琴。与东京的高雅相反，在乡下的殡葬工作没有技术含量，更大付出在于抗拒社会歧视。虽然存在“高雅”与“低下”、“洁”与“秽”之分，可没有比生存、活着、吃饭更重要的任务了。

（2）以妻子“美香”的“去留”为转折。

在这个小家，夫唱妻随，是个典型的日本家庭。丈夫“大悟”在东京失业了，他说要回到乡下山形县生活，妻子“美香”二话没说就答应了，两人立刻回到了“大悟”的家乡。

回家后的第一顿晚餐，“大悟”迫不及待地要找工作，边吃饭边在饭桌上翻看招工广告。一个“职业经历不限，不限年龄，高收入，工作时间短，正式工待遇”的广告立刻引起了“大悟”的注意。广告发布者为“NK代理店”。

回到家乡，房子是两年前去世的母亲留下的，既舒适又不用交租。次日，“大悟”早上外出找工作，傍晚回家时工作就已经“敲定”，一切顺利得“让人不知所措”。妻子像个欢快的麻雀，不停地追问工作内容，但丈夫回答时躲躲闪闪。美香想大悟在婚庆公司找到了工作，依然可以继续拉他喜欢的大提琴。

依然是“男主外”，“女主内”。“大悟”外出上班，挣钱养家；妻子“美香”把家里收拾得一尘不染，每天都准备好温馨的晚餐，等着跟丈夫一起吃。

大悟首日上班的第一个工作是前往一个专门的摄影棚，在那里拍摄处理遗体的教学片。“大悟”充当“死者”，“社长”扮演“入殓师”，当社长亲自为“死人模特”刮胡子时，“大悟”活了过来，工作失败，代价是“脸被刮破”，回家后妻子对“大悟”在工作地点刮脸并且把脸刮破无法理解，“大悟”则用社长的口头禅敷衍：“别当回事”。

次日再上班，“社长”接到警察通知去收敛尸体，在前往现场的路上，“社长”说“只在边上看着就行了”，可赶到现场后发现，死者是一个死去两周后才被发现的独居老太太，尸体已经高度腐烂，“大悟”必须动手帮忙才行，房间里到处蛆虫乱爬，腐臭味扑鼻，大悟开始呕吐。首次真正工作就是一场惊心动魄的体验，回到公司后，社长给了他当天的工资，说“今天可以提前下班回家了”。

在回家的大巴上，女高中生们窃窃私语，说闻到异常气味，而且“元凶”直指“大悟”，他飞快地跳下大巴去公共浴室洗澡，他想用拼命洗涤的方式除尽身上的“污秽”。

这是“大悟”儿时常来并熟悉的澡堂，而在入口处看门的老人“大悟”不认识，他在聚精会神地独自下着日本象棋。洗浴结束后，“大悟”在大厅里遇到老板娘艳子和她儿子一家，后者是大悟的同学，他来劝母亲放弃这个“不体面”的工作，但遭母亲拒绝。老板娘“艳子”告诫孙女要像“大悟”学习，今后干“体面”工作。

从浴室回家后，妻子“美香”将晚餐的火锅料端上饭桌，看到大盘子里的死鸡，“大悟”联想起当日处理的死尸、恶臭，完全没有了食欲，他抱住“美香”拼命嗅她身上的香味。妻子不明原委羞涩拒绝，但依然被“大悟”主导。

当晚“大悟”无法入眠，他起身打开琴盒，取出大提琴，用拉琴来排遣心中对未来的不安，琴盒里有一块父亲留下的石头。妻子在被窝中听到琴声，露出甜美的笑容，丈夫与妻子对夜半琴声各有不同的解释。

有天半夜接到公司女职员“百合子”打来的电话，她要求“大悟”立刻前往一间酒店，说那里有一个人上吊自杀。这是大悟首次一个人担纲。妻子假装睡着，但她已敏锐地察觉丈夫有什么事瞒着她。

大悟某日回家后立刻感觉家中气氛异样，楼下的起居间既无灯光也不见妻子身影，更没有准备好的晚饭。他匆忙上楼后发现妻子满脸愠色，妻子要他解释录像带中充当死人模特是怎么回事，还说已经通过侦探公司调查了他的职业。

“大悟”想通过拥抱安慰妻子，可“美香”声嘶力竭地喊道:“你脏！不准碰我。”自从知道了大悟的职业，美香开始严拒丈夫。“美香”一气之下回娘家了。

半年之后妻子自己主动回来了。美香告知大悟一个惊喜的消息：自己有了身孕。妻子劝丈夫有了筹码。“别干这活儿了，孩子会被同伴欺负的，”“美香”再次劝大悟辞职。从小失去父爱的大悟一直对“不负责任的父亲”怨气最大。

（3）死者分为“有姓名”与“无姓名”两部分。

无姓名死者有活到高龄辞世的老太太、老大爷，他们的遗属没有哭泣，而是破涕为笑，子女们为他们充分享受了人生后辞世高兴，葬礼变成了庆典。儿孙们一起为老奶奶穿上她喜欢的长袜；几个女子在老爷爷脸上留下了吻痕。高寿者“离去”是一种喜悦；而年轻人“早亡”都暗含了“故事”。

“大悟”处理的最后两具遗体是本片的高潮，时间是在妻子“美香”怀孕，从娘家回来劝“大悟”回心转意的节点上，此后再无“吃东西”镜头。而这两个人物对解开“大悟”心中谜团起到至关重要的作用。

“大悟”与两个死者最亲近，但并不熟悉；貌似熟悉，实际上却最不了解。表象与深层，到阴阳转换之时才真相大白。

浴室老板娘名“艳子”，是个爱美的单身母亲。“大悟”为她化妆时，特意挑选了一条她生前喜欢的纱巾系在她脖子上，让她在人生的最后瞬间依然艳丽。令人吃惊的是，她的同居男友出现在了火葬场，是个焚尸工。当初她儿子极力规劝母亲放弃澡堂工作，或许也是由于他知道母亲的同居男友是个焚尸工的缘故。

此后再传来父亲的噩耗，他并没有像大悟听说的那样，与一个女子私奔，而是自己离家出走，靠出卖劳动力换取生活费以及居所，在小渔村一直一个人干到死。他留下的遗产就是一个纸箱，而它就是日本社会底层的生存状况。父亲将作为谋生手段的酒吧留给了“大悟”母子。

父子俩阴阳两隔的“无言的结局”，使所有传闻、误解不攻自破，“大悟”对父亲的积怨顿时冰释，“大悟”为父亲做的最后一件事，是让父亲安详、庄重地躺在一个豪华的棺材里。

“每个人都有每个人的情况”，这是日本一个著名的成语，每个人的背后都有一个属于自己的故事，悲欢永远互为表里。

3. 用“吃”影射“生存”耐人寻味

日本导演将日本人追求细节完美的特点发挥到极致。

整个电影中，“吃东西”的镜头多达10个，仅比大悟“入殓”少两个，处理遗体的场面共有12个。

“吃”，社长的说法是“饭”（mexi），日语中它是一个名词，同时还有“饭碗”的意思。电影中表现“吃东西”的镜头往往与“干活”、“找饭吃”交替出现，两者之间形成因果关系，“吃饭”是压倒一切的首要问题。“吃”与“不吃”

支撑着“生”与“死”。要活下去首先必须吃饭，“干净”与“肮脏”是活着之后才可能考虑的问题。对“吃”的表现是浓墨重彩，导演刻意安排“吃”的时间、地点，甚至不惜用夸张的手法。“吃”的镜头总是出现在“大悟”面临动摇的转折点上，每次“大悟”因工作出现心理波动时，最终都被“吃饭”翻牌。

第一次妻子“美香”带章鱼回家，章鱼已是他们的“俎上食、刀下肉”，可它竟然跳到了地板上，小夫妻俩看到它仍是活的，怜悯之心催生了将其“放生”的决心，可结果却是“鸡飞蛋打”。将章鱼“放生”不仅没有达到使其“复生”的目的，还赔掉了他们俩一顿美味佳肴，章鱼被放入水中之后，竟然死了。暗示“被怜悯”的结局并不一定都好。

与小夫妻的“仁慈”相反，乐团老板很冷酷，一句话就将乐团所有成员踢上社会。从另一种意义上来说，解散乐队，让所有人各奔前程，它也属于一种“放生”，在社会上是否有“一技之长”并不重要，关键在于是否能顺应环境，社会没有需求，就没人去养活高雅的乐队；乐团成员也不能只靠演奏维持生活，没有社会需求时它只能是一种业余爱好，设法生存则是第一要务。

“大悟”为第二具遗体“入殓”时，因迟到五分钟被死者的丈夫痛骂：“你们这些人还不就是靠死人吃饭吗？”

事后，或出于对他们工作的满意；或出于对自己骂人的愧疚，为表示感谢，男子在他们俩上车离开时送给他们肉串（鹿肉或野猪肉。总之应该是比较珍贵的好吃的。）。“社长”毫不顾忌自己的手先前刚接触过尸体，毫不犹豫地扯下肉块就放入口中大嚼了起来，同时还扯下一块递给了正在开车的“大悟”。“干活”等于“吃饭”；“饭碗”与“生存”密不可分。

再一个高潮是“吃河豚”。河豚既美味又有毒，吃好了是“美味佳肴”；吃不好是“致命毒药”。

妻子“美香”赌气回了娘家，又被同学骂：“竟然干这种没出息的活儿”，但“大悟”没有动摇，继续坚持工作。“大悟”为一个染发女青年化妆时，死者家属先是父母相互指责，接着头缠绷带的女死者男友加入，死者父亲冲着她男友叫骂：“你这个该死的还有脸活着？你要一生为她赎罪，要干‘入殓师’那样的工作为她赎罪。”

“入殓师”=“赎罪”=“天罚”？！

“大悟”自幼失去父爱，在东京失去了“体面”工作后回家乡从事“不体面”的工作，妻子回娘家了，多次被不同的人辱骂，难道这些都是老天对自己的惩罚？属于自己作孽要赎罪？“大悟”崩溃了，下决心辞职不干了，他要自己砸掉自己的“饭碗”。

或许是最后一次，“大悟”走进了那栋像棺材一样的楼宇。

“大悟”首次走进这栋楼，是来找工作。

该建筑位于街道的尽头，似乎没有其他建筑愿意与它为邻，建筑的外墙上长满了爬墙虎，只有窗户处裸露在外，给人一种不安的感觉。进门后女职员接待了他，而映入眼帘并让“大悟”吃惊的，是办公室里竖立着的几个作为样品的棺材。

该建筑一楼是办公室兼棺材展示室，二楼是社长的私人空间，他住楼上。为辞职一事，“大悟”首次登楼。山形县属寒冷地带，可社长的私人空间里竟然生长着各种植物，不大的房间俨然是个春意盎然的植物园。

社长招呼“大悟”落座后，第一句问话是“吃饭问题如何解决的？”接着问：“你老婆还没回来吧？我做的东西或许更好吃，来吧，一起吃吧。”（都是双关语）。社长做的是河豚的精囊。

“连这个被吃掉的河豚都想说：动物都靠吃别的动物活着，只有植物不同。如果不想死就得吃，而要吃的话谁都想吃好点。”

这几句话正是该电影的点睛之句，它表明电影表现的主题并非“日本特色殡葬”。

“大悟”吃了社长给的好吃的，“辞职”一说也同时吞到了肚子里，“社长”通过“吃”这一每天都要重复进行的简单行为，促使“大悟”真正“大彻大悟”。活着首先要吃饭，这是生存法则。

植物只要“吃”阳光、水、空气。各种动物，鸡、鱼、河豚等都被人吃，原因在于它们比人弱。动物界的规则是“弱肉强食”。

与多次出现“吃东西”同样，电影中多次出现了“社长”为植物浇水的镜头。

“大悟”首次到“NK公司”求职时，“大悟”刨根问底地追问公司究竟从事什么业务，社长巧妙地岔开话题说：“仙人球开花了”。

“大悟”就职后，首次接触遗体就是一具高度腐烂的尸体，极大的刺激让“大悟”精神恍惚，回到公司后，“社长”立刻将当日的工资塞到“大悟”手中，并说“今天可以提前下班了”，边说边站起来转过身去，佯装给花浇水，实际却在一边观察“大悟”的反应。

第三次在社长楼上的房间里，还没等“大悟”开口说“辞职”，社长就说：“只有植物不会相互吞噬”。

三、电影表现“生存哲学”

在中国语境下思考的中国观众，自然而然地会对日本电影注入中国式解读，同样道理，在日本语境下也同样会产生日本式解读。作为中国观众，正确解读日本电影的前提，是要对日本语境有一定的把握。

故事发生在日本山形县，公司女职员“上村”说自己来自“带広”（北海道）。在日本，上述两个地方都以生存环境恶劣闻名，是“劳工输出地”的代名词。当地人多靠远走他乡出卖劳动力谋生，而依靠出卖劳动力为生的人，他们从事的职业通常没什么技术含量，只能干别人不愿干的“力气活”。在日本，接触动物尸体或内脏、血液的人，自古以来就处于社会的最底层，他们被视为“秽多”、“非人”。在日语中，“脏”、“臭”、“最低”是骂人话，而殡葬业与上述三样都沾边。

日本还有一部表现丧葬的电影，它是著名导演伊丹十三拍摄的《葬礼》。该电影所表现的主题与《入殓师》截然不同。伊丹的电影直指日本社会中存在的“虚伪”。一切宛如日本和式住宅里的拉门，隔着薄薄的和纸，从内部可模糊看见外部；从外部也可以隐约看见内部，但是谁也不愿意将它捅破。

《入殓师》中表现的人物，无论殡葬从业者还是接触到的死者，均为社会底层，都是为了生活、生存而默默拼命干活的人。“大悟”的父亲辛苦一生，留下来的所谓财产也就是一个纸箱。殡仪馆对付这样的穷人也有他们自己的办法，他们运来一副比纸箱略好的棺材，好似将一根柴火装进箱子里那样，将“大悟”父亲遗体塞入棺材准备抬走。

这时“美香”非常坦然地介绍说：“我丈夫是‘入殓师’”，殡仪馆来人这才住手。“大悟”一边流泪一边为父亲刮胡子、清洁身体，对父爱的回报，竟然是在父亲身体僵硬之后。尽管以前的误解冰释，但为时已晚，显示孝心的唯一举动，是用社长赠送的上好棺材收殓父亲的遗体。恰似女职员上村曾经说过的那样：“死者人生中最后一次豪华购物由他人决定”。

“小人物”们的故事说明，日本社会底层的生存环境恶劣，失业随时威胁到每一个人。“大悟”回乡后很容易就找到了一个“高收入”的工作，可这样的工作之所以容易找到并且收入高，谜底是因为存在社会歧视，属于没有人愿意干的工作，“天上从不会掉下馅饼”。

日本不像中国，日本从小学到大学没有政治课，只在初中阶段有“社会课”。但日本并不缺乏“政治思想”教育。频发的地震就是最好的课外危机教程。出现在课本中的危机教育是：“日本资源匮乏，原材料以及市场严重依赖海外”。在家庭中，父亲早出晚归，工作、工作、除了工作还是工作。它本身说明生活不容易。孩子从初中时代开始，一般家庭的子女多数孩子们都会找各种各样的零工、短工、小时工，自己的零用钱要通过自己的劳动挣出来。

日常生活中耳濡目染，课本上简单明了，外加电影、电视剧透过画面灌输，“动物世界就是‘人吃人’”，“丛林主义”的思想深入人心。日本导演将赤裸结论用温情电影平淡地再现出来，犹如在药丸外面裹上糖衣。日本没有劳模制度，“人人平等”，“工作不分贵贱”，宣传这些大道理完全是“空理空论”（日语中“口头革命派”的意思），更不需要用赞美入殓师的方式来消除就业歧视，因此，导演绝无可能拍摄一部仅仅赞美殡葬业以及从业者的电影。

在圣诞平安夜，仅有三个人的公司一起吃圣诞大餐，三个人一起吃炸鸡，吃相非常夸张，绝不是那种优雅地品尝美味的细嚼慢咽，“社长”在这时突然提出让“大悟”拉一首曲子，“大悟”问：“有无特别要求？”社长还是用一句双关语作答：“我们对佛教、基督教、伊斯兰教全方位对应。”

也就是说，我们没有任何禁忌，我们用“实用主义”对待一切。

日本的一个政治家曾反复强调：“我们日本是个最没有主义的国家。”

所谓“最没有主义”，实际上就是万事“实用主义”，“大和族”任何时候都必须像变色龙般随机应变。“承诺”与“自律”是负担；“要节操”及“坚守信念”会让自己受伤。日本宣传自己并不具备“坚持原则”、“贯彻信仰”的环境。

“大悟”失业了，怪琴不够好？自责能力不够？进错了乐团？都不是，社会环境使然。同样道理，日本人都乘坐在“日本丸”这条航船上，仅在意周围的“鄙视”目光“日本丸”就停驶，那么所有人只能喝西北风。日本的自然环境决定了必须“善变”，无论“洁”与“秽”，先有饭吃最重要。

新中国有多次中国为了尊严拒绝别人帮助，为了面子让自己应该获得的利益没有获得，还有为了所谓“大国理想”，穷充大方的事例。日本这点做不到，也不会做。日本为了生存，任何时候都可以放弃尊严，“耍赖”、“装孙子”、“屈膝谄媚”，这些都是生存智慧。

好似电影中所表现的那样，“肮脏”与“洁净”是相对的，假如整个社会都追求“洁净”，结果只能是被肮脏驱逐。“肮脏”的事也得有人干，而这种选择是为了生存。“要吃谁都想吃好点”。日本不择手段地掠夺资源，抢占市场，这些都“不干净”，但他们认为自己的生存环境恶劣，不这样就没饭吃、吃不好。团结一致抢占海外市场，结伙打败对手等都是“脏事”、“脏活”，可为了生存，必须如此。

日本人就是通过这些潜移默化的“故事”教育自己国民的。

2011.10.19

谁曾是亚洲各种事端的推手？

"明治一新"后，日本藩阀政府分别"支持"朝鲜半岛上李氏朝廷中的大院君及闵妃。日本人当然不会告诉对方这是想挑起他们内斗，如果将一切都挑明了，朝鲜人会视日本人为公敌，那样也就不会有朝鲜人上他们的当。

有日本历史学者认为，1945年后的日本历史并不因为日本投降战败而中止，此后进入了新时代，而是一贯延续的，因此提出了"贯战史"的观点。还有历史学者从"复制"的角度看待二战后的日本史，主张"日本战后史是对明治、大正、昭和时代的'复制'。"上述观点表明，战后的日本保守政府并没有接受战败的教训，他们依然利用自己手中的权力，将战前日本统治阶级的政治手法或延续，或复制。

"明治一新"后，日本藩阀政府分别"支持"朝鲜半岛上李氏朝廷中的大院君及闵妃。日本人当然不会告诉对方这是想挑起他们内斗，如果将一切都挑明了，朝鲜人会视日本人为公敌，那样也就不会有朝鲜人上他们的当。原则上说，愿意跟日本人一起祸乱自己国家的人属于极少数。

日本声称要帮助朝鲜改良，文明开放，说得"天花乱坠"。不符合日本利益者，日本就斥之为"顽固"、"封建"；合日本之意者，日本就加以"赞美"、"鼓励"。日本人怂恿朝鲜宫廷"内斗"，同时还挑动民间推翻皇室。朝鲜人之间相互"内斗"的结果，"弱化"了自己，日本乘虚而入，最终得利的是日本。1904—1905年的日俄战争之后，朝鲜成为了日本的"保护国"。1905年"同盟会"在日本成立，1907年7月，日本与沙俄签署"密约"，"满满交换"，日本"南满"，沙俄"北满"，两个外国将中国领土划分为各自的势力范围。不知孙中山等革命党人是否知道日本一边支持革命党人"祸乱"清政府，一边背着清政府、革命党人，跟沙俄签署密约，一起瓜分中国。1910年7月，日本再签第二次"密约"，"满蒙交换"，沙俄得到"外蒙"，日本得到"内蒙"。

中国各地都有日本“浪人”活跃，他们支持“满人”清剿汉族官吏；同时向汉族推销“扬州屠城”、满族腐败，要帮助汉族复活“大汉”。同时还支持蒙古独立、南方自治。“辛亥革命”期间，一方面说全力帮助北方清廷镇压“内乱”，另一方面又在南方支持孙中山“北伐”。看到汉人袁世凯掌握实权，他们称支持袁世凯建立君主立宪国家，但同时又在南方支持孙中山搞“共和制”，等袁世凯接受了南方的“共和制”，他们又指责袁世凯背叛了满清。

日本批评袁世凯搞总统制大权独揽，中国应该搞责任“内阁制”。1912年9月9日，袁世凯任命孙中山为督办铁路大臣，孙中山向袁世凯保证10年内修建20万里铁路，而且日本会在贷款以及修筑上支持自己，可在1912年7月，日本已经私下与沙俄签署了第三次“密约”，要进一步共同行动，瓜分中国。孙中山1913年去日本寻求帮助，可日本只帮助他搞推翻袁世凯的“二次革命”。

第一次世界大战爆发后，日本乘机出兵中国山东，接着提出“二十一条”。再后来支持袁世凯称帝，同时再支持孙中山推翻帝制的“第三次革命”。袁世凯1916年6月死去，日本声称全力支持段祺瑞，可1916年7月再背着段祺瑞、孙中山等，与沙俄签署了第四次“密约”。支持张勋复辟扶起儿皇帝的是日本人，支持段祺瑞“再造共和”的还是日本人。“蛊惑”钻进了巨龙的肚子里，搅得中国国无宁日，无法搞建设不说，有谁能静心思考积极向中国兜售各种体制的日本自己究竟是什么政治体制？！他们为什么对中国的“政治体制”热心到了疯狂的地步？！他们绝不是真心希望中国好，他们积极活动是要中国“烂”下去。一方面说中国是“一盘散沙”，另一方面支持所有中国有政治野心的人，“祸乱”、“弱化”中国的同时，再向全世界抹黑中国是“劣等民族”，只知道自己打自己。

日本不惜为中国各派政治领袖提供经济资助、避难场所。共产党人到了延安，就在那个穷山沟里也有帮助共产党打国民党、打日本军阀的日本人。1945年6—7月日本紧锣密鼓找苏联谈判时，近卫文麿称可以利用在延安的日本人拉共产党，一起反美、反蒋介石。

反而观之，中国有什么人在日本充当国际主义战士？有谁去帮助日本推翻天皇制、推翻藩阀内阁、政党内阁、军国主义政府？有谁去挑动日本人自己打自己？

1945年8月日本宣布战败投降，此前日本一直暗中策划要向苏联单方面投降，声称要“帮助苏联打美国”，因为苏联的大部分领土在亚洲，两国均属亚洲国家，而美国远在太平洋彼岸。后来美国对日本实施单独占领，日本立刻转向“拥抱美国”，改称要“帮助美国打苏联”，要成为“抵挡共产主义势力扩张的防波堤”。美国推动日本水到渠成地变为“亚洲的瑞士”日本都不干。1945年9月2日在美国“密苏里号”军舰上签署投降书时，日本已经同意接受《波茨坦宣言》，但此后不久日本就抛出“台湾地位未定论”等，看到日本一贯出尔反尔，美国不得不想出狠招。

1951年9月“旧金山和会”召开，没有邀请深受日本之害的朝鲜、中国派代表参加，苏联只派遣了观察员。《旧金山对日和平条约》的第十一条为：“日本接受远东军事国际法庭与其他在日本境内或境外之盟国战罪法庭之判决，并将执行各该法庭所科予现被监禁于日本境内之日本国民之处刑。”

白纸黑字的东西，日本直到今天还不断地找各种理由要推翻。

1954年12月鸠山一郎（1883—1959）接替吉田茂（1878—1967）上台，对苏谈判原本应在“旧金山和会”的基础之上开始，但日本作出了否定《波茨坦宣言》的举动，向苏联讨要“北方四岛”，此举完全超乎战胜国苏联的意料。日本以为斯大林之后的苏联好说话，而且日本独立了，苏联没在日本驻军，而驻日美军会为日本撑腰，谈判进行了两年，最后战败国对战胜国留一个尾巴，结束了战争状态，但日本拒绝与苏联签署《和平条约》。

2011.11.15

日本曾如何推行『大东亚共荣』

西哈努克在他的回忆录中说："很显然，我国和我自己才脱龙潭又入虎穴，但是，法国的'龙潭'比日本的'虎穴'要好得多。"

亲历者的一句证言，胜过侵略者的千万句谎话。

日军在缅甸的暴行。

"日军开进缅甸时，宣称来缅甸消灭英国帝国主义的统治，解放缅甸人民，建立'大东亚共荣圈'。因此当东条宣布'日军赶走英军后的第一个周年纪念日将是缅甸宣布独立之时'，缅甸人无不雀跃欢呼，夹道欢迎入侵的日军。缅人有自动带路迂回英军的，有通风报信的，有散布反英谣言的，甚至有成立'缅甸独立军'与日军共同作战的。但不到两个月，日军的行动开始走样了。首先是以不值一文的日军军票，来索取缅人的银币，接着缅人目睹日军和英军一样，把木料、石油、粮食，不论多少，都运回本国。原来帝国主义者不论皮是白的还是黄的，心都是黑的。日军败退缅甸重镇瓦城时，放火烧城，不顾人民财产和古城文化，这更表明日军来缅甸是为了掠夺而不是'共荣'。"①

"然而战争结束后的半个世纪以来，历届日本自民党政府、日本各政党的多数领袖、多数日本学术界人士以及几乎所有日本媒体，都选择闭口不谈这些邪恶行径。他们跟德国人不一样。他们希望随着几代人过去，世人会把这些罪行忘得一干二净，日本当年的所作所为会埋在尘封的记录里。但是，当他们拒绝向中国和韩国这些邻国承认这些行径，拒绝向菲律宾和新加坡这两个蒙受苦难最深重的东南亚国家承认这些行径时，人们不能不担心他们可能会重蹈覆辙。一直到1993年非自民党政府上台时，才有一位日本首相细川护熙对日本

① 黎秀石著，《见证日本投降》广东人民出版社，第9页。

过去的行径表示毫无保留的道歉。”

日军在新加坡的暴行。

“一个腿受伤的印度人，不能行走，只能在地上爬，日本军人扔给他一根棍子，让他不停地捡起来，然后军人再丢下去。”

（1963—1980年任新加坡内阁部长的林金山为李光耀写下的他本人1944年的亲身经历。）

“我在监狱内外看到了日本人的本性。

文明礼节，90度鞠躬全是表面文章。他们骨子里是禽兽。同盟国的胜利挽救了亚洲。”

“还有一个潮州小伙子，十七八岁，因逃跑被抓回，宪兵把他双手反绑吊在横梁上，让他的脚尖稍离地面，不时可以看到他拼命将脚伸长，要脚尖踮地，以减轻双臂的负担。他们吊了他整整一个晚上，不给吃喝，他用潮州话骂日本人，第二天早上，一个宪兵用藤条鞭打他的背，骂声和喊声逐渐变小变弱，成了哀号和呻吟，持续了几个小时之后，声音变弱，最后停了下来。他死了。”[①]

日军在菲律宾的暴行。

“就像所有面对黑暗的人一样，失败者等待最坏的结局，却相信最坏的事情不会发生。当然，他们听说过一些报道，全世界的头版都曾报道过日本占领者残忍的一面——大规模掠夺占领地财富、强奸妇女、肆意谋杀平民，处决解除武装的战俘——但很多士兵认为这些报道被夸大了，是为了增加报纸的销量，他们不相信，或者不想相信。

如果日本人真的是野人怎么办呢？他们必须遵守法律，不是吗？国际陆地战争法禁止虐待战俘。‘一切都会没事的，’军官向下属保证，‘团结在一起，不要担心。’”[②]

76000名战俘，100公里死亡行军之后，40000人被折磨死。不给水喝，没有东西吃，日本人就是要让他们病死、累死。

“日本军人主要抢相机、手电筒、机械铅笔和钢笔，墨镜、餐具还有首饰和手表。戒指、钢笔、手表等都是毕业或生日礼物，或是期盼已久，存了几个

① 李光耀著，《李光耀回忆录》外文出版社，第96页。

② （美国）迈克尔·诺曼著，杨超、李游子等译，《黑暗中的眼泪—巴丹死亡行军全纪录》凤凰出版集团出版，第135页。

月或者几年钱后买回来的奢侈品，他们不舍得被日本军人抢走。一个美国兵因为不愿意将戒指给日本人，结果被日本军人用刺刀砍掉了手指。

一个士兵因为口袋里有些美元，被搜身的日本军人拿走，其他人用嘘声表示不满，结果日本军人强迫美军跪下，用刀将他的头砍下。”①

当日本人成为阶下囚的时候，日本人很顺从。

本间雅晴的辩护律师、美国人佩尔泽在他1945年12月16日的日记中写道:“他明显很紧张，充满渴望，看上去就像一个精疲力竭的老爷爷。束紧了腰带准备打最后一仗。他优雅地给我们每个人鞠躬，然后坐下来，开始念用英语写的发言。他非常聪明，辩护词很多是针对他所听说的那些指控，总的来说（他说）他对这些暴行一无所知。正如他所说的那样，一个日本将军不会质疑其下属的行为，这一点只有东方人才能理解。”②

相比日本对待阶下囚，美国对日本人显得太仁慈了。让他们住进有卫生间的房间，每日有清洁的水喝，有饱饭吃，生病也给看。而这些无法换取日本人说真心话，为自己的罪行忏悔。他们依然坚称：一切都是因为日本战败了。

1939年，日本占领了中国的大部分地区包括华南的广东、广西和海南岛。日本在等待时机，下一个目标就是印度支那。

日军在柬埔寨的暴行。

1940年6月，法国的陷落为日本入侵提供了机会。同一个月，日本同泰国政府签订了一个友好条约，允许日本利用泰国领土和设施，向其他东南亚国家入侵，作为交换，日本支持泰国夺回在1893年割让给法属印度支那联邦的柬埔寨马德望和暹粒两省以及老挝在湄公河两岸的土地。法国的维希傀儡政府在德国的压力下，允许日军使用印度支那的港口和机场，日本接着入侵印度支那北部。这之后法国殖民当局与日本军事当局的双重统治一直维持了4年半，直到1945年3月。

1941年12月8日日军偷袭珍珠港的同一天，日本入侵印度支那，进入柬埔寨。西哈努克刚继承王位不到一年时间。日军进驻后，柬埔寨就变成了战争基地，大批日本人的耗费给柬埔寨经济和社会生活造成了极大的破坏。学校成了军营，农田变成了飞机跑道。

---

①（美国）迈克尔·诺曼著，杨超、李游子等译，《黑暗中的眼泪—巴丹死亡行军全纪录》凤凰出版集团出版，第135页，第139页。

② 同上书，第316页。

西哈努克在他的回忆录中说："很显然，我国和我自己才脱龙潭又入虎穴，但是，法国的'龙潭'比日本的'虎穴'要好得多。"

1943年之后，日本看到自己败绩显露，准备自己单独统治。

1945年3月日本投降前夕，日军对维希政府的法军发动进攻，西哈努克从皇宫逃进了一个庙宇。实际上，日本军方并没有打算废黜国王，他们后来调动了自己的情报网，找到了西哈努克。长期潜伏在金边的一个店铺老板是他们的情报官，西哈努克在小学读书时他们就成为了朋友。西哈努克的一个名叫布洪的舅父由于参加了反法集团，同日本的情报机关建立了联系，店老板也是布洪的朋友。日本军事当局让他们俩找西哈努克。

经过了庙宇中的一夜后，布洪与日本店老板找到了西哈努克，转达了日本当局的意图，国王回到王宫，日本军人向西哈努克敬礼，法国人则被关进了一座日本监狱。代替法国高级专员的是日本的高级顾问"久保田"，他是一个能讲一口流利法语的职业外交官。

久保田同驻柬的日军司令官真本将军觐见国王，他们宣称，日本对柬埔寨没有他意，只是为了阻止他们将亚洲变成白人的殖民地，如今他们将柬埔寨从法国人那里解放了出来。国王西哈努克难以相信几十年的殖民统治历史立刻就能结束，他将这种独立看成是"空心大白菜"。国王写信给日本政府，要求互派大使，正式承认柬埔寨王国政府，但是日本政府一直没有回答，高级顾问则一直履行职责到最后一刻。

日本许诺的独立是徒有虚名，就像它在缅甸对昂山，在印尼对苏加诺许下的诺言一样，从未兑现。

日本立刻在西哈努克身边安插了真本的代理人山玉成。山玉成早年留学法国，1933年返回印度支那。他创办了第一份柬埔寨语的报纸《安哥瓦》(《吴哥窟》)。1942年7月该报组织了2000多人的反法示威，要求柬埔寨独立，结果在法国高级专员住宅外与警察爆发冲突，组织者被捕，山玉成在日本军事当局的保护下经泰国曼谷逃亡日本。在日本寄宿在一个日本商人家里，以缅甸人的身份每月领取100日元薪水，在"大东亚学校"学习了两年，最后获得了日本陆军上尉的军衔。他幻想通过日本支持实现民族独立。当他还在日本的时候，在国内已名声大噪，这主要是僧侣们宣传的结果。

西哈努克在日本的保护下宣布独立才一个星期，山玉成按照日本的旨意乘一架日本的轰炸机从东京回到柬埔寨。尽管山玉成在政府内阁成员中年龄最小，但由于有日本人撑腰，很快控制了内阁。政府的奏章、文件都要由他上呈国王，而西哈努克国王只得一一御准。日本要征用大量的人工、车辆、牲口和其他各种机械。1945年8月9日深夜，日本支持下的山玉成组织了军事政变，将首相、国王等扣押，要国王在他们事先准备好的一张诏书上签字。他们以人民的名义胁迫国王退位。签字完毕西哈努克碰到了自己的日本“侍卫官”多田熊中尉，他装出若无其事的样子，这时包围皇宫的装甲车开始启动离开，显然，一切都是那位“侍卫官”布置好的，因为顺利达到了目的，装甲车没有派上用场走了。

就在山玉成正式宣布就任首相的次日，日本宣布投降。[①]

2011.11.16

① 参考张锡镇著，《西哈努克家族》社会科学文献出版社，第40页。

与日本的差距（一）

喜欢看电视，对比之后发现两国在插入广告与现实上存在巨大差异。日本的电视广告里“丰田汽车”、“松下电器”、“技术的东芝”、“生活的日立”、“三菱”多；而中国是“茅台酒”、“五粮液”、“酒鬼酒”、“剑南春”多。中国电视上不光酒的广告多，而且经常可见的是有关日本货的广告。

我的孩子曾在日本的保育园、小学里“留过学。”“有教无类”是中国创造出的“高尚思想”，但日本人注重“不言实行”。

日本的保育园、小学定期开放让家长参观，教室墙壁上挂满了孩子们写的汉字、绘画。在中国，任何时候显著位置都要留给“优秀生”、“班干部”，而且为了突出“榜样”，有意保留大量剩余空间。日本则人人优秀，所有人的作品都挂起来。老师在上课，患有自闭症的孩子仍将教室当成运动场跑步，没有人说这样会妨碍学习。

上学日有政府提供的免费午餐，食品由政府选定的食品公司配送。中午下课后，值日小组成员先集中领回自己班级的食物，然后抬进教室，将汤、牛奶、饭菜等整齐地摆放在每个安静等待的学生面前，老师同在。分配完毕后，值日者一声令下，老师与学生一起同时开吃，每个人都必须将自己的食物吃干净。值日生的标志是穿白大褂，戴白帽子。值日结束后将这些传给下家，下家家长在家中洗烫干净，供自己孩子在次日值日时穿用。

孩子回国后的中学里有两间食堂，教职工吃饭免费，而且“人大”吃的也“大”，独立的教师餐厅整洁，西瓜比学生的大一倍且多一快，双份的西瓜、酸奶等还可打包带走。所有学生都变成了电子识读器，每天都忙于在答题纸上划圈、打叉，老师则偏爱最高效的机器，他们被期待着今后送进北大、清华“修理”。

孩子在日本、中国都喜欢看电视，对比之后发现两国在插入广告与现实上存在巨大差异。日本的电视广告里“丰田汽车”、“松下电器”、“技术的东芝”、“生活的日立”、“三菱”多；而中国是“茅台酒”、“五粮液”、“酒鬼酒”、“剑南春”多。日本的电视广告里没有酒，但夜晚的街头上常见醉汉；而中国酒的广告多，但街头不见醉鬼身影，随处可见的是日本电视广告中出现的日本厂家的日本货。

中国醉汉都去哪了？她一直在为自己的疑问寻找答案。后来她发现，原来好酒者大都在宾馆里，吃在斯，醉也在斯。带孩子外出旅游期间孩子发现，中国各地的地、县级城市里的最好宾馆永远被政府的各种会议占据，只要大白天听到麻将声，基本上可以断定他们是“会务组”的成员。无论会议筹备组还是与会者，中餐就上酒，晚上则成箱地上，在酒商们最集中投放酒广告的时段，最大的消费群体尽管没工夫看，但他们却在实实在在地消费，酒商们花巨资投放广告实际上钱没白费，他们在培养未来的潜在消费群体，此时看电视的多是中国的孩子们，他们的人生目标多是“进政府部门当官”，因为即便是反贪题材的电视剧，活得最潇洒的仍是官员。出入有豪车，天天在风景优美的地点开会，开会是休息，会后才开始娱乐，虽然贪官在电视剧结尾时被戴上了手铐，但这跟喝醉了酒没有太大差异，“状态”会在短时间内结束。

一次去广东清远，在这里再次看到了不同的“大人”与孩子。这里是中国足球训练基地之一，某日“中国的脊梁”中国男足到来，训练场上的铁丝网将场内“大人”与场外的孩子们无情地隔开，只见男足队员摆出为众人表演的架势脱衣下场训练，下场前将喝完的可乐罐丢出铁丝网外，这时场外的孩子们突然开始骚动，原来他们的兴趣根本不在场内的“队员”们身上，他们等待的，是被抛出场外的可乐罐。

最应该在绿茵场上奔跑的孩子们在球场外捡拾可乐罐；而最了不起的中国男足“队员”们却占据了孩子们应该欢快奔跑的空间，同时吞噬掉了孩子们应该享受的财富。中国男足队员的伙食标准据说每天250元，而距离训练基地几百米之外的小学里，没有图书馆、没有食堂，唯一的一个篮球场坑坑洼洼，教室的门窗都是破的。

东德也曾将夺金牌视为国家追求的目标，但国家只资助有可能夺金的项目，无可能的绝然断粮，任其自生自灭。别人是将有限的资金用在点金上，而中国却将金子用在石头上。

假如中国的普及教育能办到日本人的程度，何愁中国无法战胜日本？中国追求的不应只是北京超东京，上海超大阪，而是农村能够好过日本的农村。这样省长、市长们也不必发愁在城里建廉租房花钱太多了。

2011.11.25

日本小学生在老师的带领下排队过马路。

广为流传的竟是『假照片』

日本读者提醒所有读报者，仅仅认为扛枪的军人是战争的推动者，这个想法是错误的，也同时应该警惕穿西装、戴领带的新闻记者们，他们对煽动舆论形成，为老百姓洗脑，起过许多坏作用。

2011年12月12日，在《凤凰网》“历史栏目”首页中，在“天皇宣布投降，日民众跪地哭泣”的标题下发表了五张照片，其中之一是“日本民众面向皇居下跪、为日本战败而哭泣”。

实际上，这张照片是“假照片”。以下是有关这张“假照片”来龙去脉的、亲历者的回忆。

“8月15日中午12时开始的天皇讲话播音结束之后，皇宫前广场上陆续聚集了许多市民和下级军官。有结伴而来，有单独而来，还有几百人一起来的男女老幼。”

“大家都面朝皇宫，高喊：‘天皇陛下万岁’。突然，中央有一个身穿国民服的男子喊了起来：‘诸君，我们对不起天皇陛下！请求宽恕吧！请求原谅吧！’其后，声音中断。细一看，他佩戴着《朝日新闻》的袖标。

没有人离开。站着的人也屈膝叩拜。哭声波浪般响起。明治、大正天皇病重的时候，这里也聚集了很多人。有敲锣的，有打鼓、吹螺号、干嗓子喊的，祈祷病愈，但今天没有，只是哭，用哭声唱《君之代》。

1945年8月15日的《朝日新闻》作了如下报道：

‘手握白石子，遥拜宫城长流泪。泪流不止，热泪长流。今天，昭和20年8月15日，我走到皇宫前停步观看，眼前的情景使我再也控制不住了，泪水从两颊流下，我屈膝趴在白石子上。我大声地哭了。我攥拳紧握白石子，喊叫着‘天皇陛下，请原谅’，其后，就再也说不出话来了。

耳边响起抽泣声。我站起来高喊：'诸君，我们对不起天皇陛下'。

这份报纸在正午12时已经印完，到'玉音'播送完了的时候，已开始被运往外地和都内的各报贩手中。有的地方，到晚上才把早刊送到。昨天的内阁会议决定，今天的报纸要在停战诏书播送完了之后再送。上述稿件，是预先写好的。

在'玉音'播送完了之后，《朝日新闻》的记者们来到皇宫前广场，他们哭起来，并喊出同报纸一样的声音：'诸君，我们对不起天皇陛下。'

第二天的早刊，又把描述15日午后皇宫前广场情景的稿子重登一遍。标题是'二重桥前赤子群，重振的日本民族'，内容说'奉戴圣心'（理解了天皇的圣意）、'大和族没有败'。

导致日本走向战争的是军人和新闻媒介。军队已经解体受到处罚，但报纸依旧存在。人们对军服抱有很深的猜疑心，但不知为什么，对报纸却没有警惕之心。"①

上面的回忆说，8月15日发行的"号外"，实际上在14日就已经编排完毕，这些报纸在15日天皇的"玉音"放送之前就已经印刷好并送达到各个分销点，待天皇"玉音"放送一结束，立刻开始发行。当日，《朝日新闻》社摄影记者在现场再次人为制造一次报纸上刊出的照片的场景，引导聚集在这里的民众，让他们下跪，然后再拍照片，接着再拿回去编排，在8月16日早晨发行的报纸上，再刊登一次类似的照片。日本读者提醒所有读报者，仅仅认为扛枪的军人是战争的推动者，这个想法是错误的，也同时应该警惕穿西装、戴领带的新闻记者们，他们对煽动舆论形成，为老百姓洗脑，起过许多坏作用。

导致日本走向战争的是军人和新闻媒介。军队已经解体受到处罚，但报纸依旧存在。人们对军服抱有很深的猜疑心，但不知为什么，对报纸却没有警惕之心。

上述情况至今仍然存在，日本老百姓总相信报纸、电视是客观、公正的。

关于《朝日新闻》8月15日刊载的二重桥前百姓匍匐的照片。

花田省三，住在青森市。战争时是学生，他被动员到福岛市航空无线电厂

① 加濑英明著，吴景林译，艾云校，《日本天皇投降内幕》黑龙江人民出版社，第142页。

工作，为了督促外加工零件来到东京。战后他当上了教员，他揭露了8月15日的那张“假照片”的来历。

14日，我拖着营养不良的两条腿，来到宫城前明治生命馆六楼的日立制作所办公室，来督催霓虹灯管。

办完事后我想，‘好容易来到宫城，去参拜一下吧！’就这样来到二重桥前，恰巧走到照相的地点，被戴袖章的摄影员叫住。照出来的就是那张照片。

我回头一看，那个摄影员正在以臂拭泪。我想：‘这张照片也许能作个纪念。’就求他说：‘洗好了请给我一张。’他说：‘这个照片有特殊用途不能给你，但是明天正午过后，你可以来报社索取，也许‘能给你一份’。接着他又以臂拭泪。我感到奇怪，就离开了此地。这时还没有想到停战和战败等问题。

第二天，天气很热。

听完玉音放送后，不知是谁很认真地说占领军登陆后要把日本男子都去势，带到新几内亚去，女子都供联合国军用，以后才知道这是谣传，当时却信以为真。于是和同伴商量，得赶快离开东京，就买了回福岛的车票。[①]

花田在自己的回忆中，介绍了自己14到15日在东京的活动。14日他去皇宫前的广场，当天被《朝日新闻》记者拍的照片，没想到竟然刊载在8月15日作为“号外”发行的报纸上，其中的“下跪”照片竟然是花田自己。花田以及日本的一般老百姓，谁都不知道8月15日将有昭和天皇的“玉音”放送，宣布日本投降，报纸为配合“玉音”放送，于8月15日正午过后发行了“号外”，但《朝日新闻》社的记者已经提前获知了消息。摄影记者为配合8月15日的“玉音”放送以及此后发行的“号外”，提前于14日到皇宫广场拍照。摄影记者为日本战败而流泪，他知道14日拍摄的照片将刊载在15日发行的报纸上，因此让花田可在15日中午之后去报社“拿照片”。日本的知识精英，就是如此编造谎言的，他们对推动战争也起过恶劣作用。新的谎言还在继续“发酵”。

再顺便介绍其他几个内容。

---

① 加濑英明著，吴景林译，艾云校，《日本天皇投降内幕》黑龙江人民出版社，第303页。

9月4日，天皇亲临第88次临时议会开幕式，朗读敕语，“望克服停战困难，发挥国体之精华，布信义于世界，以确立和平国家。”在会场玉座前站立的天皇，此时身着陆军军装，胸前佩戴着大勋位菊花章和功一级功勋章，并佩戴着带红穗的元帅刀。身穿陆军大将军服、佩戴着军刀的东久迩首相奉持敕语，由天皇接过朗读。

有个加拿大记者写道：“我在想，德国投降后希特勒没死，他身穿总统服以认真的面孔说，‘今后走向和平’。”①

在日本历史上，任何一个武士自杀，都是为了给统治者脸上贴金，这种表面行为的背后都存在利益交换，如果统治者不给钱或不让他们后代继承武士身份，无人会去为统治者自杀。日语中专门有向统治者讨要金钱的词“恩给”。

1945年11月8日的早刊登载说，联合国军司令部涉外局搜查三菱公司，发现东条首相在任时居住的漂亮住宅，是三菱公司修建并赠送的。此外，还暴露战后赠送给他一千万日元现金。②

迫水久常（1936年“二二六事件”中冈田启介首相的女婿，在日本投降前的铃木内阁中任情报局长）回忆说：

停战时我立的最大功劳，就是急中生智，把8月15日将进行骚乱的主要右翼团体成员送出东京。未履行正式手续，取出几百万日元现款运到首相官邸。把右翼团体的领袖请到官邸，给他们钱，让他们到长野县去担当陛下的警卫工作。作为必要的费用，我给每个人厚厚一沓钞票，一个右翼到书记长室领钞票，他脱下裤子，把钱放在围腰里扎好，然后穿上裤子，用手‘砰砰’地拍着说“敬谨保卫圣上”而去。

---

① 加濑英明著，吴景林译，艾云校，《日本天皇投降内幕》黑龙江人民出版社，第149页。

② 加濑英明著，吴景林译，艾云校，《日本天皇投降内幕》黑龙江人民出版社，第212页。

右翼团体一一乘载重汽车离开东京去长野县，到停战时，东京的主要右翼组织就剩“爱乡塾”一家了。在东京的代代木操场，“爱乡塾”成员后来集体表演了一场为了“日本战败”而自杀大戏。实际上他们是事先领了钱的。

2011.12.12

不是巧合，择日子有心机

1930年9月18日，张学良再次通电支持蒋介石，内战再次避免。因此，9月18日，对中国统一来讲，是个有实质意义的日子。日本人对中国人之间不打内战愤怒，因此特意选择在（次年）1931年的9月18日这一天肢解中国。

1929年1月1日，张学良通电“易帜”。虽然蒋介石1927年宣布在南京建都，但直到张学良通电回归中央，中国才算完成了名义上的统一。

此后不久，阎锡山、冯玉祥等针对蒋介石的中原大战爆发，中国再次面临分裂的危险。

1930年9月18日，张学良再次通电支持蒋介石，同时12万东北军入关，冯、阎军败退，分裂、割据、内战再次避免。9月18日，对中国统一来讲本是个有实质意义的日子。

日本人对中国人之间不打内战愤怒，因此特意选择在1931年的9月18日这一天肢解中国。1931年9月18日，日本关东军制造受到攻击的假象，接着以“自卫”为名对东北军发起进攻，虽然日本捏造称在沈阳受到“进攻”，但日本军队此后却对中国东北全境用兵。

日本人喜欢干完一件事之后开“反省会”，成功经验会被反复复制。1928年期待张宗昌在济南打国民军，同年6月4日在皇姑屯炸死张作霖时也制造国民军爆破的假象，而中国人当时一看就知道这是日本人干的。因为爆炸发生在张作霖乘坐的专列通过立体交叉桥的瞬间，爆炸——一要求威力巨大；二必须时间准确，而当时无论东北军还是国民政府军，都还没有通过电流引爆高爆炸药的“高技术”。

日本人批评他们的统治者时说：“他们总以为所有一切都完全在自己的准确估计之中。”

炸死张作霖的元凶河本大作，他在阴谋败露后总结出的教训是：今后所有

"工作"（阴谋）决不能让中国人参与。果不其然，1931年9月18日，这次事件全部是日本人搞的。

1937年7月7日，"九一八"事变再次被复制到了长城以内的华北。日本人再次宣称日本军人"受到了攻击"，"不得已反击"在卢沟桥的中国军队。

日本怕中国军队展开全面反击会将日本军队全歼，因此一边用"局部解决"麻痹中国，瓦解中国军队的战争意志，同时加紧调兵遣将。中国史学界将1937年7月7日这一天开始到1945年日本投降为止的战争称为"八年抗战"。可见7月7日对于中日两国来说，都是一个极为重要的节点。

1972年，日本的田中角荣提出"和平进军中国"计划，他特意选择1972年7月7日这一天组建了田中内阁。经济上他提出"日本列岛改造论"，计划在日本沿海地区建造更多的"工业地带"，在这里将中东运来的石油深加工，然后将衍生商品倾销到中国，完成"日本工业，中国农业"的产业链。它是战前日本历届政府一直想干但没有实现的目标，当时的日本资本家看到东洋货在中国销售不畅，因此不惜推动政府发动战争，垄断中国这个大市场，同时获取几乎不要钱的原材料。

1919年1月的"巴黎和会"上，美国总统威尔逊执意要组建"国际联盟"，《国联盟约》经过26次讨论修改之后，于1919年4月28日在"巴黎和会"上通过。中国因日本要强占山东拒绝签署《凡尔赛条约》，美国后来既未批准该条约也没有加入"国际联盟"。二战结束后，美国呼吁在"国际联盟"基础上组建"联合国"。1951年9月"旧金山和会"召开，日本参加并在"和平条约"上签了字，杜勒斯曾出席过"巴黎和会"，不知是他的故意安排还是偶然的巧合，1952年的4月28日，《旧金山和平条约》生效。

在基督教中，"13"这个数字不吉利，尽管日本人通常称自己信仰"神道教"，但他们也相信"13"这个数字"不吉利"。日本人出远门或举行奠基、竣工仪式，通常会避开"13"日这一天。

日本近代宪政史上，只有两个首相在"13"日组阁，而他们两人的结果都是"凶"。一个是高桥是清（1854—1936），他出任首相时组建的是一个过渡内阁，他于1921年11月13日出任首相。他的前任是大正时代的"平民首相"、首任"政党内阁首相"原敬，原敬于1921年11月4日遇刺身亡。高桥是清曾是日本"甲午战争"、"日俄战争"的筹款英雄，一战结束后，他反对日本以英、美为战争对手，理由是："债主不可能把钱借给一个要对自己发动战争的人。"他半年后下台，接任者是海军大将加藤友三郎，但加藤于1923年8月24日死在首相任上。

另一位首相是犬养毅（1855—1932），他瞄准首相位四十年，到了76岁高龄时才出任首相，他在1931年12月13日组阁，他任命高桥是清为大藏大臣，五个月后爆发“五一五”事件，犬养毅被日本军人开枪打死。而高桥是清则在1936年的“二二六”事件中被军人射杀。犬养毅出任首相后，为此专门举办了“庆贺当选首相”的宴会，最初的参加者名单上有13人，犬养毅为避开“13”，专门添加了一名参会者，变成14人，但在宴会开始后，却有一个人借故未出席，结果依然是13人。

战争期间日本人故意选这一天干坏事，为让信仰基督教的蒋介石夫妇和中国人难过，1937年8月13日（星期五）在上海挑起“淞沪战争”；1937年12月13日进入南京城。至2011年，这次日本首相野田佳彦依然想在12月13日这一天进北京。

据说后因中国方面的原因，日本首相野田佳彦将访华时间调整到2011年12月25到26日，或许又是一次偶然的巧合，毛主席的生日恰恰是12月26日。不管怎么说，野田来是给毛主席他老人家庆贺生日来了。

每年年底日本首相都很忙，因为要在年关之前内部决定下一年的财政预算（2011年底决定2012年），于2012年1月起提交国会审议。日本新的预算年度始于4月1日，正常情况下要在此之前审议并通过该年度财政预算。每年的预算中都要包括输送给美国的利益，这是个“不争的事实”；而究竟应该给美国多少，也是个“每年必争的事实”，如今日本的盟主——美国又在波斯湾跟伊朗“对峙”，日本想跟美国保持一致往往很困难，如何才能维护好日本利益，是个让野田首相年都过不好的烦心事。不过，日本历史上许多首相都是在预算审议通过后就被赶下了台。

1941年12月2日，永野修身（1880—1947）和杉山元（1880—1945.9.12）两名总长应天皇命令，到达皇宫向天皇汇报为什么将开战日定在12月8日。“预定12月8日发动进攻的主要原因是月令和星期日的关系。为了陆海军都容易实施空中第一次打击，并获得良好的效果，所以，从半夜到日出前有月亮的农历20日左右的月夜是发动进攻的最佳时机。周日停泊在夏威夷军港中的军舰最多，休息日，美军警惕性也最低。”

内大臣木户在12月8日的日记中写道：“盼望已久的今天，我国即将以美、英两大国为对手，进入一场大规模的战争。今天拂晓，海军航空队已经大举空袭檀香山了。我了解这些，但我甚为这场战争的胜败而担忧，我望着太阳，不由地瞑目祈祷起来。7时半，我见到首相和两位总长，得悉奇袭檀香山大获全胜的捷报，我深切地感到了神助的恩惠。”

2011.12.22

『赛金花』与历史

中国人民大学的张鸣先生写了不少有关民国的往事，“赛金花”就是其中一例。他断言“赛金花”与八国联军总司令瓦德西之间无任何瓜葛。实际上，这是大多数严肃史学家都清楚的史实。

苍井空来到中国，引发一阵苍井空热。“苍井”在日文中读“あおい”，它与“蓝色”同音，也就是说，写汉字的“苍井”是艺名，“苍井空”可解读为“蓝天”、“青天”，“青天”之“毫无云彩遮拦”及“无限大”可以引发相关的联想。

日本自古以来就是个等级森严的社会，任何时候等级都与“洁”与“秽”联动，“上”就意味着“高洁”；“脏事”只有“下等人”才干，赤裸着身子干活的AV女星从事的是“贱业”，该行当属“不洁”。

日语中“丢人、害羞”（はずかしい）是个形容词；它的动词型就是“羞辱”。日本社会中的“秩序”及“和平”靠等级高压维护，“下克上”出现之时，就是“礼崩乐坏”之时。日本要“羞辱”（はずかしめる）某个人物时，通常采用的手段之一就是人为制造“下克上”。在日本，我曾看过一个让我瞠目结舌的“社规”（公司的内部规定）：在外遇到上司与妻子之外的女性同行时，必须躲避，不准上前打招呼并将所见流布（散布出去）。

当有人需要羞辱该上司的时候，“社规”就会被推翻，不单见闻被传播出去，而且还会被添枝加叶地夸大，变成“绯闻”、“丑闻”。甚至还会出现“无中生有”的捏造。“羞辱”与“弄脏”是同义词。野田佳彦独眼去见天皇，谁知道真是眼睛受伤还是有其他理由。

“恶心”中国人的事例在中国近代史上不乏先例。

人民大学的张鸣先生写了不少有关民国的往事，“赛金花”就是其中一例。他断言“赛金花”与八国联军总司令瓦德西之间无任何瓜葛。

实际上，这是大多数严肃史学家都清楚的史实，但中国一般民众对“赛金花如何与瓦德西同眠”之兴趣，犹如要反复琢磨一下“苍井空”的身体一般。为此，历史学者们不得不多次出来，反复辟谣。假如能以今日的“苍井空”为蓝本思考中国近代史，那么苍井空或许没白来中国。

1898年6月11日光绪皇帝下诏“维新”，7月伊藤博文来中国。伊藤博文以好色闻名，去朝鲜访问期间曾要求“歌姬”陪侍，后来朝鲜国王投其所好地安排了，可事后仍被伊藤博文羞辱了一番，他说朝鲜堕落到靠妓女软化日本的地步。

“赛金花”在1898年夏天离开江南到了天津，她曾与“维新志士”林旭打得火热，后者是“百日维新”后被杀的七君子之一。“百日维新”中的几个积极分子有一个共同特点，就是在“甲午战争”期间主张抗日到底，后来都摇身一变，成为鼓吹“联日”的维新“志士”。他们全盘否定李鸿章等老人的“洋务运动”；鼓噪中国要以日本为师变革“政治体制”。

日本壮大的历史就是对外扩张的历史，同时还是中国走向衰败的历史。到1945年日本战败投降时止，日本祸乱了整个中国，而与日本关系密切的许多中国人，从康有为、梁启超到唐绍仪、蔡锷、再到孙中山、戴季陶等，他们都有一个共同特点，就是竭力回避说日本究竟怎么样支持过自己。

伊藤博文在天津都干了些什么？“赛金花”与日本人之间是否有关系？这些都是需要历史学者们认真探究的内容。

1900年中国爆发义和团运动，日本挑起中国与诸列强冲突的阴谋得逞。

“八国联军”进京后，慈禧太后带着光绪帝逃亡西安，留京的一些主战大臣们在京举家自杀，在后来的谈判中，李鸿章在为中国争取最后点滴利益的过程中，耗尽了最后一口气。中国当官的无能，人民如“义和团”员般愚昧，最后只剩下一个妓女，她敞开胸怀，靠跟瓦德西睡觉救国救民。这些正是日本需要羞辱中国的内容。谁都知道瓦德西执行的是德皇威廉二世的政策，即便他跟“赛金花”有一腿，也不可能因此推翻德皇的命令。而没有睡过，却有人要编造出两个人同床共枕的故事，绝不可能是吃饱撑得没事干，多编造些黄色故事来寻求刺激，背后一定有丑恶的动机。日本出兵最多，但与其他七国相比，发言权最小，八国联军总司令瓦德西反对瓜分、肢解中国，许多决定都让日本不满意，日本方面既存在想歪招羞辱一下联军总司令的理由，也存在这样的惯用手法，赛金花与瓦德西睡觉应该是在这种背景之下出笼的。这是怂恿中国与列强“互黑”、相互敌视的继续。

白克浩司说自己曾是慈禧太后的“洋面首”，最愿为他这套说辞推波助澜的就是日本，这同样是让洋人与慈禧太后相互肮脏的老套路。这个无耻之徒竟然写了一本《北京隐士》，书中描绘他和年纪可以当他祖母的慈禧太后睡觉。

白克浩司也曾经在日本生活过一段时间，仅仅说他为了哗众取宠就伪造《景善日记》难以服众，伪造者一定要满足下列几个条件：熟悉中国内情，是对汉语有相当驾驭能力的个人或集团，伪造文书可以获得巨大利益。白克浩司后来被英国唾弃，被认为是英国的叛徒。之所以英国后来恨他，是因为1941年日本与英国相互宣战之后，日本人对英国人恨之入骨，但日本唯独对他网开一面。

李大钊被军阀枪杀时，周作人曾经帮助其家人躲避，后来听到日本人对他死于非命说三道四，怒不可遏地斥责道：“日本人对于中国幸灾乐祸，历年干涉内政，‘挑剔风潮’已经够了，现在还要进一步，替中国来维持礼教整顿风化，厉行文化侵略，这种阴险的手段实在还在英国之上。英国虽是帝国主义的魁首，却还没有来办‘顺天时报’给我们看，只有日本肯这样屈尊赐教，这不能不说同文之赐了。‘逢蒙学射于羿，尽羿之道，思天下唯羿为愈己，于是杀羿。孟子曰，是亦羿有罪焉。’呜呼，是亦汉文有罪焉欤！”[①]

文中引用章太炎关于逢蒙向后羿学箭最后竟杀之的比喻，斥责日本人恩将仇报。在这期间，他还写过不少揭露日本人的“顺天时报”干涉中国内政，挑拨是非以及日本浪人在中国为非作歹的文字。实际上，“顺天时报”岂止是干涉内政，挑拨是非？他们有意要在中国制造思想混乱，不敢在日本批评藩阀政府，却在中国以治外法权为保护伞，为所欲为。他们蛊惑民心，让政府内部出现对立，制造政权不稳定，今天为这个派别代言，明天反对另外一个，挑拨离间，散布假消息，制造思想混乱，这些都是日本人惯用的手段。

日本的“下”架空“上”时，就是对“上”封锁消息，让“上”坐在“聋子席”[②]上。好似明治天皇、大正天皇，他们见什么人，准备谈什么，谈多久，都受身边的侍从长严密控制，而能够出任此职的人物，都是经过藩阀政府精心挑选的、对藩阀政府绝对忠诚的人物。昭和天皇为了避免重蹈覆辙，采取“背对背”的方式，只接见一个人，听不同人对同一问题的意见，然后判断是否有

---

① 周作人“日本人的好意”，“语死”，第131期，1927年5月。羿也有错，羿临死前自我批评说：自己教会了逢蒙射箭的技艺，但没有教会他如何做人，这是当先生之失误。如今日本学生杀先生，究竟中国没教好，还是日本学生不学好，只能是一个“仁者见仁”的问题了。

② 日语中距离舞台最远的席位，这里听不到舞台上演员们的对话。

人向他报告假消息。昭和天皇身边有木户，他可以召见自己想见的人，以避免受到蒙骗。日本统治集团对“上”都可以蒙骗，对“下”就更可以了。日本将这种手法“搬”到中国，利用“顺天时报”这个大本营，竭力污上惑民，让中国国无宁日。日本知道中国如何出牌，但中国并不知道日本怎么想的，究竟会怎么做。中国对日本，如同盲人打猎。

周作人曾说：“我们观察日本文化，往往取其与自己近似者加以鉴赏，不知此特为日本文化中东洋共有之成分，本非其固有精神之所在，今因其与自己近似，易于理解而遂取之，以为已了解得日本文化之要点，此正是极大幻觉，最易自误而误人也，应当于日本文化中忽略其东洋民族共有之同，而寻求其日本民族所独有之异，特别以中国民族所无或少有为准。”①

日本尤其喜欢散布假消息，让你判断失误，言行失措，这就是“日本民族所独有之异”。弱化、恶心、羞辱中国，日本从中可以获得更大利益，因此日本才会乐此不疲。中日交往过程中中国人必须切记这一点。

2012.1.17

① 《药味集》中“日本之再认识”河北教育出版社。

日在占领区用毒品戕害华人

日本特务头子土肥原贤二曾经说过：征服中国主要靠三个武器：女人、鸦片和炸弹。

西方殖民主义者对东方的需求，假如用色彩的“三个代表”来表述的话，那么分别是：黄色、白色、绿色。黄色是印度的咖喱，白色代表中国的丝绸、瓷器，绿色指中国的茶叶。当时的中国统治者认为，中国乃“天朝上国，无奇不有”，没有必要与“化外之国”互通有无。中国人是“土财主”，只喜欢白花花的银子，且中国人家族观念极强，只认银子为留给后代的财富，长辈们想方设法要将银子或塞进坛子里深埋地下，或砌在自家大宅的墙壁之中，结果市面上流通的银子永远不够，整个中国都陷入了“银荒”中。

欧美白人是食肉民族，没有了茶叶和香料，牛羊肉吃起来味同嚼蜡。为了交换回茶叶、香料，他们乘船出海去开拓新大陆，找金银。英国人后来发现了一个白银的替代物——黑色的鸦片，中国人好这口。英国人让印度人大面积种植鸦片，由他们全部收购，回购的鸦片不是运到英国本土供本国人消费，也不给印度人，而是转卖给中国，这样他们再也用不着满世界找白银了，他们可以轻松地用“黑色”换回自己所需的“白色”和“绿色”。英国人“够黑”，十足的“黑”。在英国，无论吸食还是出售鸦片给自己人，都是犯罪，但卖给中国人则例外，中国人自己也不争气，在喷云吐雾中耗尽了自己的财富及身体。

1862年，德川幕府曾派“千岁丸”到中国考察，调查一个天朝大国为何败在欧美白人手下。当时正值“太平天国”时期，日本人到达上海后，采取一切手段到处观察，他们发现，吸食鸦片令中国人萎靡不振，不少人衣不蔽体，被白人当畜牲驱使，看到欧美白人强盛，中国衰败，他们告诫自己对白人绝不能冒犯，要忍，弱的中国是日本必须警惕的坏榜样，同时也是自己今后应该分食的对象。1868年新政府成立后不久，日本就先吞并琉球，接着将魔爪伸到朝鲜、台湾。1895年“甲午战争”中国战败，台湾被割让，日本殖民主义者随即进入台湾。

1874年日本首次出兵台湾，当时日本的力量极为有限，患病死在台湾的入侵者远多于战死者，20年后日本再次踏上台湾，首任总督桦山资纪（1837—1922）带来军医后藤新平（1857—1928），后者曾在德国留学学医。桦山干了一年后离任，接任者桂太郎（1848—1913年10月）干了半年，第三任乃木希典干了两年。他向伊藤博文建议将台湾出售，说“经营台湾”让日本得不偿失。日本当时已找到了买家，准备以一亿日元的价格出售给法国，但此举遭到儿玉源太郎（1852—1906）的反对，他认为“台湾经营”失败是因为总督治理不善，实际上他已事先从台湾的卫生顾问后藤新平那里听说他有办法。日本遂派儿玉任台湾第四任总督，他到任立刻提拔后藤新平为民政局长。

后藤新平总结出中国人的“三个弱点”，针对三个弱点提出“治台三策”：台湾人怕死，因此要高压；贪财，因此要利诱；爱面子，所以要用虚名笼络。

后藤新平要把台湾压榨到极限，由他开始对食盐、樟脑、烟酒、鸦片实施专卖。后藤新平本人是医生，他深知鸦片这一毒品的危害，他一方面严禁日本人沾染鸦片，另一方面以“渐进禁毒”为名，将吸食鸦片合法化，他明白用“黑药”毒化台湾人是一箭多雕的举措。总督府直接控制的“专卖”有多项，可鸦片一个的岁入就相当于其他专卖的几个，后来台湾岁入的一半都来自鸦片。1904—1905年，儿玉暂时离台参加在中国东北进行的“日俄战争”，1906年他刚被任命为首任“满铁”委员长，他接着就委任后藤新平为“满铁”总裁，日本人要假“经营满铁”之名，将台湾的“殖民地经营”之实复制到中国东北，而“殖民地经营”的核心就是用毒品“毒化”中国人。袁世凯的政治顾问、澳大利亚人莫理循曾经说：“日本是禁食鸦片国际公约的签字国，但对中国，没有比鸦片贸易更兴旺的日本对华贸易了。”

为了达到对中国敲骨吸髓的榨取目的，后藤新平在中国大陆开始了有严密组织、精心策划的更大规模的鸦片种植及销售，不但强迫中国人大面积种植鸦片，后来还人工制造从海洛因到吗啡等各种毒品，让张学良染上毒瘾，最初也是日本人以帮他治病为名实施的。

日本不单用枪炮、细菌及化学武器残杀有斗志的中国人，还用毒品毒化丧失斗志的中国人，用妓女腐蚀有斗志、无斗志的中国人。武士的后代满脑子想的都是如何战胜对手，而他们为了“战胜”从来就“不择手段”。第二次世界大战结束后蒋介石派中将朱世明（1892—1971）为驻日代表团团长，他刚到东京赴任，著名女特务李香兰就立刻主动地投入了他的怀抱，当上了他的日语“家庭教师”。（日语中，“家庭教师”还有中文“小蜜”的意思。）蒋介石得知此事之后震怒，立刻解除了朱世明的团长职务，派商震（1888—1978）出任驻日代表团团长。1947年5月商震到任后，身边又出现了一名日本“下女”安田，据说两个人后来真心相爱，还有了爱情结晶，商震想辞退她，但日本保障妇女权益组织抗议，商震不知所措。1949年蒋介石撤了他的职，但他拒绝回台湾，继续滞留东京，待他原配在美国去世后，商震正式迎娶了这个日本女子，在日本生活直到1978年去世。

李香兰（日本名山口淑子）与朱世明分手之后，先“嫁给”了一个雕塑家，后来再与一个长期驻扎缅甸的日本外交官结婚，70年代在自民党的支持下，当选参议员。

1948年土肥原被远东军事法庭判处了绞刑，日本的炸弹、鸦片暂时远离了中国人。但日本的军国主义阴魂未散，炸弹、毒品仍虎视眈眈地等着再进入中国。

美国人记录日本间谍如何混入上海的美国人教堂。

“教堂开办不久，就有一对日本夫妇前来，他们自称是基督教徒，要求做这所教堂里的教友。那个日本男子说，他曾经在美国呆过，会讲英语，那位太太也出生在美国。他们夫妇看上去非常诚实，他们一加入教堂，就积极参与教堂各项活动，大家见他们如此热心，也深感敬佩。

日子过得飞快，平安无事，直到中日间爆发了一次危机，才使这对日本夫妇的真相大白。那次，一群美国人去日本领事馆交涉事情，很惊讶地看见这位先生身穿日本军服，坐在那里办公。经过调查，才发现他是日本情报军官，以前显然是奉命打入教堂，了解美国侨民的宗教和社会活动。到了下个星期天，这位日本特工的熟面孔，还有他的太太，就再也不敢在教堂露面了。从此大家知道，日军特工人员不惜使用各种手段，刺探美国人的宗教活动。”①

日本的战争自古以来都是为了抢掠财富。看日本如何在上海抢掠。

“从1938年开始，租界里的居民都能感受到日本人施加的压力。日本人已经控制了整个上海市区，并且在市区北部的虹口区，驻扎了一支相当大的部队。在这种形势下，租界当局已经无法再在他们的区域内收税或取得其他的收

---

① 鲍威尔著，邢建榕、薛明扬、徐跃译，《我在中国二十五年》上海书店出版社，第49页。鲍威尔为《密勒氏评论报》主编。

入。事实上，租界当局原先是靠税收维持的，尤其是上海大部分的大制造厂商都在租界开业。

由于上海的电厂和自来水厂都位于现在日本人控制的区域，日本人随时都可以用切断水电供应相要挟，因此，租界当局始终是忧心忡忡。另一件使人头痛的麻烦事，是日本兵把守住联系上海南北的苏州河上的主要桥梁，所有过桥的小汽车、大卡车以及行人，都必须停下来接受检查。只要是中国人，哪怕是为外国人开车的司机，也要下车，向站岗的日本兵深深地鞠一躬。倘若有哪个司机不肯鞠躬，不是挨打，就是被拘留。从日军占领区运进运出的货物，货主必须支付高额的通行税。这些收入，据说大部分都进了日本陆海军军官的私囊。

学校都被占领并抢掠一空。”[①]

日本占领上海后立刻开张鸦片馆及赌场。

“1939年初，租界尚未被日本人占领，但是在公共租界的边上，日本人开设了所谓‘文化事业机构’。实际上是附设鸦片烟馆的赌场，经营者不是中国社会的地痞流氓，就是日本浪人。上海设立了所谓‘上海特许娱乐部’（Shanghai Supervised Amusement Department）进行统一管理。赌场、鸦片烟馆、海洛因吸食所，以及妓院，犹如雨后春笋般地出现。这类场所，大部分每年都要缴付很重的许可费，除此之外，中等规模的还要每天交税150美元，高级场所每天税金达500美元。上海之所以瞬间出现这么多赌具，原来是一个日本商人在上海开设了一家工厂，专门制造轮盘赌、‘碰运气’和番摊等各式各样的赌具，另外赌场还派人去香港等地采购。多年来，公共租界当局一直禁止赌博，不准买卖毒品，而现在，没有人管了，日本人在暗中怂恿。一个叫法伦（Joe Farren）的匈牙利人，一度在沪西经营了一家富丽堂皇的大赌场。后来，由于同日本军方搞不好关系，他被日军逮捕，关进了上海大桥监狱的政治犯牢房，因不堪折磨，后在牢房中上吊自杀。”

“日本人还展开了一个所谓‘华中宗教同盟（Central China Religious League）’运动，要所有的宗教团体都归日本人统一指导。占领区内的基督教和天主教会都接到‘邀请’，要他们参加这一运动。该运动的领导人是一名信仰基督教的日本籍牧师安村三郎（Reverend Sabrow Yasumura）。安村牧师声称他是受日本政府任命，成立一个宗教的中央机构，而所有西方传教士与

① 《密勒氏评论报》主编鲍威尔回忆录《我在中国二十五年》邢建榕、薛明扬、徐跃译，上海书店出版社，第297—298页。

中国信徒之间的交往联系，都必须通过这一机构。意图在于‘建立一个强大、稳定的中国，在日本帝国精神的感召之下，为东亚的和平奠定基础，让我们来领导饱受战祸的中国民众，致力于中国的精神进步’。安村计划率领大约600名日本基督教牧师和佛教僧侣，接管原由西方传教士从事的传教工作。中国所有的教堂、修道院和庙宇，一律都归这个新的‘华中宗教同盟’接管。”①

一方面到处开设赌场，抽税，毒化中国人，一方面要拯救中国人的灵魂，而教会的真正动作是将中国人的财产转手给日本人。

“这时，中国的各类企业也都被日本人接收，改组成‘卡特尔’，即成为日本同类企业联盟中的一分子。譬如包括西方人经营的广播电台，以及中国人办的电话电报局在内的交通通讯事业，都被日本人接收、改组，并入其一手操纵的‘华中电讯公司’（Central China Tele—Communications Company）。凡是日本人需要的各类中国工厂，如机械厂、钢铁厂、水泥厂、棉纱厂，都被一一接收、改组，各自并入日本某些家族式的垄断企业内。日本人尤其重视接管那些棉纺织厂和丝织厂。如果日本人认为某一些工厂他们并不需要，就会把它关闭，把厂里的机器设备拆卸一空，当作废铁装船运回日本。

中国的捕鱼业，实际上是由数千条各式各样的帆船组成。这些帆船大部分都为私人所有，有的属于某一个人，有的属于某一家族，然后组成一个同业公会，从事捕捞。由于鱼类是人口稠密的中国沿海各省民众的主要食物，因此，渔业的兴旺反过来也养活了千千万万以船为家、终年生活在海上的中国渔民。自从日本海军当局封锁了中国的海岸之后，他们立刻宣布，决定重新改组中国渔业生产。接着，一家独占性的日本渔业公司成立了。而在日本人的监督下，一处中央渔市场也宣告开张。该市场的主要任务是核定渔价。所有的中国渔船船主，必须把他的捕捞物每天送到中央渔市场，由日本人加以分类，评定等级，然后出售。如果哪个船主胆敢违反规定，或者企图逃避检查，立刻便会招来麻烦，日本海军决不会放过他们。一些经过中国沿海的旅客说，他们亲眼看见无数中国渔船的残骸躺在海边，那些都是日本驱逐舰和炮艇的‘靶子’，被打得稀烂后弃置在海边。”②

2012.1.19

---

① 《密勒氏评论报》主编鲍威尔回忆录《我在中国二十五年》邢建榕、薛明扬、徐跃译，上海书店出版社，第297—298页，第302页。

② 同上书，第303页。

日本曾专门花钱买『写手』散布假消息

福泽谕吉一直被日本人评介为“启蒙思想家”，在他看来，有钱可以购买或制造武器，也可以豢养士兵或雇雇佣兵，甚至“公议舆论”都可以花钱买来。

在日语里，“利用”与“轻视”是同义词。无论过去还是现在，无论针对外国还是中国，日本都曾有过为了达到自己的目的，瞄准某个有社会影响力或认为对自己有利的人，或用间接输送利益，或直接给钱的方式收买，使其或为日本利益代言，或泄露日本急于知道的内部情报。还是那句反复重复的老话，日本是个集团社会、纵向社会，“上”要知道“下”的一切，但“上”的一切都不想让“下”知道。透露给“下”的，都是经过选择的。集团之内外也同样。本集团要知道外面的一切，而自己集团内部的任何“情报”，都要设法对外封锁。

福泽谕吉一直被日本人评介为“启蒙思想家”，他对幕府的世袭等级制度极为不满，同时也对萨摩藩、长州藩下级武士屡屡为幕府制造混乱的动机提出了自己的见解，他在1866年上呈幕府的《长州再征建议书》中说，“攘夷”是“没有谋生之道的浮浪之辈为求衣食之温饱，还有那些怀抱野心的诸大名，企图脱离德川将军家的指挥，用于谋奸的借口。”

他认为解救日本面临困境的途径是“占有更多财富”。“殖产为国家之本”，“西洋文明开化在于钱”，“日本尚非有钱国”，“要使日本变成有钱国”。

在他看来，有钱可以购买或制造武器，也可以豢养士兵或雇雇佣兵，甚至“公议舆论”都可以花钱买来。

明治新政府成立之后，福泽拒绝了加入新政府的邀请，他靠办私塾、办报纸、办通讯社发财挣钱。他创办了日本最早的报纸《时事新报》，既是老板，同时又是主要评论员。

1894年，日本军舰在朝鲜偷袭中国运兵船“高升号”，日本滥杀无辜，没有宣战就向运兵船开火，而且是悬挂着英国国旗的运兵船，英国舆论为此哗然。日本立刻在英国收买英国的国际法教授，要他撰写文章为日本说话。

1894年11月20日，纽约发行的《世界日报》报道了日本军队在中国旅顺惨杀中国平民20000人（还有一说是六万）的消息，说日本军人是“披着文明皮肤而拥有野蛮筋骨的怪兽”，英国《泰晤士报》记者也证实，日本军人将俘虏捆绑着屠杀，甚至妇女、小孩也不放过。

福泽立刻写文章为日本辩解，《时事新报》上刊载了他写的文章——《旅顺杀戮乃无稽流言》，他本人是否收受了来自政府的补助金尚不清楚，但他主动拿钱给外国人，让他们将自己的文章翻译成英文发给欧美的通讯社。

福泽自1882年起就与金玉均关系密切，1894年金玉均死在上海之后，他将金玉均留给他的借据送给井上馨。“此事可以说是本人毕生的请愿，本人年纪已大，拥有此巨款虽不相称，而失去此巨款亦愚蠢也。”他托井上向朝鲜索回借款。“贷给金玉均8000元，在庆应念书的朝鲜留学生滞纳学费7600元，总共1.5万元。”井上回复：“还是你自己直接跟朝鲜政府交涉吧。”福泽后派遣代表镰田荣吉前往，结果利息没有，本金从朝鲜拿回来了。①

日本外相陆奥一方面拒绝承认日军在旅顺屠杀平民，同时收买外国记者，让他们不要报道。他电令日本驻英国代理公使内田康哉，指示他花钱收买英国的“中央通讯社”，以此来对抗《泰晤士报》的报道。日本花钱收买该通讯社，目的在于让它发出与《泰晤士报》不同的声音，捏造旅顺市内的惨杀行为是中国逃兵所为。也就是说，杀人之事有，但不是日本军人干的。

内田回电说：收买的钱不够，外务省再汇去2000元。英国“中央通讯社”收到钱后，开始按照日本的要求播发新闻。

日本同时电令驻德国公使青木周藏收买“路透社”，陆奥向“路透社”保证，如果发布有利于日本的消息，将给予606英镑的报酬②。当时在日本横滨有一家“日本通讯社”，社长Francis Brinkley同时也是“路透社”的通讯员，陆奥指示内阁书记长官伊东己代治，要他去跟英国人联系，日本要求“日本通讯社”将日本政府每天发出的战况报告发往伦敦，陆奥对英国人保证，如果与清政府谈判成功，将以补助金的名目，今后每月给“日本通讯社”一定金额

① 注意比较日本的梅屋庄吉，他总愿意不惜代价、不求回报地拿钱资助孙中山。

② 莫理循1894年初从上海经中国西南最后到达缅甸，一路上共花费18英镑。

的补助。“甲午战争”结束后，日本果然给了英国人三等旭日勋章，奖金5000日元。

1895年10月，朝鲜依照《马关条约》独立，日本驻朝鲜公使三浦梧楼中将率领日本浪人冲入京城的景福宫，惨无人道地将闵妃杀死并浇上汽油焚尸，美国报纸对此加以报道，福泽想到的第一件事就是歪曲、篡改。他抹黑闵妃，以达到“一切皆事出有因”的目的。这也是日本要否定某一事实时一贯使用的手段。中国人可以比较一下自己近代史中的人物，看看日本喜欢赞美谁，喜欢抹黑谁。

“福泽想，如果将闵妃在世之种种暗杀毒害的残忍行为告知美国人的话，或许可以多少缓和一些美国对日本人的恶劣感情。于是立刻想到撰写朝鲜王妃传，并指派庆应义塾的教师林釟藏”，“向井上角五郎听取故事，将此编成为日文，再派该校教师工藤精一翻译成为英文，然后投书到美国的各报去。”①

这些都是日本专门花钱收买代言人散布虚假消息的历史先例。

2012.1.21

① 石河干明著《福泽谕吉传》，第450页。

偷袭珍珠港前已有动向

当时生活在美国的日本人，在进入11月起就开始争先恐后地离开美国。在美日本人离开美国前，他们的共同特点就是将自己在美国的不动产出售，同时将美国的钢琴、冰箱、烤箱等大件打包托运回日本。

1941年12月8日日本偷袭珍珠港之前，已有种种迹象表明日本将对美国发起进攻。当时生活在美国的日本人，在进入11月起就开始争先恐后地离开美国。在美日本人离开美国前，他们的共同特点就是将自己在美国的不动产出售，同时将美国的钢琴、冰箱、烤箱等大件打包托运回日本。日本人的异常举动丝毫没有逃出美国联邦调查局的视线，他们将日本人的动向上报给局长，而局长也迅速上报给了美国总统罗斯福，罗斯福了解日本并非只有联邦调查局一个渠道，他知道日、美大战即将爆发，但他依然非常有耐心地与日本驻美国大使、海军大将野村进行“日、美和平谈判”。

美国当时的国务卿赫尔，他来自美国的田纳西州，是个清教徒，他认为国与国之间关系是人与人之间关系的放大，国与国之间的外交应该坦率、真诚、开诚布公。他同时感觉出任国务卿期间，与日本外交代表打交道是让他最痛苦的一件事。因为日本代表野村总来国务院谈日、美问题，野村在他面前表现出“心地善良，毫无奸诈，真诚”。但每次野村来谈判之前，他已经事先从“魔术”中获得了情报，野村在会见时信誓旦旦说的话，与赫尔从“魔术”中获得的内容完全相反，但赫尔绝不能表现出“美国有‘魔术’，我们破译了你们的密电，我们知道你在撒谎。”赫尔必须要“装”出“对野村所说的一切完全相信的样子。”他认为自己“假装”太痛苦，野村也在“假装”，他要让赫尔及罗斯福相信“日本对美国没有他意”，当日本偷袭珍珠港成功的消息传来，他“流下了激动的眼泪”。

围绕钓鱼岛问题，日本如今也不停地跟中国闹，什么“第二次甲午战争”、

“第二次珍珠港袭击”、“日本海军强大”等传闻不绝于耳。实际上，假如日本真要制造“中国的珍珠港事件”，那么1941年11月发生在美国的事情也同样会发生在中国。

日本为了鼓励个人奋斗，对遗产、赠予实行累进递加税制，父辈想多留钱给下一代，可以，但政府要征收高额税费。另一方面，日本政府在国债问题上却网开一面，存款要实名，而购买国债并不需要实名。日本国内银行的存款利率低至0.01%，以前日本人投资股票、土地，后来都因“泡沫经济”破裂而损失惨重，双重理由致使有钱人愿意将钱转投向收益相对稳定的国债。众所周知，在所有发达国家中，日本政府是发行国债最多的，国家支出严重依赖国债，而且日本国债的最大持有者是日本人，日本政府如今能运作，完全建筑在国债持有者不抛售国债，同时继续购买日本政府不断发行的新国债之上。

有钱人遇到风吹草动就会将财产转移，好似当年在美日本人出售不动产，将动产的冰箱、烤箱、钢琴搬运回日本那样。假如日本要对周边国家发动战争，日本的有钱人就会立刻抛售自己手中持有的国债，转换成其他他们认为安全的币种，而当大量国债同时被抛售时，即便政府保证回收，抛了国债换回了日元的日本人，他们想迅速将手中持有的日元转换成其他货币也很困难，因为国际市场上没人会要不安全的货币。

人没有供血就会死亡，日本政府没有了货币仗就没法打。

日本偷袭美国珍珠港的背后，实际上还有另外一件日、美政府都不愿意公开的内幕。日本对华发动全面战争之后，在中国掠夺各种货币及黄金，日本不断地从美国购买各种战略物资，从中国掠夺走的钱，又有一部分间接地流入了美国。日本在美存款高达一亿多美元，这些秘密都被美国联邦调查局掌握。美国最初允许日本用美元采购美国物资，但后来美国要求日本用黄金支付。日本出兵印度支那，口头上说是为了包围在重庆的蒋介石，实际上是要在这里建立据点，为袭击新加坡、菲律宾做准备。美国利用日本出兵印度支那冻结了日本在美国的存款，一亿美元被美国扣着，日本此时拿美国一点办法也没有（日本在南美采购的钱也存在美国的银行里）。罗斯福向日本保证，如果日本从中国撤军，日本没必要通过发动战争获取东南亚的资源，我们美国可以卖给你。而日本认为这是“卡脖子”，被逼从中国撤军更是美国“掐死”日本。一个以自杀为荣的国家，最后不得不走上“国家自杀”的道路。

如今的日本政府实际上非常脆弱，国内问题堆积如山，国际上也十分孤立。日本国民已非东条时代的国民，无论今天的日本“右翼”领导人如何煽动、逞强，实际上他们很难找到追随者。

以前日本打中国，中国无力还手，所以日本敢在中国肆虐，日本当时不敢进攻苏联也是因为苏联在海参崴布置了远程轰炸机，日本想大打，苏联人就对日本实施轰炸，而且苏联还有强大的太平洋舰队，两者相加可以对日本造成毁灭性打击。20世纪60年代赫鲁晓夫就告诫日本人，如今战争的方式已经发生了根本改变。中国打日本如今都用不着派轰炸机去，隔着大海用导弹伺候，日本国内就会爆发内乱，日本老百姓不会支持一个给自己生命及财产带来灾难的政府。

在中国投资的日本人都在闷着声赚钱，日本政府不久前还购买了中国的国债，日本领导人再弱智也绝对不可能会将自己的钱放在一个潜在的战争对手的口袋里。只要中国蒸蒸日上，在国际上广交朋友，日本就只敢跟中国在口头上闹。

2012.4.12

在夏威夷太平洋战争纪念馆外展示的第二次世界大战时期的美国海军鱼雷。

浅析石原慎太郎的背景

石原声称要购买一块既跟东京都无关，而且远超出他权限之外，更不属于日本的岛屿。玩弄以东京都知事身份宣布，然后又以民间人的手法设立账户、鼓励老百姓去捐款并购买的方式欺诈。地方公务人员越权插手中国的领土问题，而且在东京都知事与“个人”身份上玩模糊，日本政府不警告并阻止他，正是日本政府与石原沆瀣一气演双簧的明证。

近来，东京都知事石原慎太郎声称要购买“钓鱼岛”，接着公布了自己开设的银行账号，号召日本人捐款并称已有人捐钱入账等，日本方面的报道铺天盖地，日本的雅虎网站还公布了一个民意调查数据，说支持率很高云云。中国的媒体也跟风铺陈，似乎这是个多么了不得的事。对石原慎太郎如此作为，若不加分析，等于恰好上了他的当，中了他的奸计，因为石原的目的就是要激起舆论沸腾。明治时代的伊藤博文就是如此操纵舆论的，他认为散布假消息看对方反应，然后出牌，是“文明政治”。

石原慎太郎继承了当年伊藤博文的衣钵，都是假“文明政治”之名，行“流氓政治”之实。

日本实施地方自治，东京都只管自己东京都的事，任何插手东京都以外的事都属“越权”。小笠原群岛归东京都管，可钓鱼岛即便属于日本，也与东京都八竿子打不着，东京都知事插手远在冲绳以南的岛屿，而且还是涉及国家间领土争议的岛屿，这本身就是严重的“越权行为”，他实际上是在释放测探气球。

其次，东京都知事是东京的最高行政长官，但可供知事支配的经费是有限的，事先规定好的，除去他有自由裁量权的部分，之外的所有支出都必须先编制预算，然后将预算提交给东京都议会审议，审议通过之后，行政拨款，该谁用谁用，东京都议会审议通过应该归知事使用，那么东京都知事才有权使用，并非知事说想买什么就可以买什么。

石原声称要购买一块既跟东京都无关，而且远超出他权限之外，更不属于日本的岛屿。玩弄以东京都知事身份宣布，然后又以民间人的手法设立账户、鼓励老百姓去捐款并购买的方式欺诈。地方公务人员越权插手中国的领土问题，而且在东京都知事与“个人”身份上玩模糊，日本政府不警告并阻止他，正是日本政府与石原沆瀣一气演双簧的明证。

日本的所谓民意调查，日本有头脑的人很少相信，对于这种串通好了的表演，更应该嗤之以鼻。

以下是福田赳夫在自己回忆录中的内容。

“对于那些来自地方的议员，更是特别采取了一对一的争取措施。就是对于每一个地方代表都指定一个人负责，从横滨开始陪同其乘上列车到达东京，然后再陪同到代表住宿处，并且住进该议员的隔壁，对代表的活动进行全程监视。（第二次自民党总裁选举时，也只有有钱的自民党，最关心失去政权的自民党才有财力、能力这样做。）”①

也就是说，任何一个来自地方的国会议员，人还没进入东京就开始有人“迎接”，该陪同者一直跟着国会议员下火车、入住旅馆，再从旅馆尾随他到投票现场，直到投票结束。自民党总裁是早已内定好的人选，要求投票者必须将他的一票投给某个内定好的人。上述内容仅是日本保守政党操纵选举的黑幕中的一例。

日本的所谓“民主选举”，多为欺骗百姓的表演，实际上早在投票开始之前，政党内部就已对选票流向严密控制。日本政治中的这种做法，始于明治时代议会设立之初，至今仍在继续。日本政治家竹下登在自己的回忆录中也有类似记载，他从家乡到东京，对自己看到的所谓战后“民主政治”目瞪口呆。如今许多日本政治家对自己“挂羊头卖狗肉”的“民主政治”，只是“久居鲍肆不闻其臭”而已。

中国北洋政府贿选，日本人看到符合自己利益时就不吭气；不符合时就批评中国政坛乌烟瘴气。日本歪曲、掩盖、篡改历史的另外一个不可告人的目的在于：怕被中国人看破他们如何玩弄祸乱中国的花招。

“雅虎”的所谓民意调查，一看就是假的，因为该网站的结论只是为了配合石原的表演。

石原慎太郎，一个资本家的儿子，反美时声称他自日本战败时开始就仇恨美国。这句话不假，因为石原不希望日本战败投降。石原的父亲是日本一家

---

① 福田赳夫著，谢秦译，《回顾九十年》东方出版社，第77页。

船运公司的经理级干部，在美国的严厉打击下，二战结束前日本几乎所有的船只从军舰到商船都变成了废铁沉入了大海，他家的好日子没了，所以他仇视美国。他希望第二次世界大战能以日本战胜告终，让新加坡永远变成日本的“昭南岛”。当整个太平洋都变成日本的内海之时，石原他爹还不得捞个太平洋—日本内湖轮船公司总经理干干！？

日本战败投降后，因朝鲜战争日本经济复苏，石原在一桥大学读大三的时候，以自己夏天在海边玩游艇、追逐年轻女孩的内容为素材，写了一部名为《太阳的季节》的小说，该小说获得了1955年的芥川奖。1955年是日本政权开始整体转“右”，走向稳定的重要年份，是日本政治史上的一个重要节点。日本人常说的“五十五年体制”就从这一年开始。令人不解的是，它并没有用“昭和”年号命名。从1955年6月开始，日、苏间在英国伦敦开始进行“邦交正常化”谈判，日本将苏联底牌摸透之后，开始拖延谈判。换个角度来说，保守政府要利用与苏联谈判的机会，将日本国内的“主从”政治体制确立下来。先是“左”、“右”两派社会党合并，此后“自由党”与“民主党”合并，成立了“自由民主党”，从此之后，自民党成为“万年执政党”；社会党成为“万年反对党”，而这两个政党，实际上是分别针对以美国为首的资本主义阵营以及以苏联为首的社会主义阵营的两张面孔。日本从此进入“消费时代”，统治者希望社会上多些这样不问政治，只知解决肉欲、追求消费的年轻人。

日本总有黑社会与明星有染的传闻，黑社会老大为捧红某个明星的通常做法是，黑社会大量购买某个明星的演唱会门票，然后送给其他人去看，制造轰动。石原慎太郎先被捧，后来从政并成为“右翼”代言人本身就表明，他背后存在资本家推手，他是被“右翼”包装，被推上“舞台”的“代言人”。每年都有人获得芥川文学奖，但获奖后从政并当选为国会议员的人凤毛麟角。

小泽一郎访问中国时包了几架专机，率领二百多名国会议员来中国，此举就是要向中国表明自己是日本政界大佬。被小泽推荐并且突然当选的年轻女国会议员都曾回忆说：自己曾是某政治家事务所中的小卒，突然得知小泽要推荐自己出马，不得已临时买来一套一生中花钱最多的体面衣服，当时甚至担心无法当选而白买了衣服，结果竟然当选了。

这就是当今的日本政治。别以为石原当选东京都知事是民意的反映。日本政坛中一直存在幕后黑手，当利益集团要求某人出马时，利益集团就会对自己的相关企业下令，要求该公司的所有员工必须投某个人的票。东京是日本自由知识分子最集中的地方，保守政治寡头最怕自己在这里失守，而让石原慎太郎这样的人当选，就是因为有利益集团为他花了大价钱。

日本战败投降后，许多所谓明治、大正、昭和时代的功臣的子女都隐名埋姓，不敢公开自己的身份，原因在于这些人都靠战争发了大财，而在战争中仅获得了面包渣的日本民众，最后什么也没有剩下，他们愤怒，他们要杀死这些所谓“功勋后代”。

2012.5.1

100年前日本思想家提出不能让日本旁边出现强国

1889年，日南居士（日本报人，思想家）在“日本及南洋”一文中提出：“要维护一国之独立，维持安宁，增进福运，就不能让一个强国出现在自己身边”，也就是说，日本之强要与周边国家之弱同步，弱化周边国家是强化日本国防的必然手段。

江户时代，日本的统治者是德川家康家族，他们实施“锁国政策”，江户时代的二百多年间，日本江户幕府仅与中国、朝鲜，后来还有荷兰进行有限的交往。周边国家因日本“自重”不扩张而获得了安宁。自1868年“萨摩、长州藩”推翻了德川家幕府统治之后，看到昔日连姓都没有的伊藤博文、山县有朋之流也成为新生国家的领导人，许多日本人都认为“变天”让自己也有了“下克上”的机会。

“下克上”一方面打破了死水一潭的等级制，另一方面意味着战争、动乱，它会颠覆社会秩序。伊藤博文之流期待“下克上”时代到来，这样自己才有机会往上爬，可一旦自己成为统治者，当年德川家康的想法就成为了他的想法，他要坐稳，希望自己在位期间不要出现“下克上”。可其他人不愿意，对此，伊藤博文之流就想出一个丰臣秀吉的办法，鼓励他们到国外去发泄精力。打赢了，你就在“新边疆”当统治者；打不赢，你们就死在国外，这样国内也太平。“藩阀政府”用驱赶武士到外国发泄的方法，实现国内和平。

日本自1878年开始鼓吹“南洋进出”[①]。1879年日本成立了“东京地学协会”，出版了《东京地学协会报告》；1888年成立了“政教社”（主旨为：“恢复和发扬日本的‘国民精神’”），1889年出版了《日本人》杂志；1890年成立了“东邦协会”，出版了《东邦协会报告》；1893年由榎木武扬发起并成立了“殖民协会”，出版了《殖民协会报告》；还有经济杂志社发行了《东京经

① 1877年，日本的内战，“西南战争”刚刚结束。

济杂志》。这些杂志对菲律宾问题尤为关心，而在日本扩张主义者的字典里，“关心”就是“攫取”。

1886年，“政教社”中的重要人物杉浦重刚以对福本诚，也就是福本日南（创刊《日本》杂志）口述的方式，出版了一个名为《樊哙梦物语》的小说。（另一个书名为《新平民回天谈》。樊哙为汉初的武将，为汉高祖刘邦屡立战功）。该书虽然只有三十一页，但它以一个隐士做梦的方式，将日本人的想法透露了出来。

“明治新政府成立后，昔日的贱民也获得了平民身份，成为了‘新平民’，一个貌似领导的人在演讲：曾经是千年贱民的人可入籍平民，但并没有享受到同等的待遇，而且名誉上的歧视依旧。在日本国内等待这种状况改善犹如‘百年俟河清’，因此，若要享有真诚的权利，真正的体面，那么我们只有在海外谋求我们永世居住的土地，在海外建立自己的国家。在日本的近邻中，弱小的只有朝鲜，但是因为日、中、俄三国的关系，去那里开拓很困难；而安南、缅甸等已经被法国、英国占领。唯一留下的是：虽然有海上优势但如今已经衰退的国家统治的岛屿。（没有明确说明衰落国家是哪个国家，该国控制的岛屿指哪个岛屿）。贱民党应向这些岛屿先成功移民九万，接着发动暴动，取代那个统治国。”

之所以要用物语（小说）、梦语的形式，就是为了避免引发国际争议。而且所谓国家、群岛，也用“老体国”、“岛国”来模糊，避免直言某个国家。实际上，“老体国”就是指“西班牙”，而“岛国”指菲律宾。

鼓吹“南进”的另外一个人物名“图南居士”。“图谋南方”的“居士”，他的真实姓名为服部徹。他的代表作是《南洋策》(《南洋贸易及殖民》村冈源马刊，1891年）他呼吁要与菲律宾积极展开商贸往来。他举出的三个理由分别是：首先，菲律宾由群岛组成，尤其是吕宋岛与亚洲大陆、日本、香港距离很近，有交通之便。长崎与马尼拉之间有经由厦门的日本邮船的定期航线，此外还可以利用其他国家的船运公司。第二是菲律宾很早开始就被西班牙统治，因此不会给日本更多机会。

而他给出的最紧迫理由却是：如今菲律宾群岛的通商利权被以香港为据点的英国人控制，但近来德国正在谋求扩大进出，如果日本还像以前那样不重视与菲律宾的往来，那么就会被德国人抢占先机。

他同时主张：开拓殖民通常有三种形态。第一是“发现新领地”；第二为“侵食掠夺”；第三是“通商贸易”（它的另一个名称是“和平策略”）。“发现新领地”因土地有限已经结束，如今列强已转向“弱肉强食”的“侵食掠夺”，然而它也受到国际公法之约束，“行使武力”时也要受出兵理由等限制，他因此提出“拓地殖民”必须假“通商贸易”之名的“新策略”。用他自己的话来说，名为“和平策略”的“通商贸易”实际上并不“和平”。

“这个政策肇始于最近，被称为‘和平之良策’。对有拓地殖民希望的邻邦，先开拓通商贸易之渠道，或让有力之商贾移居掌控商权，或让有力之农工移住领有土地，将特有物产之制造权控制在自己手中，然后操纵其内政，一俟掌握了贸易大权，有了左右政局的能力，一切皆大功告成。当今欧洲诸国掌控之地，策略无不如此。德国控制南洋的萨摩亚群岛就是最好的事例。”

也就是说，服部选择的“通商贸易”对象，实际上就是统治、武装力量相对弱的弱小国家，而菲律宾恰恰因此而进入了日本的视野。他警告德国正在积极图谋菲律宾群岛，假如日本不抢在德国之前占有菲律宾，那么菲律宾就有可能落入德国之手，日本不可高枕无忧。

日本人的逻辑是：“通商贸易”就是“开拓殖民”，而“开拓殖民”就是“国家安全”。服部在其《南洋策》的后半部分中引用了《日本人》杂志上刊载的日南居士的、名为“日本及南洋”的文章，竭力渲染“南方防卫”。

1889年，日南居士（日本报人，思想家）在“日本及南洋”一文中提出：“要维护一国之独立，维持安宁，增进福运，就不能让一个强国出现在自己身边”，也就是说，日本之强要与周边国家之弱同步，弱化周边国家是强化日本国防的必然手段。

明治一新后，日本新政府一直谋求并积极推动一种新型的、以日本为幕府而周边国家为日本藩国的“国际幕藩”体制。为了达到上述目的，日本用尽各种手段强化自己的统治，同时伺机破坏对手的团结。窥视周边每一个国家内部是否存在间隙，一旦发现便开始加以利用并找机会扩大，先散布虚假消息动摇其思想根基，接着挑拨离间挑起对立、冲突，对方没有不和都要不择手段地人为制造不和，周边国家陷入混乱之时就是日本扩展权益之机；日本表现出关心之时，就是想乘人之危之时。

日本为菲律宾人代言，反对西班牙人、美国人，并非是真想为菲律宾人伸张正义，而是想取而代之，日本支持“菲独”在“甲午战争”后达到了一个小高潮，1896年8月菲律宾爆发革命，何塞黎刹被西班牙人杀死，1898年“美西战争”爆发，美国取代西班牙接管菲律宾，和谈成功一个月后，美国控制夏威夷。

2012.5.16

令人难忘的泪水

她当时的表情令我终身难忘，中、韩建交竟然能让她激动得流泪！

在日本留学期间，同一个讨论班中有一位来自韩国的女留学生。研究生院图书馆外有几张沙发，供来这里学习的学生在外面聊天。8月下旬的某日，在这里偶然与她相遇，当她看见我一个人坐在沙发上时，先对我打了个招呼，然后突然对我说了一句："刘君，你知道昨天发生了什么大事吗？"

"大事"？在我看来，日本的大事不就是发生地震之类的事吗？我本人没感觉，电视里面没有报道啊？！我回答说："不知道"。这时，她满脸通红地告诉我："刘君，昨天中国与韩国建交了（1992年8月24日）。[①]"接着，她竟然流下了激动的眼泪。

她当时的表情令我终生难忘，中、韩建交竟然能让她激动得流泪！

还有一个韩国同学是个和尚，来日本留学前曾服过兵役，据说还是特种兵，滑雪、游泳、上树，啥都会，他对任何事都是一副满不在乎的神情，绝对是个出家人的样儿。因为他豁达、乐观、幽默，而且他住的寺庙地方大，因此常有学友到他家去聚会，一起吃饭。他本人不喝酒，但其他人酒精入肚后总要说点啥，这时，只要有日本同学在且话题涉及近代史，韩国和尚就会说近代史上日本如何欺侮韩国。在我看来，韩国和尚太不给面子了，人家日本朋友来了，而且大家一起吃饭就是图个热闹、高兴，这时应多聊些让大家都不觉得冷场的话题。每当出现这个话题时，一旁的日本同学总不辩解，只是默默地听着并点头说"是吗？我们日本的教科书中从来不写这些内容"。韩国和尚对日本

① 中韩之间秘密谈判，毫无任何征兆，突然宣布建交。

人在中国的所作所为也很了解，说到韩国曾被日本欺侮的事情时，他总会同时再举一两个中国的例子并故意问：“刘君，中国也是这样的吧！”

拉我加入似乎并不仅仅是为了增强说服力。韩国和尚临到最后总忘不了提醒一句：“日本有一部分人总喜欢篡改、歪曲历史，所以你们一般的教科书上看不到这些内容。”

某日我问韩国和尚，今后的人生理想是什么？对方回答：“我觉得一生中最大的幸福就是在辽阔的中国大陆生活一段时间。我们韩国实在太小，盖楼前打桩时，找块结实的岩石都很困难。”

在国外，中国留学们聚集在一起时总喜欢摆龙门阵，或许是“爱之深，痛之切”的缘故，谈话时聊起自己国家，总是数落多过夸赞。似乎说自己国家事事不如人才是对中国观察入微。可自己认为不咋的的国家能够让人家激动得流泪，能够激发起他人一生中想要在那里生活一段时间的愿望，在人家眼里我们是大国，他们对中国这个大国充满期待并希望中国承担大国责任。

还有一个韩国同学暑假回家了，趁着他房子空，他的韩国友人来日本期间就暂住他那。通过闲聊得知来者是汉城一家小型发行公司的老板，他只身到日本来，说是想采购些图书带回韩国翻译出版。某日他外出归来带回了一个“随身听”，他兴奋地拿出来给我看。看到是一个塑料壳的简易随身听，我问他：“为啥不买一个好点的呢？”

当时的中国留学生，要买都是买金属壳的，金属壳的结实，经久耐用，因此价格也上去了，而塑料壳的属于用得差不多就扔的便宜货。韩国人立刻明白了我的意思，他回答说：“我们韩国不准进口日本家电，我只想在日本期间听几天，回国时就把它扔了。

“扔了？噢，那也不必，这么小的东西，塞在哪里都可以带回国，我们回中国时，通常都把它藏在某处就带进关了！”我随口说了一句。而他的再次回答则是：假如我周围的人看到我用日本货，即便他们不疏远我，他们也会趁我不注意的时候设法把它搞坏。在我们韩国，不准播放日本歌曲，在卡拉OK也不能唱日本歌。用日本货会遭到周围人的耻笑。”

他的平淡是我的震撼。在此之前我听到的内容多是日、韩关系如何铁，都是美国自由主义阵营中的一员等。

日本的战国时代末期，丰臣秀吉尚未完全统一日本全境，但他认为应该用掠夺外国土地的方式安抚自己的部下，日本强盗跨过大海进入朝鲜半岛，给朝鲜造成了巨大的人员及财产损失，假如没有明朝政府出兵帮助朝鲜，朝鲜自那时起就将被丰臣秀吉奴役，成为日本某个大名的领地了。江户时代因德川家康家族海禁让周边国家安宁了两百多年，可1868年“明治一新”后，西乡隆盛的第一个想法就是步丰臣秀吉之后尘，将失去了领主豢养，再也没有“俸禄米”的武士之“祸水”，引入侵朝鲜。只因当时日本力量有限，生怕中国帮助朝鲜再打日本，丰臣式的赤裸裸侵略才改头换面，在“帮助朝鲜文明开化”的美名之下，日本派文人到汉城办报纸，表面上鼓吹“文明开化”，实际上在报纸上专事挑拨离间。

日本人到处鼓噪朝鲜人中的“亲中派”是“顽固派”，而朝鲜统治阶层是没有男人气的窝囊废，他们追随中国是“事大党”，向中国谄媚。中国顽固落后，因此败给了西方文明，此时的朝鲜必须立刻与中国分手，与日本携手，这样才能避免被西方列强吞并。日本对朝鲜没有任何领土野心，只想与朝鲜携手，共同繁荣。朝鲜国内面临的种种不顺，日本都设法栽赃到中国头上。

1894年，日本以“帮助朝鲜独立及实施内政改革”为由，对中国清军发动先偷袭、后宣战的“甲午战争”，清军逃回国内，日本单独“帮助”朝鲜独立的目的原本已经达到，可日本继续攻入中国本土，后对李鸿章提出了对中国的领土要求。1895年10月8日，日本驻朝鲜公使三浦梧楼在日本使馆守备队的保护下，率领“日本浪人”冲入朝鲜皇宫，他们将闵妃杀死并浇上汽油焚尸。失去中国保护后的朝鲜，仅仅在1897年获得了一个改国名为“大韩帝国”、国王为“皇帝”的空名。

1904年2月日本对沙俄亦是先偷袭、再宣战，对朝鲜称“朝鲜危在旦夕，帝国的利益受到侵害”；对中国宣称“为了中国的领土完整”，在中国东北成为主战场之时，伊藤博文立刻赶赴朝鲜，此后日本先后两次胁迫朝鲜签署“日韩协约”，1906年2月1日起在朝鲜开设“统监府”，伊藤博文出任首任朝鲜“统监”，自此朝鲜的外交、军队大权都被日本人掌控。伊藤博文成为大韩帝国太上皇的一年之后，1907年7月，日本逼迫朝鲜国王李熙退位，然后将他囚禁在皇宫中。

1909年伊藤博文被朝鲜青年刺杀在中国的哈尔滨，1910年8月，日本彻底吞并了朝鲜。

1919年“巴黎和会”于1月18日召开，而高宗李熙于1月22日深夜突然死去，一切表明他是被日本人毒死的。明明是日本驻朝鲜总督长谷川好道杀死了国王，但他竟然还厚颜无耻地宣布要按照日本方式于3月3日为国王举行葬礼。韩国上下一片悲愤，3月1日，在日本首都东京，留日的朝鲜学生聚集在一起举行集会，抗议日本的殖民统治；在汉城、平壤，也出现了大规模的群众集会，他们宣读《独立宣言书》，高呼朝鲜独立万岁，震惊世界的“三一运动”从此爆发，1919年4月13日，“大韩民国临时政府”在上海成立，在美国的李承晚当选总统。

日本自1873年开始就挑动李昰应（大院君）、儿子李熙（高宗）、儿媳（闵妃）直至孙辈李坧（纯宗）同根相煎，从他们身上无法获得让日本满意的利益时，日本就以扶植反对派推翻国王统治要挟。一切都是在“帮助朝鲜文明开化”的美名之下，先用阴湿手段在朝鲜制造思想混乱，弱化之后再乘虚而入，武士心狠手辣，直到彻底吞噬。虽然李熙当上了大韩帝国首代皇帝，但在位仅十年；他儿子李坧后来即位，然而末代皇帝仅在位三年（1907年7月20日—1910年8月22日）。

韩国人（朝鲜人）对日本之心狠手辣再熟悉不过了，他们再也不会相信日本的谎言，他们坚信中国对他们的支持及保护才是真心诚意的支持及保护，他们期待中国这个亚洲的古老大国能负起大国责任。

2012.5.21

近百年来日本如何对待菲律宾

针对日本在菲律宾的惨无人道的犯罪，菲律宾检察官在远东审判庭上做最后总结发言时指出：武藤信义没有一句自责，没有一声后悔的叹息，没有流下一滴悔恨的眼泪，那种傲慢依然故我，实际上就是想说只要有机会我们还要再来一次。

近代，日本朝野曾经不遗余力地“支持”菲律宾“独立”，先是支持菲律宾人反对西班牙人。美西战争后美国从西班牙手中接管菲律宾，日本继续支持菲律宾人反对美国人。1941年12月日本对美宣战，菲律宾人误以为日本帮菲律宾独立动了真格的，菲律宾游击队给日本军队带路，收集情报，一起打击美国人，可当菲律宾群岛上再没了美国人之后，菲律宾人才发现自己已经成为了日本人砧板上的肥肉，日本入侵者比西班牙人、美国人凶残、贪婪成百上千倍。

亚洲几乎所有国家都有过被日本“支持”的经历。日本支持“越独”反法，支持“缅独”、“印独”反英，支持“印尼独”反荷。支持孙中山反满，扶植末代皇帝溥仪替换东北王张作霖父子。日本任何时候的支援、帮助，最终的目的都是为了自己独占。

日本就差没有联合过韩国人、中国台湾人、琉球人反对日本殖民主义者。历史表明，当日本要跟你联合、关系紧密的时候，就是要拉你反对日本的另外一个对手的时候。被日本“支持”从来没好事。在把美国人从菲律宾赶出去之前，日本很有耐心，充当菲律宾最坚定的“盟友”40多年。

明治时代日本有一个小说家名末广铁肠，如今日本将写这类小说的小说家归类在“政治小说”中，所谓“政治小说”，实际上就是“假”小说之名，行鼓吹对外侵略扩张之实的政治宣传品。末广铁肠曾出版过一本名为《南洋之大波乱》的小说，它以菲律宾为舞台。该书于1891年6月出版，同年11月再以《风暴余波》之名改编出版，1904年两书合二为一，以《大海原》之名出版。

该小说宣传菲律宾独立。之所以能够写出这样一本小说，末广铁肠本人在小说的序中这样写道："上一年去西洋时，遇到了一位从事独立运动并差点被投入监狱、后来成功逃离马尼拉的一位绅士，从他那里得知殖民地政策之残酷以及当地人民之激愤，悲愤慷慨，这篇小说就是以该绅士以及他与恋人之间的悲情故事为背景展开的。"

1888年4月，末广铁肠为视察欧美从横滨启程去伦敦、纽约、芝加哥、旧金山。途中他偶然遇到了菲律宾独立运动的推动者何塞黎刹（1861—1896、12、30）,5月到达伦敦之后，他们俩也一直有来往,12月末广铁肠离开伦敦时，何塞黎刹还亲自前往码头送行，这些都在末广铁肠的《鸿雪录》中有记载。

末广铁肠本人并没有去过菲律宾，在1891年出版的这本书中，他对那里的描写都是虚构的，据末广铁肠介绍，他通过与何塞黎刹交谈，了解到菲律宾人在西班牙殖民者统治下的惨状。书中谈到西班牙人通过教会收取税收，控制言论出版，甚至将谍报人员派往香港、西贡、上海、横滨等。菲律宾人对此极为不满，他们与秘密团体联合从事独立活动，而统治当局对独立运动家秘密监视，严加防范，侦察的网络密布，不断将他们投入监狱或流放到外国。

他在小说中写道："主人公多加山峻（以何塞为模特）在马尼拉推动地下独立运动。他想借助欧洲、德国的力量实现自己的理想。他的未婚妻名清子，清子的父亲名滝川，当他得知多加山在从事'菲独'运动之后，告诫他独立必须借助日本的力量，多加山决定联合日本，实现东洋联合而将西方人赶走。多加山的"菲独"活动遭到了西班牙政府的严厉镇压，而身为西班牙人的监狱长却恋上了清子。"

小说以黄种人革命家与白人殖民主义者同时爱上了清子展开。小说的舞台从吕宋岛延伸到伦敦、巴黎、马德里甚至整个欧洲。小说以菲律宾群岛的南岛先爆发起义发端，接着当地人抢夺西班牙人的武器，发动武装暴动，此后吕宋岛开始响应，多加山在香港与来自日本的三百壮士会合，然后进攻马尼拉，最终日本人、马尼拉人组成的联军将西班牙人打败。多加山与清子最后喜结良缘，而他们是250年前战国时代末期从日本被流放到马尼拉的、天主教大名高山右近的后人。他们因此向日本的天皇、皇后写信，请求日本保护菲律宾。天皇、皇后咨询了日本的帝国议会之后，获得议会通过。多加山后被天皇封为"华族"，接着被任命为菲律宾的终身总督。

从这个小说中可以看到琉球被日本吞并的影子，琉球王子应邀去东京庆祝天皇登基，可一到东京就被"禁锢"并封为"贵族"。一个独立国家的君主，与日本历代天皇在地位上平等，在权力上甚至比明治时代前的历代天皇都大，可被骗到日本之后，被藩阀政府挟持，瞬间就变成了日本天皇之下的“贵族”，琉球的土地及人民，不知由谁，用何种方式，糊里糊涂就“奉还”给了日本天皇，变成日本的一部分了。

“要求菲律宾独立的人士到访横滨，有三百多名日本壮士立刻汇集在了他的身边，从此开始了要求独立的斗争。”“当民众对统治者的不满爆发时，日本人蜂起，取西班牙人而代之。”

尽管小说中的上述内容完全是虚构的，也不曾在当时的菲律宾出现过，而它们却确确实实地发生在琉球、日本北边的朝鲜以及后来的中国。日本入侵亚洲所有国家的过程，基本上都是按照上述脚本实施的。日本先支持该国“内乱”，然后以支持某一势力为由乘虚而入，接着取而代之，日本当上太上皇。

1896年1月，日本“民友社”出版发行了《比律宾群岛》一书。

1896年8月底，“菲律宾独立运动”爆发，西班牙政府认为是日本在背后挑拨、教唆所致。而日本仅报道了何塞黎刹被处决，阿吉纳尔多等逃亡到香港的消息。

阿吉纳尔多于1897年5月从甲米地省被驱逐，1897年7月他在密林里发表了《菲律宾教徒之檄文》，该宣言立刻被日本报纸登载，该文章如何传到香港并被传送到日本记者手中，日本为何要急于发表这样一个檄文，这些至今仍是一个谜。

1897年底，阿吉纳尔多与西班牙统治者之间达成了协议，他拿西班牙人给他的钱流亡香港。根据梅屋庄吉的曾外孙女小坂文乃在《孙中山与梅屋庄吉——推动辛亥革命的日本人》①一书中的记载，在香港经营照相馆的梅屋庄吉与同在香港开自行车行的阿吉纳尔多“偶然结识”。此前，梅屋庄吉曾在1895年为孙中山在广州举行“广州起义”提供过巨额经费。此后他继续在香港开照相馆②。1898年4月25日“美西战争”爆发。1898年4月30日，日本发布了“考虑到日本与美国、西班牙的友好关系，宣布局外中立”的诏书。

在香港流亡的阿吉纳尔多此时秘密回国，梅屋庄吉不但出钱，而且还跟随阿吉纳尔多一起潜入菲律宾，他的身份是阿吉纳尔多领导的菲律宾独立军中的

---

① 世界知识出版社，2011年7月。

② 日本的间谍机构多以照相馆作为公开招牌，在北京有山本赞七郎开设的照相馆，他与中、外人士广为结交。

高级参谋。阿吉纳尔多于6月12日宣布成立菲律宾历史上的第一共和国，他出任第一届临时革命政府总统。“美、西”之间在12月10日签署了“巴黎和约”，战败国西班牙用2000万美元将菲律宾转给了美国。

1898年6月，阿吉纳尔多派遣马里阿诺彭塞（Maruiano Ponce）到日本，他分别与日本政府、军部、民间人士接触，日本政府以美国监视严厉为由，拒绝出售武器给菲律宾。但在《孙中山与梅屋庄吉》一书中有这样的内容。梅屋介绍彭塞找到住在横滨的孙中山，此后彭塞在日本见到了犬养毅，经犬养毅介绍，众议院议员中村弥六找到参谋本部第二部部长福岛安正，福岛找到了陆军大臣桂太郎。后来以大仓公司的名义，从军部购买了一批军火，但都是日本在中国“甲午战争”中的战利品，运输船则是日本三井物产的老朽船（1440吨）“布引号”，菲律宾人付了钱，花费巨大并充满期待，但军火最终却没有运到。据日本方面称，货轮在7月21日遭遇风暴，在中国海域沉没。

根据梅屋庄吉《永代日记》中的记载（明治三十一年十月三日，1898年），日本人与西班牙之间进行秘密谈判，西班牙人给日本人40万美元；日本人“带领”阿吉纳尔多离开菲律宾，这笔钱由日本人控制，据说后来又再次用在了支持阿吉纳尔多从事反美的菲律宾独立运动中。日本支持“菲独”的所谓“义士”，背着阿吉纳尔多，把他当成交易物，与西班牙统治者之间做了一笔交易。其中真相直到今日才暴露出来了一小部分。对日本来说，“革命者”原来还可以这么用。金玉均也是被日本“卖”到上海后被刺杀，他的最后的利用价值，是成为日本找茬的借口。

彭塞于1899年2月开始与日本的新闻记者接触，希望他们能报道菲律宾的真相。彭塞写了一本书，名《南洋之风云》，1901年2月由日本人翻译并出版。

日本近代文学家山田美妙最初以写“言文一致体”小说出名，可后来不写小说了，1902到1903年间，他热衷于鼓吹菲律宾革命，他以《南洋之风云》为蓝本，写了一本名为《阿吉纳尔多》的传记。但是，无论彭塞还是山田美妙，都有意隐去何塞黎刹是“菲独”运动英雄的事实，将所有功劳都堆在阿吉纳尔多身上。

之所以湮没何塞黎刹而刻意推举阿吉纳尔多，只因为何塞黎刹是华侨，他是祖籍在中国福建的华裔菲律宾人。

具有讽刺意味的是，山田美妙在书中痛斥美国，说美国人欺骗了阿吉纳尔多。美国人表面上说支持菲律宾独立，可实际上是要自己当殖民主义者。阿吉纳尔多软弱，他没有将“抗美运动”进行到底。

因为同是亚洲人、黄种人，从日本人口中说出的“反对白种人压迫”颇具欺骗性。1941年12月太平洋战争爆发后，一直为菲律宾人打抱不平的日本军队立刻露出了豺狼面目。真相大白后的菲律宾人陷入“叫天天不灵，叫地地不应”的地步，悔断肝肠的菲律宾人此后开始调转枪口，暗中联系美国，直到麦克阿瑟从澳大利亚重返菲律宾。1946年7月4日，菲律宾独立，他们主动选择与美国的独立纪念日同一天。菲律宾政府于1962年把独立日改为摆脱西班牙殖民统治之日6月12日。

如今有所谓学者质疑日本在中国南京实施大屠杀时的数字，在远东国际军事法庭上，菲律宾人提供的数字、证据，据说是所有亚洲国家中最准确的，但准确的数字丝毫无法打动强盗的良心。“一个人永远喊不醒装睡的人”，同样道理，“良知永远无法唤起没有良知的人。”

针对日本在菲律宾的惨无人道的犯罪，菲律宾检察官在远东审判庭上做最后总结发言时指出：武藤信义没有一句自责，没有一声后悔的叹息，没有流下一滴悔恨的眼泪，那种傲慢依然故我，实际上就是想说只要有机会我们还要再来一次。

日本人称远东审判是胜者对败者的审判，菲律宾报纸的社论则说，“是胜利者的审判，但胜利者不是美、中、苏，而是正义、自由、人类。日本的战争罪犯仅仅将审判看成是战争的胜败，对自己的罪过没有丝毫悔意。”

菲律宾战争纪念馆中的菲律宾平民死亡者名簿。

2012.5.23

勿小觑『中国通』们的能量

1919年北京爆发"五四运动"时，他作为"唯一勇敢的日本人"，在学生火烧曹汝霖私宅时，他前往救助章宗祥、曹汝霖，此后他就一直居住在曹汝霖提供的房子里，直到1942年他回日本时为止。据说他在中国期间曾研究《尚书》，他的研究结论是"'中国'的概念自古以来就混乱不清"，他的"研究"，其实是为日本瓜分、肢解中国提供理论依据。

中江兆民（1847—1901）[①]，号称"日本当代'启蒙思想家'"，他与日本著名"右翼"，扩张主义分子、"玄洋社"头目头山满（1855—1944）[②]是好朋友，头山满派他的弟子平冈浩太郎（1850—1906）[③]与中江兆民一起到中国上海，于1884年起开办"东洋学馆"，名为"学馆"的机构，实际上是日本间谍活动的大本营。同行者中还有一个叫杉田定一，他对遇到的中国人鼓吹要帮助中国人抗击白人，说这样也是为了日本的安全，可他回国后提交给日本政府的意见书却是：日本有权利分食白种人的蛋糕，日本不但要分食，而且动作必须要快才行，否则中国被白人瓜分光了，没有了日本的份。

---

① 原名笃介，出身于土佐藩（今高知县）的下级武士家庭，自幼学习汉学，用过秋水、南海仙渔、木强生等多个笔名，最后专门选定"兆民"二字，"兆民"两字选自《诗经》吕刑篇"一人有庆，兆民赖之"，意为"亿兆之民"，即"大众"之意。

② 号立云，福冈人，经历了明治、大正、昭和三个时代。自称"天下浪人"，视名利为浮云。与朝鲜金玉均、中国的孙中山是好友。有人说他是慈善家，还有人认为他是军火商，右翼社团黑龙会的头子。

③ 福冈藩士平冈仁三郎之子，因参加西乡隆盛的"西南叛乱"入狱，获释后继续反对"藩阀政府"，搞民权运动，1881年玄洋社成立时任社长，在九州经营铜矿和煤矿，获利不菲。积极支持日本的大陆政策，目的在于获得更多利益。在中国办学，是为今后扩张培养日本接班人，1887年在上海开设鞋厂。与参谋本部次长川上操六是好友，专门充当政府爪牙在中国、朝鲜制造事端。甲午战争前派"天佑侠"去朝鲜支持"东学党"，日俄战争前派遣玄洋社成员到中国东北、蒙古、西伯利亚等地刺探各种情报。日俄战争结束后的1906年10月死于心脏病，黑龙会创始人内田良平是他的侄子。

中江兆民自1884年开始就长住北京。[①]他可以算是日本人里的“中国通”了。

中江兆民的儿子中江丑吉（1889—1942），1913年东京大学毕业，1914年作为袁世凯法律顾问有贺长雄的助手来到北京，1915年因合同期满返回日本，几个月之后再返回北京，从此一直住到去世前返回日本为止。长达30年。

1919年北京爆发“五四运动”时，他作为“唯一勇敢的日本人”，在学生火烧曹汝霖私宅时，他前往救助章宗祥、曹汝霖，此后他就一直居住在曹汝霖提供的房子里，直到1942年他回日本时为止。据说他在中国期间曾研究《尚书》，他的研究结论是“‘中国’的概念自古以来就混乱不清”，他的“研究”，其实是为日本瓜分、肢解中国提供理论依据。在北京期间，他频繁出入日本驻华间谍大本营青木宣纯、坂西利八郎的公馆，在这里结识了土肥原、板垣征四郎、石原莞尔等人。日本文人、军人各有分工，各司其职。丑吉自1915年到1942年长驻北京期间，只偶尔回日本去见他父亲在法国留学时的好朋友西园寺公望[②]。丑吉没能看到日本投降就回日本生病死了，可他究竟是得病死的，还是遇害死的，一切尚存疑问。

日本“三摄家”之一的著名贵族近卫笃麿[③]，1900年起在中国上海创办“东亚同文书院”。据说他对明治“藩阀政府”架空天皇不满，因此来中国“曲线救国”，名为“东亚同文书院”的文化机构，实际上却干着培养间谍、从事间谍活动的丑恶勾当，所做的一切，都是为了将中国这条巨龙吞到日本肚子里。

1883年日本人以促进“文明开化”为由，在朝鲜办了一份名为《汉城旬报》的报纸，假宣传“文明开化”之名，行在朝鲜制造思想混乱之实，煽动朝鲜国民反对自己的政府，离间中国与朝鲜千百年来形成的骨肉关系。“文明武士”前脚“启蒙思想”；“野蛮武士”后脚扛着枪就来抢财富了。日本强迫朝鲜人“创氏改名”，朝鲜人必须改成日本式姓名，废朝鲜语说日语，树日本天皇为朝鲜人的祖宗。那个口口声声要帮助“朝鲜独立”的伊藤博文，实际上是祸害朝鲜的罪魁，他最终死在不愿当亡国奴的朝鲜人的枪口下。如今，安重根和伊藤博文分别被朝鲜和日本视为自己的“民族英雄”。

---

① 1884年中法战争爆发，日本希望在中国无力北顾之时乘机占领朝鲜，原敬也因懂法语而在此时被派往天津，任领事。章宗祥、曹汝霖在日本留学时曾长期住在中江兆民家。

② 曾两次出任日本首相。他向昭和天皇推荐近卫文麿当首相。而“七七卢沟桥”、日本偷袭珍珠港，都与这个两次出任首相的青年贵族密切相关。1945年12月被作为战犯逮捕前服毒自杀。

③ 前面提到的、战犯近卫文麿的父亲。

1901年开始，日本的“中国通”在中国北京办《顺天时报》，当时日本人说中国人的“国粹”是：“早上手提鸟笼漫步，中午睡在床上抽鸦片烟，晚上听京戏、搓麻将”。中国是个“麻木”、任人宰割的“劣等民族”，中国人尤其需要日本人来“拯救”。当时有一个日本人名土肥原，中国人叫他“土匪原”，英国驻华武官对这个号称“东方劳伦斯”的评价是：“土肥原出现在哪里，那里就会出现混乱。”

石原莞尔、板垣征四郎在中国东北制造“九一八”，土肥原用花言巧语欺骗溥仪回到自己祖宗的“发源地”当皇帝，可他到了东北后却变成了“执政”，两年后才当上“康德”皇帝。扶植溥仪的日本人，竟然是从1894年起就一直支持孙中山、康有为等反满清、反帝制、帮助中国建立共和制的日本人。

土肥原保证溥仪回东北当“一切都可以自己作主”的“绝对君主”，可事实却是日本人决定好了“新京”地点，严令溥仪不准悬挂“龙旗”，不准穿“龙袍”。日本人说帮助溥仪在东北建立“五族共荣”的公平社会，“五色旗”挂起来了，可“共荣”的实质，却是东三省农民必须将自己的上等好大米送给“日本开拓团”，中国人种植的大米中国人不能吃，大米只供日本人享用。好似让琉球人种甘蔗，但连小孩也不能啃甘蔗那样，所有财富都要上供给天皇、日本。

日本在哈尔滨组建了“给水防疫”的“石井部队”，名为提高“水质量”的部队，既不将实验场建在日本本土，也从不让基因优秀的日本人充当“实验体”，该部队将中国人、俄罗斯人当成“小白鼠”，是一个制造细菌武器的部队，它的任务是在中国的天空、河流、人体内散布致命的病毒，要大量、迅速且不留痕迹地将中国人斩尽杀绝。

近卫家族中，两代人都说要跟中国“亲善”。“七七卢沟桥事变”之后，近卫文麿一方面高调宣称“不扩大”；另一方面要“严惩中国抗日”，不断增派军队，送他们到中国来屠杀中国人民。谎称要跟蒋介石谈判，看到无法达到目的就反诬蒋介石“不了解日本的真意”。后来汪精卫去日本了解“日本的真意”，可当他发现其内容比“二十一条”还狠时，想退也来不及了。在日本人的竭力撮合下，当年实施刺杀溥仪父亲的英雄汪精卫，与誓言报仇雪恨恢复大清江山的溥仪，两个人终于在长春见面了，都是日本的“傀儡”，两个人都各自背负着两个“对日条约”，一个是公开给别人看的，还有一个是将中国出卖的“密约”。

汪精卫说广东人吃鱼的习惯是一次只吃半边，留一半下次再吃，而“南京（伪）政权”却是“日本人吃鱼”，日本人不单两面要吃光，连“骨头”都不留。

汪精卫最初决定当“汉奸”，就是因为他对日本会剩“鱼骨头”抱有幻想。

1931年“九一八”之后,77岁的老人犬养毅出任首相，当年他一直被“藩阀政府”排斥，因此一直徘徊在“藩阀政府”之外，他反“藩阀政府”，但同时专干“藩阀政府”无法出面完成的“脏事”取悦“藩阀政府”。他支持“祸乱”中国的所有组织。1931年12月13日出任首相后，因在吞并中国的方式、方法上与军人意见不一，结果于1932年5月15日被军人开枪打死。

芳泽谦吉是他女婿，犬养健是他儿子，与近卫家族同样，他们家族一代一代接力似地把吞并中国视为自己家族的终极目标。犬养健后来是诱骗汪精卫上贼船的积极分子。

近代史上日本人毒杀中国人，不少都是以“治病”为名。鲁迅、吴佩孚、康有为，都是被日本人毒杀的。不怀好意的日本人要挑拨离间、制造思想混乱，他们当然不会明白告诉你:“我是来中国挑拨离间、制造思想混乱的！？”假如都明明白白地告诉了中国人，还依然会有中国人追随，那才是真正的白痴。而这样的白痴日本人也会因为他太蠢而不愿利用他！近代史上这种例子数不胜数，韩国人、朝鲜人如今不会上日本的当，也就是说日本人骗不到他们，就是因为他们上当受骗被害得太惨了！

20世纪20年代起日本人就说中国土匪横行，军阀混战，民不聊生，没有一个地方安静、安全。造成如此局面的正是日本人，舍不得离开中国回日本、还要继续在中国赖着的还是日本人。不好还不走，图什么？他们的真正目标是要亡中国，让中国人当亡国奴，然后他们来当统治者。

孙中山的“日本友人”宫崎滔天，他从犬养毅、头山满那里获取活动经费，然后在中国各地活动。祸乱中国者从来都是谎话连篇。历史教训告诉我们，绝不能相信别有用心的日本人。同时还告诉我们，在中国活跃的日本人中，不少人具有“司马昭之心”，只有不接受教训的中国人才会上当受骗。日本“右翼”掩盖、篡改、歪曲历史，不就是为了让我们中国人今天看不清真相犯糊涂吗！？

中国有个女王选，为了揭露日本之恶毒，为了让所有中国人知道真相，她坚持不懈地跟日本政府打官司，为此她历尽艰辛，假如日本政府真想中日世代友好，为自己卸下历史包袱，那么王选也不必如此艰辛了。每个中国人都必须了解日本对我们民族的伤害，牢记日本给我们民族带来的灾难。

2012.6.8

电影《硫磺岛家书》的启示：『原子弹挽救了更多的生命』

石原慎太郎宣称原子弹是“种族歧视”，美国因日本是黄种人才投下，是“种族屠杀”。他想说日本是黄种人的替罪羊，今后其他黄种人也还有可能被美国人屠杀。美国的行为是对人类的犯罪，日本是战争的最大受害者。对此，美国的一贯回答是：“原子弹避免了更多的伤亡”。

1945年8月15日，第二次世界大战以轴心国中最后一个负隅顽抗的日本在此时宣布投降而告结束。此前让整个地球为之一震的是，人类历史上威力最强大的武器原子弹，7月16日刚刚试验成功，因日本拒绝接受7月26日布告的《波茨坦宣言》及此后美国多次空投的警告，结果1945年8月6日在广岛、8月9日在日本长崎，美国将仅有的两枚原子弹，相隔三天相继投放。日本人曾经写过一本名为《日本最漫长的一天》[①]的书，作者认为1945年8月10日是“日本最漫长的一天”，从8月9日上午直到8月10日凌晨，日本的最高领导人先开“六相会议”，然后再开“内阁会议”，深夜再开“御前会议”，“投降”这一重大议题在连续十几个小时的不同会议中被反复讨论，最终在8月10日凌晨11时30分，天皇出现在了会议现场，也就是“御前会议”上，天皇对从早到晚的会议议题进行了总结性发言，凌晨2点决定投降，两个小时后，日本方面将决定拍发给中立国瑞士和瑞典，日本希望中立国立刻转送同盟国并答复。

如今日本称宣布投降是天皇的“圣断”，昭和天皇的“终战诏书”中有“因为对方使用了残虐的武器，日本民族面临灭绝，因此天皇决定‘终战’”云云。也就是说，美国投放原子弹与日本昭和天皇终于下决心回到《波茨坦宣言》的轨道之中，两者之间存在着必然的因果关系。简单地说就是，美国投下了原子弹，天皇下令赶快投降。可就这么一个再明了不过的结论，日本迄今为

① 太平洋战争研究会，韩有毅等译，《日本最漫长的一天》河北人民出版社。

止却总要找出各种理由去撞击并想推翻它。

石原慎太郎宣称原子弹是“种族歧视”，美国因日本是黄种人才投下，是“种族屠杀”。他想说日本是黄种人的替罪羊，今后其他黄种人也还有可能被美国人屠杀。美国的行为是对人类的犯罪，日本是战争的最大受害者。对此，美国的一贯回答是：“原子弹避免了更多的伤亡”。美国人的结论对吗？一颗原子弹丢下去，一个城市瞬间就消失了，广岛死8万，长崎死7万，两个相加死了15万，这种武器杀伤力太大了，对于来自美国的单方面打击，怎么能说“避免了更大伤亡，拯救了更多生命”呢？”

不过，当你看了美国人拍摄的、主要由日本电影演员主演的《硫磺岛来信》这部电影之后，观众肯定会理解并接受美国的结论。换言之，该电影通过画面，佐证并阐述了上述结论。虽然《硫磺岛来信》这部电影仅将镜头聚焦在这个到处弥漫着硫磺气味的小岛的战斗上，对珍珠港、中途岛、菲律宾战役等都没有涉及，仅侧面提到日本的联合舰队已在莱特湾等战役中沉入了大海，但美军攻打到属于东京都直接管辖的硫磺岛本身，就表明美军攻占日本本土的冲锋号已经吹响。在日本本土上空随时可以听到美军B—29轰炸机的轰鸣声，日本投降的丧钟已经敲响。

1942年3月，麦克阿瑟撤离菲律宾去了澳大利亚，而在菲律宾坚守巴丹半岛的美国温莱特将军在5月率领近8万人向日军投降，此后，整个东南亚都落入日本手中。麦克阿瑟临离开菲律宾前曾留下了一句：“我一定会回来的。”

美国以澳大利亚为基地，进行了充分准备之后，重新开始反击，麦克阿瑟为兑现他的承诺，说服了美国总统罗斯福，于1944年10月率美军在菲律宾莱特岛成功登陆。

此后麦克阿瑟采用跳岛战术，利用美国的海、空优势，对有些被日军占领的岛屿根本不予理会，跳跃过去直奔日本本土。也就是说，菲律宾曾让麦克阿瑟揪心他才要打回去，其他诸如印度尼西亚、台湾，美国都放弃了进攻。美国先塞班、再硫磺岛、冲绳，战争的主动权完全掌握在美国手中，美国可以说想打哪里打那儿，指哪儿打那儿。

硫磺岛属于小笠原群岛中的一个岛，是塞班前往东京的必经之地，它距两者都是等距离的1200多公里，此前从关岛、塞班岛起飞的美国B—29轰炸机轰炸日本本土时，总要受到这里起飞的日军飞机的干扰，导致美军的长途轰炸效果不理想，因此，美军下定决心要拔掉这颗毒牙。对双方来说，硫磺岛是必争的战略要地，可相对美国而言，日本在硫磺岛上拼命防守纠缠，仅仅是在美国进攻东京的高速通道上放置了个别路障而已。“绊脚石”只能阻碍、延缓美军进攻的步伐，但无法改变日本彻底战败的最终结局。相反，日本已明知自己无力再战，但日本大本营的方针仍是：人为制造更大的伤亡，造成美军心理畏惧，借此机会将美国拉到谈判桌上来。日本拼命扩大人员伤亡并制造无谓牺牲，是想在谈判桌上获得相对有利的筹码。日本一方面秘密频繁联络苏联，计划向苏联单方面投降，另一方面在美军面前“扩大伤亡”。

美国导演伊斯特伍德为硫磺岛同时拍摄了一对双胞胎电影，据说这种制作手法在电影界罕见，他拍摄了以美国人为主角的《父辈的旗帜》，同时，还拍摄了由日本人主演的《硫磺岛来信》。时任东京都知事、反美坚定分子石原慎太郎甚至都为拍摄此片亮绿灯。在这部电影中，美方主角仅有一个，他是一个受伤后被俘的美国兵，他死前身边也留下了一封美国母亲给他的信，母亲叮嘱他早日平安回家。

除此之外都是日本人自己演自己，而日本人自己演自己最真实。

电影以当代在岛上工作的日本人起获前军人遗留在据点里的大量信件开始，这些信件是当时的守岛日军军人们未能送回本土的家书。在读信的伴音声中，竟像穿越到61年前的守岛之战中。

电影一开始，一个二十刚出头的年轻军人在海滩上挖战壕，他名叫西乡，刚刚应召入伍就被送上了硫磺岛，入伍前他在家乡做小买卖，画面伴音是他写给新婚妻子的家书：“哪里是在挖战壕，分明是在挖坟墓。”

镜头转到天上。一个将军坐在飞机机舱里的小桌旁给家人写信。他是刚被任命为守岛最高指挥官的陆军中将栗林忠道。

栗林的飞机着陆后，他下了飞机就从机场直接步行到海滩，视察作战准备情况。他看到一名军官正在殴打西乡，他令其住手并且下令停止在海滩上挖战壕。这个曾经留学美国的陆军职业军人，与只知道服从命令的最底层的士兵西乡，在硫磺岛这块小天地上邂逅，直到最后生死离别。

在这部电影中，真正的战斗场面并不多，与其说表现对美战争，不如说表现日本人内部的“战争”。首先，日本海军与陆军之间矛盾重重，争斗激烈，互不信任，相互看不起。其次，东京大本营与守岛作战部队之间的期待完全不对等。守岛部队对大本营的想法一无所知。大本营对部队的要求是服从命令，死守孤岛。守岛部队属于“日本大局”中的一个“弃子”。大本营正全力以赴要与苏联单独秘密谈判，准备单方面向苏联投降，而对美国，则是用“扩大伤亡”的方式尽可能争取时间。再次就是军队内部，一边让军人绝对忠诚、绝对服从，另一方面对自己人监视、欺骗、随意处罚。守卫硫磺岛的战斗，用一个通俗的中文说法就是：“鸡蛋碰石头”。

在作战指挥室，栗林被告知日本的军舰都已沉入大海，今后将不再有飞机、军舰以及增援部队到来，守岛部队的唯一任务就是：坚持到最后一个人。

无论是美军已经打到日本家门口这一事实，还是日本本土已抽调不出任何增援，这些都说明日本气数已尽，投降是迟早的问题，而这一切只有最高指挥官栗林一个人知道。

失去了飞机、军舰保护的孤岛，连一个丝毫没有战争经验的、刚刚应征入伍的新兵西乡都知道没得打，更何况曾经在美国有过留学经验，对美国强大的军事能力非常有研究的职业军人栗林忠道。

根据1943年的统计，硫磺岛上原本只有一名警察，192户1018人。1944年7月塞班岛被美军占领后，日本已经预计到美军将会攻击硫磺岛，军部下令百姓疏散回本土，同时派来了中将栗林忠道。1945年2月硫磺岛之战爆发前，岛上的人口激增至两万多，他们都是守岛的军人。栗林内心十分清楚这是一场完全不对等的战争，明知日本军队根本不是美军的对手，但他依然要贯彻大本营的战斗命令，他修改防卫方案，命令深挖地道，他将智慧用在不惜代价地制造更多美军伤亡上。栗林之“冷静”就是“冷酷”。他将滩头留给登陆美军，让美军登陆，然后将这里变成“美军墓地”。他用只有死守硫磺岛才能保证在本土的妻小安全来激励部下，他的口号是“一杀十”。要守岛的两万日军“玉碎”[①]。

西乡是日本无力守岛的最直接的见证人。坑道内属日军的空间。吃的是稀饭，喝的是雨水，拉与撒都在坑道内的马桶里，而睡则是在窄小坑道里铺的一张破席子上。马上就要打大仗了，明知为保证战斗力要吃好、吃饱，但为了实现长期死守的作战目标，有限的粮食必须省着吃。

两个小时的电影，电影中表现日军进行战争准备的时间就长达一个小时，导演将大量时间留给了栗林等挖坑道上，经历了数度美军的空袭后，日本的战争对手终于出现了。几百艘战舰，黑麻麻的一片，盘踞在硫磺岛的外海上。

据史料记载，美军的进攻部队，人数为日本守军的一倍，多达4万人。战斗从2月19日打响，美国原以为5天就可以结束战斗，可结果却打了一个多

① 日语中，天皇是“玉”，“玉碎”就是为天皇而死。与中国的“宁为玉碎，不为瓦全”意思不一样。

月，在战斗即将结束的3月21日，栗林被晋升为大将，五天之后的3月26日战斗结束，他本人自杀。“硫磺岛之战”后被称为“绞肉机战役”，在这个面积只有20平方公里的小岛上，美军死亡6000多，20000多人负伤，而日军的23000多人中，只有1083人生还。

由400多艘军舰组成的战斗群，内有各种舰只，包括登陆舰500多艘，飞机2000架。天上飞机轰炸，海面上军舰火炮增援，地面上还有从登陆艇上开出的坦克，而日本军人只能龟缩在深深的坑道里，作战目的仅仅是利用自己的有利地形给造成美军更大伤亡。

东京方面送给栗林的最后支持是：通过无线电波送给他激励战斗意志的歌声，栗林故乡长野县的少年们齐声高唱，希望他守岛卫国。这时栗林最需要的是人、枪炮、甚至饮用水，明知事理的大本营没给他任何他最需要的；不明事理的小学生却靠“赠送歌声”鼓舞栗林战斗到底。栗林已经无牌可打，如果说开战之初尚有可能造成美军伤亡，此时此刻，只有自杀是最方便、快捷的。

最高长官栗林宁死不当俘虏，他对自己的副官下令砍下他的头，可美国兵连这个机会都不给，一枪将栗林副官打死，栗林只好掏出手枪自杀。

西乡再次出现，他想掩埋栗林遗体，这时美国兵蜂拥而至，西乡用自己手中的铁锹对着周围手持卡宾枪的美军挥舞，他衣衫褴褛，满脸污血、汗渍，困兽犹斗般地挥舞了一通铁锹之后，被美军用枪托击昏，这一切都是日本战败投降的缩影。

海滩上，摆满了等待运上美军医疗船的负伤军人，其中还有黑头发、黄面孔的西乡。大量的人员伤亡，艰苦的战斗，日本人、美国人都是受害者。日本扩大人员伤亡只是想维护天皇制。

日本驻苏大使佐藤尚武在日本战败投降前发回了一篇发自肺腑之言的电报“全日本人都死光了，留下一个人的天皇和天皇制有意义吗？！迅速接受《波茨坦公告》吧！”

假如将下一场“硫磺岛之战”搬到本土，美军伤亡也同样是为了“维护天皇制”。为了避免重蹈硫磺岛、冲绳岛的覆辙。美国必须要思考出一种新的作战方式，而原子弹也恰逢其时地试验成功并让美国人可以应用于实战。它成为终结上述战争状态的、合乎逻辑的必然选择。

事情的发展正如美军预料并期待的那样，当原子弹投放之后，天皇终于下令“终战”。如今日本将昭和天皇的决定吹嘘为“圣断”，而这些都是为了给保守政府继续存在提供合理理由。众所周知，比原子弹还大的一次死伤发生在1945年3月10日凌晨（此时硫磺岛的日军飞机已经被消灭），当时从关岛、塞班起飞的美国轰炸机共334架，投下了2000吨的燃烧弹，当天共造成了8万人死亡，10万人受伤，100万人无家可归，昭和天皇在一周后的3月18日才走出皇宫，象征性地在一片焦土的东京视察了一番。假如他真关心自己的人民，他在这时就应宣布投降，这样就绝对可以避免后来的两颗原子弹。

可他为了维护所谓“国体”，也就是自己的统治，依然决定要打下去。换言之，天皇的决断若是“圣断”的话，那么应该是在原子弹被投下之前，而绝不是原子弹被投下之后。直到美国投下了两枚原子弹之后反说是“圣断”，其实是最大的“愚断”。“愚断”的另外一个理由是，以昭和天皇为首的日本统治者们在两枚原子弹之后再次判断失误。他们估计美国还会继续再投放原子弹，要用立刻宣布投降的方式，避免美国投放第三枚、第四枚，实际上美国现有的两枚都投放了，若想再投，还必须日夜赶工再造才有可能。

日本人实际上陷入了自己无法解说的逻辑混乱之中。

说栗林忠勇，那么他的上级的上级就卑鄙。栗林死了，他宁死不当俘虏。1941年1月8日颁布的《战阵训》鼓吹“生不受虏囚之辱，死不留罪祸之污名”，可在东京的那些领导人，却甘愿活在“耻辱”之中。他们后来称自己活着是为了再建新日本。

2012.6.12

德国波茨坦会议旧址。

从武士、『英雄』到『祭品』

护卫藩兵好似接到了命令一般，在旁发呆观望，将机会让给了上述两名日本武士。这次“暴汉”袭击造成10名卫兵负伤，并导致当日会见不得不推迟到3月3日进行。另外一个被生擒的“暴汉”，据说是应英国公使的要求，后来被处死。

1868年1月3日的“鸟羽、伏见之战”后，将军德川庆喜召见外国使节，称自己是合法政府，而萨、长藩是发动政变的叛乱军。1月3日他警告外国人，不得向叛乱方提供军火。1月6日再发通告，要求兵库、大阪居留地内的外国人要“自我保护”[①]。

倒幕派1月9日任命了嘉彰亲王为外国事务总裁兼外国事务官，表面上皇室成员是事务官，而背后的操纵者实际上是伊藤博文和井上馨。1868年1月11日，受新政府之命，备前藩藩兵2000人前往大阪西宫地区执行警备任务，在途经神户时，他们发现队伍前方有外国人走过，军人向外国人开火并追杀入外国人居留地，后与守卫外国公使馆的英、法、美的外国卫队交火，外国使馆紧急下令让海军陆战队登陆，扣留了5艘日本船只并要求日本方面对此表态。

这次袭击外国人的规模以及激烈程度都超过1862年的“生麦事件”，当时萨摩藩武士故意为幕府制造麻烦造成英国人1死2伤，幕府后来称自己无力惩处地处偏远的萨摩藩，后来英国自己出兵围剿。然而这次的处置则完全不一样，“新政府”立刻派遣使节向英国公使说明情况，决定派遣持天皇敕令的特使专程前往，接受外国人提出的所有条件。1月15日天皇特使亲往神户，特使携带的天皇敕书中，特别强调天皇亲裁内外事务，天皇保证履行所有对外条约，对袭击外国人事件表示道歉并称愿对此事件完全负责。

天皇敕书上签署的日期是1月10日，而事件却发生在该文件签署次日的1

① 芝原拓自著，《世界史中的明治一新》岩波新书，第69—70页。

月11日，特使1月15日才携带此文书去见外国代表。据说是伊藤博文发现了签署时间有误，经他提醒，新政府遂将签署的1月10日改为事件发生之后的1月13日。

利用“疯子”制造事端是日本历史上的一贯行为，日本人自己常用谎言蒙骗对方，所以他们对对手的发言也常持怀疑态度，他们总以行动来测探对手的极限。当对方强硬并且要大干的时候，日本判断对方下决心大干对自己不利，就会立刻转变态度，将事先预谋好的行动谎称为“疯子”行为，“偶发事件”，然后将肇事者送上“祭坛”。而这种牺牲，将来一旦时机有利，又会被赞美为英雄。

1891年日本警察刀砍沙俄皇太子，1895年有人持枪袭击李鸿章，1964年年轻刺客刀捅美国驻日本大使赖肖尔，此后都怕对方严惩自己，因此将制造麻烦者称为“疯汉”。闹剧发生后，日本用上自政府下到一般百姓全体“谴责”过错的方式，假装安慰并道歉，以此表示所谓“诚意”，而实际目的是为探测对方底线。日本喜欢用“个别坏整体好”的表演[①]来与外部集团打交道，用“快速反应”来表示“上”完全有能力压制“下”，一切尽在掌控当中。反促你继续与这样的“掌控一切的政府”保持交往。

1月25日，在英国公使巴夏礼的主持下，英、美、法、荷、德、意六国组成的外交团体宣布保持中立，“外夷”不认可幕府宣布“新政府”为“叛乱军”，而将双方看成是“交战团体”，德川庆喜领导的幕府失去了合法政府地位。德川庆喜有能力维护秩序却不管，倒幕派没有多大力量却对“外夷”信誓旦旦拍胸保证。

列强根据上述决定，原本应该交付幕府使用的军舰也没有交给幕府方，这无疑帮了“倒幕派”一个大忙。

2月14日，为了向“外夷”表明天皇政权才是唯一的合法政府，外国事务总督会见外国驻日使节，要求外国使节亲自前往京都会见天皇，法国公使拒绝。但不知是偶然的巧合还是与法国公使拒绝有关，次日再次发生了“袭击外国人”的事件，而且这次的对象是法国人。

2月15日，土佐藩兵袭击了在大阪湾一带进行海岸线测量的法国士兵，造成法国军人11死5伤。法国公使对此异常愤怒，要求严惩土佐藩责任人，赔

① 1941年12月对美宣战，当时吉田茂好东条坏；对中国，1958年岸信介坏石桥湛山、松村谦三好。这时是“大坏小好”。

偿15万美元。其他一些国家的使节也因此将会见天皇行程推迟。这次事件再次演变为考验新政府如何应对外来危机的机会，新政府反应神速且态度果断，新政府立刻表态称：“将无条件满足法国方面提出的所有要求。”

2月22日，倒幕新政府宣布对20名土佐藩士执行死刑，法国大校亲临刑场观察“剖腹”执行情况，但因场面过于血腥，法国大校在执行到第11人时要求中止。外交代表以及土佐藩主亲自前往法国公使居住地，道歉的同时，将赔偿金交给了法国公使。土佐藩后来既被“藩阀政府”排斥，又有一定的发言权，想必应该是因为知道更多内情所致。

新政府的“良好表现”为外国使节去京都见天皇亮起了绿灯，2月30日，法国、荷兰两国公使前往京都拜会天皇，这也是天皇第一次与外国人见面。法国公使第一个被引见，为了表示与将军不同，一切进行了精心的准备。天皇左右有人手捧神器，朝廷的三条、岩仓、中山忠能等高官侍立两旁。公使在新任命的外国事务官的带领下，穿过宫门，这时乐队开始奏乐。

公使前行后见到日本天皇。

天皇（时年16岁）下问：“贵国皇帝身体健康吗？今天见到你很高兴。从今天开始，希望两国邦交日益亲睦，永远不变。”

法国公使回答：“这是贵国与各国至诚相交的头一天，请允许我代表我国皇帝，祈愿陛下以及贵国幸福与繁荣。”

接见完毕，法国公使退下。

接着是荷兰公使，问答也大致相同。

当日，英国公使率领2名秘书、50名英国骑兵，在300多名肥后藩兵的护卫下，从下榻地点前往皇宫。沿途不但有京都本地人赶来看热闹，大阪、奈良、神户等地的老百姓也赶来观看，以至造成交通拥堵。大队人马行进时，从路边突然跳出两个武士模样的人，挥刀对着队列前面的护卫骑兵就是一顿乱砍，而这似乎给了日本护卫武士创造了一个绝好的自我表现机会。萨摩武士中井弘、土佐藩的后藤象二郎恰好就在边上，他们当天的工作是担当英国公使的入宫向导。他俩杀向两个刺客，最终将一名刺客的首级砍下，送给英国公使过目。

护卫藩兵好似接到了命令一般，在旁发呆观望，将机会让给了上述两名日本武士。这次“暴汉”袭击造成10名卫兵负伤，并导致当日会见不得不推迟到3月3日进行。另外一个被生擒的“暴汉”，据说是应英国公使的要求，后来被处死。

英国方面要求，必须严惩伤害外国人的日本人。新政府3月4日再次公布了《五条誓文》，包括天皇在内的公卿、诸侯等，对神发誓，保证遵守《五条誓文》中的对外方针："宣扬国威，开国和亲。"

《五条誓文》是政府对内、外表决心；此后公布的《五榜揭示》则是对内的要求。其中的第四款专门涉及对外问题："依据万国公法，禁止伤害外国人生命。"

1937年日本再次在北京郊区卢沟桥挑起事端，制造了"七七卢沟桥事件"，自此中日战争全面爆发。1931年日本已经在上海制造过一次"一二·八"，这次日本故伎重演，再挑起"八·一三"淞沪战役。英美等不希望在自己势力范围内爆发战争，但日本想通过战争，迫使英美压迫蒋介石接受日本提出的条件"终战"。

1937年8月29日，日军空袭上海，造成重大人员伤亡。

1937年12月12日，日军空袭美国停泊在长江上的舰艇"帕内号"。

美国驻日大使格鲁对自己在东京的外交活动进行了较详细的记录。

"在台湾海域，美国商船触礁，日本进行了积极的救助，但是在中国的南京，美国事先已经通知日本（12月1日），美国军舰'帕内'号的具体位置，但是12月13日日本人依然袭击了包括帕内在内的美国舰船。日本空军空袭了载有美国大使馆官员的'帕内'号军舰，同时还袭击了三艘载有美国避难者的美国标准石油公司的船只。不但从空中追赶袭击，而且该船靠岸后，日本舰艇继续开火，上岸躲避的人员也继续遭到日本舰艇的扫射。美国人知道，日本人的袭击来自上级的命令。"

格鲁认为，美国已经提前通知了美国军舰的具体位置，但仍遭到日本飞机的袭击，日本是故意为之。

实际上也正是这样。美国为保护使馆及美侨的安全，特命"帕内号"停泊在距离美国大使馆很近的长江边码头上，美国的安排是，一旦得到日本军机从上海方面飞来轰炸南京的消息，立刻安排使馆人员及美侨撤离。为此早就多次向日本方面通报自己的位置以及标志。美国方面在军舰最上一层的甲板以及天棚上，用油漆漆上了美国国旗。

日军12月8日向各驻华使馆发出通牒，要求所有外国人撤出南京。称是为了"避免误伤"。美国使馆人员及美侨于12月11日登上了"帕内号"，此外还有三艘美孚石油公司的船只，同时撤离南京。他们向长江上游方向行驶，到达安徽境界抛锚。12月12日下午2点，多架日本军机飞来，又是轰炸，又是扫射，造成船毁人伤。消息传到美国，美国总统罗斯福与赫尔立刻致电驻日大使格鲁，要求通报日本天皇，要求日本道歉、全面赔偿，保证今后不再发生类似事件。日本测探到美国的要求核心在获得赔偿，没有说要动武，日本放心。这是日本测探美国真实想法的一次有预谋的行动。

12月13日上午，格鲁亲自前往日本外务省抗议并递交罗斯福总统的电报。

上午十一时三十分格鲁去抗议，下午三时外相广田就亲自上门道歉，日本人对美国表现出了无与伦比的高效率。

格鲁对此评价道："一国的外务大臣亲自到访大使馆这是不曾有过的新闻"。[①]

"这次他丝毫没有为了推卸责任而称或许是中国方面的飞机轰炸的，而是表示日本政府最深切的道歉以及遗憾。"

此后日本政府的声明是："美国舰船与装载中国军民的船只混杂在一起，因此才发生上述事件，上述事件纯属偶然事件。"

日本人通常对空袭学校、医院、教堂等非军事目标的遁词是：视线不好，但这次美国人负伤之后跑上了岸，躲在树丛中之后，日本人仍然紧追不舍，继续近距离用机枪扫射。先从高空击沉军舰，然后在低空扫射生存者。

不但外相亲自上门道歉，强硬的海陆军也向美国驻日武官道歉。日本还称要将责任人招回日本处分。

格鲁在日记中写道，"现在强烈地感到存在两个日本。自从'帕内'事件被报道之后，日本国内到大使馆的直接访问者，写信慰问者，捐款者络绎不绝。所有阶层，不同职业的各种人士，从政府高官到医生、教授、实业家到小学的学生，都异口同声地说他们对日本海军的行为感到耻辱并道歉，有一个女性甚至躲在大使馆的门后，将自己剪下的头发以及一束康乃馨一并留在了美国大使馆。这是日本女性与丈夫死别时的一种表示。很多日本人为他们国家的羞耻行为痛哭，无论我们走到哪里，日本人都要向我们表示道歉。"

除了日本政府之外，日本民间人士不断向美国大使格鲁写信。

"首先，对于我国军人给贵国军舰以及贵国平民造成的伤害表示极大的悲痛以及无限的同情。

报纸上登载了该事件的惨状，可能您无法了解我们日本人对这次发生的惨

---

① 【美】约瑟夫·C. 格鲁著，蒋相泽译，《使日十年》商务印书馆，第308页。

剧有多么悲伤。

希望您知道，我们丝毫没有伤害美国人的意思，这次的伤害纯属偶然事件。请将我内心的同情以及对失去亲爱者的悼念转达给他们的遗属。同时请收下我用日语写的聊以表示悼念之意的诗。

中国事变发生时，我哥哥在北京与天津之间的通州被杀害。当时他正住在金水楼旅馆，突然通州驻军向手无寸铁的日本人开枪。我们在此后的几个月时间都不知道他的生死。这种伤痛时刻刺激着我们的心。是海外不曾相识的友人给了我们勇气，附近的邻居们也给予我们很多安慰。在不幸的时刻收到语言上的关爱是最大的安慰。

虽然条件不同，但我依然表示深深的，由衷的同情与悼念。向美国朋友转达我的问候。”①

对袭击美国拼命道歉，但12月13日日军攻入南京城并实施了惨绝人寰的南京大屠杀。

1938年4月22日，山本五十六将220万美元的支票交给格鲁。

日本山浦梧楼等杀死了朝鲜的闵妃，后来还焚尸，日本声称朝鲜法律不健全，要将嫌疑人弄回法律健全的日本“受审”，结果却是“证据不足，予以释放”。

历史告诉我们，对手强悍，日本尚未准备好，日本就会自己处置“疯汉”；对手没有坚定决心，日本就会将“疯汉”变成英雄。

2012.6.16

① 【美】约瑟夫·C. 格鲁著，蒋相泽译，《使日十年》商务印书馆，第318页。

与日本的差距（二）

在日本留过学的鲁迅曾说过：在中国，搬动一只书桌都要流血。他想用一个搬动桌子的简单比喻，说明中国干一件简单的小事都很难，要再造中国人，改变中国人的头脑，那更是难上加难。

看了一篇曾经在日本生活过的上海青年写的文章。他用自己的亲身经历，将中日之间的差距归结为“‘一个簸箕’之差”。看了他的文章后，感觉他的结论即中肯又形象，这里将他的观点再介绍一次。

他说上海的商店扫地，扫地者均是将自己店内的垃圾统统扫到店外的马路上，到此就算结束，而日本不是这样。日本人将自己店内的垃圾清扫到店门口，然后扫入簸箕，再将其倒入垃圾箱。中日之间的差距就这么“一点”。

如此对待“垃圾”的背后，实际上是一个“公德”与“私德”的差距。只顾将自己的私人空间搞干净，却无视公共空间，中国人认为自己这样干没错，大家都这样，无论是行人随手丢垃圾，还是打扫卫生者将垃圾扫到公共空间算结束，都是由于缺乏一种“公德”意识。中国人通常对此理直气壮：我们店家支付了卫生费，公共区间由专门打扫公共卫生的清洁工负责，我们没有必要帮清洁工干，我们干了，他们则轻松不干活了。其实，日本的店家也付了清洁费，但他们不会这样，他们的店家比我们多一个簸箕，同时还多了一份公德心，两者共同作用，自然而然就会多一个将垃圾扫进簸箕里，然后倒掉的动作。

的确，中国人与日本人之间的差距，就在对“公德”的认识上，“公德”与“私德”之间，实际上就“一纸之隔”。

以下是我对“中日间差距在教育”的补充。

环顾整个中国，急功近利随处可见。社会上，有人鼓吹五天就可以教会你吼出流利英语，还有宣传用绿豆、老祖宗的经络学治百病的等等。

在日本留过学的鲁迅曾说过：在中国，搬动一只书桌都要流血。他想用一个搬动桌子的简单比喻，说明中国干一件简单的小事都很难，要再造中国人，改变中国人的头脑，那更是难上加难。

好似当年剪辫子，把女孩的包脚布放了，这有什么难的？用剪刀，剪去辫子只要几秒钟；放脚，把包脚布扔了，脚就会开始自然生长。

可就这么一件简单的事情，说易，易如反掌；说难，难于上青天。

中国去新西兰的南方航空公司的飞机上。

先看一件日常生活中的小事例。

在中国，无论在哪一个城市乘出租，遇到最多的一种情形是：你告诉司机去某处，司机客气地回答你：对不起，您说的地方我不知道路。

最该认识路，靠路吃饭的人不知道路，那乘客该怎么办？你想在出租车里面打个盹都不行。还有一种常见的情况是：我知道路，不过最近那一带正在修路，得绕一点。

此后司机或集中精力开车，或跟你神侃从欧洲杯足球到国家最高领导人的嗜好到城市建设等，这些让乘客觉得中国非常浪费人才，上知天文下知地理的人，竟然在开出租车，他啥都明白，都知道，但唯独他最应该知道的、最应熟悉的路，他不熟悉。据说英国最难的考试之一，就是伦敦的出租车司机考试，伦敦要求司机上岗前必须认许多路，不认识路，就不要当出租司机。上岗之后，说不认识路而绕路，这种辩解无法成立。

司机果真不熟悉路吗？有乘车经验的人都应该懂的。

中日之间的差距，我个人认为其实就是这么一点，中国只要人人敬业、专业，超过日本指日可待。

在日本，越是深夜出租车越忙，许多乘客都是喝高了的人，有些乘客甚至不容司机说“不认识路”，因为他们舌头僵硬得连自己该往那个方向走都说不清。司机要从乘客的同伴处获得信息，有时甚至要先去警察署，问清具体地址后再上路，多跑的路不收钱。①

假如在中国，这样的乘客遇到了想乘机绕远路的司机，那惨了！司机会以乘客说不清为由，拉着乘客走到次日天亮，直到乘客清醒过来之后为止。可日本的出租司机就是有这么敬业、专业，我本人在日本只遇到过一次绕远路的事，而且一投诉，对方立刻将多收的钱退了回来。

司机的工作就是认路，他既要知道乘客知道的，还要知道乘客不知道的，无论如何，他不以自己对路的了解蒙骗乘客，而是尽最大的诚意，在诚实的工作中获得尊重以及应得的报酬。

如今许多中国人都去过日本，日本好的地方也用不着我多说，守时、整洁、节俭、专业等，这些都是全世界有目共睹的。日本是世界第二经济大国，人均GDP是中国的十倍，这些均来自他们每个成员的双手创造，而非天上掉下。

实际上，对于出租司机为了钱想多绕路，大学教授也并无资格站在道德高地上叉着腰批评他们，中国许多大学教授，为了职称发表注水论文，为了钱到处兼职，不敬业、不专业的人多了去了。

这些人以自己没钱买房、买车、供孩子出国留学为由，只为自己的名利忙碌。有的大学怕被社会上的培训班抢食掉自己的蛋糕，甚至自己在校内办起了各种名目的双学位班、培训班、兴趣班。大学教授队伍中不学无术、误人子弟、滥竽充数者多矣！

大学生中有医生、律师、法官的子弟。教授去医院看病，医生认为教授耽误了自己孩子的学业，故意让教授多做检查，多给他开药。医生要利用自己手中的权力，将自己儿子失去的那部分捞回来。

教授觉得自己被医生骗了钱，遂去找律师打官司，可律师认为教授挣了自己不该挣的钱才被医生算计，因此，收取了高额律师费，还说法官要打点，多拿了钱、接了案子之后就将其转给了助理，案卷看都不看。

---

① 日本有专门针对醉汉的法律，若在出租车内呕吐，除了必须自己负责清扫干净外，还必须支付罚金。

法官最初也的确想秉公办理，但一想到大学教授不务正业就来气，法官想给大学教授一个教训，法官从辩护律师根本不想出力上已经看出律师不卖力，法官干脆判决书也不写，让医生的辩护律师起草判决书，自己在其电子版上改几个字就判了。

人人都追逐金钱，想不付出努力就轻易地获取更多金钱，结果变成了一场人人对人人的战争。谁都知道如此这般无法强国，但很多人依然以别人参与了我也被迫卷入其中为由加入，这样干只会阻碍我们的进步，让我们每个人为自己之“缺德”付出代价。

中国想超越日本，说容易也容易，说难也难。假如人人以包括日本在内的发达国家为师，虚心学习他人的长处，踏实敬业，杜绝急功近利，中国人自然而然地会获得全世界的尊重，超越日本也是水到渠成的事。

中国与日本，中国就差在“踏实敬业”这么一点上。

写于中国神舟九号对接之日。据悉，上天的三个航天员，受到过十几年的严格训练。

2012.6.18

勿被日本『民调』忽悠

日本的“民意调查”，从想法到手段，都来自第二次世界大战后学美国。日本为了表现自己二战之后有了新宪法，跻身于民主国家的行列之中，因此将美国的“盖洛普调查法”引入并频繁发布各种各样的“民调结果”。

有日本“民调”结果显示，有八成日本人对中国人不抱好感。

对此“民调”结果中国人应该如何反应？日本人从大海彼岸给中国抛出了个作业题：“为了改善日本人对中国人的好感度，你们中国人应该做些什么！？”

假如我们以日本人对中国的好感度作为自己行动的指针，那就是上日本的当。日本媒体以及中国的日本利益代言人，有意用一个虚幻的内容让中国人背负重担，这种好恶感度“民调”，或许从出笼之初就是一个人造的虚假数字。

先看一个日本人如何将“好感”迅速变成“恶感”的事例。

日本二战战败投降后，麦克阿瑟率领40万美军驻扎日本。朝鲜战争爆发后，麦克阿瑟立刻决定出兵，美、韩联军开始一路败退，被挤压到釜山附近的一个狭小区域内，美国宣称在南朝鲜出现了亚洲的“敦刻尔克”。麦克阿瑟提出让这里的美、韩联军先撤到日本本土，以期今后反攻。可李承晚称宁死不撤退到日本，同时，美国的盟友日本也坚决不允许韩、美联军撤到日本本土。吉田茂要求美国为了保卫日本必须尽全力抵抗，无论如何不能将战火带到日本本土。他怂恿美国对北朝鲜、对中国投掷原子弹。

太平洋战争爆发后，麦克阿瑟指挥的驻菲美军受到日军攻击，他于1942年3月从菲律宾撤到澳大利亚，此后以澳大利亚为反攻基地，后来重返菲律宾。二战期间，英、法联军也有过先从欧洲大陆撤退到英伦岛的“敦刻尔克大撤离”，此后再“诺曼底登陆”重返欧洲的先例。而这些对美国的盟友日本都不适用。美国用实际行动，首先检验了日本是否真是自己的“盟友”；还检验了日本人对原子弹的态度。

日本人的真实想法是：只要战争发生在日本领土之外，随便你们怎么打，打得越大越好；至于原子弹，往日本投放就是“种族屠杀”，除此之外，美国向其他任何一个国家投放都是“维护正义”。[①]

朝鲜战争的隆隆炮声，加速完成了“旧金山和平会议”的所有准备。1951年4月11日，麦克阿瑟被美国文人总统杜鲁门“撤职”，理由是不服从总司令的命令。日本近代史上，日本曾经反复表演过文官政府无法阻止军部“暴走”的丑剧，美国想让日本人明白，依照美国宪法，即便有再高军功的军人，他依然受制于民选总统[②]。1951年4月16日清晨，麦克阿瑟从东京市内住所乘车前往厚木美国空军基地内的机场，沿途受到了成千上万的日本民众的夹道欢送，不少人痛哭失声。日本各大报纸同时发表社论，吹捧麦克阿瑟。对一个外国人，所有日本报纸都异口同声地赞美，这在日本历史上空前绝后。日本政府宣称将给予他“终身国宾”待遇，还计划修建“麦克阿瑟纪念馆”，但仅过了20来天，麦克阿瑟在美国国会听证会上说“日本人的精神年龄仅有十二岁”，这一段发言被美国媒体披露后，迅速传遍了全世界并在日本国内引起了轩然大波，日本有人掏钱在报纸上刊登大幅广告：“我们不是十二岁”！此后，为麦克阿瑟建立纪念馆、授予“勋章”等都烟消云散了。

麦克阿瑟保留了天皇制，推动了日本战后的诸多改革，给日本人带来了实实在在的利益，可就因为一句发言，竟让许多日本人对他的态度一夜之间发生了一百八十度的大转弯。日本人常说自己是具有“豹变”国民性的人种，上述事件就是最典型的例证。

“民调”结果来自“舆论操作”

日本的“民意调查”，从想法到手段，都来自第二次世界大战后学美国。日本为了表现自己二战之后有了新宪法，跻身于民主国家的行列之中，因此将美国的“盖洛普调查法”引入并频繁发布各种各样的“民调结果”。正如美国

① 注意比较日本如今在朝鲜与伊朗有核问题上的双重标准，美国知道日本统治者喜欢并擅长扯谎。自苏联宣布自己试验成功了原子弹之后，日本就秘密开始与美国占领军探讨对苏投掷原子弹的可能性。日本不允许美国在北海道投放原子弹，即便苏军在北海道登陆。

② 昭和天皇急于想知道麦克阿瑟被解除占领军总司令的原因以及是否意味着美国将继续扩大在朝鲜的战争，杜勒斯回答：在我们的制度下，平民高于军部，这件事也值得日本深思。

的日本通赖肖尔所说的那样，日本历史上任何一次大规模的对外学习，最终都会走向反面。日本引进了美国的“盖洛普调查”，但武士穿了西装依然还是武士；日本并不因为有了“民意调查”就变成了民主国家。

日本首相变换之迅速犹如走马灯，这一点举世皆知。从1945年战败至今，60多年间日本换了34任首相，与“换相”身影相随的就是“民调”结果。每个首相上台之前、上台之初，“民调”结果都是支持率高；下台的时候都是低。于是乎，一个首相的上台与下台，与民意呈正向因果关系。也就是说，日本首相之更迭是顺应民意的结果。民意支持率高者当首相；低者下台，貌似“民调”结果反映了首相的上台与下台。但是深入、认真观察一下就可以发现，实际上完全不是这么一回事。日本式“羊头狗肉”的假民主，最大的骗点就隐藏在这里。

60多年间出了34任首相，平均不到两年就换一个首相。这当中还不乏“短命首相”：石桥湛三在任63天，羽田孜64天，宇野宗佑69天，细川护熙263天，安倍晋三不到360天（第一任时间）。“短命首相”出现在永田町[①]犹如天上的闪电，民众刚听到响声哆嗦了一下，回过神来一看他们就已经消失了。这些短命内阁前脚刚公开了自己的执政方针，具体措施还尚未展开，后脚就下台了，对于这样的短命首相，没见“民调”机构亮出自己的“民调结果”。没有一个组织者或机构可以在短短两个月内，第一个月调查支持率，第二个月调查下跌率。这时“民调结果”已变成天照大神，躲起身来不见踪影，日本民众只能在黑暗中苦苦等待。

像佐藤荣作、吉田茂、中曾根康弘、小泉纯一郎等，他们任期都相对较长。可任期长，上台初期支持率高；下台前夕支持率跌落，这样的“民调结果”也仅仅是一个结果论。对比一下二战后的日本历任首相，无论任期长短，他们最初如何上台，最后又如何被赶下台，实际上百姓都是一头雾水，根本搞不清他们如何登场又如何下台的。包括要跨越战后五十年大关的社会党人村山富市首相之产生（1994年6月30日—1996年1月11日，任期561天），所有首相人选都是自民党大佬在密室中决定的。

日本的舆论机器，越是想强调“民调结果”的客观公正，想要人为在首相“上台”与“下台”之间建立“民意”的因果关系，就越暴露出其掩耳盗铃的实质。舆论机器在强奸民意，“民调结果”往往是被他们自己导演出来的。

① 日本首相官邸所在地。

之所以这么说是因为，日本的几大媒体虽然代表了不同的利益集团，然而最终还是要听日本政府的。

日本将起始于1931年，终结为1945年的战争称为“十五年战争”。为了将非正义的战争进行下去，日本统治者对思想高压钳制，1937年成立了“内阁情报部”，针对未来的太平洋战争，1940年12月再将“内阁情报部”升格为“内阁情报局”，它对所有的出版物以及广播进行严格控制，一切不利于“圣战”的言论，都被严厉封杀。日本二战战败投降后，“内阁情报局”虽被取消，但在日本众议院下的递信委员会继续“接力”，战前之“钳制思想”依旧在递信委员会的主持下进行。日本的各大报社以及同一系统的电视台，都必须在递信委员会的“指导”之下发布消息。

日本是集团社会，没有文盲。分属不同阶级的国民，他们的信息来源就是他们认准属于自己集团的报纸、电视台。民众对属于自己喉舌的宣传机器深信不疑，而宣传机器则利用老百姓喜欢囫囵吞枣的特点，人为地将统治者的意志“换汤不换药”地灌输到这些读者中去。报纸、电视台不停地披露宇野宗佑首相对情妇吝啬、不讲信用，此后再去进行“民意调查”，支持率会上升才怪。

20世纪八十年代在中国非常流行的一部日本电影名《追捕》，其中的主角之一横路敬二就因被人灌药而丧失自我意志。当时看了只觉得这是“艺术夸张”，可当你亲身在日本生活了相当一段时间之后就会察觉：日本的艺术深深植根于日本的现实生活土壤中。

舆论机器自己造药让读者吞食，吞食了这种药的民众就会按照舆论机器的引导思考，在此基础之上最终出现了统治集团希望的“民调结果”。

希望中国人千万别犯糊涂，至今为止，日本实际上根本没有真正实现过“多党制”、“民主政治”，如今有日本人、中国人不遗余力地对中国兜售日本的所谓“多党制”、“民主政治”，将一个连他们自己都从未成功过的政治体制推销给中国，这除了说明他们包藏祸心之外，无法找到任何其他答案。

中国人不买“日本制造”了

2008年，中国国家主席胡锦涛访问日本，夫人陪同前往。在国家主席进行公务活动期间，日本方面安排第一夫人刘永清参观日本的百货店。日本报纸对此专门进行了报道，而对这次主办方安排活动的简短总结是：国家主席夫人没有买任何东西。

别小看这寥寥数语，日本记者能写出这句话，同时说明他代表了不少日本人的想法。这句话的杀伤力非常大。

日本人细腻、敏锐。“日本制造”曾是日本阔步走向世界的名片，而第一夫人在“日本制造”的大本营里竟然“什么也没买！”她口袋里缺钱吗？不可能！如今那么多中国人都在日本血拼购物；可口袋里有钱，为什么不买呢？

发展中国家的国家领导人出访日本，日本接待方安排夫人去逛商场是固定节目。第一夫人们或自己直接采购，或此后指令大使馆员专门去采购。

二十多年前，访问日本的中国人，从最高领导人到一般公务出差的长、短期访问者，到日本犹如“刘姥姥进了大观园”。不但对日本的经济奇迹赞不绝口，而且对“日本制造”也情有独钟。日本华侨开的免税店里人头攒动，满是采购“日本制造”的中国人。大到彩电，小到计算器、随身听或者电子表，中国人都在买。

仅仅过了二十年，去日本的中国游客人数增加了许多倍，但他们对“日本制造”已明显失去兴趣，这种落差让日本人最受不了。说主席夫人“没买任何东西”表明，对中国人来说，“日本制造”已经是“明日黄花”，丧失了吸引力。

看看中国去日本观光旅游团的名目就知道中国的综合国力提高了许多。

异常冷清的日本电气店。

"纯玩团"、"血拼扫货团"、"美食团"，购物者大包小包；不购物的专享美食或游山玩水。连情侣都跑到东京去升温爱情了。

以前不少去日本的中国人，回国时不乘飞机而选择乘船，之所以如此就是因为乘船可多带些"日本制造"。看看如今的中国人，潇洒者背个小包就上了飞机，如同登上公交大巴。这些人手中的电子产品，笔记本电脑不再是东芝、富士通、索尼，手机等也不是"日本制造"，除了照相机之外，许多人身上基本上没有"日本制造"。

中国改革开放才二十年，再过二十年中国将会变成什么样？这些是日本人具有的最大危机感。

让日本人具有危机感的事例还有很多。以前有不少中国的精英去日本留学，日本人认为这是自"日俄战争"之后的、中国人第二次赴日留学高潮，可没过多久日本人就兴奋不起来了，日本人会很失落地说：掌握中国未来的人已不选择到日本来留学，他们都去了欧美。连那些在日本定居的华人，许多人对日本的教育期待也不高，他们会将下一代送到欧美学习，而这些都表明日本逐渐被中国人边缘化。

以前在世界各地旅游，对方只要看到黄皮肤、黑头发的人都会问：你是日本人吗？如今则问：你从中国来吗？在东南亚，会中文意味着更多的工作机会。

以前来中国上海的日本游客，似乎是在怀旧，他们穿行在殖民地时代留下的建筑之中。如今的上海，完全演变为一个繁华的东方大都会。以前在上海，中国人会将自己的一套住房，具有独立卫生间、独家煤气厨房的工人新村作为样板展示给日本游客看，如今则不再有这种观光项目了。总之，中国发生了天翻地覆的变化，而这一切都最让日本统治者不安。日本一般民众评价日本政府时总会说：不知道他们在干些什么。

日本人常说自己是个"从'左手'到'右手'的国家"。世界上最大的商社都集中在日本，正是因为日本人"左手"不断地低价买进原材料，"右手"高价卖出"日本制造"，不断地"买进卖出"造就了众多日本的世界级大商社。日本国家以及日本国民的高水准生活，就靠"从左手到右手"之间的利差维持。

如今"日本制造"已经开始凋零，"中国制造"在各个领域与"日本制造"争胜。无论从原材料采购还是深加工后的成品市场，中国人都要跟日本人一争高低。

日本是个集团社会。集团领导人为了强化内聚力，总喜欢灌输"内"好

“外”坏。将自己内部的所有不幸，都归结为“外压”。所谓“危机感”，部分来自集团领导人为了维护自己的统治地位人为地渲染出来的，而且还要往邪恶的方向引。无论是奥姆真理教这样的邪教集团，还是一般的集团、日本社会整体，都是如此，支配者喜欢用“障眼法”，真正的症结不说，无关紧要的却无中生有地乱说。

日本自20世纪90年代起泡沫经济破灭，失业率一直居高不下。日本人称“泡沫经济”之后的日本是“失去的十年”、“失去的二十年”。日本经济缺乏创新，而中国崛起让日本人优秀论破产，日本人不反思自己以前是否太傲慢，是否自己的社会体制中缺乏美国式的革命性技术创新，反将自己的失败归结为中国抢了饭碗。在中国的竞争挑战面前，甚至丧失了公平竞争的心态，到处造谣称中国“克隆”了日本的技术。

日本物价高、生活费高、工资高。上述原因导致“日本制造”在国际市场上竞争力下降。日本为了维持竞争力，不得不将生活必需品的价格压低。因为高了穷人吃不起，穷人吃不起就会起来闹事。而要让基本的生活必需品价廉，同时又要维护农民的生产积极性，有些食品必须要政府补贴。从外国进口便宜农产品在日本国内高价销售，这原本是商社最期待的，可如今周边国家的生活水准也在不断上升，从外国进口廉价农产品也并非易事。

2006年7月，日本NHK播出了一个电视特别节目，或许是为了更加醒目，用了个外来语“Working Poor”作为片名。2007年还在此基础上出版了同名的专刊。

“Working Poor”如今已成为日本家喻户晓的流行词之一。翻译成中文为:“穷忙族”。它指有工作但依然贫困的一个阶层。据日本政府统计，如今日本有1000万人的年收入还不到2万美元，也就是200万日元之下。这在20世纪六十年代日本经济高速增长期时是根本无法想象的。当时的农村青年或高中毕业生，被整车地从农村拉到沿海工业地带，下了车就住进公司提供的宿舍，接着培训，结束后就上生产线。有稳固的收入，终身雇佣。男娶妻，女嫁郎，结婚后女子辞工当专职主妇，一家人分期付款买房子，生孩子、养孩子、供子女读书，一切都好似“日本制造”般精密。

可如今许多年轻人想当“正社员”（正式职工）当不到了。经济不景气，公司不愿意招“正社员”。许多人不得不在“人才派遣公司”下挂名，通过“人才派遣公司”再派遣到各个企业去工作，拿的是时薪、日薪、周薪，“人才派遣公司”既不给这些“临时工”上健康保险，也不给任何加班费及奖金。日本经济越是低迷，许多人的工作就越不安定，而越不安定他们就越没有钱，越不敢消费，结果市场越萧条。

日本你说你自己社会中存在的社会问题就说自己的问题，可NHK在自己的特别节目中，一共报道了8个事例，而其中的两个都直接与中国挂钩，占四分之一。

案例四说秋田县的一对80多岁高龄的老夫妻，他们是从事种植业的农民，种植水稻的同时，还将自己种的蔬菜腌制出售。他们从早上5点忙到深夜12点，可辛苦工作了一年下来，实际收入才30万日元。NHK为他们找到的原因是：中国的便宜大米来了让他们的大米卖不出好价；中国的便宜腌菜来了让他们的酱菜卖不动。

案例五讲岐阜。这里是日本传统的服装产业基地，有许多成衣制造厂，仅从中国来的、以“研修生”为名的“外来劳工”就多达一万人。主人公是个烫衣工，因为“外劳”的加工费低，他的生意被抢走，为了生活，他50多岁了还不得不干三份工。他妻子的一份工作是给“中国研修生”准备晚饭，而他们一家人自己的晚饭则是“中国研修生”吃剩的饭菜。

“真是催人泪下啊！”80多岁的人还在劳作；50多岁的一家人也在拼命忙碌，而这一切都是中国人不好。

日本NHK的这种宣传是什么逻辑？

日本当初极力怂恿中国加入世界经济一体化、世界经济大循环，中国人接受了，如今，日本汽车可以低关税进入中国市场销售，技术密集的归了日本；劳动密集的转移给了中国，可当中国人为日本种黄瓜、出售了几根腌黄瓜，日本媒体就鼓噪它威胁到了日本人的生存。

日本人陷入贫困怪中国，中国人不富裕找谁去？中国不欠日本任何东西，相反，日本人欠中国的太多了。日本对中国不但没有丝毫感恩，还故意煽动不管中国怎么做都是错的。

日本果真那么穷吗？一方面国内对自己人减薪，同时增税，可另一方面，为了拉拢跟中国作对的国家，日本又是“免除债务”；又是“无偿援助”。还有更花钱的，它就是日本的自卫队以及驻日美军。一方面说自己有“和平宪法”，可在供养自卫队及驻日美军上从来没想省过。以前有报道称日本人对驻日美军很气愤，因为他们离开日本外出休假时，住处的空调都不关，而这些费用也都要日本政府埋单，日本纳税人埋单。一度电费可以买多少根中国的酱瓜？日本媒体应该去算这个账。

无论在横须贺的美国海军基地，还是在厚木的美国海军航空兵基地，里面网球场、高尔夫球场、橄榄球场、保龄球场、游泳池、电影院、各种餐厅，一应俱全，让美军过得舒服的设施应有尽有，它们都靠日本纳税人的钱养活，让美国人回去，日本走和平国家的道路，可以省无数的银子，可以让所有日本的“穷忙族”立刻脱贫，可日本就是不干。日本NHK不敢将摄像机对准驻日美军，反而盯着中国的酱黄瓜不放，由此可知恶意的“舆论操作”究竟是什么。在日本媒体如此这般的“抹黑”舆论引导下，日本一般民众的注意力当然会从国内政治上吸引开，反将怨恨对准中国。

2012.6.27

电影《野火》点评

整部电影都在表现日本军人如何逃亡。在倾盆大雨中，在烈日下，在暗无天日的热带雨林中，逃亡成了日本军人的唯一军事任务。他们或三三两两，或行独行，都朝向那个他们认为可以逃离菲律宾的海港城市，他们渴望登上回日本岛国的船只。

电影《野火》根据大冈昇平（1909—1988）的同名小说改编，其内容是1945年2月的菲律宾战场。该电影于1959年出品。

1941年12月8日日本偷袭珍珠港，从台湾出发进攻菲律宾的日本军人也在菲律宾登陆，此后东南亚成为了太平洋战争的主战场。一方面日本在中国本土的战争仍在继续，另一方面日本人又在这里开辟了新的战场，挑起了新的战争，声称这是为了“大东亚共荣”。1942年3月，驻菲美军最高指挥官麦克阿瑟逃往澳大利亚，1942年5月，坚守巴丹半岛的美、菲联军向日本军队投降，菲律宾战场上的初战以日本胜利告终。1944年10月，麦克阿瑟率领美国重返菲律宾，经过莱特湾之战后，日本的制海、制空权丧失，东南亚的日本军队从此陷入被动挨打的地步。

在《野火》这部电影中，既没有通常战争片中的冲锋厮杀，也没有争夺阵地之胶着，整个电影都在表现日本军人如何逃亡。在倾盆大雨中，在烈日下，在暗无天日的热带雨林中，逃亡成了日本军人的唯一军事任务。他们或三三两两，或行独行，都朝向那个他们认为可以逃离菲律宾的海港城市，他们渴望登上回日本岛国的船只。也正是在这一幻念的支撑下，他们在密林中不停地奔走。天上不再有日本军机，地面再看不到日本的增援部队。在热带雨林中狼奔豕突的日本军人已被抛弃在了远离日本本土的菲律宾的岛屿上，语言不通，地理不祥，他们最初被长官带到菲律宾，执行的任务是占领，而现在却是赶快逃离，活着回日本。他们既不知道大部队如今身处何方，更无法知晓他们认为安全的日本，实际上已在美军的狂轰滥炸下变成了焦土。

日本军人只能“逆”美军的作息时间表行动。白天，日本军人既不敢穿越交通要道；又不敢走出密林。日本军人躲在密林中暗处，痛骂美国军人吃得像个肥猪，而它既是对美国军人的羡慕、嫉妒，又是仇恨。自己别说没车，连双鞋都没有。不敢走出密林上大路，只能白天在密林中活动，等到夜幕降临美军开始休息时，他们才像蝙蝠一般趁黑活动。最悲惨的是没有食物。

电影以主人公田村遭到自己所在联队长官的严厉训斥开始，最后以他一个人衣衫褴褛地摔倒、爬起、惊恐地向有炊烟方向奔去而结束。电影主角田村的经历，实际上就是日本二战投降前后的缩影。一个制造战争的凶手，最终却连捡下一条命活着都不容易。日本军人除了破坏和平、滥杀无辜之外，没有干过一件好事。日本军人到国外当强盗，与日本统治者宣传的“解放”，表裹完全不同。田村之所见以及亲身经历，告诉观众日本兵是魔鬼，而魔鬼日本兵的最终想法依然是想重返人间。

日本兵田村因患肺病而失去了作战能力。联队长官对这个既不能作战也不能抢粮食，只会张着一张嘴消耗粮食的部下厌恶，因此赶他去野战医院。而在野战医院，医生认为田村尚有自我生存能力，拒绝他住院，理由还是同一个：活人会耗尽宝贵的粮食。田村无奈，只能待在野战医院外的一片树林里，与其他被赶出医院的日本伤病员为伍。

联队与医院互把田村当皮球踢，这反让田村“塞翁失马”，捡回了一条命。

正因百无聊赖在小树林中不知所措时，突然发现远处升起了“烽烟”，“烽烟”似乎在引导美军飞机，美军飞机接着过来对准野战医院一顿狂轰滥炸，医院被美军飞机炸飞，无论医生还是伤兵悉数被炸死，田村只好转换地方。

田村独自一人扛枪进入了升起炊烟但杳无一人的村寨。突然，他看到一个菲律宾平民在煮吃的，先前还是无精打采的“病人”田村，瞬间变成魔鬼，他开枪将菲律宾平民射杀，接着又将一锅吃的一脚踹翻。此后他看到远处有十字架，有十字架就说明有教堂，有教堂就表明那里是村落，田村再次朝有“烽烟”的方向而去。他再次进入了一个只有他一个人的村寨。听到响动后他立刻躲藏，当看清来者是菲律宾平民后，他再次凶相毕露。一对菲律宾的年轻情侣回村欲将以前埋藏在此的盐巴取走，但田村开枪打死了菲律宾女孩，菲律宾男孩匆忙逃离，只因田村枪弹卡壳他才幸免于难，逃进密林。

田村经过教堂门口时，发现了多具日本军人的尸体，它表明不久前这里曾经爆发过激战，日军被歼，日军尸体被遗弃在这里。他不敢久留，赶快钻进密林中躲藏，这时，他再遇三个日本军人，他们自我介绍说刚从新几内亚撤到菲律宾，下个目标是去港口乘船离开菲律宾回日本。

电影中的日本军人手中都有武器，可他们从未与真正的战争对手——美军交过一次火。日本军人犹如惊弓之鸟，完全到了“风声鹤唳”的地步，看到袅袅“烽烟”都感觉是指引美军空袭的信号。名为“解放”实为“强盗”的日本人，现在他们才终于明白，从日本岛跑到菲律宾岛，原来如此遭人痛恨。他们是菲律宾民众的死敌；是美军枪炮下的猎物。美军飞机天上扫射、轰炸；地上用坦克碾轧，机枪扫射，日军只有挨打的份，听到机械声就条件反射地立刻卧倒。每次美军离开后，留下来的只是增加了的日军尸体。日本军人手中的枪弹，如今只用在屠杀手无寸铁的菲律宾平民上，或用于猎杀被称作“猴子”的自己的“战友”。被田村视为宝贝的手榴弹，是留给自己自杀用的。

入夜，一群白天躲在密林中的日本军人欲穿越道路，游过小河去对岸，可有人刚上岸就被美国巡逻队发现。战车上的美军一阵猛打，一大队日本军人只剩下几个活的。天亮之后，躲在树林中的日本军人再次看到美军重返，他们前来打扫战场，遍地都是日本兵的尸体。

逃亡途中的日本军人，最渴望的事是希望“战友”尽快倒下死去，这样他们可以从死者身上获取丁点有利于自己生存的物品。

为了实现昭和天皇“八纮一宇”的宏伟理想，为了“解救黄种菲律宾兄弟于白人的统治之下”，在这些欺骗口号下入侵菲律宾的日本军人，此时却连自己能否活到明天都不清楚。在森林中躲藏变成唯一的、为了活下去而进行的“战斗”。田村这时再次遇到了曾在野战医院外小树林中“休息”的“病友”：年轻的永松与腿负伤的安田。永松给安田当跑腿，据他说是因为安田有烟叶，他可以通过为安田兜售烟叶换取食品。永松问田村要盐巴，作为交换给了他一块肉，说是“猴子”肉。田村太馋肉吃了，但因长期营养不良牙齿松动，想吃也嚼不动。永松有枪弹，他说要外出打“猴子”。

田村一直对日本军人吃自己同伴一事半信半疑，这次他终于亲眼看见了。永松要打的“猴子”，竟然就是一同来自日本岛的“大和族”同伴。永松与安田结伙，并非两人之间存在友谊，而是因为安田教会永松一个特别的谋生技能：将日本同伴枪杀后吃他的肉。两人为了杀同伴“方便”才在一起。田村问长松：为什么不把我打死吃掉？永松回答：“因为你有肺病，吃了你的肉，你身上的病菌会传染到我身上。”

田村第二次因“病”捡回了一条命。

田村仅剩一枚手榴弹，但被老奸巨滑的安田骗走，长松得知后立刻产生了危机感，他认为安田的下一个目标将会是自己，因此他计划杀掉安田。长松蹲守在一个可以俯视取水口的高地上，他知道，腿负伤又没有人帮助的安田一定会自己来找水喝，他可以利用这个机会将他干掉。安田果真出现了，长松骗称将手雷丢掉就不杀他，可当安田将手雷扔掉后，长松毫不犹豫地扣动扳机，开枪将他射杀，接着就挥刀割他身上的肉。这时，田村跑到长松先前埋伏并开枪的地点，将长松放在那的长枪拿到自己手中，后来长松返回夺枪，田村开枪，吃人肉的长松倒下了。

大冈升平用文字，电影导演用图像，将战争中日本兵之惨无人道重现出来。

大冈作为亲历者，他通过小说，通过文字告诉读者他经历的战争，他看到的战争。告诉就是揭露。战争期间，日本的报纸上、广播里、纪录片中，绝无大冈披露出的惊人内容，都是歌颂日本军人如何情同手足地相互帮助，如何不畏牺牲地英勇作战，即便到了最危急的关头也绝不当俘虏，不会偷生，勇敢自决等。大冈的过人之处就在这里，好似日本学者争论问题从不会争论到脸红脖子粗，有理不在声高，用证据说话。有的亲历者没有大冈的文采，还有的人保持沉默不想说，但大冈没有撒谎，他是亲历者，见证人，最有发言权，假如他撒谎，那么立刻会有许多人站出来用事实反驳他。非但没有人出来说他“抹黑”皇军，反是不断有人站出来，继续提供各种新的佐证补充，让大冈小说化的内容更真实，更丰富，大冈做了件既朴素又具有颠覆性的工作，让日本军国主义政府的谎言无法藏身。他告诉你战争绝不是统治者们鼓吹的那样。日本的对外战争，杀别人，杀自己人，最后自己一无所获。

日本宣传的所谓大日本帝国军人的威严、军仪，在《野火》的小说及电影中，全无踪影。小说及电影表现的是：在瓢泼大雨中，一个军人倒下，另外一个士兵赶忙上前，从他脚上剥下他的鞋，后来的一个人再继续做同样的事。日本士兵不论死活，个个衣衫褴褛，面黄肌瘦，营养不良。根本看不到什么“同甘共苦”，来自同一地方组成的联队士兵间存在“相互提携”。“虎毒不食子”，可来自同一个岛国的日本军人，他们竟然连畜生都不如，要将自己的同伴吃掉。

在大冈的小说中，“敌人”、“对手”，正是日本人自己。他们要消灭自己人，让自己活下去，返回岛上去。

生存是一切动物都具有的共同本能，对于人类来说，它不分种族，不分国界，不杀人，不偷盗，这是自古以来人类的最低道德要求。日本人是人；中国人、菲律宾人也同样是人。但日本藩阀政府进行邪恶宣传，鼓吹自己是“天照大神”的子孙，是“人上人”，“优等人”杀人掠地应该。然而，大冈小说中出现的日本军人，是禽兽不如的冷血机器。按照日本军国主义政府的宣传，杀日本人以外的人，是“优等人”杀“劣等人”，可日本人自己杀自己，而且是为了吃对方的肉才下此狠手，这究竟算什么？他将判断权留给了读者：你们自己去想日本人是啥人、是“人”还是“不是人”吧！

从“内外有别”到“只有自我”。永松没有打死田村并吃他的肉，说明他尚存“理性思维”的能力，这说明他是“人”。他认为田村体内有肺病病毒，吃了后自己会染病死去，得不偿失。可对待其他没有病，或者他不知道是否有病的日本军人来说，那就看他运气了。要么被永松杀死吃了，要么杀死永松吃了他。安田与永松后来就是这种关系。能在一起，是因为存在相互利用的价值，而最后相互残杀，是追求最后仅存的“食用”价值。既是“人”，又“不是人”。

说谎是“生存技能”，上当受骗者被消灭。

安田狡诈，他骗走了田村的唯一一枚手榴弹；可永松也同样会骗，他再骗安田将手榴弹丢掉。失去了自我保护的武器，那就“对不起了”，以前的承诺都可以不算数。长松轻松地将安田干掉。反正没有人看见，死人又不会说话，即便吃掉同伴，只要别人不知道就不是罪恶。假如长松活着返回到日本，他又是一副无辜的样子。

日本自上而下都擅长用玩弄文字方式的洗刷罪恶，杀人是“打猴子”；吃人肉是“吃肉干”。如今“右翼”修改教科书也是如此，将“侵略”说成“进出”；把“奴役”歪曲成“解放”。

袅袅升起的“烽烟”，究竟它是指引美国飞机轰炸的信号？还是菲律宾人为了来年水稻增收而在地里焚烧秸秆形成的烟雾？日本军人直到最后也没有想明白。无论日本士兵之间如何互相残杀，日本人与美军如何争斗得你死我活，即便在这样恶劣的环境下，生活还得继续。菲律宾人依然顽强地生活着。只要有人就要吃饭、做饭；要吃饭、做饭，炊烟就一定会升起，菲律宾人不会被灭绝，人类进步也不会停滞，作恶必遭天谴。

《野火》这一书名是对内容的浓缩之笔，轻轻升起的青烟意味着有人烟，代表着一种人类生活，外来入侵者妄图加以改变，但一切都是徒劳的。恶人的结局常常异常悲惨，他们最终还得重新开始，好似田村，他最终还是朝有人烟的方向奔去。

战后的日本犹如世界的孤儿，他们被所有人抛弃。有烟的地方就有人，有人的地方就有饮水、食物，有人类生活，日本士兵及日本人，在邪恶的道上转了一圈之后，还是要融入人类生活。

2012.8.14

高尖端技术只能靠自己研发

日本人擅长用不重要的东西将你的精力吸引开，同时将重要的核心部分，巧妙地掩盖起来

看过一篇日本人写的文章，说他们为何要给自己的政治家捐款。

该作者称他所在的公司（是日本“大成”还是“西松”建设我记不清了，但对文章的内容印象深刻。）在对中国二滩水电站投标过程中流标，他们不满，直接将电话打给了金丸信的秘书，他们此时已不抱任何希望，只是想发泄一下，没想到当天就接到了金丸信秘书的回电，说金丸信已经将所有事搞定。作者称他通过这件事深感日本“大政治家”的能量，因此他所在公司决定继续给金丸信捐款。该作者说转机出现在金丸信给当时的中国驻日大使的电话上，大使接到电话后立刻上报北京，北京方面通过行政干预让日本公司参与中国二滩水电站的建设。（深圳大运场馆据说中国设计者已经中标，但后来被行政命令取消，让给了日本企业。“中日友好”总在行政命令上体现出来。）

中国在行政层面上从来不乏“高效率”，但并没有因此而获得日本方面的尊重。好似中国让日本企业参与二滩水电站建设，让日本人感动的竟然是日本政界大佬金丸信？！中国同意免除日本战争赔偿，而日本政治家田中角荣事后则说：因为中国是“人治国家”才能干成此事；而日本是……

1988年初从寒冷的北京飞到广东汕头，去中国著名的感光材料厂当日语翻译。该厂是中国最著名的“公元胶卷”，他们在国家支持下引进了日本富士胶卷的成套生产线。刚到工厂就被日本人领入资料室，他们让借来的翻译们看从日本运来的资料。在资料室，看到里面满是高至屋顶的书架，每个书架上都整齐地摆放着如同百科全书般大的厚重文件夹，“技术文件”被分门别类地夹在划一的文件夹中。被告知须尽快并准确地将技术资料翻译出来，否则会影响

今后生产线的建成及投产。受到日方激励，深感责任重大、光荣，还因为是“计件工资”，要多挣翻译费就必须多干活。可在翻译过程中发现，自己翻译的所谓日本的重要技术资料，许多其实都是日本产品的制造、使用说明书。比如在一个干燥室墙上装一个“松下”的排气扇，它的工作原理，如何安装、使用等，成山的“重要技术资料”，竟然是类似产品使用说明书一般的东西。最核心的、制造胶卷的技术资料一个也没看到。带着满腹狐疑问中方人员：“日本富士胶卷的配方有吗？”对方回答：“我们是交钥匙工程，只要将从日本引进的设备全部安装到位，这边投料，那边就可获得与日本富士胶卷同质的产品。中国市场那么大，只要这个生产线全部投产，中国就可不必再花宝贵外汇从日本进口胶卷了。”

精明的广东人竟然如此“纯朴”！

1991年去日本自费留学，后来听到一个负面消息：时任广东省省长的朱森林，为胶卷厂建成但无法生产出胶卷一事专访日本，想找富士胶卷社长谈，但竟被拒绝。中国南方的胶卷重镇此后再无声息。

1989年我到深圳某著名彩色电视显像管合资厂当翻译。中方乐观地想象只要中方控股大过外资就可以掌握发言权。理论上似乎如此，但实际操作起来问题多多。

当时的合资模式是日方出技术，而技术就是日本设备以及商标权。某日我跟随日方总经理视察生产线，仔细一看某设备的铭牌，新油漆背后竟标明产于六十年代。“日本将自己旧的生产线拆了，以旧机器当新货作为日方投资卖给了中国合资厂。这种可能性是否存在？！”我将自己想法上报，但遭到斥责。“中日之间技术差距很大，别人旧的对我们来说也是先进的，今后干好自己的本职工作为要务，废话少说！”

回想起来，那个对宝山钢铁厂“连日本马桶也一起引进”提意见的人，他不就是我“兄弟”吗！？

此后日本人收拾我的方式很有“日本特色”。

日本人向中方总经理汇报：“刘君当翻译时不专心，翻看日本人从日本带来的‘娱乐’杂志（好听点是娱乐，不好听就是色情杂志），影响了工作，应令其改正。”

该公司学习日本先进的“管理经验”，午休只有吃午饭的一个小时，在吃完午饭等待下午上班的间歇，坐在办公室里无聊，翻看一下日本人带来的杂志何错之有？日本人此时不也是想干啥干啥吗？为何我不能呢！？后来真正了解了日本人的行为方式后才明白，日本人是靠这种“声东击西”的方式“敲打”我。日本人将我在休息时间段上的作为故意模糊，变成工作时间看杂志，而且是有色情内容的杂志，日本人实际上是要警告我：“老实一点，不准多嘴！”

日本人擅长用不重要的东西将你的精力吸引开，同时将重要的核心部分，巧妙地掩盖起来。

堆积如山的所谓“技术资料”，其实都是废纸般的内容，可他们让你快翻、多翻，目的在于将你的注意力吸引开。批评我“多嘴”也同样，如果将问题聚焦在我提出的“日本设备是否是拆掉的生产线”这一问题上，那么只会引发更多人思考，因此必须用其他方式让我闭嘴。广东省长是否也曾为这家企业的死活奔波过我无从知晓，但我唯一知道的是，深圳这家企业与汕头公元胶卷命运同样，如今已经倒闭。中国工厂不再冒烟了！

哪怕能成为中国今后的教训，也算我们没有白交高昂的“学费”。中国的经济教科书中为何不选这样的案例呢？掩盖自己的失败，难道也是为了“中日关系”之大局！？

广东、上海都与日本组建了电梯的合资厂，山东曾经与日本著名推土机“小松制作所”合资，还听说江西、保定的光学厂家也曾与日本著名相机厂合资，加上如今轰轰烈烈的合资汽车厂，中国方面的理想状态是“主权在我，共同开发”，但最终却沦为“日本制造”的组装厂。这些合资厂通过中国厂家渠道在中国市场销售，中方员工主要负责生产、组装及售后维修服务。在日本绝对看不到如此做法的合资厂。

日本人只购买自己没有的技术，为了鼓励本国企业引进新技术实现技术进步，采购的上游企业往往提前支付货款给下游企业，给他们金钱及时间，让下游企业购买外国技术，消化外国技术，最终制造出符合自己要求的产品。

中国高铁连同中国航天被部分人狠批“浪费钱”本身说明，它们是让日本人不高兴的生产领域，至于批评者是否为日本利益代言，那就只有他们自己心知肚明，同时读者们要自己警觉了。

日本希望中国人只从事低端产业，他们要联手扩大自己企业在中国市场上的份额，逐渐造成日本企业及产品在中国独大，等到中国消费者非日本商家外别无其他选择时，这时你想不当“蠢货”都不行。思考一下日本打印机的事例吧。打印机只卖成本价，但作为耗材的墨盒相对却是天价，而且用不了几天就要换。

日本人不视韩国人为“蠢货”，究其原因，在于韩国人学习了日本人的优点，而且在此之上发扬光大，韩国人只将钱花在购买紧缺的技术以及原材料上。韩国人同仇敌忾，万众一心，以提升自己民族整体实力作为首要追求目标，绝不会被日本的小恩小惠所收买。韩国人在抱团发展中让自己的拳头产品走向世界。中国人该醒醒了。日本要靠保持自己对中国的技术领先优势吃饭，除了要淘汰的技术，任何先进技术他们都不会卖给中国。高尖端技术只能依靠自己研发。

2012.8.24

与日本的差距（三）

百货店里开电梯的年轻女子，化妆一丝不苟，衣着整齐，一直都保持直立姿势，口中念念有词，她的工作就是送客人上下电梯，不产出任何效益，每天从早到晚就是从事这种单调、枯燥的劳动。进店购物者往往到了无视她存在的地步，她们以及他们的工作态度，就是日本提供服务方的一个缩影。每个行业都几乎在像电梯小姐一样努力工作，百货店里没有售货员坐着，更没有扎堆聊天或趴在柜台上

写了一篇中国人应该抵制日货的文章，没想到引发相当强烈的反响。许多读者踊跃留言，为了回报广大读者，我认为有必要将自己的想法做一些补充。

20世纪80年代，我曾给一个日本服装采购商当翻译，跟随他进入了一家他下订单的制衣厂，当他看到生产线上的工人们都在聚精会神地工作，没有人多瞧我们这两个外来客一眼时，日本采购商脸上流露出满意的表情。日本商人接着在生产线上随手拿起了一件做好的衬衣，一手拿衬衫，另外一只手拉着扣子就拽，由于动作迅猛，扣子瞬间就离开了衬衫，捏在他手中。他脸色立刻就变了，疾步回到会议室，对制衣厂负责人说，这样钉扣子不行，必须全部返工。我如实将日本人的话翻译过去，中方负责人满脸尴尬地回答：“好、好。”

相对日本商人与中国制衣厂，我仅是个无关双方利益的第三方，一个翻译，我传达了双方的意见，帮助沟通达成后我的工作就算结束了，但心里仍觉得这个日本商人太过分，扣子是用来固定衣物的，不是拽的，换谁用力去拽都能拽下来，拿件你们日本的来看看？感觉日本商人太挑剔，太小题大做了。

去日本留学后，住在东京电力公司为外国留学生提供的廉价宿舍里。这里有公用的洗衣间，里面有免费的洗衣机、烘干机等。某日将自己的衣服洗好后，随手丢进了旁边的烘干机，两个小时后提着小塑料篮再将自己烘干的衣物收回房间。次日早晨出门前更衣，这时才发现衬衫袖口、前襟上的几个扣子都没了。扣子去哪儿了？一想，或许在洗衣机或烘干机里，去洗衣房一看，果真我的衣服扣子被烘干机收留了。究竟是扣子太弱？还是烘干机太强？此事让我想起当年的日本成衣采购商，他“苛刻”有他的道理。

再看另外一个发生在东京电力公司的“我的服装”故事。

东京电力公司用极为低廉的价格，将自己“社宅”（员工集体宿舍）中的部分房间开放给外国留学生住，因集体宿舍怕有传染病，为了确保每个入住者的安全，入住前必须要通过东京电力公司主持的体检。在规定的时间，规定的日期，我走进了日本最著名企业之一的东京电力公司总部，被带进医务室后，遵照医嘱脱去外衣，接受胸透。当我脱下衬衫只剩下里面的一件背心时，尴尬出现了：背心的下摆在我肚脐眼之上。好似今天时尚女孩穿的“露脐背心”。怎么会这样？医生倒是专心致志地为我检查，他似乎对我的“超短背心”瞧都没有瞧，而我则因为“露脐背心”感觉相当尴尬。

出国前在国内买了几件背心，到日本后一洗就缩水，放进烘干机烘干后缩得就更厉害了。为节俭，既没扔，也没有在日本再买，想想是内衣，别人也看不到，凑合着穿算了。每次穿之前都使劲拽一下，能塞进腰间被皮带勒住就勒住；勒不住也就由它。虽知道今天自己要接受体检，但没想过要脱衣服胸透，因此就穿了这件凑合穿的背心，早知道要胸透，我一定会换一件长的背心出来。

日本人在自己的纺织品中编织入了特殊的纤维，它能够保证衣服洗、烘都不变形。这也是他们的高技术，属于技术秘密，是“专利”。每块衣料中，就这丁点附加价值最高，衬衣、布料没有什么技术含量，但高技术就在这丁点纤维里面。如今日本著名的纺织公司“东丽”，服装面料早已经不是主打产业，主打是液晶电视显示屏上的纤维布。

经历过皮鞋掉色、开胶，背包一承重就断线、脱线，裤子拉链脱落等挫折与打击之后，我决心不买“中国制造”，想当一个“聪明”的消费者。但是，仅仅自己拒绝“中国制造”，而不设法去改变这种现状的话，自己今后也仍将是“中国蠢货”并生活在“中国蠢货”中。作为一个留日学生，假如我为“日本制造”摇旗呐喊，让日货销售遍布全中国，收入应该比今日的中国穷酸副教授多几倍甚至数十倍，可以俯视自己的同胞，指责他们是只知、只能购买“中国蠢货”的“蠢货”。但相对中国普通百姓的高收入，若跟日本员工比，恐怕月收入也只相当于他们几天或几周的进账，依然会被日本人看不起。在日本人看来，只认钱并可以收买的人，就是不值钱的人。换言之，只有帮助自己国家从“中国蠢货”中跳出来的人，才不会愧对国家的养育，才可以回报普通民众的期待。在日本，备受自己民众尊重的，许多都是在国外留过学，回国后帮助本国发展进步的人。

中国应该以日本为师，看人家如何埋没“日本蠢货”。

在中国，总用“红花绿叶”、“鱼水相依”等浪漫词汇形容消费者与生产者之间的关系，日本没那么浪漫。记得日本“经团联”中的一位重磅人士曾说过；“在日本，对于提供服务方来说，他就是在地狱中工作；相反，作为享受、消费的一方来说，他就生活在天堂。”

天堂与地狱只是一张纸的两面，只有提供服务者在地狱中挣扎，才会有享受服务者在天堂中漫步。

日本对提供服务方的要求非常苛刻。如今许多中国人去过日本，经历者都可以回忆一下。

百货店里开电梯的年轻女子，化妆一丝不苟，衣着整齐，一直都保持直立姿势，口中念念有词，她的工作就是送客人上下电梯，不产出任何效益，每天从早到晚就是从事这种单调、枯燥的劳动。进店购物者往往到了无视她存在的地步，她们以及他们的工作态度，就是日本提供服务方的一个缩影。每个行业都几乎在像电梯小姐一样努力工作，百货店里没有售货员坐着，更没有扎堆聊天或趴在柜台上。这是他们的“立场”，而当服务提供方转换“立场”变成消费者的时候，他们同样可以享受“帝王”般的服务。

在日本的经济教科书中，有各种案例讲授日本企业如何提升自己的实力，抢占市场份额。他们将“日本制造”抢占市场份额，作为值得骄傲、自豪的内容教授给每个国民，目的在于让这些榜样在各个领域不断复制。排挤、封杀外国产品，明里用的是“自强”手法。

据称有一家日本著名的家电制造商，为了研究外国厂家的同类产品优在何处，遂将德国西门子、美国通用的家电买回来，然后将其拆解。对每个零部件都分门别类地造册登记，称重量，研究其材质构成，分析线路如何布置、连接等。好似日本大学内的兴趣俱乐部，大公司中的各部门分管自己一摊，将任务解剖、分解，然后带回各自的部门，所有人一齐上，一起针对某个日本的弱项攻关。将日本与世界顶级品牌家电的比对、研究，落实到每一个零部件上。

著名家电企业是上游企业，它下面还有众多的零部件供应商，两者之间的关系，采购零部件的大企业是“消费者”；而下游供应商则是提供服务方，但大企业对社会上的众多消费者而言，依然是服务提供方，消费者对他们非常苛刻，他们必须用如履薄冰的态度，生产出让消费者挑不出毛病的产品。为达到上述目的，大企业要求自己的下家也必须生产出合格的零部件。大企业将自己分析的结果、今后的要求等，通报、下达给不同的零部件供应商，限期让他们整改，甚至会用提前支付部分货款的方式，鼓励、督促他们在规定时间内研发出符合自己要求的零部件。为了让上家满意，下游企业不断地进行设备投资，人才培训，技术攻关，先依靠自己力量生产出可与外国匹敌的同类产品，然后在此基础上更上一个台阶，再技术创新或技术革命。

日本政府实际上就是日本大企业的放大。

在日本，往往政府大规模采购之时，就是迫使制造业整体提升自己制造水平之时。政府发包，目的在于促进本国企业更新设备，扩大本国就业人口，提升自己制造业的整体技术水准。反观中国，政府投资多考虑给自己脸上涂彩，没想让政府的投资惠及当代并延伸到子孙。浦东机场既不是外销高档写字楼，也不是星级酒店，政府完全可以将电视显示屏、卫生洁具等发包给四川长虹、中国唐山的惠达等，让中国的企业研发出符合机场要求的产品。政府采购直接购买外国货，等于自己人打自己人。一方面本国企业“等米下锅”，挣了钱要先维稳发工资养工人，另一方面自己的市场在萎缩，本国企业的生存空间受到打压。产品销量少，获利就少，企业很难再有钱投入技术研发、设备更新、人才培养，优质产品只能停留在空想层面，最终是恶性循环。中国的不少企业，实际上是被自己坑死的，行政部门不单“不作为”，而且多有“乱作为”之嫌。政府工程常想通过多用外国高档货表现政府的“档次”，这样做只会被外国人耻笑。政府只有扶持本国企业，使民族产品占领中国市场，甚至在国际市场上占有更多份额，这时政府脸上才会有真正的光彩，当本民族的产品受到世界人民的喜爱时，这样的政府才能受到国民及外国人的尊重。

实际上，越是在市场经济条件下，政府作为的空间就越大。将市场经济简单地理解为政府撒手不管，任由企业之间你死我活地相互竞争，最后被外资企业搞垮，其实就是政府对自己企业、劳动者、消费者的犯罪。政府对假货、伪劣货应高压严打，将他们统统“送进地狱”，这也会让存活企业如临深渊，迫使他们从为本民族上帝服务的高度，为消费者生产出价廉物美并质优的产品。

政府如果仅仅从日货好就鼓励购买日货的层面作为的话，这等于是给日货做广告，为日货在中国畅通无阻开绿灯，同时使国货失去本国国民的支持，致使民族企业失去了本国的宝贵市场，葬送掉提升本国产品质量的机会。看看韩国，日本产品对韩国人来说同样好，但韩国政府一贯致力于保护民族产业，从未像中国这样打开国门让日本货轻松地占领自己的市场，政府甚至时不时地号召“抵制日货”，韩国老百姓也经常性地自发抵制日货。一方面自上而下地阻止日货大举登陆；另一方面韩国政府鼓励支持企业不断研发，提升本民族产品的质量及技术含量，如今韩国的高附加值产品反而大量进入日本及全世界。

在韩国，没人鼓噪不买日货就是韩国的损失；也没人说不买日货的韩国人是“蠢货”。韩国政府不“媚日”也不“恐日”，充当了本民族技术进步的守护神。

在经济全球化的今天，中国必须坚持走改革开放的道路，极端的民族主义当然要不得，但是在当今复杂的国际环境下，中华民族绝对不能缺少应有的“民族骨气”，朴素的爱国主义热情永远是推动中华民族不断富强的动力。

2012.8.26

日本让自己的国家山清水秀。

如何偿还日本政府贷款

日元兑换美元，20世纪70年代的固定汇率是360日元换1美元。日本曾向中国政府低息、长期贷款。如今日、美汇率最高时接近60日元兑换1美元，日元升值了近六倍。中国归还日本政府长期贷款时要还日元，假如按照动态汇率归还日元，那么以前的360日元，如今要在国际市场上花6美元才能买到。

思想必须超前，只有思想正确指导行为，才可能避免行为错误。

2008年胡锦涛总书记访问日本，据悉有两名中国的日本问题专家随同代表团前往日本。胡锦涛总书记在东京时曾专程前往日本人梅屋庄吉后代开的餐馆，参观在餐馆中展示的一些梅屋庄吉帮助孙中山革命的历史文物。胡锦涛总书记对日本友人“帮助”中国革命表示感谢。陪同总书记参观的福田康夫首相希望中国能“认真研究”梅屋庄吉，他此前还指示梅屋的后人将他们收藏的庞大的日记整理出来，据说如今仅有部分内容公开，许多内容仍尚待解读。

众所周知，日本人非常节俭，而节俭的另外一个含义就是“吝啬”。梅屋庄吉对支持孙中山干革命“非常慷慨”，他的钱从何而来？个人能挣到那么多吗？为什么个人那么舍得投钱？这些疑问的确如福田康夫首相所说的那样：值得深入研究。中国因为研究日本不够而上当的事例不胜枚举。

如今总有人不断鼓噪当年的日本政府贷款给中国带来莫大恩惠，我本人不是经济专家，但我想将福田康夫“值得认真研究”的告诫转用在“日本对华贷款”上。日本对华贷款果真那么无私、慷慨吗？

福田康夫的父亲是福田赳夫，老福田在“七七事件”后被日本大藏省派遣到中国，出任汪精卫伪政权的经济顾问。他的政治对手之一，前日本首相大平正芳，也在战争期间由日本大藏省派遣到中国，他主要的工作是从鸦片贸易中获得税收，帮助日本“以战养战”。

前事不忘，后事之师。

以下内容摘自福田赳夫回忆录。

“我到伦敦赴任后的第二年即1931年（昭和六年），开始处理英镑公债的换借问题。这是指二十六年前（1905年）发行的附带四分利息的两千三百万英镑公债。当时我帮忙处理了许多很琐碎的工作。这批资金是在日俄战争之后为调集财源而筹备的借款。高桥是清①作为特派财政委员，也就是所谓的财务大使，走访英国和其他欧洲各国。最终从大财阀巴郎·艾特华·罗特希尔德那里借到了钱。

这个时期的借款除此之外，还有1910年（明治43年）发行的四亿五千万法郎公债。偿还期限本来是1970年（昭和四十五年）。可在1930年之后，出现了在提前六个月预告的条件下返还全部或一部分的可能性。于是，与法国的交涉活动开始了。这是斋藤实内阁时期的高桥是清大藏大臣任期内的事。一场大争论拉开了帷幕。

当时的法国正处于通货膨胀时期。因此，如果按照通货膨胀期汇率进行返还的话，那金额就会是原票的几百倍。而如果按照借款时汇率进行返还的话，那就会如同返还几张白纸一般便宜。到底是应该按票面金额返还，还是按照当时借款时的实际价值进行返还，成为争论的焦点。最终也没有得出任何结论。

其实，当时高桥大臣给我们的训令是‘要按借款时的票面金额返还’。但是，用英文和法文书写的证明书内，法文部分记载的是“un etalon oul”，而英文部分记载的是“France In Gold Standard”。这样看来，应该按照黄金价值换算后的金额进行返还。

在这个过程里，我曾陪同携带有高桥大臣亲笔信的津岛拜访了坐落在巴黎香榭丽舍大街内的罗特希尔德宅邸。

与罗特希尔德本人见面后，津岛转交了高桥大臣的信。开始罗特希尔德很是激动，还自言自语道：‘高桥先生还健在啊！’，对我们也是毕恭毕敬地进行了欢迎。我们一同用过餐后开始进入主题。当我们表达出了‘按借款时的票面金额返还，这是我们的最终答复。’的意思之后，罗特希尔德的脸色瞬间变了。

他开始用非常猛烈的口气进行反驳。当时我甚至有些担心今天是否能活着从这里走出去。可津岛却仿佛丝毫不为之所动，留下了‘您的意见，我们会向高桥大臣转告。’这句话以后，我们起身告辞。

至于这个问题最终是如何解决的，我当时也是一片迷茫，即使在后来回国

---

① 1936年2月26日事件中被军人枪杀，他得罪军人的著名言论是：想从欧美市场筹集军费，用它来在中国打击欧美利益，世界上有那么傻的借款人吗？

之后，我也不知其结果。好像在大藏省也没有保存当时的资料。

另外，在东京都也有一笔由罗特希尔德代办的外债。由于在支付方式方面引起了诉讼，所以东京都停止了1928年（昭和三年）以后的借款及利息支付。

当时参与交涉的是楢桥渡律师（后来成为众议院议员），楢桥渡律师把江户时代留下来的借款证明装了满满一大行李箱，带到法庭上开始辩论："在日本，无论是哪个时代，无论是借金子还是银子，即使是借铜板，也会在借票上注明'金额×××元'。将之直接翻译就是'un etalon oul'，这就是一个代名词一般。'这番申辩的确有些诡辩的味道。"①

福田赳夫在自己的回忆录中表明他本人没有参与本身，说明他很清楚日本趁法郎大贬值之时还钱不地道。因为日本方面反复强调法文的'un etalon oul'；而只字不提"英文部分记载的' France In Gold Standard。'"

日元兑换美元，20世纪70年代的固定汇率是360日元换1美元。日本曾向中国政府低息、长期贷款。如今日、美汇率最高时接近60日元兑换1美元，日元升值了近六倍。中国归还日本政府长期贷款时要还日元，假如按照动态汇率归还日元，那么以前的360日元，如今要在国际市场上花6美元才能买到。

日本还法国钱时法郎贬值；中国还日本钱时日元升值，究竟中国怎么还的？是吃亏了？还是占了便宜？我只知道中国在20世纪九十年代初人民币对美元大贬值过一次，美元兑日元也同样是美元贬值，人民币对美元贬一次，美元再对日元贬一次，人民币对日元等于双重贬值，日元对人民币等于双重升值。我们的事例跟老福田所举的事例刚好相反。

在没有弄清楚中国如何归还日本政府贷款之前，先别说日本贷款给了中国多少恩惠。希望想发言的人将整个来龙去脉调查清楚之后，再做有责任之发言。

2012.8.29

① 《回顾九十年——福田赳夫回忆录》福田赳夫著，谢秦译，东方出版社，第15—17页。

或许是为麦克阿瑟准备的竹笼

进攻菲律宾的日军最高指挥官是本间雅晴，他曾下令手下制作一个竹笼，计划在菲律宾活捉美军最高指挥官麦克阿瑟，活捉后将他关进竹笼中运回日本，在日本各地巡回展览，让日本人吐唾沫。菲律宾人笼统地介绍说日本曾制作这样的竹笼关押“抗日人士”，只字不提历史上的确有过日本人制作了一个准备关押麦克阿瑟的竹笼一事。

暑假去菲律宾旅游，因时间以及气候原因，没能登上克雷吉多岛[①]，它是当年驻菲美军抵抗日本的最后据点，但是在菲律宾的一座战争博物馆里，看到了一件十分有趣的展品。

只要看了照片，熟悉东方生活的人都知道这是一个竹笼，用于关家禽之类的。可这样一个东西竟然进入了菲律宾的战争博物馆，在旁边一个日本的日章旗展品的反衬下，这个竹笼立刻具备了非凡的意义。因它太有意义了，遂将其拍摄下来。

菲律宾的解说词为：该笼子是日本用来关押日本占领菲律宾期间抵抗日本侵略的“抗日人士”的。

联想我曾看到过的史料，说进攻菲律宾的日军最高指挥官是本间雅晴（1887—1946）[②]，他曾下令手下制作一个竹笼，计划在菲律宾活捉美军最高指挥官麦克阿瑟（1880—1964），活捉后将他关进竹笼中运回日本，在日本各地巡回展览，让日本人吐唾沫。这个作为展品的竹笼，想必不会是当年日本人专门给麦克阿瑟定制的那个。或许菲律宾人为了避免刺激美、日双方，只笼统地介绍说日本曾制作这样的竹笼关押“抗日人士”，只字不提历史上的确有过日

---

① 温莱特将军在这里坚持到1942年5月6日，因巴丹半岛陷落被迫投降。他写的回忆录名《巴丹英雄》。

② 日本新泻人。1915年陆军大学毕业，1918年在牛津大学留学，1922—25年驻印度武官，1930年驻英国武官。英国曾授予他十字勋章。英国通，专门在新加坡对付英国人。好似海军的山本五十六，美国通，专门对付美国人。1946年4月在马尼拉被枪决。

一张笔者拍的照片。

本人制作了一个准备关押麦克阿瑟的竹笼一事。

1941年12月6日起的三天，美国发生了几个重大事件。

第一，美国总统罗斯福签署的“曼哈顿工程”在这一天开始启动，第二，美国时间12月7日早晨，“亲美”的日本海军在这一天偷袭了珍珠港，“这不是演习”的电报也在12月8日凌晨到达了菲律宾的马尼拉。麦克阿瑟与他的参谋们一起，拿着电报惊讶并不知所措。中午，美国在远东的军事基地——菲律宾的克拉克美军基地遇袭，美国人称这是“第二次珍珠港袭击”。英、美认为自己在远东有三张牌遏止日本，一是珍珠港的太平洋舰队，还有就是英国在新加坡的基地，再有就是驻扎在菲律宾的美军部队。然而，1945年12月8日，日本同时向这三个基地发动进攻，而且都是首战告捷。

根据日本最初制定的精密计划，驻扎在台湾的日军精锐部队进攻菲律宾的时间，设定在与袭击珍珠港同时，但因天气缘故，从台湾起飞轰炸菲律宾的飞机比预定时间晚了几个小时。12时25分，当部分美军还在悠闲地享用午餐、用完午餐的美军靠在自己飞机上吸烟的时候，大批日本军机从天而降，9小时前的珍珠港悲剧在菲律宾的克拉克美军基地重演。12月10日、11日、12日，日军开始在菲律宾登陆。在圣诞节的前夜（12月24日），麦克阿瑟下令撤离马尼拉，1月2日，本间率日军进入马尼拉。

罗斯福、麦克阿瑟应该都不知道本间给麦克阿瑟准备了竹笼，但罗斯福严令麦克阿瑟离开菲律宾去澳大利亚，这次撤离或许避免了麦克阿瑟被关进竹笼，而他近2万人的美军弟兄则被抛弃在了菲律宾，近8万人的美、菲联军驻守在巴丹半岛上，5月6日，美军最高指挥官温莱特（1883—1953）将军下令向日军投降，这是美军自建立以来最大规模的一次投降。美军以为日本会遵守国际公约善待俘虏，而日本为此专门派遣了密使辻政信[①]（1902—1968）来指导，辻政信称这次战争是“种族战争”，是黄种人反抗白人压迫的战争，因此必须对白人严惩。白种人平时信奉“白人至上”该杀；中国人是劣等民族也该杀；菲律宾人追随美国，是黄种人中的叛徒，更该杀。日本人最擅长“阴坏”，他们要用阴湿的手段让美国俘虏死掉。

日本人策划了著名的“巴丹死亡行军”。让美、菲军的俘虏在烈日下前往100公里外日军修建的战俘营。其间不让美军喝水，不给他们食物。日本军人为了抢夺美军手指上的戒指，甚至将他们的手指剁下，以他们掉队、擅自找水喝等种种借口，或枪杀，或用刺刀挑死美军俘虏。有三名美军从“死亡行军”中成功逃脱，他们后在菲律宾人的帮助下逃到澳大利亚，这三个活口将自己的亲身经历以及目睹的一切报告给了麦克阿瑟，但因其内容太惨烈，报道出去怕影响美军今后继续抗日的“士气”，麦克阿瑟下令将这三个人的报告内容保密。为让“巴丹”之“惨剧”随时提醒自己，麦克阿瑟将自己的专机改名为“巴丹号”，将自己指挥部的对外回应一律变为“我是巴丹”。

同样是在菲律宾战场，三年后麦克阿瑟率领美军在莱特岛登陆，当日本打不过美国的时候，日本则推出了另外一种作战方法。

大西泷治郎（1891—1945）是山本五十六的得力干将，他是“空海论”的积极倡导者、推动者、实干者，在偷袭美国太平洋舰队母港珍珠港的战斗中，他亲自率队出击，在论功行赏中升任少将。

接着，在5月27日日本海军节的这一天，日本海军史上最大规模的联合

---

① 最初一直在东条手下任职，是他的亲信之一。在菲律宾、新加坡、缅甸都组织过大屠杀，日本战败投降后经中国溜回了日本，因出版《潜行三千里》（1950）出名，后来先后当上众议院、参议院议员。1961年后再次进入印度支那，后在老挝被老挝人民军抓获，接着被枪决。

舰队驶离日本，准备再度袭击美国的中途岛并加以占领，日本欲重演37年前东乡平八郎海军大将在对马海峡一战中创造的战绩。1942年6月5日凌晨，美国侦察机通报“发现目标”，此后日本飞机从自己航母上起飞袭击中途岛；而美军飞机从美军航母上起飞袭击日本的航母。日本四艘航母在这次作战中被击沉，在旗舰“大和号”上指挥的山本五十六，不得不在中途岛时间6月5日下午2点55分宣布：“撤销中途岛作战计划”。

原定6月6日为“中途岛登陆日”，而此时，联合舰队却在朝中途岛相反的方向疾驰，他们在返回日本的途中。对于这次惨败，日本高层一直对日本国民严格保密。

1944年10月开始，麦克阿瑟率兵反攻菲律宾，美军节节取胜，日本失败。大西于10月赶到菲律宾增援，在吕宋岛上的克拉克前美军基地，他提出：使用通常手段与美国海军作战已经无法奏效，美国有强大的生产能力，他们可以不断地造出各种装备，而日本有的只是人，为了击沉美国的航母，遏制美军的进攻势头，日本只能用零式战斗机装载250公斤的炸弹，直接撞上美国航母。

12月13日他下达了命令，要求飞行员在3小时内决定去留。次日，由24人组成、分为四小队的“神风突击队员”出发。在后来的行动中，神风队员同时袭击三艘美国航母，让两艘遭到重创。美国航母“普林斯顿号”在被撞击二十分钟后沉没。

大西发明了“神风突击作战方法”。而这次可上达天皇并号称能够挽回日本败局的重大军事行动，曾被大西坚决否定过，他从阻止“豹变”为积极推动，缘于日本已经无法招架美军的强势进攻。海军中将送给每个“人肉炸弹”的大礼是，在每个人面前深深地鞠了一个九十度的大躬。这个最想立功的“英雄”，既不率队进攻，也没有升空跟随观察，完全变成了“狗熊”。

日本是个“纵向社会”，非常讲究“等级”，只有“武士”为“领主”去死。好似为保卫日本本土日本要牺牲冲绳，绝无为保卫冲绳而不惜让本土变成焦土的可能。朝鲜战争时，美国想重演亚洲的“敦刻尔克大撤退”，该方案立刻被日本坚决拒绝。

使用“人肉炸弹”之时，就是日本已无计可施之时。

日本对白种人恨之入骨，在香港，日军强奸英军医院里的女护士，在印尼强奸荷兰妇女。别以为日本军人是在发泄种族仇恨，因为他们对同属一个种族的中国人、朝鲜人、菲律宾等亚洲人也同样凶残。日本组建“七三一部队”，将俄罗斯人、中国人关在铁笼里，将他们肉体割开，在上面散布上各种病毒，观察他们会在多久之后如何死去。

1945年8月6日、9日，美国向日本先后投下了两颗原子弹，日本人称这是“种族屠杀”。

石井四郎（1892—1959）后来将日本“731部队”在中国哈尔滨人体试验中总结出来的经验带回了日本，曾计划利用日本女子慰安美军时将病毒散布在他们身上，只因后来找不到解药，无法保护“执行任务”的日本女子的安全才放弃。

假如二战以日本胜利而告终，那么，中国人、美国人等，统统都无法逃脱被关进这个竹笼里的厄运，那时，唯一的反抗恐怕只能是抱怨里面太拥挤。

2012.9.2

顾名思义『自卫队』

战败国疆界由战胜国划定。如今日本声称没有经过国会审议的条约都没有法律效力，这等于说战败国应隔着谈判桌与战胜国对等“谈判”，然后再送交国会表决。日本不承认战败以及战败带来的结果，那就意味着……

日本“自卫队”顾名思义，它存在的前提是“专守防卫”。也就是说，只有当日本受到攻击时才可以“自卫”。在此之外还有《日美安全保障条约》，它在自卫队自我防卫能力不足时补足，这属日美双方认可的“集团防卫”。

第一次世界大战后在凡尔赛体系下组建了“国际联盟”，在“国际联盟”推动下制定了“九国公约”，签字国承诺“不以人民的名义发动对外战争”，可它对受到攻击后的“自卫”没有规定，同时，联盟也没有对爆发非正义战争后由谁来制止、如何制止做出规定，日本钻这个空子，悍然发动“九一八”，1932年退出“国际联盟”之后，1937年再以“自卫”为由，挑起中日全面战争。

战后在美国积极推动下建立了“联合国”，“朝鲜战争”由此变成为证明“联合国”能否发挥作用的存在。美国宣称北朝鲜发动了侵略战争，被美国操纵的“联合国”授权美国组织多国部队，遏制“非正义战争”，与此同时日本组建“自卫队”，旧金山和会后美军驻扎日本变成保卫日本。但直到如今，美国何时应该出兵，是否应该在“联合国”授权之下，都是美国想怎么说就怎么做。而日本要求美国的所谓“集团防卫”，无论如何也不可能倒退至《波茨坦宣言》之前？！。

新加坡被日本攻占后被命名为“昭南岛”，台湾、朝鲜都是日本殖民地，假如只因日本强调这些地方属日本领土，美国就去“集团防卫”，岂不等于美国将自己从日本人手中解放了的地方再划归给日本，二战战胜日本的“果实”何在？！日本的国境线究竟在哪里，《开罗宣言》、《波茨坦宣言》中已经写得很明白。

野田佳彦是日本首相，但他上面还有国家元首天皇，《宪法》规定日本没有宣战权，尽管首相名义上是自卫队的最高指挥官，但日本还有国会，国会依据宪法运作，国会不通过决议并授权，首相放话只能由他自己负责收回。野田佳彦可以检阅自卫队，还可以不负责任地胡言乱语，可一旦遇到自卫队是否应该出兵“自卫”这样的大事，自卫队的幕僚长、防卫省事务次官不跳出来跟他争论，幕僚长之下的自卫队员都会跑出来跟当官的理论。而且如今的天皇决不会轻易在涉及到国家存亡的文件上轻易盖章，我个人认为，天皇家族捍卫《和平宪法》的决心不可低估。

日本是个战败国，疆界由战胜国划定。如今日本声称没有经过国会审议的条约都没有法律效力，这等于说战败国应隔着谈判桌与战胜国对等“谈判”，然后再送交国会表决。日本不承认战败以及战败带来的结果，那就意味着日本要跟包括中国在内的战胜国再打一次。假如美国在钓鱼岛问题上帮了日本，那么北方四岛、竹岛也得继续帮。美国为了一个日本，而且是战败国日本，跟俄罗斯、中国、韩国闹翻的可能性极微。

日本政客为日本争夺所谓“国家利益”，实际上却是为了“一己之私”，他们想在自己有限的政客生涯中扮演“硬汉”，同时将定时炸弹传递给后来的政治家。中曾根闹腾说“北方四岛”属于日本，他主政时当“鹰派”，他下台后将问题撒手留给了后来者。小泉、安倍说“独岛”是“竹岛”；野田说“钓鱼岛”是“尖阁列岛”，这些都是政客们为掩盖其治理国内问题无能的伎俩。别说为了远海的一个岛屿让自卫队出动，就是冲绳受到攻击，自卫队是否该出动，谁说了算，什么情况下应该如何，日本都说不清楚。

琉球人不同意为保卫日本牺牲自己，同样，日本想为琉球打仗琉球人都会说多余。因为琉球想中立，不愿与任何国家为敌。历史上除了日本要侵略、吞并琉球之外，没有人会要侵占琉球。琉球人想对日本说：我们是我们，你们是你们。你们日本愿打谁打谁，愿与谁为敌，别把我们琉球绕进去，我们既不愿意保卫“日本”牺牲自己；更不愿意日本来“保卫”我们。琉球人知道，跟日本扯，除了会给自己带来灾难之外没有任何好事。

日本人凡事喜欢制定详细计划，但许多计划往往建立在几个人的虚幻之上。偷袭珍珠港以为美国没有发现（美国在1932年就组织过假设珍珠港在周日突然遭袭的演习），还妄想给美国猛烈一击后美国会更“门罗主义”。没想到珍珠港事件后美国对日宣战、杜利特空袭日本、中途岛消灭日本四艘航母，还有后来山本五十六被猎杀。美国从不会按照日本布置好的“作业题”来完成作业。

美国从澳大利亚开始发动反击后，日本制定了所谓“捷号”防卫计划，以此来保卫日本的所谓“绝对国防圈”，菲律宾是“捷一”，台湾、琉球为“捷二”，九州、本州是“捷三”，北海道、千岛群岛是“捷四”。可美国人采取蛙跳战术，放弃了进攻印尼、台湾，直至后来扔下两颗原子弹，美国人一直使用日本想不到的方式打击日本。

这次钓鱼岛危机，自卫队出动与否关系到日本整个国家的安危，野田佳彦以及他背后的鹰派人物说出动自卫队，可极右政客之外还有天皇、官僚、资本家，好几个关要过。他们都同意了！？“铁三角”之外的日本国民会答应吗？野田明知自己指挥不动自卫队，还虚张声势地说要动用自卫队。没有国会授权，首相下令海上自卫队去给印度洋上的美国军舰加油都不行。

2012.9.17

二战期间缴获的日军山炮。（摄于新西兰惠灵顿的新西兰国家博物馆）

为何『十七岁』时杀人？

日本民法规定年满18岁者开始具有选举权，因此，通常要求年满18岁者必须负完全刑事责任；而16岁则是下限。16岁前的犯罪由“家庭裁判所”审理，不以成年人的量刑标准为依据，但对16岁到18岁之间，也就是17岁，只要负担有限刑事责任。该判死刑的判无期；该判无期的判十年以上十五年以下刑期。17岁的年轻人被人雇去杀人，正是因为雇佣者以及被雇佣的17岁年轻人都想钻这个法律的漏洞。

不久前，一个总在网上发文“说‘日本话’”的中国女子写了一篇文章，批评中国从娃娃抓起的爱国主义教育，她举了两个日本的事例。

她举的第一个例子是，日本社会党领导人浅沼稻次郎（1898—1960）1960年遇刺，他被一名17岁的“右翼”青年山口二矢挥刀刺死。造成该青年杀人的原因，是他从小受日本极端“爱国主义”灌输，因此形成极端思想，铸成极端行为。

第二个事例是，因日本抢夺中国的钓鱼岛，或可引发中、日之战，日本电视台为此在日本东京街头进行随意采访时问一个青年：“你愿意为了国家去赴死（牺牲）吗？”该青年回答：“让国民为国家去死，不如先让这个国家灭亡。”

由于中国电视及报章对这段视频广为报道，许多中国人都知道这个事例，写文章者或感觉充分利用一下这个“好例子”的时机已到，因此作为“反例”使用。她呼吁中国青年杜绝第一个极端，效法“第二个极端”。

该女子用两个人、两个极端的事例批评中国的“爱国主义教育”，这实际上是将中国的爱国主义教育与日本的极端杀人等同，故意偷梁换柱。她同时劝诫中国年轻人应该效仿后面一个日本年轻人，他是“民主教育”下培养出来的“反政府”榜样。用正反两个事例，呼吁中国青年抵制“爱国主义教育”，做“反政府”的模范青年。她妄称中国青年没有日本青年同样的想法，是因为中国的教育不是“民主教育”。这么“曲折”的文章出自中国女青年之手，与其说感受到她的说教能力，不如说感受到日本的力量。日本人真能下功夫，不放过任何机会。

笔者希望利用自己对日本的了解，说明日本社会为何存在上述两个极端青年。

首先，对于日本“右翼”青年杀人，而且不老不少，恰好到了17岁这个节点上去杀人，这一点日本人基本上人人都明白为何会这样。

日本民法规定：年满20岁者为“成年”，未满20岁者未经父母同意不能结婚或订立契约。也就是说，20岁是“成年”与“未成年”的分水岭。但民法同时规定，年满18岁者开始具有选举权，因此，通常要求年满18岁者必须负完全刑事责任；而16岁则是下限。16岁前的犯罪由“家庭裁判所”审理，不以成年人的量刑标准为依据，但对16岁到18岁之间，也就是17岁，只要负担有限刑事责任。该判死刑的判无期；该判无期的判十年以上十五年以下刑期。17岁的年轻人被人雇去杀人，正是因为雇佣者以及被雇佣的17岁年轻人都想钻这个法律的漏洞。

1961年，大江健三郎在《文学界》第一号上发表了名为《十七岁》的短篇小说，接着再在第二号上发表“十七岁第二部——政治少年之死”。而在该刊物的第三号上，则刊登了大江健三郎的公开道歉信：“小说纯属虚构，却对作为该作品蓝本的山口氏、反共挺身队全亚洲反共青年联盟以及相关团体造成困扰，谨此诚挚致歉”。大江健三郎的这两部小说，后来既没有出版单行本，在大江的文集中也无法见到踪影，这些本身说明，即便是诺贝尔文学奖得主的大江健三郎，也有可能成为“十七岁少年”的下一个攻击目标。大江的舅子，著名电影导演伊丹十三（1933—1997年12月）也曾被日本右翼刺伤，后因被诬陷而愤然跳楼自杀。

名为《十七岁》的短篇小说，描写一个十七岁青年的成长过程以及最后杀人、在狱中自杀的过程。它以日本社会党书记长浅沼稻次郎1960年10月12日在东京被山口二矢刺杀为蓝本，该青年事后宣称自己是“大日本爱国党”成员。日本警察公布的结果是：山口二矢在狱中“自杀”，实际上真相究竟如何还是一个谜。

日本《中央公论》1960年12月号（11月出版）上刊载了日本小说家深沢七郎创作的小说《风流夢譚》，它以1960年的“安保斗争”为背景，虚构了一个示威民众冲入皇宫，将皇太子、太妃斩首，然后在皇宫前广场上，将他们的头颅当成皮球踢的内容。1961年2月1日，又一个十七岁的“右翼青年”小森一孝，他闯入中央公论社社长嶋中鹏二家中，将嶋中妻子刺伤，家中50岁女佣刺死，社长本人因当时不在家而幸免于难。凶手小森自称是“大日本爱国党”成员，该人物如今生死、行踪不明。

两起杀人事件的共同特点在于，手持利刃去杀人的年轻人，都是17岁，时间上一先一后，仅仅相隔4个月。事发后都发表声明，称自己属于“某某”右翼团体，杀人动机都是出于激愤。当然，任何一个被雇佣的杀人者，没有人会说自己是出于对金钱的饥渴而去执行杀人任务，他们都会异口同声地用一个“大义名分”来掩盖铜臭，他们会宣称自己出于“义愤”。问题在于雇佣他们杀人的人，没有足够的金钱，“右翼”青年不会冒如此大的险，也就是说，只有支付得起大价钱的组织，才可能找到人去行凶。

1960年时17岁的年轻人，这样的人应该出生于1943年，在他们开始懂事的9岁的时候日本已经独立（1952年），按理说受战后和平教育熏陶的年轻人通常不会过激，同时，战后民主改革的主要内容之一是“新宪法”，宪法保护言论自由的条款已深入人心，可在如此环境下，竟然还会出现跟二战前一样的“杀人青年”，这本身值得警惕，说明日本社会上“右翼”复活。大江健三郎先写名为《十七岁》的小说，接着再发表公开声明道歉，如此“一进一退”本身表明，他想作为典型揭露，唤起全社会思考、警惕，可最终还是“败”给了“右翼”，他选择了避让。这说明战后日本并未痛改前非，战前政府与战后政府之间藕断丝连。

假如杀人真是出于“爱国情怀”，那么没有必要非十七岁不可，还有，战后不可能有人教育这种十七岁青年，“牺牲”自己可以挽救国家，十七岁的年轻人去杀人，分明是想钻法律空子，想等坐牢后出狱时获得一大笔金钱，绝对是一个拿自己生命、荣誉当赌具的赌徒而已；绝无可能为了信仰去杀人。战前“爱乡塾”“一个杀一个”都是为了金钱，遑论在拜金欲横流的战后了。

再说几句多余的话。

1959年3月，浅沼作为社会党书记长率领访华团访华，3月9日，他发表了“美帝国主义是日中两国人民的共同敌人”的演讲，他还与中国方面签署了联合声明，而这些仅仅是给中国的一个“虚礼”。

从“九一八”、“七七事变”直到“太平洋战争”爆发，浅沼一直要求日本工人、农民全力支持政府，“一心报国”，彻底打败中国人、美国人。1940年日本“大政翼赞会”成立，在此前、此后，他在日本政坛上蹿下跳，积极鼓动成立“大日本产业报国会”，此后积极参与[①]。战后他摇身一变反对日本保守政府、反对美国，可他并不反对朝鲜战争，同时反对日本与所有国家全面媾和。

再看该女子为中国年轻人推荐的效仿榜样。

钓鱼岛事件被热炒后，一个日本青年在接受电视台采访时说“让国民为国家去死，不如先让这个国家灭亡”。这段视频在中国广为流传。该女子趁热打铁，赶忙写博文向中国青年推荐这个“反政府”榜样。实际上，日本出现这样的言论很正常；而让中国年轻人效仿他则属“不正常”。理由在于：中国政府与日本政府不同；在此前提下的中、日人民应不同才正常。

在中日近代关系史上，日本人是加害者；中国人是受害者。让受害者跟加害者站在同一个立场上反省战争，这本身就荒唐且不合逻辑。举一个简单的事例，浅沼稻次郎说“美帝国主义是日中人民共同的敌人”，这一说法本身就不正确。美国打败了日本，日本恨美国。可对中国人来说，没有美国出兵打败穷凶极恶的日本，中国还不知道何时才能从“水深火热”之中脱身。美国战胜了日本，中国才被解救。日本人恨美国，而我们应该感谢才是。再有，战前的日本政府一直在欺骗国民，他们打着“一切为了国家”的幌子煽动国民追随，发动战争实际上是为了让自己赶快“暴富”。等到美国人开始对日本岛进行轰炸之后，统治者们再鼓励年轻人去死，同时想方设法让自己活着，在日本战败投降后，统治者的嘴脸大白于天下。

坂口安吾（1906—1955）是日本战后著名小说家之一，他在1946年发表了著名评论《堕落论》。战前日本“右翼”刺杀首相犬养毅、日本财界领袖团琢磨等，公开审判时，刺杀者都控诉日本领导人“堕落”。坂口安吾接过这些人的“话把子”，讽刺、挖苦战后日本领导人之“堕落”。

“鼓励二十岁的年轻人驾驶自杀飞机杀美国人，可你们自己已是七老八十的人了，甚至被美国人用绳子牵着走进了法庭，竟然还为自己辩护，还千方百计地想活着，跟你们对年轻人鼓吹的不一样嘛，真是堕落啊！”

日本的统治者们，自己各个贪生怕死，为了保住自己的性命以及地位，让年轻人去为他们送死，可战后他们竟然还有脸活着，许多人都明确地说昭和天

---

① 1938年2月21日，是日本所谓的“建国纪念日”，这一天，军方、政府、工会齐聚一堂，成立了“产业协力大会”，会议在《爱国进行曲》中开始，参会人员全体高唱《君之代》，对皇宫遥拜，为“皇军”默哀。浅沼这时就是积极分子之一。

皇最应该剖腹自杀，向所有为他死去的人谢罪；为自己发动不义战争，将民族引入灾难谢罪。

山本五十六，他策划并实施了偷袭珍珠港。是个将整个民族带入灾难的“英雄”，平日思考最多的，不是日本海军士兵为何只有在军舰上才能吃上顿饱饭，而是坐在联合舰队旗舰上的私人办公室里给他喜欢的新桥艺妓“花魁”河合千代子写情书。他被美国飞行员打死之后，日本东条政府表面上追授他为元帅，给他荣誉，私下里让宪兵将他写给情妇的大量情书没收。另外一个贵族出身的近卫文麿也同样。

战后，随着真相不断被披露，死者身在黄泉当然无法知道，但活人对统治者的欺骗以及厚颜无耻异常愤怒，他们到处呼吁，不要再上统治者的当，别被他们再次欺骗，被他们再次出卖。

东京的一个名为山下三郎的61岁公司经理回忆道：

“有一个职员因为批判政府的战争政策，在日美开战第二天被捕，接着关进监狱，后来拷问致死。（昭和十九年五月十四日），年仅34岁。后来妻子也累死了，留下了一个女儿。

战争结束了，这个女儿的丈夫写道‘传说战争是有些人违背了天皇的意志而发动的。可是，违背天皇的意志发动战争的军人，政治家给他们发优抚金，而因与天皇意志相同而死的人，却什么补偿也得不到。’”①

看看日本的统治者，想怎么编谎就怎么编谎，战后日本人的回忆是用自己的血泪写成，他们对统治者的嘴脸看得一清二楚，他们决不会再上统治者的当，因此才发出了“要让国民牺牲，必须这个国家先灭亡”的振聋发聩的声音。他们“反政府”，原因在于日本政府是“说谎者”。

2012.12.3

① 法兰克、吉伯尼著，蔚、史禾译，《日本人记忆中的二战》中央编译出版社，第207页。

日本的『自我中心』主义是中日交往中的『癌症』

中国与日本同为亚洲的重要国家，中国是个大国，人口众多，人均占有资源也比日本丰富，日本要想在与中国的和平竞争中胜出，只有保持自己在技术上领先一个优势。60年代的日本首相池田勇人曾说过：要堂堂正正地跟中国一较高低。他是说“要公平竞争，看谁的社会制度能够将国民生活水准提高”。池田勇人当时底气十足，因为他认为中国能在日本出售的商品只有毛笔和砚台，这样的国家无法跟日本竞争。

1968年，中国正在轰轰烈烈地搞“文革”，日本“左派”积极支持；“右派”暗中窃笑。日本有良知的思想者丸山真男（1914—1996）此时说了一句大实话：“如果中国的劳动生产率提高了，那么日本人只能更加努力了。”[①]这句话是说，如果中国人也积极抓生产，发展经济并提高生产率，那么日本人只能依靠更加努力工作跟中国人竞争了。换言之，中国人没有发展经济而在搞意识形态斗争，这给了日本人喘息机会。

中国与日本同为亚洲的重要国家，中国是个大国，人口众多，人均占有资源也比日本丰富，日本要想在与中国的和平竞争中胜出，只有保持自己在技术上领先一个优势。60年代的日本首相池田勇人（1899—1965）曾说过：要堂堂正正地跟中国一较高低。他是说“要公平竞争，看谁的社会制度能够将国民生活水准提高”。池田勇人当时底气十足，因为他认为中国能在日本出售的商品只有毛笔和砚台，这样的国家无法跟日本竞争。

中国自1840年鸦片战争败给英国之后，内外战争一直没有断过，这让中国几乎没有时间认真地发展自己。新中国成立之后，对外有朝鲜战争、中印战争、支持越南反美；对内又不停地折腾，中国要维持自己温饱都费劲，更别提走出国门，跟日本竞争了。

改革开放之后，中国远远落后于日本，日本期待的“纵向工业体制”摆在所有人面前。中国出口原材料；日本视中国为自己最大的工业品市场，向中国

① 丸山真男《丸山真男座谈》第七卷，岩波书店，1968年1月的演讲。

出口商品。日本希望一直保持自己的技术优势，让中国永远跟在日本之后。中国期待日本转让技术，这也是中国“自力更生”之延长，可它跟日本希望保持技术领先的“国策”完全相反，日本要靠“吃技术”维持自己的生活水准，将自己的“肥田”转让给了中国，日本吃什么？！因此，中日双方从坐下来谈“共同繁荣”之初，就埋下了“我情他不愿”的平行轨道。日本只盯着中国的大市场，只出售过时的技术。事实也是，迄今为止日本转让给中国、也就是中国从日本购买来的技术，包括所谓的“高技术”，实际上都是他们要淘汰的。20世纪80年代中国引进德国大众汽车，实在也是无奈之举。此前中国一直期待日本能够帮助中国发展汽车工业，但丰田等日本汽车企业，暗中培养了大量的中国通，他们只负责调查中国市场，看如何能将日本整车卖给中国，根本不考虑进入中国建合资或独资厂。中国千呼万唤请日本人他们都不来，中国这才选择了德国。看到德国大众在中国获得巨大成功，而且中国人的生活水准逐渐提高，私人轿车市场不断扩大，这时日本才急忙要削尖脑袋挤进中国市场。我认识几个在汽车厂工作的人，他们都异口同声地说过，日本人想方设法收买中国汽车企业的高官，给他们好处，要求组建合资厂。

世界经济一体化也是当初日本对中国拼命鼓噪的，可当日本人希望的“日本工业；中国农业”这一“纵向经济体系”刚刚建立起来，日本就开始散布“中国威胁”了。日本到处高喊“狼来了”。一方面说收入减少，同时抱怨物价不断上升。

国际市场上的小麦价格升高，面包、方便面、饼干等日本人的生活必需品相应涨价。大豆价格升高，造成食用油、豆腐、豆制品涨价；大麦价格升高，啤酒涨价；大米涨价，从米饭到寿司到日本清酒，所有与米有关的商品价格都涨。日本人鼓噪，所有这一切都是因为中国生活水平提高，在国际市场上采购原材料造成的。

日本一个一直用中文写作的女专栏作家新井一二三写了一篇名为《石油涨价狂想曲》的文章，她在文章中称：“原油价格升高，给日本社会的各个层面都带来影响。北海道等寒冷地区，到处发生油品偷盗案；许多地方为了节能不得不关闭了暖气。”她举的案例与结论均来自日本的各大报纸。“日本上班族上班时都要在西装里多加一件毛衣或毛背心。据说北海道各地的办公室，职员要穿两双袜子、围上围巾、膝盖上盖上小毛毯才能工作。冬天取暖温度要降低，相反，夏天则空调温度要提升。”

“十年前，在多数日本人心目中，最标准的俄国人形象是：严冬时冒着寒风站在店外排队，这也不一定买得到足够一家人吃饱的食品。又或者：晚上在东京的闹市街头，穿着迷你裙拉客的金发女郎。”

这些是一直以来日本人对俄国人的印象。如今不同了，原油价格上涨，便宜了俄国人。“从俄罗斯飞来日本的富翁，一家四口，一周在东京的房费就535万日元。还有人乘私人飞机来东京，包租银座的高级寿司店，一顿饭吃掉1000万日元，临走时还将他们看上的日本厨子带回俄罗斯。五年前日本新泻的滑雪场一年只有5—60名俄罗斯客人，如今多达2000人。”

俄罗斯食品紧缺，年轻的金发女郎到日本来当陪酒女郎，日本人对这种状况倍感兴奋，而俄罗斯人到日本来大把花钱，却让日本人倍感凄凉。

日本人看俄罗斯的视角，实际上也是他们看中国人的。日本对内是“纵向社会”，移植到对外关系上时，就是“自我中心”主义的“纵向国家”思维。在日本人眼里，“大和族”最优秀，他们吃肉时你喝汤，他们喝汤时你喝水，这样才能让他们觉得心里才舒坦。相反则不行。

中国人不去日本旅行，不在日本消费，日本人不高兴；可中国人去日本花钱，大把花钱，被日本媒体再一歪曲，就变成刺激日本人自尊心的内容。日本社会的特点是歧视非常严重，一个人甚至不能容忍隔壁邻居的碗里比他多了一块肉。美军在日本长期驻扎，大手大脚花钱，实际上日本人又嫉妒又不满，但为了跟周边国家做对，他们对美国“忍”，不敢发作，而对其他国家则尽情“发泄”。换个角度而言，美国对日本的国民性也十分了解，知道只有给日本制造对手，日本才会对自己俯首称臣，这时政府也会压制媒体，不允许其煽动对美国的不满。

新井一二三还写了一篇《吃不到鱼的时代？》。她在该文章中称：“2008年1月5日清晨4点，是东京筑地鱼市开张的第一天，当天竞拍了一条产自日本青森县的黑金枪鱼，一公斤两万两千日元，一条价格高达600万日元。每年第一天的竞卖都是各家大报的头条，而且还配发彩色照片，而这次竞拍成功的，是在日本经营连锁餐厅‘板前寿司’的华人老板。他接受日本媒体采访时说，竞拍到的鱼，在东京的店里消费四分之一，其余的四分之三要运往香港，供那里的消费者消费。”

就是这样的一条新闻，被这个用中文写作的作者添枝加叶之后，就变成了让日本人酸溜溜的内容了。日本人普遍爱吃鱼，尤其是金枪鱼刺身。如今在日本竞拍的金枪鱼最终上了香港的餐桌，这让日本许多食客切齿扼腕。中国人吃金枪鱼被描写成抢了日本人的口中食。

中国人都咏“和歌”，看《源氏物语》，日本人觉得高兴，买日本电器产品，甚至购买日本新干线，日本人高兴，可中国人生活水平提高了，也学日本人的样喜欢吃“刺身”了，日本人不高兴了。作者绞尽脑汁想要鼓吹的就是：国际市场上中国嘴巴的增加，影响了日本人口中的吃食。

她还进一步鼓噪称：“疯牛病风波造成日本人少吃牛肉，同时还包括猪肉、羊肉。日本人多吃海产品。因为日本人长寿，欧美市场也开始研究日本人长寿秘诀，他们的结论是日本人多吃鱼，鱼属于健康食品，因此消费量大增。亚洲经济发展，本来大陆人不喜欢吃海鱼，可近来饮食习惯发生改变，大城市中的富裕阶层开始吃鱼了，不但日本餐厅供应各种鱼，超市中也出售各种鱼。尽管富裕阶层人数并不多，但中国总人口数是13亿，因此吃起来不得了。”他们“会对全球市场价格产生巨大影响。其实，受他们胃口影响的远不止鱼，还有红酒、奶酪等。将来会出现日本食品商社在拍卖中输给中国买家的情形。说不定有朝一日，金枪鱼会从普通日本家庭的餐桌上消失个干净。还有就是全球气温升高，日本群岛附近的鱼类已经减产。由于黄海水温升高，中国沿海地区每年春天大量出现直径达两米，体重达150公斤的巨大海蜇，这种怪物海蜇漂到日本海域，把当地的长枪乌贼、平鱼等统统吃掉，使得日本渔民无鱼可捕。这也是中国大陆的经济发展直接影响到日本人饮食的例子。”

世界经济一体化、全球化的时代，中国人的饮食生活也离不开世界市场。当中国人完全凭借自己的勤奋以及智慧加入到世界经济体系之中去的时候，没想到我们的邻居竟然如此不高兴，极力歪曲，设法抹黑。原本积极向中国兜售世界经济一体化的也是日本；可一体化才刚开始，日本就开始指责一体化了。既然国际市场上的商品价格对所有人都是公平的，那么为何中国人加入采购就变成了罪恶？以前日本侵略中国，要用枪炮保证日本人吃大米，而中国、韩国、台湾人只能种不能吃。如今进入了和平竞争的时代，可日本人的思维定势依旧，他们吃鸡你吃鸡脖子、鸡爪就应该，相反就变成了“中国威胁”，俨然天下财富只能他们先享用之后，剩下的才是你的。

2013.1.15

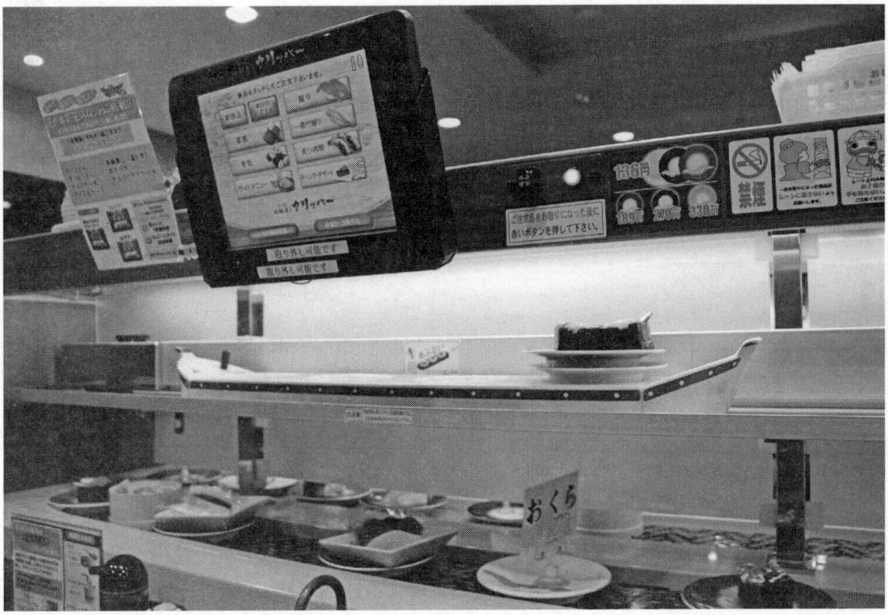

日本的海鲜寿司店。

不生不死的难题和十年规律

日本的最大难题之一是“不生不死”。

年轻人不想生孩子，政府无论想什么招儿也无法让适龄生育的女子怀上孩子。另一方面，老龄人口却不断增加。由于年轻人减少，老龄人口不断增多，人均负债增多，日本是背着包袱跟中国赛跑。

“十年规律”是指什么呢

如今中国上坡，日本下坡。中国是柴油车，慢，但马力大。日本是在下坡路上跑。日本如今面临的国内难题，实际严重程度远大过“钓鱼岛”。日本的最大难题之一是“不生不死”。

年轻人不想生孩子，政府无论想什么招儿也无法让适龄生育的女子怀上孩子。另一方面，老龄人口却不断增加。

随着科技进步以及医疗水准的提高，老年人越来越长寿，除了健康的长寿者之外，还有许多高龄者是在医疗护理之下的长寿，而这些人在这种状态之下的长寿，要耗费大量的社会资源。年长者占用的社会资源，还包括需要许多年轻的壮劳力为他们提供服务。有统计表明，到了2015年，日本每四个人中就有一个65岁的年长者。

日本原本是想通过适度的“外来危机”、“外来紧张”来加大国内改革力度，比如国债超过GDP两倍问题，它就是个嘀嗒作响的定时炸弹。有日本学者指出，日本每秒钟要为此支付30万日元的利息。日本是个资本主义国家，企业不行了，老板裁员，用减少支出的方式让企业维持下去。可如今日本政府生了大病，谁负责医治？应该如何医治？最应负责的政治家们都当“撒手掌柜”。政治家、官僚们的铁饭碗吞噬掉了大量财富，一方面他们没有找到日本经济的新增长点，发现新财源；另一方面，他们也丝毫没想从自身做起，先削减自己的工资，减轻国家负担。

日本以前是“贸易立国”，如今强调“技术立国”，日本要通过“技术转让”悄悄地挣外国的钱，而靠卖专利最能吸金的，是蓬勃发展的中国市场（真正的垄断高技术是绝对不会出售、转让的）。日本一方面在中国闷声挣大钱；同时还跟中国闹事。这种吃错了药的行为就是日本宣传的“政经分离”，中国要增强自信，靠自力更生“自强”。

中国同时还要把握日、美关系的“十年规律”。

日本跟周边国家闹事有明显的周期性。日、美之间的《日美安全保障条约》自20世纪60年代起每十年决定一次是否延长。谈判在第九年开始，不废除就顺延。因此，每个十年的上半期，都是日本的对外活跃期。对于新增的补充内容，日本要按照自己的意志扩大解释。说白了就是日本要美军按日本的指挥棒行动，探测美军的极限。到了后半期，则是日本老实，为添加补充新内容的准备时期。美国对日本很有“耐性”，你要美军驻扎，那么就请付钱。日本要跟周边国家闹，不想成为一个和平国家，因此美国要让日本付出代价。

日本跟中国争岛，跟俄罗斯、韩国也争岛，如今跟中国作对还要拉上其他亚洲国家，其手段无非还是给钱。那么多亚洲国家，日本有钱给好了。中国应扎扎实实地埋头发展经济、教育，学习日本也让自己“适度紧张”，这些有利于铲除自己肌体上的不良物质。

要学习美国对日本有足够耐心，要知道，当你在某地遇到一个日本人时，你就要庆幸自己遇到了一个“千万负翁”，即便是怀抱在父母手中的婴儿，也是“千万负翁”。日本的人均国债已经接近千万日元，也就是说，平均每个日本老百姓都要背负一千万日元的国债。年轻人减少，老龄人口不断增多，人均负债增多，日本是背着包袱跟中国赛跑。既然如此，中国更应该跟日本“悠着”跑，拖长跑步距离，如此跑下去，背着包袱跑的人肯定先倒下。古训是“治大国如烹小鲜”，“放进锅里的鱼不能翻腾来翻腾去”。要在“不折腾”中发展壮大自我，少走弯路，在国内创造公平竞争环境，铲除腐败，这些是中国跑赢日本的关键。换言之，腐败，破坏公平、公正原则，这些是我们身上必须卸下的包袱。

2013.1.29

难以忘却的记忆（一）

日寇未占北平之前，面价每袋不过合大洋二元。它到北平之后，面价日涨，几个月的工夫，涨到了几十元。天桥有一说相声者说了一段，甲说几个月的工夫，面粉价由几块钱涨到了几十块钱，乙说人民不容易生活了，甲说再过一年就好办了，乙说再过一年就几百块钱一袋了，怎么会好办呢？甲说人民都饿死了，谁还买面粉吃呢？此语被日本人听见，遂把该二人抓去，当然是训教了几天，又放出来。他二人在天桥仍说这一套，甲说再过些日子就好了，买一袋面有两角钱就够了，乙问怎么会那样便宜呢？甲说口袋小了，乙说口袋小也不容易那么便宜，你那是梦想。甲说我说的是装牙粉的口袋。日本听到此，也无可如何。这些人彼时议论日本人的话还多得很。

“书到用时方恨少”。

在菲律宾的博物馆里曾看到日本南方军使用过的“竹笼”，史书记载本间雅晴曾为美国驻菲律宾最高军事指挥官麦克阿瑟也准备了一个。日本人准备好了竹笼，可麦克阿瑟却跑到澳大利亚去了，结果让日本人“竹笼打水一场空”。

近来进一步阅读了当年的相关书籍才发现，在当年的北平，的确有美国人被日本占领军关进了“竹笼”。此时的第一感受就是“古训”说得太对，自己知识太少，假如当时写那篇文章前就读到这本书并将这部分内容也写进去，那么一定说服力会更大一些。

以下内容摘自司徒雷登的回忆录，太平洋战争爆发时，他是燕京大学校长。

“珍珠港事件爆发后，北京的美国人立刻被逮捕。其中有一个鲍文博士（Trevor Bowen）先生，他在北京协和医院工作。”

“我们受过几次严刑拷打。有一次是因为‘北京猿人’造成的。这位女性（我觉得性别我没有弄错）的骸骨本来存放在北京协和医院里面，旁边摆了大量的复制品，足以以假乱真，只有专家才能分辨出来真伪。但是显然一些日本科学家感到凭借他们国家在世界上的地位，有权把北京的史前珍宝据为己有。有一天，宪兵队军官突然闯进来审问霍顿和鲍文这件事。他们老实地告诉对方他们不知道头骨在哪里。事实上为了安全起见，这些珍宝已经送往了秦皇岛。当时一艘美国船在珍珠港事件前后来到了秦皇岛，把一个分遣队的海军陆战队员接到国内。至于这些骨头是否送到了船上，还是摔成了碎片或是遭遇了什么其他的命运，我的两个同伴肯定是不知道的。

双方激烈争论之后，日本军官明显不服气地走了。几天之后，鲍文被抓到宪兵总部，五天之后才回来，这中间他显然受到了非人的严刑折磨。到达宪兵总部以后，他被剥去了身上的所有可能用来自杀的东西，被迫用手脚从一个小孔爬到笼子里。笼子实在太小了，他无法横卧起身子，完全无法舒展手脚。一个邪恶的警卫每次在他想伸展的时候都会过来打他。一条皮带就在他眼前晃来晃去。他实在可怜，虽然一天会送两次食物，但是身体太差的他都吃不下去，但是干渴的他还是把一小杯水喝下去。折磨了5天之后，日军明显感到他已经足够精神失常会招供了，又审了他一次头盖骨的事情就把他放了回来。

鲍文后来战战兢兢了好些天，有些神经过敏了，当时还有一件事现在回想起来还是挺好笑的。他当时被日本人抓走时，匆忙拿走一张200美元的钞票。当时在中国的外国人都有一个共识，就是会带点钱在身上以防万一。这个钱当时就被日本人发现拿走了。日军后来拿着钱问我们怎么会有最近印制的钞票。因为我们囚禁的时间很长了，带的那点有限的钱也越来越少，所以一个美国朋友偷偷把钱送了进来。鲍文的那张纸币就是从这里拿的。我们赶快想了一个说得通的理由，万一日本人再审问可以应付，几个人加上佣人排练了好几次，对好台词。

不过日本人的兴趣好像不在于此，只是出于偶然的原因而已。如果他们知道鲍文听到一点声响就会以为日本人进来的声音，而吓得瑟瑟发抖，一定会有一种变态虐待狂的狂喜。至于我们的财物问题，因为这件事让我们担惊受怕了。所以不敢冒险从外面拿钱了。与此同时，美国政府每月也发津贴，通过红十字会发给我们，这样日子也好过些了。日本宪兵给我们两个选择，要么吃他们的食物，要么接受每月固定的津贴。当时全国物价涨得厉害，我们要是想维持生活，每人每个月只能吃一个鸡蛋。”①

近来又读了《齐如山回忆录》，摘录部分内容供读者们分享。②

对于有人愿意当汉奸的愤怒。

“愤怒者，日本之侵略，实欲灭亡中国，而中国竟有人与之合作。这种人固然是丧心病狂，然也是毫无知识，怎能不使人气愤填膺呢？”

---

① 司徒雷登著，陈丽颖译，《在华五十年：从传教士到大使》东方出版中心，第八章，图圄重生，第93页、第99页。

② 《齐如山回忆录》辽宁教育出版社，第285—296页。

“日寇要大家捐献钢铁，汉奸首领特献殷勤，命每人各献一物，无论男女老幼都要捐献。教师也要求学生捐献。成年人买点钢铁搪塞，学生在路边捡几个铁钉，小学生，捐两、三枚留声机唱片用过的钢针。老师最后自己掏腰包，买了些旧铁交上。又有一次命令献铜，各校学生又都献了些钉书之铜钉及绘图之按针。”

“日本人的规矩，对门口站岗之兵，都要鞠躬；东交民巷日本使馆前之站岗者，地位仿佛更高，凡经过此处之人，都得向他脱帽鞠躬，不止此处，他处亦如此。但中国人都不屑行此礼，于是都绕道而行，绝对不经过这种地方。日本一机关，在交民巷西段，旧华俄银行处，几次派中国人到崇文门内日本观光团取东西，来回时间都太久。一次很误事，日本人问何以去这样久，大家才说都是要绕道走长安街，所以稍迟。问为什么必要走长安街，大家初不肯明说，后因逼迫，才说出不愿在日本使馆前鞠躬，所以才如此。”

“有大批的无线电收音机运到北平，强迫人买，因崇文门外东南一带多没有收音机，所以先交彼处警察等送到各家兜售，他没想到，那一带有电灯的人家就很少，没有电灯线，则此物无用，所以谁家也不买，并且说便宜话，倘他能给安上电灯，则家家可以买。日本人知道这一地带销不出去，方在内城竭力推销，可是原来就有收音机的人家很多，虽然不能收听远处之电，但他这种机器当然更不能收听，所以谁也不愿买，送到谁家，谁家皱眉。日本人知道了这种情形，他每逢送到一家，必特别说一句，曰：‘重庆有’。重庆有者，是可以收听重庆之电也，因此就有许多人肯买。一则敷衍了他，二则用此收听重庆之电也不算犯法。因此他推销的很多，固然也是强迫，但能听重庆之电，也是极大的原因。”

对精英以及布衣百姓之间的比较也很有现实意义，同时记录并奉上。

“日寇未占北平之前，面价每袋不过合大洋二元。它到北平之后，面价日涨，几个月的工夫，涨到了几十元。天桥有一说相声者说了一段，甲说几个月的工夫，面粉价由几块钱涨到了几十块钱，乙说人民不容易生活了，甲说再过一年就好办了，乙说再过一年就几百块钱一袋了，怎么会好办呢？甲说人民都饿死了，谁还买面粉吃呢？此语被日本人听见，遂把该二人抓去，当然是训教了几天，又放出来。他二人在天桥仍说这一套，甲说再过些日子就好了，买一袋面有两角钱就够了，乙问怎么会那样便宜呢？甲说口袋小了，乙说口袋小也不容易那么便宜，你那是梦想。甲说我说的是装牙粉的口袋。日本听到此，也无可如何。这些人彼时议论日本人的话还多得很，不要看他们没什么学问，可是他们的人格，可就比当时的局长校长高尚得多。我同这行人，有许多都很熟，日本投降后，见到他们，我恭维他们真有胆量，别人不敢说的话，他们都敢说，他们回答得很好：有什么胆量呢？不过是他们来侵占我们的土地，侮辱我们的人民，看着就气愤填膺，能把他们打回去，自然是很好了，而自己又没这套本领，只好是骂他们几句，讽刺他们几句，快活快活嘴就是了。这总算是最没出息的办法。再者你说这套，大家爱听，来听的人多，就可以多挣几个钱，这是饭碗的问题，说不到胆量二字。我说：‘你们说的这一大篇话，就很有道理，这也就是胆量。’”

“按彼时居住沦陷区的中国人，可以说都是盼望中央回来，对于日寇都是痛恨的，不过一般公务员或稍有地位之人，不敢公然表现，而这些洋车夫等，脑思简单，只知爱国，不管其他，我想怎么办，我就怎么办，日本人见其管不胜管，也就算了。然有一般当局长校长等的人，则常常帮着日本人开会叫口号，大有唯恐风头出得不足，日本人对他们未能注意之概。其实这里头也不见得就一个爱国的也没有，不过有的想保存他的地位，有的还想再升一步。按想保持地位者，其人已无足取；想高升者，更不知人间羞耻事矣。世界上的人不顾廉耻者，多半是为地位的问题，现在仍是如此。孔夫子所说‘苟患失之，无所不至矣’即是此义，学界中人不可不知。按前边所写，说相声之人，是因为吃饭而骂日本人；当局长校长之人，是因为吃饭恭维日本人，用此一比较，真是使人为学界人痛哭，且也是很幽默的一种比较。”

2013.5.10

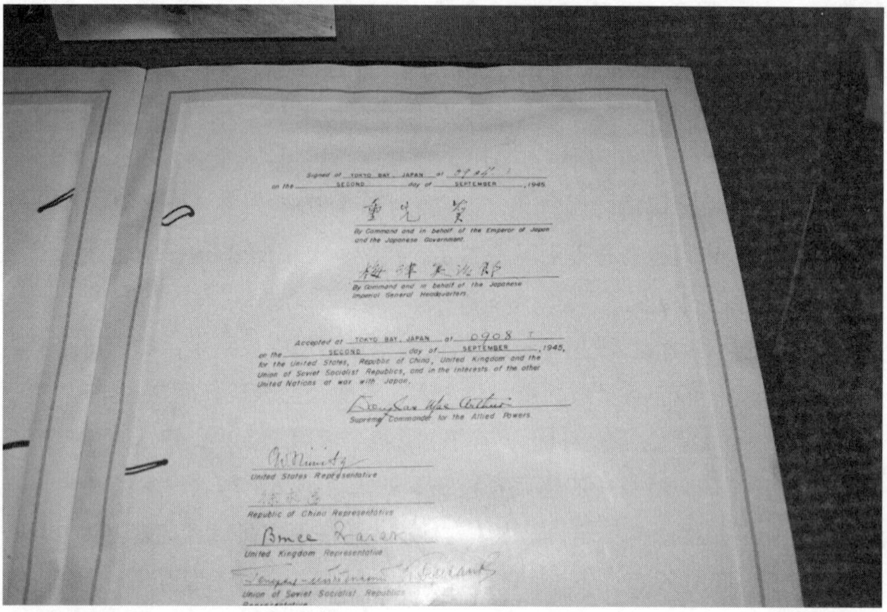

1945年9月2日9时02分，在停泊在东京湾的美国“密苏里”号战舰上，日本外相重光葵、日本陆军参谋长梅津美治郎，分别代表日本天皇和帝国大本营在无条件投降书上签字，宣告日本法西斯的彻底失败和二战正式结束。（笔者2014年摄于新西兰惠灵顿）

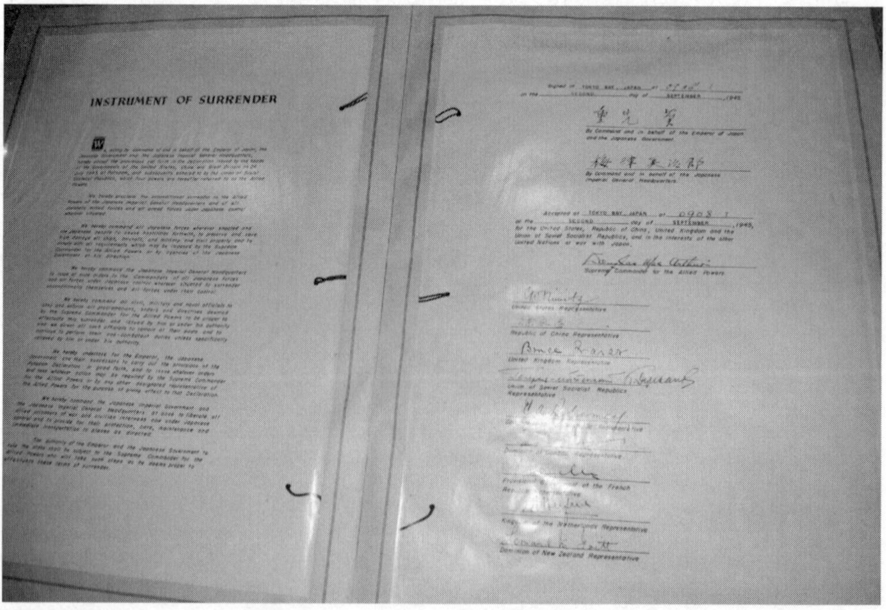

照片中为日本无条件投降书原件。

与日本的差距（四）

一切表明，无论是团体还是政府，过度善意地以物质“奖励”一部分人，让他们占有更多的好处、资源，可最终结果却是“事与愿违”。一方面助长了这部分人更加贪婪，另一方面让没享受到者感到不公，最终造就出一些自私、想让自己迅速膨胀的破坏分子，而他们恰恰会极大地损害国家及民族的利益。

日本“东京大学”属“国立大学”，据说这所研究型大学每年从国家获得的预算占整个国家高校预算的一半。但在用钱方面，却没见学校敢大手大脚。比如学校图书馆，在总馆之下各学部（相当于中国的学院）都有分馆，而各个研究科、专攻（相当于中国的系、专业）还有自己专属图书室、阅览室。从电脑上可查到所有图书之所在，借阅人可按电脑指引，到总馆、分馆、各阅览室分别借阅自己所需图书。除了专职图书管理员之外，为了便于管理，同时也为节省经费，为方便年轻教师充分享用资源，各专攻的分馆、研究科的图书室、阅览室，由学部、研究科安排本专业的年轻助手（相当于中国的助教），在这里充任兼职图书管理员。无人来借阅图书时，他（她）可以干自己的事。在东大文学部图书馆下属中文阅览室，就有一个东大博士课程中退、后去中国北大留学，当时在文学部中文研究科当助手的年轻教师，他负责管理中文阅览室的图书。这个年纪与我相当的中文助手极好学，平日总拿着一个自己装订的小本，将自己要问的问题记录在本子上，遇到中国人来了，就掏出小本问。该小本由平时复印、打印纸的反面制成。①

某日去借阅图书，我再次被这个中文助手抓住，打开他的小本，他问我：“‘一顿饭一头牛，屁股下面一栋楼’，这是什么意思？”

通过问答，我明白了他将“一顿饭一头牛”误解为有别于“满汉全席”的另外一种大餐；而将“屁股下面一栋楼”想像成“人坐在楼上”。可他朝这个

① 我熟悉的另外一个著名教授——未成道男先生也是如此。

方向想怎么也搞不明白，因此来问我。接着我们聊起了北京街头的“煎饼果子”，再说“牛”和“楼”，因韵母都有“u”，从押韵的角度，中国人创造出了上述通俗的表述，而它们的真正所指是：批评中国官员不把国家财产当钱，过度消费。官员们大吃大喝一次相当于购买一头牛的钱；而官员乘坐的“公车”等于一栋楼的价格。

“噢，原来如此啊！”对于中国官员喜欢花公款大吃大喝，他若有所思地回忆道：“的确如此。我在北大留学期间，多次受到中国不同部门的宴请。往往就请我一个，但有一桌人来陪，吃饭时盘子摞盘子，吃到最后，拼命吃还是剩了一桌。中国人这时还解释说：中国的习惯是要‘有余’，‘图个吉利’”。

对中国人靠“剩一桌子菜”来“图吉利”，他觉得极不可思议。换言之，中国方面用公款“热情款待”这位日本留学生，实际上并未因此获得别人的尊重，更别提敬佩了。

再说到作为官员的待遇“公车”问题。

由于“公车上书”是中日关系史中的一个重要转折点，它关系到日本兴，中国衰。搞中日关系研究的人大多都对这个问题相对熟悉。据说中国自汉代开始就有了“公车”一说。后来有了科举，“举人”到京城参加会试，由朝廷出盘缠。到京城之后，朝廷还遣“公车”供前来参加会试者免费使用。它既是待遇，又是身份象征。

1895年到北京参加会试的康有为等，他们联合起来上书光绪帝，要求对日“持久战”，此后再要求清政府“以日本为师”搞政治改革，从“百日维新”到“义和团”、“八国联军”进京，都有日本人上蹿下跳，而中国方面的康有为、梁启超等，享受了“公车”待遇，但同时“吃里爬外”，说好听点是“上了日本的当”，不好听就是“被日本收买”，从结果上来说，他们最终成为日本“弱化”、“祸乱”中国的帮凶。

一切表明，无论是团体还是政府，过度善意地以物质“奖励”一部分人，让他们占有更多的好处、资源，可最终结果却是“事与愿违”。一方面助长了这部分人更加贪婪，另一方面让没享受到者感到不公，最终造就出一些自私、想让自己迅速膨胀的破坏分子，而他们恰恰会极大地损害国家及民族的利益。

话题转换回东京大学。在日本，据说国家公务员中有三个人工资最高，一个是东京大学的总长，还有最高法院院长，再就是两院的议长。不过，即便是东京大学的总长，他有资格乘坐专车但车也不属于东京大学。东大总长通常是自己乘轨道交通上下班。（注意比较伊藤忠商社的前任总经理、前驻华大使丹羽宇一郎，他在回忆录中称，自己当了社长之后仍坚持乘地铁上下班，后公司强调安全考虑，他才不得不乘公司派来的专车上下班）。只有在必须乘专车外出的时候，东大总长才会让秘书约车。车来自租赁公司，学校既不养车，也不雇专职司机。

中国那么贫穷，许多乡村的学舍都是破的，但官员们对自己享受公车待遇却非常理直气壮，而且还要相互攀比，不管自己为官之地是贫还是富，在享用公车上一定要攀比，绝不输给其他地区的同级别官员。一辆公车不但自己用，自己家人也要用，配的司机也要找着机会为己所用。买车花钱，烧油再花钱，在用公车这一点上，希望中国的各级领导人能以身作则，公私分明，以日本为师。

2013.5.14

日本的社区图书馆。

一个最令澳大利亚担心的国家

1942年2月，驻扎在新加坡的英军宣布投降，其中包括16000名澳大利亚军人。此后麦克阿瑟从菲律宾撤退到澳大利亚；英国人从新加坡撤退到科伦坡（斯里兰卡）。1942年2月19日，大批日本飞机空袭澳大利亚北部城市达尔文达12个小时，潜艇甚至出现在悉尼湾，当时日本海军要求东条英机抽调更多陆军进攻澳大利亚

澳大利亚自1901年1月1日联邦组建以来最担心的国家是谁？实际上就是2011年7月9日在南太平洋文莱附近举行联合军事演习的“盟友”日本。

尽管日本的宣传机器鼓噪这次演习的主要目的是为了“牵制中国”，但是，澳大利亚比任何国家都清楚，日本才是威胁亚太地区乃至整个世界的最危险的国家。日本之所以被称为“世界的孤儿”，是因为日本近代的“信用记录”让所有国家都无法相信日本。近代史上，日本的历次对外战争都始于不宣而战的“偷袭”；历次战争的对手都是日本曾经高调宣传的“盟友”，战争的目的都是为了掠夺。言而无信，对盟友、恩人开刀是日本统治者惯常的手段，因此，当日本高叫自己与澳大利亚有相近“价值观”的时候，澳大利亚最警惕的就是不要被高喊“狼来了”的孩子再耍弄一次。

1870年，英国政府为了削减防务开支，撤走了在澳洲的所有军队，将地方防卫任务留给了各殖民区，英国政府仅提供军事教官，帮助他们训练地方部队。随着法国、德国、美国甚至沙皇俄国都垂涎太平洋，澳大利亚的本土安全、海上贸易受到威胁。澳大利亚面临一个解不开的结：加入英国联邦，一旦欧洲爆发战争且英国加入的话，那么澳大利亚也将被动卷入；而不加入英国的“集团防卫”，自己的防卫力量又不足以保卫自己的国家，澳大利亚希望建立一个美国那样的共和国的想法纯属“纸上谈兵”。1853年法国染指新喀里多尼亚，1880年正式吞并大溪地。1885年，新几内亚被划分为德属和英属两个部分，在1887年第一次殖民地会议上，澳大利亚经过讨价还价，接受了英国海军部提出的方案，同意在10年内，同新西兰一起，每年给英国12.6万英镑，

用于保卫澳大利、新西兰。

为可能存在的战争支付高额费用，澳大利亚、新西兰一直对此耿耿于怀。

自1894—1895年的中日“甲午战争”之后，俄、法、德就鼓动岛国日本向南边的海洋国家发泄精力；而距离台湾不远的是菲律宾，殖民统治者西班牙人认为自己无力保护这块殖民地，因此在1898年的“美西战争”爆发之后，将菲律宾转手给了美国。英国人称此举“尽了白人应尽的义务。”这时刚好是澳、新付款给英国的第一个十年。

美国此后成为阻挡日本“南进”的第一道防线。为了避开日本的锋芒，美国鼓励日本“北进”，在朝鲜半岛、中国东北、西伯利亚一带发泄精力。1900年中国爆发“义和团”运动，日、美两国一唱一和，经过“马关条约”赔款再加“庚子赔款”，中国这个巨龙元气丧尽。另一方面，对外扩张侵略有便宜可捞，此举极大地刺激了日本对外扩张侵略的野心。看到日本的战争欲望极为强烈，美国、德国、英国等都暗中鼓励日本与沙俄相互“消耗”一次，1902年，日、英两国签署“日英同盟”，1904—1905年“日俄战争”爆发。世人称这次战争是“莫理循的战争”。[①]

罗斯福对专程从中国赶到朴茨茅斯采访“日俄谈判”的澳大利亚人莫理循说：日本胜利增加了日本对美国的威胁。

自1907年开始，日本就将美国视为第一假想敌，美国多次受到日本的战争恐吓。

再看澳大利亚。

“英布战争”于1899年在南非打响，澳、新联军首次为了英国走出国门。此后北京爆发“义和团”运动，英军参加，但军人只有三千人，因无法从南非抽调更多人手。

第一次世界大战爆发后，日本以“日英同盟”为由，立刻在太平洋上用兵，一边将德国在中国山东的权益收入囊中；一边进攻德国在南太平洋上的领地。日本越过了菲律宾，出现在澳大利亚身边，成为了澳大利亚的最大现实威胁。澳大利亚当时只有500万人口，同时具有最令日本垂涎的巨大国土和丰富的地下资源。日本收获了德国的权益之后就立刻用“骑墙”态度威胁“协约国”：如果你们不给日本利益，日本国内的亲德势力—以山县有朋为首的陆军就会掌

---

① 自1894年、1895年、1896年在中国各地旅行，1897年开始作为英国《泰晤士报》记者长驻北京，他是007的最早原型。他之后有另外一个澳大利亚人端纳接力。

握政权。澳大利亚、英国、法国都怕日本倒向德国。为了加速德国战败，英、法、澳等拼命拉美国、中国参战，同时用私下给日本许诺利益的方式，将日本拉到了自己一方。

在战争结束后的“巴黎和会”上，澳大利亚总理休斯与日本官员发生了语言冲突，澳大利亚想阻止日本成为自己的“邻居”，但是最终以失败而告终。

1921年底“华盛顿会议”召开，澳大利亚强烈要求解除“日英同盟”，英国作为澳大利亚的代表参加，尽管最终谈成美国、英国、日本的海军主力舰的比例是5：5：3，但日本的军舰都在太平洋，而英国、美国的海军则分散在大西洋和太平洋，对澳大利亚来说，只能依赖驻扎菲律宾的美军以及新加坡的英国海军，作为自己阻挡日本南进的屏障。

“华盛顿会议”时起，美国将日本视为“最大的潜在敌人”，1924年制定了防备日本的“橙色计划”。1931年日本在中国制造了“九一八”事件，1935年意大利入侵埃塞俄比亚，1937年日本发动了全面对华战争“七七事变”，1938年德国肢解捷克，1939年波兰遭到德国攻击之后，英、法对德国宣战，澳大利亚总理孟席斯立刻宣布国家进入战争状态。出于对日本威胁的考虑，孟席斯坚持要新加坡基地得到加强之后澳洲军队才前往欧洲战场。

1941年底日本偷袭珍珠港，同时对菲律宾、新加坡等太平洋国家发动进攻。驻扎在新加坡的英国最尖端舰艇“威尔士亲王”号（12月10号）刚出海就被日本空军击沉，英国随即通知澳大利亚，今后将无法保护澳大利亚。英、美等一直想通过喂饱日本的方式避免自己被咬，可最终的结果却是被喂肥的日本狠狠地咬了一口。日本是个“不知止步的国家。”

1942年2月，驻扎在新加坡的英军宣布投降，其中包括16000名澳大利亚军人。此后麦克阿瑟从菲律宾撤退到澳大利亚；英国人从新加坡撤退到科伦坡（斯里兰卡）。1942年2月19日，大批日本飞机空袭澳大利亚北部城市达尔文达12个小时，潜艇甚至出现在悉尼湾，当时日本海军要求东条英机抽调更多陆军进攻澳大利亚，要不是中国的持久抗战拖住了日本军队，澳大利亚应该当时就陷入了日本的战火之中。英国人撤离新加坡之后，澳大利亚总理柯廷（工党领袖，1915年曾因反对征兵制而被捕入狱；1943年说服工党接受了征兵制。）坚决要求在欧洲战场上的澳军撤回本土保卫澳洲，而不是调去缅甸。由于美军在中途岛、珊瑚岛大败日军，澳大利亚才躲过一劫。1942年9月日军穿越巴布亚新几内亚，后遭到美、澳联军的痛击，此后主要是美军在前线打日本，澳大利亚军负责后方支援。700万人口的国家有100万人参军，战死

37000多人。其中22000人被日军俘虏，但只有14000人活着回国，这些都是澳大利亚人对日本永远忘不了的切肤之痛。

二战结束后，远东军事法庭中的审判长是澳大利亚人威廉·韦伯，澳大利亚强烈要求绞死昭和天皇，要他负战争责任，也不同意日本再有军队，但美国是世界老大，一切都由美国主导。出于对美国二战期间的感恩以及未来要依赖美国保护的需要，澳大利亚只好追随美国。1950年的朝鲜战争，1965年越南战争以及伊拉克、阿富汗战争，澳大利亚都追随美国，澳大利亚追随美国并非担心共产主义思想扩散或伊斯兰圣战，澳大利亚最担心的，是失去美国警察之后日本军国主义复活。因此，澳大利亚强烈支持美军驻扎冲绳以及让琉球独立。

如今中国海军进入太平洋，这意味着中国这个负责任大国分担了美国防备日本的任务。二战前日本鼓动东南亚国家反对“白人统治”，可日本入侵之后对待东南亚，比“白人统治者”凶残百倍，日本发动的战争给东南亚各国人民带来了巨大的人员、财产损失，战争结束后日本的第一件事就是赖掉战争赔偿。如今日本吆喝东南亚国家联合起来对抗中国，假如日本真正地解决了对东南亚国家的战争赔偿，给了他们货真价实的真金白银，或许他们会听日本的。中国与日本，当他们富强之时分别给东南亚带来了什么？每个亚洲国民心里都有一本账。

2013.5.16

日本潜艇出没过的澳大利亚悉尼湾。

难以忘却的记忆（二）

1945年5月美军空袭九州时，美军陆军航空兵的飞机在熊本、大分县境上空被日本战斗机击落，12名机组人员被俘。这时，东京发来电报指示称“东京的俘虏收容所均已满员，将有情报价值的机长送到东京即可，其余人员各军司令部可自行处理。”结果只有机长一个人被送到东京。西部军司令部决定处死8人。这时，一个名叫小森卓的军医正好在九州帝国大学医学部实习，他认为与其处死费枪弹，不如弄到九州帝国大学医学院活体解剖更好。

1944年6月6日早上6点30分，英、法、美等联军在法国诺曼底登陆，欧洲战场上从此开辟了从背后包抄德国的西线战场。

亚洲战场，美军进攻塞班岛的战役于5天之后的6月11日打响，7月9日美军占领整个塞班岛。日军伤亡4万多人。此后美军的B—29远程轰炸机开始对日本本土进行轰炸。由于日本的高射炮无法打到B—29的飞行高度，因此美军轰炸机进出日本如入无人之境，来去相当自由，日本举国上下对美国的仇视日益加深。

1945年5月美军空袭九州时，美军陆军航空兵的飞机在熊本、大分县境上空被日本战斗机击落，12名机组人员被俘。这时，东京发来电报指示称“东京的俘虏收容所均已满员，将有情报价值的机长送到东京即可，其余人员各军司令部可自行处理。”

结果只有机长一个人被送到东京。西部军司令部决定处死8人。这时，一个名叫小森卓的军医正好在九州帝国大学医学部实习，他认为与其处死费枪弹，不如弄到九州帝国大学医学院活体解剖更好。因此他向石山福二郎外科部长提议，将八名美军活体解剖。部长同意，军方认可，结果8名美军被送往帝国大学医学院。当8名俘虏被送到医院时，他们还以为是来接受健康检查，还对医生说：“Thank you”。

5月17日到6月2日，医院方对八名美军开始实施活体解剖，将其残忍杀害。他们的肝脏等被日本军人吃掉。战争结束后，美军到处寻找这8名美军飞行员，这时日本军方回复，8名美军俘虏被关押在广岛，因8月6日美军在广岛投掷原子弹，8人均在这次袭击中遇害身亡，无法找到尸体等。但这份回复存在多处明显漏洞及矛盾之处，美国因此展开调查，后来发现日本军方提供的报告是虚假报告，事实完全不是日本军方提供的报告上所说的那样，8名美军飞行员根本没有死在广岛，而是死在九州帝国大学医学院内的解剖室里。此后，美军逮捕了九州帝国大学医学院的14名医护人员，西部军相关人员11人。

1948年8月，横滨军事法庭开庭，对B、C级战犯进行审判，最终判处5人绞刑，参与的18名医生有罪。通过审理调查，得知这次事件的主谋是西部军司令部。西部军司令部的佐藤吉直大校称自己苦于处理这些美军飞行员，他找到在九州帝国大学医院院实习的军医小森，小森则找到九州帝国大学医学院的石山教授，石山表示愿意操刀，军方认可，此后军方将被俘的美军飞行员送到医院。由于战争结束前小森死于美军空袭，关键参与人缺席审判。战后，石山教授被抓捕入狱，但在审判过程中他始终强调没有进行活体解剖。

朝鲜战争爆发后，美军对日本的占领政策发生改变，除了在狱中自杀的石山教授之外，对其余判刑以及关押人员均采取宽大政策，均或减刑或释放。石山教授在狱中自杀前留下了一份遗书，上书“一切都是军部的命令，所有责任都在我本人。”

对此，同为九州帝国大学医学部毕业的外科医生山内昌一郎并不认同，他说:“活体解剖实施的试验科目都与石山教授的专业领域相关，显然，他是为了提升自己业绩才这样干的。”还有一个医学院的学生名东野利夫，他当时作为医学院的学生在解剖室实习，他说“即便以战争期间作为借口，挽救人命的医生疯狂到用手术刀杀人之事也绝不能容忍。以发生在战争时代，军人说可以干结果自己就干了，这些借口不成立，今后应杜绝战争。”

一切表明，当美军开始对这些参与者进行审判时，为了保全自己的性命，所有参与者都开始互相推卸责任，有人说是军方命令，有人说是发生在战争期间，还有人说下手的真正动机是想提升自己业绩，自私的名利心超越了人性，结果石山教授挑头，他成为了牺牲品。因为事发之后，医学院以及九州帝国大学均否认自己知道并参与过此事。而石山教授的所谓“军部命令，迫于军方压力”之说也不成立。

调查结果显示，石山教授率领的团体将这些活人用于医学实验的目的非常明确。在实施手术过程中，主要进行了如下的实验。

将稀释的海水注射到人体内的实验。肺切除实验。心脏停止实验。人脑、其他器官的切除实验。人失血多少会死亡的实验。

这是因为战争期间血浆日益缺乏，医院正在研究如何使用替代血。还有如何治疗结核病，人失血多少会导致死亡等等。

以上述真实故事为蓝本，日本近代著名小说家远藤周作写了一部著名的小说，他从日本社会的结构特点中剖析“日本人是什么样的人”。

远藤周作（1923年3月27日—1996年9月29日）生于东京，父亲远藤常久毕业于东京大学，母亲毕业于东京音乐学院，专业是小提琴。父亲在日本四大财阀之一的安田财阀下的安田银行工作。在远藤3岁那年（1926），父亲被派到中国大连工作，一家人前往中国大连。他于1929年上小学，1933年因为父母离婚，他随母亲及哥哥回到了日本。母亲投奔了在神户居住的姐姐，从此他们一家在神户生活。因为哥哥学业出色，无论是母亲还是父亲，总用哥哥的事例来批评远藤，他因此强烈自卑。1943年考入庆应大学文学部，而父亲希望他进入医学部，他未将自己进入文学部之事告诉父亲，他父亲得知真相后，断绝了父子关系，从此之后他一边自己打工挣钱，一边上学。1945年，也就是日本战败投降那年，他进入庆应大学文学部法文专业，1948年毕业时他想去松竹电影工作，但未通过考试，此后他从事过各种工作。1950年6月，他作为战后第一批赴法留学生前往法国留学，9月进入里昂大学。1952年起患肺结核，年底病情加重，最后只好放弃在里昂大学的博士论文，于1953年1月乘船回国，同年12月母亲病逝。

1954年起他开始在文化学院任讲师，从此一边工作，一边写作。1955年7月，他写的小说《白色人种》首次获得芥川奖。同年9月与冈田顺子结婚，1956年6月长子出生，因敬慕日本著名短篇小说家芥川龙之介（1892—1927），他给儿子起名“龙之介”。远藤的哥哥毕业于东京大学，而他自己考高中多次但未能考取“一高”，在学历社会的日本，当时他很自卑。而后来的经历让他克服了自卑，因此在这个独生子的教育问题上，远藤采取了自己独特的方法。他对儿子说，考大学浪费人生，你别考了。儿子高中毕业后就去工作，加入了富士电视台。他对儿子有三个要求：1，不能说谎。2，不能背叛朋友。3，不欺负弱者。

从他本人的经历以及父亲对儿子的要求上，就可以看出远藤这名作家在自己的作品中会如何表现人。

1956年起，他开始在上智大学文学部当讲师。首部小说获奖后，他应杂志社之邀，以九州的“相川事件”（活体解剖美军飞行员事件）为素材，再写一部小说。为此，他专程前往九州调查，在此基础上写出了名为《海与毒药》的小说，并在《文学界》第6、8、10期上连载发表。1958年“文艺春秋社”为其出版了单行本，同年12月获得了第五次“新潮社文学奖”，第12次“每日出版文化奖”。

通过战后的审判，九州帝国大学医学院活体解剖8名美军战俘之事被广为人知，这一轰动事件自然会成为众多作家的选题之一。尤其在战后，日本的思想者们围绕日本如何走向战争，为何在战争中如同野兽一般残忍等，出版了大量的出版物。比如大冈升平（1909—1988）这样的战争亲历者，他以自己的亲身经历为背景，写出了《野火》这样的小说，令人震惊的内容是日本军人为了自己活命而吃自己的“战友”。远藤既没有从军的经历，也没有上过战场。远藤的爷爷是医生，而且他父亲一直希望他学医，医生这个行业曾是他一直憧憬的职业。他没有当上医生却成为了文学家，或许是一种宿命，使他确立文学家地位的，竟然是当年想去但没去成的医学行业。九州帝国大学医学部的医生们用手术刀解剖美军飞行员；而远藤则用如椽之笔解剖日本社会。

战后，日本的思想者普遍认为，日本社会的特点之一就是“集团”。集团中存在等级，除了上、下之间等级森严之外，还有严厉的内、外之分。对外狠就是对内亲，为了维护本集团的利益，就必须不择手段地对外扩张、侵害。因为本集团内部等级森严，不同的等级意味着不同的巨大利益，所以，集团内部的每个成员都希望不断向上攀登。然而，获得更高一级的地位，必须建立在个人的所谓“功业”之上，也就是说，只有为本集团立了“功”才有可能上升，由于每个成员都处在相互竞争的地位，他们要相互“抢功”。居上者往往有意造成“争抢”局面，用上升、地位、功业诱惑“下”，最终造成为了“立功”不择手段。

日本发动了战争，战后许多人都称自己无奈，被动卷入。对于他们来说，集团具有如同大海一般的力量，小人物身处其中，只能随波逐流，无法左右自我。描写战争这样一个大场面难度显然大，远藤在一篇十多万字的小说中无法将这样一件大事说清楚，他将规模缩小，聚焦在单一事件之上，他将九州帝国大学医学院活体解剖八名美军飞行员之事实作为大背景、高潮，同时在其中又穿插了其他细节。他虚构了一个故事情节，将这个在美国人看来是严重违反日内瓦国际公约的虐俘事件，通过添加两个日本患者的事例，将针对美军俘虏的单一事件一般化，增强说明在日本这样的集团社会中，所有日本人都存在变成“恶魔”的可能。他们针对的对象并非仅限于外国人、美国人，他们对待自己人也同样“残忍”。而使人走向凶残的原因，也就是“毒药”部分，正是他要深挖的根源。

这是一个以桥本教授为顶点的一个小集团。集团呈金字塔形，一边是柴田副教授，另一边是浅井助教，底层是女护士上田信，外加两个年轻的实习医生，一个叫胜吕二郎，还有一个名户田冈。两名年轻的实习医生是刚进入医生集团之中的新人，加入后就如同大海中的一片树叶、一块木头片，从此无法把握自己，只好随波逐流。两个实习医生又各具特色，户田相对积极主动，胜吕没有那么积极，总是“动摇”（一个十分有日本特色的表述）。

远藤对小说中人物的安排可谓恰到好处，一个不多，一个不少，每个人都有自己的位置，发挥其表现“海与毒药”这一主题的作用。

首先，最诱惑人的一块大蛋糕，来自大杉学部长脑溢血变成了植物人，他无法回来上班，出现了位置空缺。对大杉个人来说是悲剧，可对瞄准了这个位置想往上爬的第一外科与第二外科来说，它是喜讯。

小说中对两个实习医生的描写最多，两个新人，同时又是处于集团最下部之人。正是因为新、底层，他们属于“纯”、“白”之人，还没有处在顶层上的教授、副教授那么黑。

“毒药”存在于日本的集团之中，吃了这种“毒药”人才会变得歹毒，“中毒”过程就是“同流合污”，吃了一次之后发现没有被处罚，就会麻木，从最初被别人“喂药”到最后自己主动积极找“毒药”，直至“中毒”、“毒死”。

新人的“变色”过程其实就是吞服“毒药”的过程。

胜吕原本是一个纯洁的青年，想当医生，开始实习，医生的地位对他来说是已是触手可得。他的第一个患者是名老太，老太的儿子在战场上，老太没有钱，属于免费来治病的。由于她身处社会底层而不被重视，胜吕则对老太充满了同情。

首先让他感到震惊的，是桥本第二外科中的柴田副教授要将老太当成练刀的试验体。

患者对医生完全信任，把自己的生命交给对方，而医生从患者的莫大信任中获得荣誉感与责任感。问题就出现在医患的期待发生差异之时。而作为末端的胜吕，他无法改变这个令人震惊的事实，同时还不能泄露出去，只能随波逐流。

作为一个集团中的成员，与内外、上下交往的前提是“利用价值”的有无。有“利用价值”，就要设法将其利用到极限。而“价值判断”来自于是否对自己上升有利。只要能够成为自己上升的“助推器”，那么就要不惜使用任何手段让自己达到目的。日本人的特点是两面性，可以表面一套，背后另外一套。明明是为了自己，还要表现出利他；“害人”还要说成是“帮助人”。

桥本教授善待的对象是另外一个。住在单独病房的田部夫人，她年轻且身体并不差，她是学部长大杉先生的亲戚。按理说她的病还不到非动手术不可的程度，现在属于疗养、观察期间。但是，大杉学部长倒下了，位置出现了空缺，桥本教授要往上爬，要当学部长，这时尤其需要一个“脚垫”、“桥墩”，田部夫人瞬间成为了他最易于利用的对象，一个“猎物”，手术成功会成为他上升的“助推器”。他对田部夫人极为热情并且关心，桥本集团中的成员，都知道手术可以让自己间接获利，因此在查房期间，三个人三种说法，而三种说法就是三个人一起骗，内容就是要让田部夫人躺上手术台。他们用各自的说辞，让田部夫人误以为自己需要手术，而且手术没有风险，会让自己尽快病愈。

然而手术出现了意外，田部夫人死在了手术台上。

因为事情发生在手术室这个狭小、密闭的空间里，所有参与者是一个利益集团，两个实习医生虽然是“外人”，可他们未来命运与桥本团队相关，浅井等要求他们必须严格保密，不许将手术失败一事泄露出去，要造一个大“假”，也就是手术成功，但后来死在了病床上的“假”。反正死者无法开口说话，只要这个小集团统一口径就没有事。两个实习医生开始陷入内心的苦闷。

一起干坏事，干完了之后“保密”，靠“捂着”让真相湮没。

桥本教授的手术失败，柴田副教授准备接着再来。不巧遇到美军空袭，老太在惊吓中死去。美军被俘飞行员恰逢其时地出现了，军队要处死他们，而医生们又苦于缺少活体试验材料，让他们作为活体试验体死在手术台上，对军方和医生来说，两全其美。

桥本教授不干，还会有柴田副教授等其他人抢着去干，集团之间的竞争，造成一个“活”多人争抢，都是为了“立功”、“向上爬”。

小说中的户田出身于一个医师家庭，从小受到了良好教育，成绩优秀，被老师树立为其他同学的榜样。他在医学部的评价也同样：积极向上，灵活，服从。而这些都是他光鲜的“表面”，“裏面”则是“肮脏”及“丑陋”。这些通过他自己的“自白状”反映出来：“所谓良心的谴责，从孩提时代起对我来说，只不过是他人的眼光，社会的制裁而已。当然，我也从来不认为自己是个好人，我相信无论是谁，只要剥掉外面的一层皮，就都和我一样。或许这是偶然的结果，我干过的事从没有受到惩罚，也从未受过社会的制裁。”

户田有好几件事“掩盖”得很好。

小时候抄袭他人的作文，在课堂上念的时候，边念变看那个知道内情的同学，而他没有反应。自己开始一直担心被揭露，可后来他转学走了，自己从此不再担心被揭发丢人了。

在学校的时候，偷窃过老师的蝴蝶标本，因怕被发现，赶忙将标本都烧了。可后来有人为自己顶罪，对把蝴蝶标本都烧了一事极为后悔，这次还是没有被人发现。

与表姐通奸，其实这事只有天知地知，自己知道，表姐知道。表姐不会告诉表姐夫，自己当然也没事。

再有，上学期间雇了一个女佣，与女佣发生性关系，造成其怀孕。但自己利用自己掌握的医学知识，在家里为她打了胎，后来将她送回老家。这事也没有人知道，还是没事。

户田的所谓“优秀青年”形象，完全是靠“没被揭发”、“掩盖的好”获得的。

户田的“自白状”，实际上不仅在说户田自己，而是说小集团中的所有成员。桥本教授活体解剖美军飞行员，他的德国老婆不知道而已，他也不会让他老婆知道。桥本教授光鲜，仅仅是因为手术失败后其他参与者为其掩盖得好。

远藤周作的文学作品不同于判决书，他要通过“事件”挖掘日本集团邪恶的深层动因，远藤本人对自己作品中出现的人物是这样说明的：“坦率地说，我就是作品里的人物户田，就是胜吕。另外，我要是当时处于和他们相同的状态的话，肯定也会像他们那样顺势会参加活体解剖的。我不是一个有勇气的人，无法拒绝它，也无法始终坚持自己的信念。”[①]

也就是说，一篇小说引发的议论，已经超出了小说这个文艺作品本身。

2013.7.9

① 转引自于荣胜《日本研究论集》，第447页。

日本军人投降时被收缴的武士刀。

2020年东京奥运会联想

2020年又是一个《日美安全保障条约》面临顺延还是终止的年份，日本若不想当一个和平国家，那么就会在2020年继续延长十年一期的《日美安全保障条约》；若想成为和平国家，他们就会从俄罗斯手里获得两个小岛，同时让琉球独立，而美军则撤出日本。

日本申奥成功，将在2020年在东京举办奥运会。在这期间，中日关系会有哪些变化呢？在很大程度上取决于日本。网上看到许多中国网民对中日关系的留言，言辞激烈不说，还动辄给别人扣上“汉奸”、“卖国贼”的帽子。

日本“右翼”最希望看到中国人自己打自己，中国人自己内部先乱起来。日语中专门有一个词叫“自壊政策”，看看近代史，日本多次阴谋都是要挑动中国人自己打自己。

1928年6月4日，关东军爆破张作霖的火车，明明是日本关东军策划了整个阴谋，可策划者为了挑起东北军与国民政府北伐军之间爆发战争，他们将中国人杀死并抛尸现场，还在他们的衣袋里塞进北伐军的书信，伪造北伐军炸死张作霖的现场。

日本人鼓励孙中山内斗清政府，支持陈其美祸乱袁世凯政权，怂恿蒋介石刺杀陶成章，最后再借袁世凯的刀杀陈其美等，中国人屡屡中招儿。

中国真正的理性爱国者，应该是一个让街头上没有日本车可砸的爱国者。说穿了，就是为中国埋没日本货而埋头努力的中国人。搞科学的为提升国货的科技含量努力；搞生产的为生产出优质的国货而流汗，价廉物美的中国货遍布中国市场，老百姓们自然会不买日本品牌的货，这时有人想上街寻衅砸也砸不到。中国的女王选，为了让我们世代牢记我们屈辱的过去，几十年如一日地收集证据，坚持跟日本政府打官司，她干了一件比砸掉成千上万台日本车还惊动世界的事，将日本政府牢牢地钉在道德的耻辱柱上，买日本车的中国人，砸日本车的中国人，难道不能从这样一个坚强的中国女性身上学到点什么吗？

爱我中华实际上是一个简单而又朴素的行为，自己要为中华民族的伟大复兴干一件实事。

日本人最怕被别人抓住弱点。中国人必须了解日本是个靠加工原材料，提升了附加价值后再出口，通过赚取利差而维持自己生活水准的国家。因此，和平对他们来说如同空气与水一般重要。如今的中国，是日本货的最大主顾，日本见了中国人原本赶忙鞠躬说敬语还来不及，可现实却是日本人“反仆为主”，一边拼命想从中国人口袋里面掏钱，兜售日本货；一边还要对中国不断挑衅，以前日本对付中国的手段是：暗中支持日本“右翼”，然后以自己可以平息为由，让中国政府买日本货作为回报。

中国百姓买国货，国货厂家获利后才可能再投入研发，最终生产出价廉物美的国货，这样最终会将利益还原到每个中国消费者、中国人身上。而质优的中国产品不但占领中国市场，还走向世界，这才是对国家的最大支持。

日本当年在战场上为何用单发的“三八大盖”而不用冲锋枪？是因为日本没有资源，不敢用这种枪炮。

日本海军为何失败？原因之一是日本要将高技术留在本土，台湾虽然离战场最近，但没有修复日本军舰的能力，日本军舰只能返回本土修理，修好后再去南太平洋跟美军作战，如此多次往返折腾，错过了不少战机。

如今日本的工业模式并无重大改变，他们要让中国成为倾销日货的市场，同时处在他们产业链的低端上，当中国人只会铸造个生铁疙瘩时，那么日货就可以到处畅通无阻。

日本死拉美国进行所谓“集团防卫”，本身表明日本对自己的弱点很清楚，靠自己力量无法保卫漫长的海洋通道，日本原材料要进，工业产品要出，海上安全无法保护的话，日本人都得回去种水稻和地瓜自给自足。

罗斯福当年对日本的策略也是如此，劝日本人不要发动战争破坏和平，用强盗手段占有资源和市场，罗斯福苦口婆心地告诉日本谈判代表，你们要的原材料我们美国保证给你，只要你不要再打仗。日本不听。日本认为在美国劝诫下制定国策是屈辱。直到东京时间1941年12月8日凌晨，也就是日本特混舰队已经开到夏威夷附近，但尚未进入作战状态的时候，罗斯福总统还直接致电昭和天皇，希望他能下令让战争停下来，日本不听。最后被美国痛殴一顿，这才安静下来。日本早知今日，何必当初？

日本学者土居健郎（1920—2009）曾写了一本精神分析专著，名《撒娇之构造》。说日本儿童从小就有一种孩子气，不独立，他们有一种希望通过乱闹而引起家长注意的倾向，实际上是想让家长给块糖吃。在美、日关系与中、日关系中，每每能看到日本像孩子一般撒泼耍赖，动作越来越大，声调越来越高，这些实际上都是要“大人”满足他的物质要求。跟中国争夺钓鱼岛也是如此，时而购岛，时而在冲绳设立雷达站、拘留所，还夸张大战将至，有擦枪走火的危险等等。闹腾的目的是要促成举行最高首脑会谈，而非真枪实弹地打一次。日本从中国最高领导人那里捞到的、通过行政命令获得的好处很多，因此他们才如此，换言之，中国人惯坏了他们的毛病，因此他们才不断地“撒娇”、“耍赖”。

日本如今吹嘘自己有高科技，诋毁中国的国防工业能力，跟美国搞联合军演，表演自己跟美国关系多么铁，具有高超的登岛能力、防御能力等，这些都是“自欺欺人”。战争是一个看谁有持续投放能力的竞技，罗斯福早就说过，一个岛国无法跟一个大陆国家抗衡。

日本人其实不怕地震，说不怕也是无奈，因为谁也无法左右大自然。通常遇到地震后，四十天左右就可恢复正常，可2011年的“3·11”大地震却让日本很难缓过劲来，为什么？就是因为这次地震引发了核灾难。日本国土窄小，核辐射看不见摸不着，核泄漏还会造成土壤、水源污染。日本政府总宣传自己曾遭受过核打击，日本人心里有阴影，福岛核电站一出事，政府处置不当外加核恐慌，医生将病人丢到医院里跑了，外地想来救援的也不来了，恶恶相乘，引发连环灾难。

日本现在嘴硬要跟中国为钓鱼岛打一仗，中国导弹打过去日本怎么办？导弹又不长眼睛，中国导弹也没有美国那么精准，万一打偏击中了日本的核电站、核废料储藏点，中国使用常规武器都会引发日本核灾难。

日本领导人擅长“言行不一”，“口是心非”，安倍口头上强硬，说要在钓鱼岛上跟中国如何、如何，可实际行动却将内心真实想法透露给了外界。他忙着“申奥”并且竭力要促成“申奥”成功本身表明，日本不想在废墟上办奥运。

2020年又是一个《日美安全保障条约》面临顺延还是终止的年份，日本若不想当一个和平国家，那么就会在2020年继续延长十年一期的《日美安全保障条约》；若想成为和平国家，他们就会从俄罗斯手里获得两个小岛，同时让琉球独立，而美军则撤出日本。美军在琉球驻扎，实际上是与本土驻扎联动的，因为美国人认为不知道日本何时“发疯”，为了保证本土美军的安全，冲绳美军处于随时可救援本土美军的状态。

1941年罗斯福让日本打响第一枪，就是为了让全世界看看究竟谁是“说谎者”。今天是“九一八”，但中国再也不是日本不断挑衅，中国都要强忍的“民国时代”了。

2013.9.18

安倍声称要“夺回强大的日本”。

对马立诚『对日新思维』的反思

针对第二次世界大战中所犯罪行，德国战后在国会中通过了多项国家立法，对于为战争翻案，美化希特勒，对于给犹太人赔偿，抓捕战争犯罪人等等，德国都进行了详尽的规定，以议会通过决议，国家承担责任的方式，不断地清算轴心国时代的战争罪行，反人类罪行。反观日本，有意采取“村山谈话”、“河野谈话”的方式，没有对受害国进行过一次正式的“国家道歉”。

前不久看了一本名为《山的那一边》的书，作者是一个曾经参加过一战、二战的德军参谋，书名是对整个内容的点睛浓缩。作者称作为一个作战参谋，必须准确把握“山的那一边”究竟存在什么，在此基础上才能向指挥官提供建议，不能对“山的那一边”的实际情况一无所知，就想当然地提出参谋建议。

当参谋想当然地认为“山的那一边”一定藏有重兵，然后提建议：先重炮轰，再派步兵冲锋，结果指挥官依照参谋建议下达了命令。重炮猛轰之后步兵猛冲登顶，这时发现那边其实啥也没有，白浪费了炮弹还不算，还严重挫伤了进攻官兵的士气。“竹篮打水”或许还算相对好的结果，假如这时对手从另外一座山的背后突然发动进攻，这时你将会陷入真正的全军覆没的危险中，自己已经弹尽人乏，只能投降或逃跑了。

我看马立诚的“对日新思维”，感觉他恰如德国作战参谋批评的那种参谋。

马立诚当年提出“对日新思维”，直至今日还强调自己的“对日新思维”正确。

毛主席说：“没有调查研究就没有发言权。”依据马立诚的自我介绍，他既不会日语，也仅在日本长期生活过“三个月”，就凭这点积累，他竟然提出了改变国家航船方向的“对日新思维”。船长靠这样的大副建议驾驶国家航船，国家航船会走向何方，实践已经给出了答案。

马立诚一再强调他的“新思维”有日本人为他喝彩、捧场，而这恰恰验证了毛主席的另外一条语录：“世上绝没有无缘无故的恨，也没有无缘无故的爱。”马立诚吹嘘自己的“新思维”在日本广受欢迎，可给他鼓掌、打高分的那部分人都是些什么人？绝不可能是支持王选跟日本政府打官司的那部分日本人。这部分日本人为还原历史真相出钱、出力，几十年如一日地“求真相”，依照马立诚的说法，他们却属于被马立诚指责的“纠缠过去”、“看不到中日友好未来大局”的日本人。

“物以类聚，人以群分”，“有来而无往非礼也”。当年延安的窑洞里有日本共产党人野坂参三（1892—1993），他是来中国帮“抗日”的国际主义战士；还有一位是20世纪六十年代出任日本社会党书记长的浅沼稻次郎（1898—1960），他在1959年访问中国期间，曾在政协礼堂振臂高呼“美帝国主义是日中人民的共同敌人”。当年有日本的“和平人士、国际主义者”来中国，如今中国有马立诚，中国应该送马立诚去日本见他的支持者，给他半年乃至一年的时间，让他到日本各地宣讲日本应该为化解民族仇恨做些什么，或许他还可以削弱那些支持王选跟日本政府打官司的日本人的斗志。总之，等他先改变日本取得实效后，再请他回国推广他的“新思维”也不迟。

他说中国不够宽容。中国放弃了战争赔偿，中国母亲养育了被日本人遗弃的日本人的后代，连日本人都惊呼这是“大地的胸怀”，可马立诚竟然还觉得中国人的胸怀不够博大，那可以请马立诚去问问日本，中国今后应该如何才能

日本右翼宣传车招摇过市。

让日本满意。

马立诚声称日本已经向中国道歉二十多次，中国不应该再要求。

我想问这些数据都来自何处？请马立诚说明分别在什么时间？地点？场合？

针对第二次世界大战中所犯罪行，与日本同为轴心国的另外一个国家德国，战后在国会中通过了多项国家立法，对于为战争翻案，美化希特勒，对于给犹太人赔偿，抓捕战争犯罪人等等，德国都进行了详尽的规定，以议会通过，国家承担责任的方式，不断地清算轴心国时代的战争罪行，反人类罪行。反观日本，有意采取“村山谈话”、“河野谈话”的方式，没有对受害国进行过一次正式的“国家道歉”。

德国对使用纳粹标志，行纳粹礼，使用纳粹口号，美化纳粹言行等，都规定为刑事犯罪，必须入狱。请马立诚到靖国神社的内外去观察、调查一次再发言。靖国神社内将战争中的杀人犯粉饰为“英灵”；靖国神社外的广场上，“右翼分子”高举膏药旗，身着当年日本皇军制服，扛着三八大盖，吹军号，高唱当年的军歌，他们列队招摇过市。一个挑起战争的加害者，后来被痛打变成了落水狗，现在再次开始狂吠，又摆出要咬人、咬人致死的姿态。

德国人要将自己的罪行准确、完整地传授给下一代，帮助他们建立正确的“是非”观；日本却公然篡改教科书，将“侵略”歪曲为“为了自存、自卫”；“奴役”写成“解放”。二战后的远东军事法庭，“惩戒”的象征意义远大于对实际战争罪行的惩罚，当时日本感谢“宽大处理”，还为显示决心、诚意，颁布了“和平宪法”，自上而下都保证“永不再战”。可日本经济经过“过山车”式升降之后，日本领导人不努力去寻找新的经济增长点，振兴经济，反省自己无能，反将日本面临的困难凭空捏造为“外压”，用“修宪”表示“抵抗外压”。用将日本引向邪路的方式，强化所谓“内聚力”，转移民众视线，诱骗民众追随。

日本一遇到重要事项就写错汉字。鸠山由纪夫去南京大屠杀纪念馆将自己名字写成“友”纪夫；京都周恩来纪念诗碑揭幕时将周恩来写成周“思”来。《旧金山对日和平条约》中白纸黑字地写明决不为远东军事法庭判决翻案，可迄今为止日本一直在翻案，日本对压在自己头上的美国老大都如此“纠结”，更何况对中国、韩国、朝鲜以及其他亚洲各国了。

马立诚凭什么说日本二战遗留问题已经解决干净？日本对北朝鲜的战争赔款还没赔付，金丸信、小泉纯一郎都答应一定给，实际上一分都没给。在中国境内还遗留了大量的日本化学弹药，日本要赖不依照国际法回收。日本跟俄罗斯尚未签署“和平条约”，跟中国的“和平条约”也是十年一延长。琉球未独立，美军没有撤走，日本自己都说二战尚未终结，不知马立诚的谬论从何而来。二战问题解决干净了，“钓鱼岛”还争议啥？

马立诚说有中国人给他写信，说以前批评他，如今改变为支持他。

网上介绍他是“名记者”、“学者”，既然是某个领域的“专门家”，那么更应清楚一个基本的道理：发言必须言之有据。马立诚一方面向中国同胞呼吁“要以日本为师学习他们认真”，可他将自己摆在例外的位置。一个对日本研究的“门外汉”，却挽起袖子就当上了“日本问题专家”！

他应将给他的信公开出来，让所有人看看都是什么人支持他，如何支持他。

马立诚在中国推销“纠缠过去没有未来”；可在日本，日本的有识之士自发组建了“九条会”[①]，他们在日本内外呼吁“日本政府篡改历史‘没有未来’”，他们为了日本光明的“未来”，坚持不懈地揭露日本的战争罪行，戳穿“右翼政府”的谎言，他们认为只有不断反省战争，让每个日本人了解真相，那场战争才算没有白打，原子弹死难者才可能安息，未来和平建立在日本彻底清算过去，卸下沉重的历史包袱之上。

日本的一部分人通过马立诚要中国人“局部忘却”，可还是这部分人，他们同时反复、不断地让自己“局部牢记”：“日本是原子弹的唯一受害国”，这句话让中国乃至全世界人民耳朵里都听出老茧来了。这部分人将日本装扮成“受害国”，似乎日本与其他亚洲国家同样，都是战争的受害者。众所周知，日本人的“受害”与中国人之“受害”绝对不属同一个层次。日本人说自己是佛教信徒，佛教讲究“因果报应”，没有日本不断发动战争，而且后来拒不投降之“孽因”，就不会有后来美国原子弹之“恶果”。中国之“受害”来自日本的“加害”；而日本之“受害”来自“恶有恶报”的惩罚。没有美国用战争手段对日本进行制止，日本对亚洲国家的奴役及伤害还将继续。“九一八”之后，“国际联盟”未对日本采取任何有效的实质制止手段，无论过去还是现在，中国都对“国际联盟”极为失望并不满。直到太平洋战争爆发后，美国才站出来用真枪实弹对付日本。

---

① 维护宪法第九条的民间自发组织，由诺贝尔文学奖获奖者大江健三郎等著名人士发起并参与的团体。

历史是一个整体，岂容肢解，割裂！？更不能有双重标准！我想问马立诚一个朴素的问题：当年日本打我们，你马立诚对美国帮我们持什么态度？美国惩罚一个痛殴我们的人，究竟是好还是不好？美国打败了日本，日本骂美国，此时中国人竟然还去为日本帮腔，难道你觉得日本欺负得还不够？！

对于马立诚的所谓“新思维”，网上的几乎所有留言都对他“嗤之以鼻”，可他对此的回应竟然是：“这些都是‘片面民族主义教育的结果’”。好一个“片面”、“极端”，他再将责任推到中国政府身上，摆出一副“天下皆醉我独醒”的姿态，言下之意是他在为国家“思考未来”。

我去上海读大学时，我父亲的一个高中同学来车站接我，当他听我说我读日语专业时，立刻睁大眼睛，用近乎吼的声音说：“我恨死日本鬼子了”，“我妈就是被日本飞机投下的炸弹炸死的，从此之后我成了孤儿，我后来生活一直都很苦。”

我出《从小到大说日本》一书时，为出版提供赞助的好友是无锡人，他母亲总对我说“日本鬼子最可恶！”“1937年底我们家人逃离无锡，外出躲避日本鬼子，当时只留我大哥、大嫂在家看家，等我们后来再回无锡，哥哥、嫂子一家人都被日本人杀死了，房子也烧毁了”。

请马立诚出来给我的这两位长辈诊断一下，看他们得的是“家族主义”病，还是“民族主义”病。包括他们在内的所有中国人，都在自家庭院里和平地生活，没人招惹过大海彼岸的日本人，只因日本武士想要财富，他们就跨过大海来中国杀人掠货，将我们积累的财富化为灰烬，对于这样的血泪史，假如牢记是“延续仇恨”的话，岂不变成只有“忘却”才能“发展爱情”。中国近代史是泪与血的集成，没有这些点滴，哪里有中国近代史？缺了中国近代史，何以构成世界史？他们的亲身经历及感受，是政府能够“煽动”出来的吗？换言之，许多斥责他的言论，都是自发而并非受什么人煽动。

照马立诚所说，“控诉”属“煽动”，是“极端民族主义”，这些属“狭隘”“片面”的教育所致，莫非他这个“精英”所受教育比我们全面？！

韩国民众每天（中新网报道每周三）都去日本驻韩国大使馆外抗议，坚持了数年，还在驻汉城日本大使馆对面竖起一尊“慰安妇”（被日本军人强征的性奴）铜像。韩国人用过去的“耻辱”讨回今天的“尊严”，韩国民众称只要日本一天不道歉、不改变篡改历史的丑行，韩国民众的抗议活动就会一直持续下去。按马立诚的说法，韩国人别说“没有未来”，连未来的一丝光亮都见不到，有十三亿人口的泱泱大国，与只有六千万人口的韩国人相比，中国不觉得

“自惭形秽”吗？韩国没有马立诚，日本的海警船也不敢去韩国的独岛，韩国人天天痛斥日本，安倍对韩国的呼唤却是“日本与韩国有相同的价值观”。

马立诚将如今中日关系紧张完全归因于中国不好，似乎只要中国顺从了日本，中日关系就会好转。

中国与日本，好不到哪里去，也不可能坏到哪里去。中日关系不是中国单方面的问题，更不能靠顺从日本，给日本输送利益换来他们的所谓“友好”或“好评”。

马立诚将国际关系比喻为：美、中、日三家，在国际舞台上是一、二、三，老大、老二、老三的关系，老大跟老三联合，老二就不好办，相反，老二与老三联合，老大就不好办。别以为马立诚很会比喻，它并非是马立诚在深入研究中日关系基础上产生的“新思想”，它实际上是近代日本在不同时期，针对不同国家，不停兜售了几十年的“陈谷烂糠”，马立诚仅仅是“日本垃圾批发商”。他将日本的“思想垃圾”包装成为“新思维”在中国推广。

日本是个小国，最喜欢将国际关系说成是“零和”关系，总想玩弄阴谋扳倒自己的对手。1902年对沙俄、英国就玩弄这种“骑墙”，最后实现了“日英同盟”。1914年第一次世界大战爆发，日本从德国手中夺走了青岛之后，再在协约国与同盟国之间玩骑墙。协约国保证战后将部分中国利益给日本，日本开始支持打败同盟国。

二战结束后，美、苏之间的“冷战”公开化，日本为了投入美国怀抱，他们鼓吹：“我们日本有强大的工业能力，有庞大的产业无产阶级，他们‘左倾’、‘赤化’，会很容易倒向苏联，日本追随了苏联就会发动对美战争，那时美国就遇到大麻烦了，日本会成为苏联进攻美国的桥头堡。”

日本只认强弱。你强，他就追随，你弱他就踹你。过去中国老大，日本追随，这种痕迹至今依然留存，诸如用汉字，吃饭用筷子。如今美国是老大，日本死抱美国是要“傍大款”，分一杯羹，只有在追随美国不舒服的时候，他们才想要“找回自己”，这时对内鼓动社会党人闹美国，对外拉中国。中国这时仅仅是被利用的对象，好似日本今天要跟中国斗拉菲律宾一般。中国人可以从菲律宾身上看出在美、日博弈中中国在日本眼中的地位及身影。

马立诚声称自2002年起提出“新思维”，可至今为止的11年间，现实却是日本往“右”的道路上越走越远。如今安倍晋三公然否认“南京大屠杀”、“马尼拉大屠杀”；行动上公然炫耀日本臭名昭著的“731”部队，文官首相穿上军服视察“自卫队”，高呼“天皇陛下万岁”，还将近期建造的准航母命名为“出云”号。广岛原子弹纪念碑上刻着“不让过去的悲剧重演”，可安倍的口号竟然是“重新夺回强大的日本”，他的言行，分明是想将日本拉回到靠枪炮占领市场，靠枪炮强卖商品、靠枪炮掠夺资源的老路上去。中国是日本对外扩张侵略的最大受害国，同时还是坚决抗日直到胜利的战胜国之一，作为亚洲乃至世界的大国，中国必须与反法西斯同盟密切配合，亮出“舍我其谁”的态度，为了来之不易的世界和平挺身而出，与包括日本人在内的正义人士一道，坚决遏制日本“复活军国主义”，彻底粉碎安倍之流的“复活军国主义”野心。

2013.9.22

说小论大：日美间角力总让太平洋无法『太平』

东南亚各国面临的首要问题都是发展经济，改善民生。中国的发展对拉动、提升东南亚的整体经济水准起着至关重要的作用。共同发展，共同繁荣，是绝大多数亚洲国家的“同一个梦想”。日本以前只当亚洲各国为日本的原材料供应地，商品倾销地，无视亚洲兄弟，如今为了要围堵中国才想起了还有亚洲兄弟，又是许诺给钱，又是声称给物。用“口惠而实不至”的诱惑，希望东南亚国家放弃搭乘中国的经济快车，等着日本援助。

日本声称自己一直羡慕英、美关系，要努力使日、美关系如同英、美关系一般“亲密无间”。日本不想想，英国跟美国才是真正的“同文同种”，而且第一次世界大战、第二次世界大战，都一直同在一个战壕里走下来。与日本是什么关系？一战期间日本是英、美等协约国要严加约束、提防的“假盟友”；二战时日本与英、美之间是真枪实弹的“真对手”。在美国看来，既然日本口口声声说跟中国、朝鲜是“同文同种”，要将亚洲人民从殖民统治当中解救出来，那么请日本再解放一次朝鲜、台湾及满洲国吧！

太平洋战争爆发后，菲律宾、缅甸、印尼等，都认为同为黄种人的日本来帮助自己了，可打开国门之后才发现，迎进来的是强盗。日本人比白人殖民主义者还要歹毒许多倍，他们对亚洲国家的榨取是“敲骨吸髓”型。日本对“同文同种”的亚洲人民趾高气扬，一副只有我们才能打败白人，我们必须当黄种人老大的傲慢嘴脸。私下里却对挑战英、美非常矛盾，既兴奋又恐惧。喜的是自己敢于挑战老牌殖民主义国家，战胜了他们说明自己强大，可以在黄种人面前炫耀并获得“威压”的资本，悲的是与那么多国家为对手，若他们联合起来将日本打败时日本就惨了。事实果真如此，天照大神无法保佑日本，1945年8月15日日本宣布战败投降，从此陷入黑暗之中。

此后对白人比“黑船”时代还亲热，腾出好房子开办“慰安所”，让日本女子拥抱美军士兵。“忍”了一段时间之后，再次开始挑战美国，挑战是为了证明自己强大。否定美国主宰的远东军事审判，声称要修改美国压制下制定的《和平宪法》，参拜靖国神社，歪曲并否定历史，一方面是给美国脸上抹屎，另一方面却拉紧美国的袖口：求求你们别离开亚洲。难怪驻日美军对“日美同盟”的解释是：我们是将恶魔关进瓶子里的瓶塞子。

小泽声称日本可以在120天内造出原子弹。造出来丢给谁？丢到哪儿？我个人认为日本不会丢给中国，而是会丢回给美国。有能力挑战老大才叫强，中国根本不在日本眼里，而且日本认为中国人善良，不管怎么样，一定要为自己留一条后路，危急时只有黄种人兄弟会拉他们一把。有证据表明，日本“奥姆真理教”曾策划在美国纽约地铁里投毒，并曾派人实地考察。试验毒气毒性的场所也选在澳大利亚，而且在自己购买的牧场中试验过。迄今为止尚未发现日本在二战后又在中国投毒、试毒的证据。

1973年，日本推出了依据科幻小说《日本沉没》改编的电影，这部作品表白称，在日本遭遇到灭顶之灾时，惟有中国放出了“诺亚方舟”；而在另外一部《日本以外都沉没》（2006）的电影中，最能煽起日本人情绪的场面是：好莱坞的大腕逃离美国到日本避难，世界级女影星在日本当妓女；美国大牌男导演在日本拉皮条。

在世界近代史上，美国总是“坏”日本的“好事”：1893年美国出兵占领夏威夷，1894年趁中日“甲午战争”时让夏威夷成立共和国，1898年“美西战争”后美国接手菲律宾、关岛，两次都抢在日本动手之前。1915年日本压迫袁世凯签署“二十一条”美国反对，1918年日本出兵西伯利亚，美国先配合日本出兵，后来单独撤兵将日本撂在一旁。在1919年的“巴黎和会”上，美国要求日本将山东归还给中国，最终在1921年的“华盛顿会议”上，成功迫使日本归还。1927、1928年日本出兵中国山东美国谴责，1931年“九一八”后“满洲国”建立美国不予承认，1937年“七七事变”之后美国支持蒋介石，日本一直认为美国是日本在太平洋上扩张的掣肘。1941年12月7日日本偷袭珍珠港，是日本对美国愤怒的总爆发。也就是说，日本实际上远在五十年前就想让夏威夷成为第二个琉球，菲律宾成为第二个朝鲜。

太平洋战争爆发后，在中国战场上，中国军队拖住日本一百万军队使其无法脱身，澳大利亚及印度因此而幸免于难。

在亚洲战场，美军则采用跳岛战术，一步步接近了日本的战争策源地东京，最终将狂妄的日本打败。日本发动太平洋战争，没给亚洲弱小国家带来任何好处。美军向马尼拉发动进攻，日本全力防守，最后马尼拉变为一片废墟。

日本战败前还要对手无寸铁的菲律宾人民泄愤，实施了惨无人道的马尼拉大屠杀，造成10多万无辜平民死亡。在战后的远东军事法庭上，菲律宾提供的数字被认为是最精确的，证据链完整并事实确凿，可这又有什么用？日本躲在美国身后赖账！菲律宾向日本索赔80亿美元，日本只给了十分之一的8亿。战后重建马尼拉，许多钱是美国人捐的，而日本人在马尼拉修建的只是“慰灵碑”，慰死亡日军之灵。

东南亚历来是一个讲究因果报应，相信恩恩相报的地区。以前日本对东南亚各国造成了莫大的伤害，可日本经济条件改善了之后也从未想过要帮助这些曾深受日本之害的国家。中国放弃了战争索赔才让日本得以轻松起飞，中国这个大国，曾经是阻挡日本在亚洲侵略扩张的中流砥柱，这些东南亚国家都看在眼里，记在心里。如今日本恩将仇报，拉拢各国只是为了围堵日本昔日的恩人——中国。

东南亚各国面临的首要问题都是发展经济，改善民生。中国的发展对拉动、提升东南亚的整体经济水准起着至关重要的作用。共同发展，共同繁荣，是绝大多数亚洲国家的“同一个梦想”。日本以前只当亚洲各国为日本的原材料供应地，商品倾销地，历来眼睛上翻，只看见欧美，无视亚洲兄弟，如今为了要围堵中国才想起了还有亚洲兄弟，又是许诺给钱，又是声称给物。用“口惠而实不至”的诱惑，欺骗东南亚国家放弃搭乘中国的经济快车，等着日本援助。换言之，如果某些国家甘当日本爪牙阻挡中国的高速经济列车，完全是一种自戕行为。

2013.10.11

弹痕累累的房屋，摄于菲律宾。

维护东亚和平除自强之外别无选择

再重温一次田中奏折："倘支那完全可被我国征服，其他如小中亚细亚及南洋等，异服之民族必畏我敬我而降于我，使世界之东亚为我国之东亚，永不敢向我侵犯。"

当你从太平洋沿岸横贯日本并短时间就能到达日本海时，你就会明白日本有多么窄小。

要想自己生活好，必须穷尽岛上的资源与外部进行交换。明治一新之后，新政府将自己提升财力的能力发展到极限。外国要日本的茶叶、瓷器、生丝，外加煤炭。日本因此竭尽全力生产这些，可将其潜力挖掘到顶点也就那么多，日本因此想到扩张，要将别人的富源据为己有。

朝鲜有金矿，台湾有樟树、甘蔗。日本人自我批评，批评到极端也就是“极端自私”、“极端利己”。“大和族”跟中国不一样，亲爹、亲娘老了丧失劳动力之后，为了省口粮都可以将他们丢开不顾。（日本人认为肚子里有一条虫子决定人的好恶，虫子舒服的时候是“自私”、“利己”；不舒服的时候就是“厌恶”、“讨厌”。“自私”、“利己”、“虫子舒服”是“正常状态”。《红灯记》里面说“人不为己，天诛地灭”。）

中日之间的冲突，背后是巨大的民族利益冲突。中国人看到小泉、安倍“右”，就斥责他们，似乎鸠山、福田就会对中国好。希望中国人冷静并时刻保持头脑清醒，日本领导人为了保证其能在集团领导人的位子上坐住，前提必须是给本集团带来利益。安倍来硬的，得不到利益反招损，那么集团就会更换一个人，换一种手段，可对外政策的核心依然还是“保证本集团的利益最大化”。因此，任何寄希望于某个日本领导人会善待中国的想法，都是幻想。自己的利益必须靠自己的力量去保护，只有不畏牺牲，才能将自己的损失降到最小。日本对弱者的要求是没完没了的，只有在强者面前他们才会掂量并收敛。

二百年前吉田松阴（1830—1859）说“失之于俄美，取之于亚洲”，这种想法与手法依旧。给驻日美军多少驻扎费都不算多，给中国、韩国，一分钱都多。

如今中国人都唾弃周作人是“汉奸”，可这个“真汉奸”对日本把握之精准，往往在当今中国的“真专家”之上。周作人给全中国人开出的“清醒剂”为：“中国知识阶级应该竭力养成国民对于日本的不信任，使大家知道日本的有产阶级、军人、实业家、政治家、新闻家以及有些教育家，在中国的浪人支那通更不必说，都是帝国主义者，以侵略中国为职志的；我们不必一定怎么去为难他，但我们要明白，日本是中国的敌人，我们要留心，不要信任他，但要随时设法破坏他们的工作。”①

“‘日本是中国的仇敌’，请大家记住这句话……我确信日本是中华民国生存的一个大威吓、大敌人，所以我们为要保存中国起见不得不尽力排日，是的，应当排日在排一切帝国主义之先。”

大江健三郎到处呼吁自己要做“不是那样的日本人的日本人”，目的就是说自己要做有别于周作人所说的“帝国主义者”的日本人吧。

“九一八”之后，美国外交家格鲁出任美国驻日本大使，他跟苏联驻日本大使的关系也不错，经常就某些关键问题请教后者，苏联人常开导这个自称为“日本通”的美国大使。

对于美、苏是否应该联合提醒或警告日本停止对外战争，苏联大使给他讲了一个苏联寓言。“厨师发现猫在偷吃鱼，开始对猫说教：你不能吃，绝不能再吃了！猫一边听，一边继续吃。”

对于1935年后日本要求满洲国购买“中东铁路”，格鲁问这是否意味着日本想谈不成就发动战争，苏联大使回答：“如果他们想谈成，那么就不会爆发战争；如果他们想发动战争，他们就会让这事谈不成。”格鲁再问如何理解这句话？苏联大使回答：“决定花钱买就意味着不准备打仗了；若想通过打仗武力获得，就不会掏钱买了。”

“甲午战争”爆发前，日本以运抵朝鲜的大量兵员为后盾，不断提出中国无法接受的高要求；日俄战争爆发前也同样。

在利益面前，日本父子之间都可以用杀死对方来解决，遑论对其他民族了。什么信义、保证、恩义等等，这些都是日本套在对手头上的枷锁。日本人认为自己是小国，就应是例外，比如“宣战”之后再开火是让自己“毁灭”。

① 《周作人论日本》“排日平议”。

德川家康1603年当上将军，两年之后就让位给三儿子秀忠，他宣布“隐退”。此举是要通过实际行动告诉秀赖，丰臣家不要再对将军位有想法了。为了消耗掉秀赖的财富，还有就是看谁追随秀赖，家康要求秀赖母子俩掏钱，铸造大钟。京都的“方广寺”由丰臣秀吉建造，家康说为了继承父亲秀吉的功德，还应铸造一个更大的钟。秀赖掏钱重修“方广寺”，接着还铸造了口大钟。上面刻着“国家安康，君臣丰乐”。德川家康开始挑刺。说将“家”与“康”分开是对他的诅咒，而且后一句是祝丰臣家繁荣昌盛。因为德川家康强人所难地找茬挑刺，“方广寺”大佛开光等一系列仪式被迫中止。家康接下来再找事，要求秀赖母子从大阪城中搬出来，转封他们去其他地方，或让母亲淀君移居到江户。这也是家康自确立统治以来的一贯做法，对秀赖来说，两种选择都是“凶”，秀赖拒绝。他知道拒绝之后就是宣战，而顺从则是不开战等死。

秀赖知道大战将至，将在大阪城中聚集的十万浪人纳为家臣，而这又成为家康动武的绝好口实。家康下令大名集结，召集了二十万人。1614年10月发动进攻。大阪城固若金汤，德川家康的大炮等都无法对其构成威胁，明明是家康打不下去了，可家康提出“和为贵”，不打了，同时要求秀赖表现“诚意”。表现“诚意”不是写什么书面的保证，而是要实际行动，要填平大阪城最外围的护城河，同时拆除最外围的第三道城墙“三之丸”。双方于同年12月达成停战协议。

秀赖遵守了协议，家康派人将第三道城墙外的护城河填了，城墙也拆了，可家康还要进一步，他们又将第二道城墙“二之丸”外的护城河也填了。家康显然违反了协议，秀赖只好再召集人马，调集粮草、弹药，可这又给了家康借口，家康渲染秀赖违反了停战协议，要求丰臣家自己提出改封到大和或伊势、遣散浪人。秀赖当然拒绝，结果战争再次爆发。1615年4月，天气刚好适合作战，大阪“夏之阵”又开始了，保护大阪城的所有屏障都因秀赖为“显示诚意”、“遵守承诺”而拆除，可家康显示的“诚意”却是用大炮说话。此前家康的大炮无论威力还是射程都达不到，经过家康让秀赖“显示诚意”之后，外围防御都没了，大阪城变成了“裸城”。5月5日，家康的人马攻入大阪城，8日，秀赖及母亲淀君自杀。秀赖的妻子千姬是秀忠的女儿，家康的孙女，秀赖的心腹大将大野治长（1569—1615）恳求秀忠放过秀赖母子，以保证千姬安全交换秀赖母子平安，可家康再次食言，千姬毫发未损地回到父亲秀忠身边；可家康仍逼迫秀赖母子俩自杀，这还不罢手，最后还将孙女的儿子——八岁的丰臣国松处死，千姬后来改嫁。（德川家康娶了丰臣秀吉的妹妹为妻，既是丰臣秀吉的妹夫，还是孙女亲家，还是秀赖的监护人、秀吉死后丰臣家的首席“大老”。）

德川家康的手段同样被日本军人运用到中国。“九一八”之后，张学良将东北送给了日本人，可他们并未满足，东北军将指挥部设在锦州，关东军接着攻打锦州，要东北军退到长城以南，东北军撤到了长城之内，但日本军人并没有到了长城根停下，而是再越过长城，进入关内。日本军人提出：军人之间密切接触难免爆发战争，“破坏中日间的和平大局”，长城内的中国军人要用解除武装“显示诚意”，一方面日本步步紧逼，另一方面中国军队一退再退。

中国人想躲，但你躲得完吗？1937年日本又说中国军队在卢沟桥欺负他们了。

回头看“甲午战争”，中国后来有钱赔款，但筹不出钱来打仗，结果是中国受害越来越深，日本的扩张侵略野心越来越膨胀。所有希望中日友好、亚洲和平的人都应该明白，只有中国富强才可能有中日友好、亚洲和平稳定。

再重温一次田中奏折：“倘支那完全可被我国征服，其他如小中亚细亚及南洋等，异服之民族必畏我敬我而降于我，使世界之东亚为我国之东亚，永不敢向我侵犯。”

邱永汉对日本的看法：“日本人的好学也并非好到了连废物和垃圾都能够消化的地步。日本人在汲取外国文化时，有着取舍的原则。一言以蔽之，日本人主要考虑的是对方是否值得尊敬，其国家文明是否值得吸收。对日本人来说，中国大陆就曾经是值得尊敬的对象。因此，从汉字开始，连同所有衣食住，将大陆文化全部引进。平安京是长安的仿制，和服是唐代中国人的服装。茶道其实是曾在中国宋朝流行的抹茶的礼仪程式，而修行饭食包括大德寺纳豆（并非一般纳豆而是酱油豆）与豆腐皮，都是留学僧人从大陆的禅寺学去的。它们经过长期的历史淘汰一直存留到今天，形成了代表日本的日本文化。不过遗憾的是，这些都是以往的事情了。当今日本人并不太尊敬中国与中国人了，而且加入到欧洲列强的行列，参与了瓜分中国大陆的战争。在相当长的时间里，这种与以中国为师相反的行为，使日本人忘记了原来的自己。这使得他们从内心里瞧不起中国人，并倾倒于美国和欧洲。如果日本人觉得某个国家伟大，他们会觉得他们的屁都是香的。”

“日本人对那些具备足以值得自己效仿的实力的国家或者个人，会采取‘敬人三尺，不敢踩老师影子’的虔诚态度。而反过来，如果知道对方位于自己之下的话，则会摆出翻脸不认人的态度。”[①]

2013.11.18

① 邱永汉著，《中国人与日本人》中央公论社（1993年3月），第51—52页。

1941年日本"糖果"的典故

朝鲜抵抗组织策划了"冬天的金达莱"行动，计划在裕仁皇太子途经香港时绑架他，希望以皇太子作为"人质"，换取朝鲜摆脱日本统治，尽管这次行动没有成功，但朝鲜抵抗组织留了一封信给香港总督，上书："等着吧。你的日本盟友总有一天会给你送来糖果的！"

1921年3月，大正天皇的儿子、当时的皇太子裕仁（1901年4月29日—1989年1月7日）乘军舰前往英国访问，朝鲜抵抗组织策划了"冬天的金达莱"行动，计划在裕仁皇太子途经香港时绑架他，希望以皇太子作为"人质"，换取朝鲜摆脱日本统治，尽管这次行动没有成功，但朝鲜抵抗组织留了一封信给香港总督，上书："等着吧。你的日本盟友总有一天会给你送来糖果的！"，当时英、美肯定没把它当回事，可这份"糖果"终于在20年之后的1941年12月7日（美国时间），日本时间、也就是72年前的今天——12月8日，送到了美国太平洋舰队的大本营——珍珠港及当时的英国殖民地香港。

最近看了朝鲜拍摄的《没有回来的密使》及《安重根击毙伊藤博文》两部电影，由于近代史上朝鲜深受日本之害，他们对日本如何阴险之表现，值得让中国乃至世界上热爱和平的人士警醒。

朝鲜1985年出品了名为《没有回来的密使》的电影。影片中的主角是朝鲜人李俊（1859—1907）。1907年6月，世界各国将在荷兰海牙召开第二届国际和平大会（万国和平会议），当他得知这一消息后，认为这是朝鲜向世界传达朝鲜处境的大好时机，遂进宫向高宗皇帝（李熙）请求，获准后前往欧洲的荷兰。该影片表现了他从准备出行到最后在荷兰海牙自杀，死在异国他乡的整个过程。

1894年，日本以支持朝鲜独立为由，对中国清军先偷袭后宣战。"甲午战争"结束后，日本诱骗朝鲜更改国名，表面上看，朝鲜更名为"大韩帝国"；"国王"变成了"皇帝"，似乎朝鲜已经"独立"，可"大韩帝国"仅仅是个空名，此后凡事必须听日本的，大韩帝国皇帝被日本人“架空”，他成了日本的傀儡皇帝。日本人在“皇帝”身边安插好各级眼线，将他孤立起来，日本人对他见什么人、谈什么话等，一举一动都要控制，日本希望干成的事，就通过周围人煽风，最终以皇帝命令形式发布；而日本不希望实行的，早在计划阶段就被日本扼杀。大韩帝国高宗皇帝为能私下接见自己臣子李俊，不得不采用让他躺在空棺材里进宫的方式。

李俊领受去海牙呼吁的任务之后，历尽千辛万苦终于到达了海牙，但他没有正式代表身份，只好在场外散发传单，宣传朝鲜的处境。日本代表得知后，立刻要封杀朝鲜的声音，一方面紧急向日本报告，另一方面在海牙发动“银弹”外交，送礼请客，举办舞会，日本要用自己的谎言盖过朝鲜代表的微弱呼声。日本的攻势起了作用，明知日本说的是假话，但列强“宁愿牺牲一个弱朋友，也不愿意制造一个强对手”，他们认可日本编造的谎言：朝鲜代表是假冒的。他们欲将李俊等赶出会场，李俊愤然自杀。而这种悲愤的表达反被日本渲染为“恐怖行动”，朝鲜上下因此明白了一个道理：悲情无法打动任何人，弱者的悲剧只有在强者认为有利于自己时才会由他们主张，指望别人只能让自己的牺牲更加悲惨。

北朝鲜在1974年出品了名为《安重根击毙伊藤博文》的电影，在这部电影中，对以伊藤博文为代表的日本人如何收买朝鲜人当“韩奸”有精准的表现。

都知道日本的大巴、电车、飞机严格按时间表运行，可中国人在佩服日本人无论大事小事都精准的同时，似乎没人再动脑子思考一下日本针对中国发动的“一赌国运”的战争。1931年的“九一八”、1937年的“七七卢沟桥”，仅因日本用“事变”这两个汉字，就变成了“偶发”事件了。朝鲜人对日本的认识可没有中国人这般“模糊”。

日本为侵攻朝鲜，早就开始谋划。自古代以来，在朝鲜与日本交往的过程中，朝鲜多次吃亏上当，因此，他们对邻国日本的动机及目的非常警惕，日本狡猾在将丑恶动机包装成“绝对利他”上。为了骗取朝鲜人的信任，日本人以“帮助朝鲜文明进步”的糖衣，包裹他们实际上想要“奴役朝鲜的‘毒药’”。日本以“帮助文明开化”为由，渗透到朝鲜的各个角落，广为结交朝鲜各界人士，摸清内部状况后挑起他们内斗，通过制造混乱，“分化”、“弱化”朝鲜各级组织，进而让各弱小集团都依靠并听从日本。德川家康对待其国内260个藩国的方式、方法，被明治一新后的日本藩阀政府转用于朝鲜乃至亚洲各国。

伊藤博文早在1894年之后就收买朝鲜女子裴贞子当养女，让她出入各种场合，刺探朝鲜的上下动向。1905年日俄战争结束后，伊藤博文作为帮助朝鲜发展的最高顾问（统监）来朝鲜，他问裴贞子：什么人最反日？裴贞子回答：某某。此后伊藤博文召集日本人开会，指名要“反日”的朝鲜人当首相。日本用软硬兼施的手段，先给某个朝鲜人甜头，让他充当卖国贼，若该人物不从，那么日本就从肉体上、精神上消灭他。

伊藤博文会见韩奸，有意安排两个人一前一后先后到达。后来者看到了先到者，但无法知道伊藤博文跟他谈论了些什么，伊藤博文利用他们的物质欲，人为制造“韩奸”之间竞争，最终形成谁给日本输送的利益最大，日本就给谁当首相的局面。日本获得的；实际上就是朝鲜失去的。不但针对“韩奸”个人，对“大韩帝国”，日本也同样以“君主立宪”之名，让皇室与内阁相互竞争，皇室不听日本的话，伊藤博文就通过自己支持的内阁让皇室变得有名无实。

1909年，安重根在哈尔滨击毙了伊藤博文，但这也没能阻止日本吞并朝鲜。

1919年3月的“巴黎和会”期间，朝鲜爆发“三一独立运动”，紧接着中国爆发“五四运动”。

朝鲜独立运动的部分领导人此后流亡到中国上海，成立了大韩民国临时政府，两年后，他们获知日本皇太子将出访欧洲的消息，他们决定改以往的刺杀为绑架，以绑架皇太子为人质的方式与日本政府谈判，换取朝鲜的真正独立，该计划名为“冬天的金达莱”。

1921年3月3日，裕仁皇太子乘“香取”号军舰离开横滨，3月8日到达香港。史塔士香港总督举行了盛大的欢迎仪式。因为裕仁的照片从未公开过，没人见过他，英国人与日本人合谋，从军舰上找了一个天皇的替身，此人名小松辉久（1888—1970），原为皇族，后获侯爵爵位，赐姓小松，他以海军大尉身份在“香取”号上服役。他年龄比裕仁皇太子大很多，但身材等比较像。军舰到达香港这一天，小松辉久穿上裕仁皇太子的礼服，在闲院宫载仁的陪同下，在皇家码头上会见了前来迎接的总督。而裕仁皇太子则乘上快艇，绕道香港湾仔海军船坞，从那里登陆，沿着布满英军宿舍的花园道，到达山上的总督府。

因港英当局安保严密，朝鲜方面的“冬天的金达莱”计划最终未能实现。

在香港期间，总督尽可能地安排了最好的节目，某日皇太子突然提出要参观供应香港淡水的水库，主人为了满足客人的要求，欣然同意。1921年3月13日，皇太子离开香港，途经新加坡时，再次参观了新加坡的蓄水池。到达英国后，皇太子受到了贵宾般的接待，他盛赞英王乔治五世“像自己的慈父一样”。

1937年12月，日本故意攻击英国军舰“瓢虫号”及美国军舰“帕奈号”，山本五十六将这次精心策划的探测英、美底线的阴谋，成功地导演成为“误炸”。在英、美面前，日本将自己装扮成乖巧到极点的“好孩子”，他们最擅长制造“打这个乖孩子屁股的家长是‘恶爸爸’的氛围”，到了1941年12月8日，“乖孩子”日本终于给英、美“送来了糖果”。这一天，日本海军偷袭珍珠港；陆军从广东攻击香港。

无论在香港还是新加坡，日军都猛攻当年皇太子曾经“巡幸”过的水库，1941年12月25日是圣诞节，驻港英军在这一天投降。澳大利亚的报纸曾宣称“新加坡的大炮比圣诞节布丁里的葡萄还多”，可在1941年的圣诞节，日本给新加坡的澳、英联军送上的圣诞糖果，是12月10日击沉保卫新加坡的英国最新锐军舰“威尔士亲王”号。新加坡英军在1942年2月15日，农历新年当日，向日军投降，新加坡更名为昭南岛，为“昭南特别市”，日军占领新加坡期间，日本称为“昭南时代”。

日本是个征服了一个就要接下来找下一个目标的“坚决变大”国家，壮大一次就要拿一个弱小的血祭。1907年的朝鲜，1937年的中国，列强都对日本扩张侵略默许，采取与己无关的观望态度。

在与自己暂时没有利益冲突或日本有求于他人之时，日本人彬彬有礼，态度诚恳，会让你感觉他们是值得信赖的伙伴，可当出现了利益冲突且他比你强时，日本武士就会凶相毕露，砍你头没商量。1907年时日本的首要目标是吞并朝鲜，因此，任何一个有利于日本实现这个目标的，都是日本的利用对象，是“好伙伴、好朋友”。在1907年的海牙国际和平大会上，共通过了十三个公约，其中第三个公约实际上涉及1894年及1904年的日本对外战争，这两次战争，都是日本先偷袭，再宣战。这次在海牙召开的国际和平大会，专门对未来战争进行了约定，以前仅将“不宣而战”规定为不道德，而这次则以公约的形式约定，“不宣而战”是“违法”，属于“犯罪”。宣战书不单要递交给当事国，而且还要通报给中立国。尽管日本也是签字国之一，但日本依然视自己对国际社会的承诺为废纸，直到1941年日本对英、美、荷等国再次“不宣而战”时，上述国家才惊醒过来。

2013.12.8

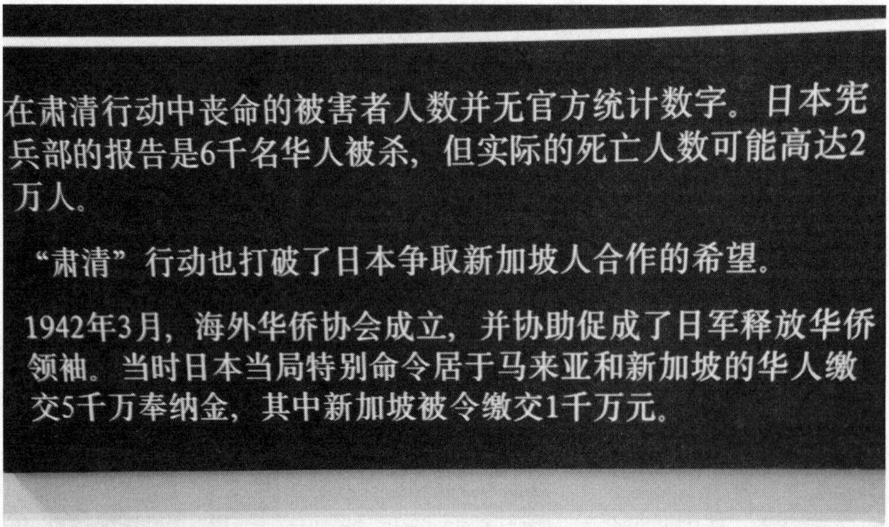
在肃清行动中丧命的被害者人数并无官方统计数字。日本宪兵部的报告是6千名华人被杀，但实际的死亡人数可能高达2万人。
“肃清”行动也打破了日本争取新加坡人合作的希望。
1942年3月，海外华侨协会成立，并协助促成了日军释放华侨领袖。当时日本当局特别命令居于马来亚和新加坡的华人缴交5千万奉纳金，其中新加坡被令缴交1千万元。

摄于新加坡圣陶沙战争纪念馆。

家永三郎先生为『言论自由』跟日政府打官司

家永三郎先生是日本乃至世界上研究日本史的著名历史学者，他认为日本政府的“审定”教科书制度是“歪曲篡改历史”，这种丑行不但严重侵害了宪法保证的“言论自由”，而且还会将讹误传递给下一代，是日本未来发展的巨大隐患。

日本有一个著名历史学者家永三郎先生（1913—2002），为捍卫“言论自由”跟日本政府打了30多年的官司，但中国所谓的“日本问题专家”们对他的介绍并不多。家永三郎先生是日本乃至世界上研究日本史的著名历史学者，他认为日本政府的“审定”教科书制度是“歪曲篡改历史”，这种丑行不但严重侵害了宪法保证的“言论自由”，而且还会将讹误传递给下一代，是日本未来发展的巨大隐患。

中国的“日本问题专家”说言论自由带来“百花齐放”；而日本的真正的历史学者打官司却打“言论自由”，要求日本政府停止歪曲、篡改教科书。看看家永先生对日本的“修改”不满在哪里。

家永先生在编撰日本高中历史教科书时选了一幅照片，满脸稚气的少女被征召到工厂干活。原本应该出现在教室中的学生，因为战争，人手不够，出现在了军需工厂里，家永先生的文字说明是：“遭到毁坏的大众生活”。可文部省却将文字改为：“学生们红光满面，勇敢为祖国捐躯”。

他对日本发动对外侵略战争的表态，还仅仅停留在“没给日本带来任何好处”的程度，丝毫没有言及深受日本战争之害的中国大众的生活，被日本毁坏了多久？！被日本毁坏到什么程度？！可即便是这样“温和”的“言论自由”，日本文部省都要大张挞伐。这种“修改”就是“此地无银三百两”的自我暴露。

在1962年的历史课本里有这样一幅照片：老兵只有一只胳膊，脖子上吊着一个钱盒。配图的说明是：“这一悲惨景象雄辩地向我们展示了过去那段痛苦的历史，让我们深深领悟《宪法》序言所说的那样，‘我们决不再在政府的策动下经历这样的惨剧’。”

日本文部省在审议时，将这幅图片及文字说明删除。

按照写博客的“日本问题专家”的见解，既然对那场战争有不同的观点及见解，在言论自由的前提下，应该对所有言论都不设禁区，都公开出来，可以“畅所欲言”才算有“言论自由”，可日本政府的上述手法却是公然封杀“言论自由”，以此保护“右翼”的言论。家永先生主张的“言论自由”，完全来自日本战争期间的教训。当时日本民众的言论自由及知情权被压制，造成日本全民屈服政府，带来了战争。若真保护“言论自由”，只会让日本人头脑清醒，日本文部省实际上是惧怕真正的“言论自由”，所以才不允许“言论自由”，他们要改历史学者家永先生的，强加上代表“右翼”政府的。显然，在“言论自由”问题上，“右翼政府”存在恶意压制、歪曲，存在双重标准。日本政府一方面封别人的口；另一方面自己可以信口雌黄。

在日本的历史教科书中，广岛遭遇原子弹袭击的内容是永远都会有的，这里强调自己是受害者；而文部省以种种理由删除掉的内容都是：“七三一”部队、“从军慰安妇”、“南京大屠杀”，他们要歪曲、篡改，否定自己的“加害”责任。

日本学者家永三郎先生最初是中学历史教师，1952年他编写了高中历史教科书《新日本史》，被广泛采用，四年后，文部省说课本有问题，勒令修改，到了1964年，家永先生开始与政府打官司。1970年，东京地方法院的杉本良吉法官做出了裁决：“文部省对教科书的审查，不得超出矫正印刷及与有事实出入的错误范围。实质性的审查可被看作违宪。”杉本法官因此失去了晋升的机会。

从1965年6月到1997年8月，各级法院先后做出了十次判决，最后家永三郎先生胜诉。

自从开始跟日本文部省打官司后，家永先生、辩护律师、法官就开始遭到“右翼”的威胁。家永先生、辩护律师出庭只能走秘密通道。这些均表明，日本“右翼政府”标榜的“言论自由”，实际上是“挂着羊头卖狗肉”，日本人自己都对日本政府的作所作所为心知肚明，极为不满。

法院判决支持了家永先生的主张，说明法院明确了日本政府存在恶意歪曲历史的行为，这种行为违反了宪法。

1965年家永先生首次出庭辩护时，他发表了如下以前想说但不敢说的感言。

“我想着自己的良心，祖先的土地被焚毁，我就站在那儿，我是有罪的啊。我的上百万同胞在这次战争中丧失了生命，我幸运地活了下来。眼睁睁地看着自己的国家变成废墟，我深感有罪，我现在不过是一介布衣。尽管做不了什么大事，但希望弥补我过去一味驯顺、从不抵制的罪孽。这就是我今天为什么来到法庭的原因。”

家永先生主张，对高压钳制下的洗脑、灌输，若不站出来反对就是对自己民族的犯罪，成为“右翼政府”的同谋及帮凶。他批评日本是个“只知尊奉的民族”。从应诉的文部省官员到法院的法官，以及一切有良知并在默默关注该审判的日本民众，实际上都对家永先生的勇气以及他对自己民族未来负责的强烈责任感深感敬佩。

假如日本真有宪法保护下的“言论自由”，那么就应该一视同仁，不在任何领域设立禁区。可谁都知道，日本在天皇以及天皇制的问题上就有“禁忌”，没有“言论自由”。

再者，日本政府为了否定“南京大屠杀”、“七三一”部队、强掳中朝女子为性奴等历史事实，才以种种手段颠覆、推翻这一结论。或暗中支持并鼓励歪曲；或假“言论自由”、“学术自由”之名，反复动摇。

看看对于广岛原子弹，日本政府是如何鼓励滥用“言论自由”的。

受政府支持及保护的言论有：“美国对广岛投放原子弹是种族屠杀。”

在此基础上，石原慎太郎不断滥用“言论自由”。他声称：“美国没往德国丢，却丢在了日本，因此可以说是人种歧视”。

事实是：德国投降时美国的原子弹尚未试验成功。

“不往东京丢而向广岛丢，是美国认为在广岛没有美国战俘，因此要屠杀这里的平民。”

事实是：广岛也有盟军战俘。此前美国多次警告，日本当耳旁风。广岛同时是日本第二总军司令部的所在地，自明治一新之后起，一直是军事重镇。“甲午战争”时，大本营就设在这里。

1945年8月6日美国对广岛投下首枚原子弹后，7日再发表声明，警告日本，若不投降，还将遭受更大打击。日本内阁情报局局长为此专门召开会议，布置今后的宣传方针：“强调美国使用了非人道的武器，要向世界呼吁，争取其他人的同情。”10日，也就是日本已经决定投降的日子，日本各大报纸集体发声，渲染美国使用了非人道的武器，违反了国际法，指责它是一种残忍的、滥杀无辜的武器。

日本一方面竭力渲染美国的“原子弹”；另一方面要拼命掩盖自己的“七三一”，这能说是保证“言论自由”吗？

1945年9月15日，鸠山一郎（1883—1959）在“新党组建谈话”中称：“美国使用原子弹，比使用毒气还要残忍，违反国际法，是战争犯罪。正因为如此，美国应该帮助日本进行战后重建。”

鸠山一郎在“战争犯罪”与“战后重建”之间建立起了“因果桥梁”，而日本在中国各地使用过化学武器，对于这种“战争犯罪”，他们连“罪”都不认，更别说想着帮助中国“战后重建”了。大量的化学武器至今仍丢弃在中国，不遵守国际法加以回收。美国花大气力帮助日本战后重建，日本对中国的帮助在哪里？他们更愿意将钱花在收买利益代言人身上。

为了渲染“日本受难”，日本曾计划在广岛修建原子弹纪念馆的同时，还计划在广场的另一边修建“奥斯威辛纪念馆”，目的在于将不同的两个内容相提并论，将美国投放原子弹等同于“纳粹大屠杀”。二战期间日本与纳粹德国曾是一丘之貉，各自制造过多起惨绝人寰的大屠杀，而原子弹是“以恶制恶”，日本政府只字不提自己在中国针对中国民众实施的各种大屠杀，包括天皇情愿让国民送死也要“维护国体”，让日本老百姓死，自己活着。也正是因为如此，美国才痛下决心，为早日、迅速结束战争而投放原子弹。恰恰是美国所说的那样，“原子弹挽救了更多的生命”。可日本政府竟然歪曲历史，将美国投放原子弹与“奥斯威辛大屠杀”等同。日本自“明治一新”后，一直是战争狂人、战争策源地，仅仅因为两枚原子弹，瞬间把自己装扮成任由纳粹宰割的“犹太人”。

日本战败投降前，国内强壮劳动力全部走向了战场，国内劳动力严重不足，日本从中国以及朝鲜绑架来大批劳工，这些居住在广岛、长崎两个城市中的中国人、朝鲜人，同样受到了原子弹的伤害。据估计，死于原子弹袭击的朝鲜人多达五万。战后，日本政府以“大日本帝国已不存在，朝鲜人不是日本人”为由，拒绝为受害的朝鲜人提供治疗，赔偿就无可能了。日本为了渲染“受害”，竭力宣传“日本是世界上唯一受原子弹袭击的国家”，这句话看似没错，但实际上，原子弹并非只伤害到了日本人。日本在对待“原子弹受害人”的问题上，此时要严格区分日本人、朝鲜人、中国人。在日本受害的朝鲜人、中国人，他们是被日本政府强行押解到日本去的，战后的日本政府，将上述责任全然推给军国主义政府了事，新政府只将日本人列为原子弹受害者的补贴对象。这些被强行押解到日本的朝鲜人和中国人，他们的“受害”是双重的，他们踏上日本国土并非自己自愿，他们是被日本军人用枪押解去的，在日本当奴隶的过程中，再受到原子弹的伤害，日本投降后对这些受害者的态度是，逼迫他们立刻离开日本，甚至连他们工作期间的最低工资都不给。

日本政府修建了受难者纪念碑，碑中存放有受害者名簿，但朝鲜受害者姓名不在其中，这也就意味着朝鲜死难者被排除在吊唁之外，为此，朝鲜受害者家属希望为他们建立同样的纪念碑，但是，日本政府拒绝在和平纪念公园内为朝鲜、中国受害者立碑。由此可见，日本政府对原子弹受害问题是多么狭隘，而且一直采用压制另外一部分声音的方式来混淆视听。日本政府应该在这些问题上让言论自由起来。

2013.12.12

被『国家主义』害惨了的日本人

负责指挥海军航空兵对珍珠港进行轰炸的是渊田美津雄，他知道美国军舰“亚利桑那”号是被日军飞机空袭击沉的。可“特混舰队”返回日本后，日本海军军令部派专人联系渊田，要求他将击沉“亚利桑那”号的“战果”转让给“婴儿潜艇”上的“特攻队员”，渊田明知该舰是飞机上投放的鱼雷炸沉的，但命令来自军令部（陆军叫参谋本部），他不得不从命并将“战果”转让，因为内心愤愤不平，他将整个过程记入了他的私人日记。

请读者随我一起来看看日本的“国家主义”如何害惨日本的实例吧！

1941年12月7日（东京时间8日），日本偷袭珍珠港。从日本航母上起飞的日本军机驾驶员，当他们看到机翼下的美军毫无戒备时，尚未投弹就兴奋地高喊起事先约定好的“成功暗语”：“虎、虎、虎”（tola、tola、tola），一直守候在东京大本营监听信号的日本海军部上下，听到这一“呼叫”立刻沸腾，在特混舰队的“捷报”尚未到达就已开始开杯相庆。东京时间12月8日早上六点，东京的各大报纸开始出售“号外”；广播则在播放了《海军进行曲》之后，反复播送“大本营特别报道”：“本日拂晓，帝国陆海军在西太平洋与英、美军队进入战争状态。”

当天日本上下一片喜庆，根据侍从武官的记载，这一天昭和天皇特意穿上海军大元帅服，东京当晚有40万民众提着灯笼参加庆祝会，东京度过了一个不眠之夜。

1942年2月，美国发表消息称，在瓦胡岛珍珠港南边的海滩上，发现了一艘日本袖珍潜艇并生擒其中一名日本海军少尉，名酒卷和男。因美国人从未见过这种既不完全具备通常潜艇功能，但又可以下潜执行攻击任务的新式“迷你（mini）潜艇”，因此美国人称其为“baby submarine”，翻译成中文是“婴儿潜艇”。“婴儿潜艇”直径只有1.8米，长24米，仅搭载两枚鱼雷，它是为1941年日本偷袭珍珠港专门设计并建造的，它还是1945年开始使用的“人体鱼雷”——自杀式潜艇的雏形。“忍者潜艇”由常规潜艇搭载，到达预定港口之外被释放，里面一个人负责操纵驾驶，另外一个观察瞭望。除了一站一坐，

夏威夷军港内1941年12月8日被日军飞机炸沉的亚利桑那号。

其他空间都被电池及鱼雷占据。由于用作动力的电池开启后会散发大量热量及化学气体，猫在潜艇里面的人排泄、出汗都在其中，各种气味都充斥在这个狭小空间中还不算，高度紧张中的人还要在高温、高压、高湿中完成各种操作，能在里面支撑五六个小时就已经是人类承受能力的极限，理论上该潜艇可在发动袭击后返回，可实际上根本没有可能，而且其在设计、建造之初就没想过接他们生还。

美国方面公布了俘获了酒卷的消息之后，日本方面“半信半疑”。首先，日本潜艇内安装了自爆装置，关键时刻“特种潜艇”的“特攻队员”可以引爆潜艇，其次，日本严令他们不能当俘虏，潜艇不引爆时也须用携带的手枪自杀。因无法证实，日本海军干脆先在内部捏造出一个“酒卷和男长期休假”的假命令。

为了将在“国家利益”幌子掩盖下的“国家主义”进行到底，日本海军进行了一系列的伪造活动。可造假势必会将许多人卷入其中，为了不让造假败露，海军部再严令知情及参与者切勿泄密。知情者无奈，只好将不满记录在自己的日记中。1945年日本战败投降后，随着他们的日记先后被曝光，这些内容再次成为抨击日本“国家主义”的最好证据。

为执行“潜入”珍珠港内偷袭美国海军的“秘密任务”，五艘“婴儿潜艇”[①]上的十名海军曾受过严格训练，临出发前海军特批他们回家省亲，他们还十个人一起拍了一张合影。可十人合影，其中的酒卷后来被抹掉。在日本海军省的对外大肆宣传中，十个人出发，后来却变成了“九军神”。1942年4月，在东京日比谷，日本军部为“九军神”举行了隆重的海军“合同（集体）葬礼”，给每个人颁奖的同时还连给他们升两级，东条首相发表讲话称：“九军神之玉碎，体现了吾国武士道之精华。”日本政府动员文学家、诗人、谱曲作词者，专门为这九个人写传记小说，写歌颂的诗歌，灌制了歌颂九军神的唱片，反复在电台中播放，在各种场合宣传。日本海军对内发通知说“酒卷和男长期休假”；对外则干脆隐瞒他参与了“偷袭珍珠港”的任务，只字不提以前一共出去了十个人，大肆宣传去了九个人，都“玉碎”了。

负责指挥海军航空兵对珍珠港进行轰炸的是渊田美津雄，无论是飞行员回来的报告，还是依据日本方面获得的一张美国军舰倾斜并发生大火的照片，渊田知道美国军舰“亚利桑那”号是被日军飞机空袭击沉的。可“特混舰队”返回日本后，日本海军军令部派专人联系渊田，要求他将击沉“亚利桑那”号的“战果”转让给“婴儿潜艇”上的“特攻队员”，渊田明知该舰是飞机上投放的鱼雷炸沉的，但命令来自军令部（陆军叫参谋本部），他不得不从命并将“战果”转让，因为内心愤愤不平，他将整个过程记入了他的私人日记。

日本海军之所以要撒这种弥天大谎，实际上是要鼓励更多的不明真相的年轻人投入到这种自杀袭击中去。

1942年5月，“特种潜航艇”出现在了澳大利亚的悉尼湾，该艇发射鱼雷击沉并击伤了悉尼湾中的数艘澳大利亚舰船，如今行驶在澳大利亚悉尼湾中游船的解说词为：当年日本潜艇就是在这里被打捞上来的，日本潜艇突袭澳大利亚造成了极大恐慌，悉尼湾沿岸的当地老百姓纷纷逃离，一栋房子卖300美元都没有人接手，而如今同样地点的房子要3000万美元也买不来。

日本的“特种潜艇”甚至开到了非洲的马达加斯加袭击英国军舰。

具有讽刺意味的是，日本认为只有“大和族”有“国家主义”，美国是个移民国家，推崇享乐压倒一切。只要日本能在“初战”时期重创美国，美国一

① 日文为：“特种潜航艇”。

定会像乌龟一样将脑袋缩进龟壳里不动弹，这样日本就可以在太平洋为所欲为。日本至今仍称对美宣战是“无谋”的战争。日本万没有想到，美国的“国家主义”比日本有过之而无不及。

中国爆发“九一八”之后，1932年美国就以“某国”在星期日偷袭夏威夷的珍珠港为演习科目，实施过演习。罗斯福知道仅凭自己鼓吹无法让美国人走上战场，怎么办？装傻坐等日本打第一枪。

美国破译了日本密码，事先就知道日本来袭，这些都已经是人所共知的内容。实际上，在珍珠港打响第一枪的并非是日本人，而是美国军舰。

在日本航母舰载飞机偷袭珍珠港的一个多小时前，美国巡洋舰“沃德”号在早上6点37分首先发现自己身边有一艘日本潜艇，舰长立即下令高速追击并开炮，第一炮没有击中，第二炮将其击沉，接着他向夏威夷太平洋舰队司令部报告。报务员迅速草拟好了电文，可舰长却迟迟不签发，最后不情愿地签发了，报务员将紧急情况通报给了司令部之后，对方竟然没有任何回应。

珍珠港事件爆发后，罗斯福总统下令组织专门调查委员会，看究竟谁渎职，可最后的调查结果是：“沃德”号误将鲸鱼看成了潜艇。美国军舰开第一炮打中的是鲸鱼，而不是日本的袖珍潜艇。因此既不能说美军打响了第一枪，更不能说美军已经发现了日本人来袭。

珍珠港遭袭导致美军2400多人死亡，其中1000多人是随“亚利桑那”号瞬间沉没而死的，日本偷袭的消息传到华盛顿，在次日举行的国会上，当罗斯福总统提议对日宣战时，与会的所有国会议员起立鼓掌并一致通过。

酒卷和男连同他的“婴儿潜艇”被美国海军俘获后，美国海军将其彻底拆卸，对每个零部件都进行了编号并认真研究，然后再将其拼装并运回美国本土，放在大货车上拉到美国全国各地巡展。美国人还给这艘“婴儿潜艇”起了一个外号：“东条雪茄”。罗斯福本人曾亲自前往参观并以该潜艇为背景发表演说，痛斥日本先偷袭再宣战，美国人在自己的军港里俘获了该潜艇。美国利用这个日本道具及日本偷袭这一事实，演出了一幕无可比拟的“国家主义”大剧，美国政府发行的6000万美元的战争国债瞬间售罄，美国青年踊跃报名参军，许多人是有钱人家的孩子，比如肯尼迪、老布什等都报名参战，罗斯福的四个儿子也都报名从军。

日本人打仗打不过美国，玩“国家主义”也同样输给了美国。

日本在“国家主义”的名义下宣传“奇袭”、“大捷”；而美国则称“珍珠港是奇耻大辱”，“日本是这个星球上最善于欺骗的民族。”

日本海军通过造假渲染“九军神”，让许多年轻人纷纷仿效加入了海军，日本后来虽然再开发出“回天”号自杀潜艇，但日本潜艇已经大多数沉入海底变成人工礁石，能够搭载“特种潜航艇”的潜艇已经没有几艘健在了。自1944年10月“菲律宾战役”开始后，日本的“特攻”不得不从海上转移到天上，“神风队”中的“自杀飞机”从天而降撞击美国军舰。

1945年4月12日罗斯福总统去世，日本以为“神风”再来，没想到杜鲁门接任总统后对日本“先礼后兵”，先通过《波茨坦公告》警告日本，遭日本拒绝后于8月6日投放首枚原子弹，接着再发表广播讲话，8月9日再投原子弹，8月10日凌晨，日本直接通过明码电报告知同盟国接受《波茨坦宣言》投降，美国立刻将该内容翻译并印刷，空投传单到日本各地。日本临到最后一分钟还要再表演一次“国家主义”，8月15日凌晨，一些陆军士兵冲入皇宫，声称“军事政变”，到天亮前一切再恢复正常，依照精准的计划，天皇于8月15日中午通过广播宣布投降。日本报社8月14日派摄影记者在皇宫广场拍摄老百姓下跪的照片，将其刊载在预计15日中午发行的号外上，15日天皇广播一结束，14日在东京编排并印刷好的报纸，此后就在大阪发行号外了，照片下的文字说明是：民众哭诉对不起天皇，战败是因为自己努力不够。

日本以外的国家，在8月10日得知日本投降后，立刻公布了该消息，美国的纽约、中国的重庆、澳大利亚的悉尼、墨尔本、英国的伦敦、苏联的莫斯科等地，民众都自发地走上街头欢庆，整个城市万人空巷，一片沸腾。即便在敌占区的中国上海、朝鲜的汉城，当地民众也第一时间从短波收音机里获得了这一消息，纷纷饮酒祝贺，此时最悲惨的是日本人，他们连该怎么笑都不知道了。然而在日本国内，即便到了8月15日收听天皇的“玉音”放送之前，绝大部分民众还误以为天皇要宣布“一亿人总玉碎”，将要开始“本土决战”。1945年8月28日，皇叔东久迩首相宣称“一亿人总忏悔”，也就是说，转瞬之间将战争责任平均分摊到每个日本人头上。日本的著名学者丸山真男（？）对此戏谑道：“难道卖香烟的老太与昭和天皇的战争责任同等？”（日本当时香烟可论根买，属奢侈品，天皇奖励部下有时就是一包或一条烟）

日本人在二战前被日本的“国家主义”害惨了，如今他们对“日之丸”、“君之代”持怀疑态度很正常，对这样毫无逻辑的政府、政府宣传不怀疑，保持沉默才不正常。以美国为首的苏联、中国等战胜国，不对自己国旗自豪、骄傲，那我们应该怎么样？ 1945年9月2日，在密苏里军舰的甲板上，隔着放置投降书的桌子，两边站着两队人，一群是谈笑风生的战胜国；另一队是哭丧着脸的日本代表，麦克阿瑟在签字仪式结束后头也不回就走进船舱，与战胜国代表举杯相庆，任由悬挂在旗杆上的战胜国旗帜迎风飘扬，把日本代表撂在一边。难道麦克阿瑟应该请日本代表也去宴会厅里喝一杯？日本代表敢说我们刚才也签了字，你们喝酒也应该有我们“日之丸”代表一份？在中国，只有生活在敌伪占领区中的中国人，他们会怀疑汪精卫的旗帜能打多久；他们对青天白日旗上吊两个带子的“吊丧旗”没有信心。

美国打赢了日本，“亚利桑那”号作为太平洋战争纪念馆中的镇馆文物，至今仍静静地躺在珍珠港的海水之下，裸露在海面上的烟囱，它是诉说日本偷袭的证人，它宣传反法西斯同盟正义战胜日本邪恶，它还是美国“国家主义”的一个重要表征，教育美国人及全世界爱好和平的人，永远牢记珍珠港，不忘日本偷袭，不忘战争。

2013.12.22

日本应学中国『从善如流』

日本喜欢将历史上自己的“恶行”都归咎在别人身上。一方面强调“大和民族”最善于学习，最善于模仿，另一方面将自己“明治一新”后的一系列“对外侵略扩张”一股脑儿说成是模仿白人。可中国儒家的“择其善者而从之，其不善者而改之”，日本怎么直到今天还不学？还学不会？中国对战后的日本表现了最大的仁慈，难道不值得他们去学？！

历史并非我个人所能编造，它们均是不久前发生过的事实，用史实说话能展现全景，有利于读者健全思考，养成不轻信、不盲从的好习惯，我个人认为，没有理由拒绝在全面了解历史背景中研判日本，换言之，日本自己已经给我们创造了足够多的事例，我们不用史实说话就容易“颠倒黑白”。

日本也使用汉字，许多人擅长用字符给“恶内容”冠以“好名称”。丰臣秀吉当年入侵朝鲜，他给朝鲜国王写信说要“借道入明”。

“明治一新”后，藩阀政府要重蹈丰臣覆辙，朝鲜上下对丰臣记忆犹新，他们想设法躲避。此后日本人在朝鲜办报纸推销“文明开化”，“温柔地”批评朝鲜人“不思进取”，“甘当中国的宠物”；同时抨击近代中国人“违背祖训”，他们对近代西方文明不抱谦逊态度积极学习，因为“顽固不化”才被打败。朝鲜要攀中国这个枯朽大树注定会沦为白人的殖民地，因此应与日本携手，团结一致抵御“白人”，追随日本等于“发展进步”，拒绝则是“腐朽没落”。

天皇、贵族用汉字玩弄武士；武士当权后用汉字玩弄天皇，“明治一新”后的藩阀政府，用汉字玩弄本国百姓，接着再走出国门，玩弄汉字文化圈中的邻邦。

对于自己的殖民地历史，朝鲜人通常认为始于1910年日本吞并，止于1945年8月15日日本战败投降，共35年。中国与朝鲜友好交往的历史，从少了说也有日本统治的35年的十倍，相比三百五十年作为中国属国的历史，被日本奴役的三十五年，却是百年都难以磨灭的伤痛。

1894年爆发的“甲午战争”，日本宣称“为朝鲜独立”而战，1897年之后朝鲜更名为“大韩帝国”，“国王”改称“皇帝”。1904年“日俄战争”爆发后，日本逼迫韩国签署“议定书”，1905年日俄之间刚签订完了《朴茨茅斯条约》，伊藤博文就到朝鲜追胁签署“第二次协约”，朝鲜失去了外交权，伊藤博文随后作为“统监”来到日本，成为了韩国的“太上皇”。1910年，日本以一纸“合并条约”，干脆将这个自己曾口口声声支持其“独立”的国家吞并了。日本领导人忒知道何谓“羞耻”了，他们知道“吞并”琉球、朝鲜的行为“丑恶”，因此他们要冠以“保护”、“共荣”的“美名”。此后朝鲜人前仆后继地奋勇反抗，浴血奋战，究竟是朝鲜人“不识好歹”？还是日本人“怙恶不悛”？一切不言自明。从未听说过朝鲜人来中国刺杀中国皇帝，到世界各地控诉中国人，成立抵抗组织，前仆后继地用各种手段反抗宗主国中国。

以朝鲜为跳板、模板，1915年初日本向袁世凯政权提出“二十一条”。1932年日本扶持溥仪建立了“满洲国”，1937年中日战争全面爆发后，日本兵源吃紧，开始针对朝鲜人推行“皇民化”政策。在朝鲜鼓吹“内鲜一体”、“一视同仁”；在中国鼓噪“五族共荣”。朝鲜因被日本残酷掠夺、榨取，绝大多数老百姓衣不蔽体，食不果腹。日本宣传当兵复员后政府介绍工作，有稳定收入及地位，许多贫苦的朝鲜年轻人为能填饱肚子而加入日本军队。日本口头上宣传“一视同仁”，可内心里却怕朝鲜人调转枪口对准日本人，最初只让他们当后勤兵。太平洋战争日益激烈后，日本前线缺兵，后方缺劳动力，日本最终招募了20多万朝鲜人当兵，70多万人到日本的工厂当苦役，在日本投降前夕，日本逼迫朝鲜人加入特攻队，发动对美国军舰、对苏联坦克的自杀式袭击。

1945年8月15日日本战败投降。日本政府为了防止日本人反抗，给活着回日本的复员军人安排工作；对死难者家属发放抚恤金，“特攻队”军人死后可以跳升两级，军属获得更高补贴，可对朝鲜人则是将他们赶出日本了事。从军的拿不到一文补贴；卖力干活的则没有一分钱工资。日本要朝鲜人为自己卖命时口口声声“一视同仁”、“共存共荣”；不需要时则一粒米、一个立身之地都不给他们。日本当初推行“皇民政策”、“创世改名”，强迫朝鲜人立刻变成“田中”、“松下”，以“天照大神”为自己祖宗；日本战败投降不再需要朝鲜人时，他们就必须从“田中”、“松下”再改回原来的“李”、“金”，强行将他们遣送回朝鲜。

与战争期间朝鲜人为日本去充当人体炸弹同样，在B、C级战犯中，有不少朝鲜人被以“虐待战俘罪”判处入狱，他们先在东南亚的监狱中服刑，《旧金山条约》生效后他们再被押送到日本本土坐牢。先为日本打仗，再代日本人坐牢，而当他们从监狱里被释放出来时，却发现自己什么都不是。日本军人无论死活都可拿到不同名目的补贴，而B、C级战犯中的朝鲜人，出狱后的处境比在牢里还悲惨。离开了监狱，反而“不是人”了。日本声称自己是“法治国家”，一切要“依法办事”，拒绝给他们任何补贴，理由是:“你们是朝鲜人”；可当他们想回朝鲜时，又遇到离开日本回国需要提供身份证明的尴尬。离开日本要出示相关的“入境证明”；返回朝鲜必须有“出境记录”。而这些去哪里获得？朝鲜的殖民政府消失了，而日本政府又说自己不继承过去的旧政府，这些B、C级战犯属于“非法入境”、“非法入狱”，甚至是“非法存在”！在日本“服刑”合法，从日本监狱里刑满释放出来的瞬间又变成了多重的“非法存在”。

中国应学日本建“靖国神社”之说荒唐至极，“靖国神社”中国学得来吗？能学吗？“靖国神社”建于“明治一新”之后，除了少数死灵属于推翻江户幕府时的武士，其余绝大多数都死于日本对外侵略扩张的战争中。东条英机在美军进驻前下令，今后日本投降前后自杀的军人也要“合祀”，实际上，逃脱了远东军事审判的罪大恶极人物——杉山元、本庄繁等也在其中。让中国学日本建“靖国神社”的前提，是中国先学日本对外侵略扩张，当强盗到处杀人掠货，这样死在国外的人才在国内被当成“英灵”供奉。

1890年，山县有朋在日本首次国会上宣称日本必须有“主权线”、“利益线”，主权在自己四个岛上，而“利益线”已跨过大海进入了朝鲜半岛，接着再进入中国东北。日本的主权线、利益线，随着对外扩张规模的扩大而膨胀，“靖国神社”中的死鬼也因战死者增多而增加，1941年太平洋战争爆发后，中国乃至缅甸、印度都被划入了“大东亚共荣圈”。

日本喜欢将自己身上的“恶行”都归咎在别人身上。一方面自吹自擂“大和民族”最善于学习，最善于模仿，另一方面将自己“明治一新”后的一系列“对外侵略扩张”一股脑说成是模仿白人。可中国儒家的“择其善者而从之，其不善者而改之”，日本怎么直到今天还不学？还学不会？中国对战后的日本表现了最大的仁慈，难道不值得日本去学？！

“耻辱”是儒家，也是东方文明的重要内核，“不诚”就是最大的“耻”。日本一方面高调宣称“大东亚战争”是解放黄种人于白人统治之下的战争，另一方面却跟另外一个白种人——德国结盟，将自己妄图瓜分世界，称霸亚洲的丑行，美化为“共存共荣”。“撒谎”到了脸不红心不跳的地步，毫无廉耻可言。

吹捧美国的时候，1853年佩里黑船到来是第一次开国；麦克阿瑟1945年8月30日登陆日本是“第二次开国”，可转过身去骂美国时，却变成佩里代表的美国强加给了日本不平等条约；战后美国推动的民主改革“阉割了日本”。

如今中国要回钓鱼岛，属于清点强盗掠夺的财物，是“物归原主”，中国人的大脑里根本不存在将琉球或九州、四国划入自己的“主权线”或“利益线”之内的念头。日本在战争中自己死了那么多人，祸害了整个亚洲，不思改悔，不接受教训，会遭到全世界正义者的唾弃。日本人，牢记日本战败投降后的惨状吧！近代日本史极不光彩，除了发动战争就是在准备战争，将周边的亚洲国家都祸害了个遍。“己所不欲勿施于人”就是“仁”。日本应当学中国“从善如流”。

2014.1.10

荷兰海牙万国和平宫，美国钢铁大王卡内基捐款兴建。

日本是东方『不列颠』吗？

回答是：NO！假如日本真是亚洲的英国，那么日本就应该以英国为榜样，英国于1922年让自己身边的爱尔兰独立，可日本在1945年战败无条件投降，接受了同盟国提出的《开罗宣言》、《波茨坦公告》，但至今仍然死抱着冲绳，想方设法阻挠这个曾经和平存在了近千年的岛国独立。

以前学英文，总无法将“大不列颠”、“联合王国”、“英伦三岛”等名称与实际联系在一起。说“大不列颠”似乎好理解，一个小岛国，支配着比自己国土面积大111倍的多个国家，因此号称“日不落帝国”。“大英帝国”的核心就是“联合王国”，可她时而是“大不列颠及爱尔兰联合王国”；时而又是“大不列颠及北爱尔兰联合王国”，一前一后，后者多出来的那个“北”，让你很难“找到北”。打开地图确认，位于欧洲大陆边上的大西洋中，的确有两个岛，一个是“英格兰岛”，还有一个“爱尔兰岛”，明明是两个岛构成的“联合王国”，咋又说是“英伦三岛”呢？！有人说“英伦三岛”其实是指英格兰岛上的“三个道”，分别是“英格兰”、“苏格兰”、“威尔士”，可还有人说“英格land”、“苏格land”再加“爱尔land”，这才构成了三个“land”，这时是“三道”而没有“三岛”。

英格兰强大之后，先吞并了威尔士及苏格兰，后来再跨过海峡，吞并了爱尔兰（1801年）。1845年爱尔兰闹饥荒，这时他们最需要英国的帮助，英国要钱有钱，要海外殖民地有殖民地，资源几乎就是白捡的，英国富得流油，可爱尔兰在英国边上饿肚子，英国硬是视而不见，大量的食品从美国运来了，而且还经过爱尔兰转运，然而英国就是不留给爱尔兰人吃，土豆皮都不给，导致许多爱尔兰人饿死，还有近百万人被迫背井离乡，逃离爱尔兰前往美洲大陆。一战爆发后，爱尔兰被迫卷入了与自己无关的战争。英国富的时候，爱尔兰在英国边上，想分肥也没份，可爆发了战争，这种坏事却要爱尔兰平摊，必须出人、出力。爱尔兰人1916年策划独立，但独立运动立刻被英国残酷地镇压下去了。一战结束后，英国成了战胜国之一，英、法等战胜国从战败国德国那里获得赔偿，爱尔兰人知道这些都与自己无关，也不愿意沾那个便宜。也就是说，你们英国多肥我们也不羡慕，我们只想自己过安静、和平的日子，再次掀起了独立运动。英国想想自己也说不过去，平时处处要表现自己是文明人的代表，这次应该拿出绅士风范，最终同意爱尔兰人独立，1922年，爱尔兰共和国成立。爱尔兰岛上被分为“南”、“北”两个部分，南边是“爱尔兰共和国”，“北爱尔兰”依然留在“大不列颠”中。

南边爱尔兰共和国不再认英国国王为自己的统治者了，自己按照自己的方式活着，二十年后，好处立刻显现出来。第一次世界大战号称是“终结了所有人类战争的最后一次最大的战争”，可没过二十年，第二次世界大战爆发，爱尔兰共和国宣布中立，北爱尔兰、苏格兰则再次被动地卷入了英格兰与德国之间的战争。英格兰遭到了德国的狂轰滥炸，工业重镇考文垂及伯明翰甚至被从地图上抹去，苏格兰也好不到哪里去，许多德国的炸弹、飞弹落到了这里，只有爱尔兰共和国毫发无损。

日本称自己是亚洲的英国？！真是不知羞耻。1964年南非授予日本“准白人”称号，日本上下欣喜若狂地接受并到处吹嘘自己是亚洲的文明人。可“文明人”干的都是些啥“文明事”？

琉球自古以来就是一个独立的国家，因为被日本吞并，二战期间美国要向日本追讨孽债，琉球被迫卷入了日本与美国之间的战争。琉球与美国之间原本无冤无仇，帮日本则成为美国的敌人；不帮又会成为日本人屠杀的对象，琉球人最愤怒的是，全力帮日本可日本却对自己最狠。为了日本，琉球遭受了与国土面积、人民数量远远不成比例的炸弹以及人身伤亡，二战结束前被日本拉去垫背；二战结束后被美国解放了，可日本依然利用冷战，保卫日本的美军少部分驻扎在本土，绝大部分驻扎在琉球。琉球人渴望今后永远不要再次卷入任何战争，可日本一方面说战争教训惨痛，另一方面还死拉琉球不放，明里暗里怂恿美国以琉球为基地去进攻其他国家，唯恐天下不乱。

20世纪六十年代，美、苏之间爆发了“古巴导弹危机”，日本的险恶用心立刻大白于全世界，日本迅速表白“本土美军仅仅是为了保卫日本，日本决不允许自己成为进攻苏联的桥头堡，只有琉球才是美国攻击苏联的桥头堡。”出卖琉球时，比谁都跑得快、跑得远。

日本生怕自己被动地卷入战争，被动地使自己的国家变为美、苏争霸的战场，可他们“己所不欲必施于人”，日本希望炸弹落在别人头上，战争爆发在其他人的国土上。口口声声说自己的语言中存在“站在他人立场上考虑问题之独特”，可自己甘愿成为美国的附庸还不算，还死活拉着冲绳不放手，不让冲绳回归成琉球。日本若真是“亚洲的英国”，那么首先应让琉球成为“亚洲的爱尔兰”。

2014.3.8

琉球首里城内部。

小议《日美安全保障条约》

《日美安全保障条约》里，有美国为保卫日本进行集团防卫的条款，也就是说，美军与日本的自卫队一起保卫日本。而美国在1948年6月审议通过了《范登堡决议案》，规定只有当一个国家有能力保卫美国时，美国才能与这个国家签署“相互保障条约”，也就是所谓“结盟”。依据这个决议案，日、美之间的集团防卫，从签署之初就不是“同盟条约”，美国被动地卷入自己保护国所引发的战争，这个通道不存在。

《旧金山对日和平条约》于1951年9月8日签署，同一天的几个小时之后，吉田茂一个人单独前往旧金山的美军第六集团军总部，跟美国签署了《日美安全保障条约》，1952年2月28日，美、日双方代表在日本签署了《日美行政协定》，1952年4月28日，以上三个条约同时生效。

中曾根康弘曾说：“《旧金山对日和平条约》存在于《日美安全保障条约》之中，《日美安全保障条约》存在于《日美行政协定》之中。”他把三个东西说成是“俄罗斯套娃”，一个套一个，最里面的才是“核心”。他同时说话只说一半，他没有进一步说明：这个套娃外面看着光亮，其实里面“烂了芯”。

朱可夫在外蒙诺门罕战场审问日本俘虏，同时还给了他一杯伏特加喝，日军俘虏不喝，问他为什么不喝，他回答说：“怕你们在里面下毒，你先喝一口我就喝。”岛国人的回答令朱可夫惊呆。对于大陆民族而言，若要处死一个阶下囚，明说“毙了你”，执行之前再给你点好吃喝，这样就算善待了，哪儿有杀一个阶下囚还要用酒中下毒的“拐弯抹角”的“温和”方式之理。该俘虏说他们的上司一直这样教育他们：“苏联人歹毒，会杀死日本人不留痕迹。”朱可夫遂认为日本这个国家、民族没有前途，他们的统治者欺骗老百姓，军官欺骗士兵。靠骗让下面的人干活。[①]

翻看一下日本的历史教科书，里面尽是宣传“明治一新”后的日本统治者们为废除“关税自主、领事裁判权”如何殚精竭虑，同时却对当代的“套娃”只字不提。

驻日美军通常着便衣出门，若在街上跟日本人打架或者撞了车，日本警察将日本人拉走，美国人则被美国宪兵弄回基地。套娃的“核心”一看就明白。

日本依据《旧金山对日和平条约》称自己独立了，可依据《日美安全保障条约》，日本又主动请求美国保护日本，美国说我们不可能自带干粮去为日本站岗，还有就是美、日之间刚刚结束战争，你们日本人对我们美国人有仇，他们会暗中趁机或找借口报复我们美国人，因此，美国驻军犯法由我们自己依法处置。这就是《日美行政协定》（1960年《日美安全保障条约》修订之后，改为《日美地位协定》）。它的主要内容有两项，日本要支付美军驻扎费，还有就是驻日美军享有“治外法权”。

根据日本防卫省的统计，自1952年到2007年，驻日美军共制造各种事端、事件20万起，造成1076名日本民众死亡，相对日本如此庞大数目字的事件，美军仅有1人被送上美军军事法庭，受到惩处的仅318人。

以前日本对“治外法权”恨得咬牙切齿，认为它是日本的奇耻大辱，可这次日本明知“不平等”，却还要自己往套里钻，往火坑里跳，日本政府甚至不择手段地宣传它如何好。

日本新年度的预算通常从4月1日起开始执行。而预算要在上一年的10月份开始，由大藏省（如今的财务省）主持编制，在圣诞节前完成。新年过后的首次国会，一般都是国会议员们的首次“见面会”，互道一个“新年好”后就散会，此后召集的国会才开始正式审议预算。

自1952年至今，美军在日本驻扎已有62个年头，它同时意味着日本国会已经审议了62年的美军驻扎费[②]。每次为编制、审议这笔支出，日本内部都会发生争吵。不愿给的理由是：日本付的是冤枉钱，给了大鼻子武士工资但日本

① 1945年5月，日本九州帝国大学医学部发生活体解剖美军飞行员的“相川事件”，美军飞行员被告知到医院参加体检，被送上解剖台之前，年轻的美军飞行员俘虏还说“Thank you”，真以为日本医生将为自己进行体检，被放倒之后就像畜生一样被日本医生活体解剖。1932年9月，日军在中国平顶山制造了“平顶山惨案”，欺骗中国人说是要集体照相，3000多名中国人被集中到一块草坪上，四周高处架着蒙着黑布的“照相机”，黑布被拉开之后，立刻喷出火舌，原来是六挺重机枪。

② 据说如今每年25亿美元左右。

首相却指挥不动他们，天下哪有雇来的保镖不听主人的？！一切都明摆着，日本说北方四岛、钓鱼岛、独岛是日本领土，但美军不帮守卫还不算，日本要派兵夺回，可这势必要引发战争，此时美国不准也不帮日本。等于集团防卫在此时例外。

可不给也不行。自1960年岸信介将《日美安全保障条约》修改为十年一期之后，该条约每十年都延长一次至今，终止了该条约，美军撤离，日本自然也不用再给了，可只要美军在，日本就必须给，若不给，或许美军吉普就从基地里开出来了。

据看到过《日美安全保障条约》原件的学者们透露，该条约自1960年修订之后，从未有过任何改动，日本已经为支付驻扎费不满了，可还要不停地一会儿自己弄个《防卫指针》，一个通过个《反恐特别法》，日本自己主动要在那个铃铛之下再不断地挂上些小铃铛，这样又多出了许多费用，审议这些额外的费用都会引发国会内争吵。

《日美安全保障条约》里，有美国为保卫日本进行集团防卫的条款，也就是说，美军与日本的自卫队一起保卫日本。而美国在1948年6月审议通过了《范登堡决议案》，规定只有当一个国家有能力保卫美国时，美国才能与这个国家签署“相互保障条约”，也就是所谓“结盟”。依据这个决议案，日、美之间的集团防卫，从签署之初就不是“同盟条约”，美国被动地卷入自己保护国所引发的战争，这个通道不存在。也就是说，你日本弱，才叫着我们美国集团防卫。但你惹事，我也帮你打，我岂不是引火烧身？另一方面，日本会自恃身后站着“老大”，有恃无恐地到处惹事，这样一来美国将变成日本的雇佣军，须不停地到处帮日本“灭火”。因此，在日、美集团防卫问题上，美国坚定地要当Dad，美军只听美国总统的，不会听日本首相的。

为了“扭转”《范登堡决议案》规定的“不对等”，日本声称要通过日本“渐进”的方式达到对等，也就是说，我们日本杯子里水没你多，我们日本要一点一点地加到你们美国那样的水准，到那时你们美国就无法拒绝跟日本结盟了。从费用上来说，每年给美军的驻扎费相对固定，而要“渐进”追赶美国的部分，那就属临时审议追加的未知数了。

日本对内骗老百姓，对外骗全世界。要“渐进”达到保卫美国的程度，达到的时间表在哪里？是否军事预算与美国同样多才算对等？是否具有与美国同样多数量的核武、常规武器才属于“同等能力”？所有这些都是毫无由头的瞎掰。

石原慎太郎经常骂美国，别以为他是个昏了头的“右翼”，当你看破了他为什么骂，怎么骂，你就明白日本究竟想通过《日美安全保障条约》、“日美同盟”达到什么目的了。

石原骂日本的“和平宪法”、自卫队、美军驻扎之集团防卫等，是美国阉割了日本。既然如此，祸根在吉田茂和岸信介，石原要骂最应该骂他们。而且日本一直握有终止该条约的机会，将十年一期的《日美安全保障条约》废除，就一了百了了。可他从来不骂吉田茂、岸信介，也不主张彻底废除《日美安全保障条约》。

他对美国当世界警察不满，仅仅是在美国拿日本钱但不听日本指挥，或警棍打在日本屁股上之时。当日本怂恿美国警察去打别人时，他从来不骂，甚至鼓励美国去狠打，美国不打则又开始骂。

朝鲜战争时，日本怂恿美国往朝鲜、往中国东北丢原子弹，美国说考虑丢，日本上下一片欢腾；最终没有丢，日本再转愤怒。中、朝人民与日本同是“黄种人”，丢日本是“人种屠杀”，丢到中、朝就变成了“铲除邪恶”。石原骂美军拿钱不干活，可当美军飞机从冲绳起飞去轰炸越南，2001年从冲绳起飞的侦察机在中国南海上空撞毁中国军机的时候，日本开始喝彩。怂恿美国围堵中国的时候，《日美安全保障条约》就是“好条约”。

安倍晋三2012年年底再次出任首相后，为了围堵中国，他提着钱袋子满世界撒钱，这表明日本很有钱，在围堵中国时最舍得花钱。美国发话了，你们那么有钱，尤其是只愿意在围堵中国时掏钱，可我们美国是世界警察，我们在其他地方活动你们也得掏钱。比如说土耳其、乌克兰、叙利亚等。

日本能为举办2020年奥运再投巨资，那么对美军搬迁、美军的全球活动，日本也应该掏点钱出来。日语中说“自己害自己”就是“朝天上吐唾沫”，自己用心险恶，坏事最终还会落到自己头上。

2014.3.15

夏威夷美军遇难者纪念碑。

战胜国必须共同承担大国责任

中国、美国、俄罗斯等战胜国，都免除了对日战争索赔……

1944年6月6日，同盟国联军在法国诺曼底登陆，针对纳粹德国的第二战场终于在西线开辟。为了纪念这个具有重大意义的一天，法国诺曼底每年都要举行纪念活动，每十年都要举办大型纪念活动，2014年6月6日是诺曼底登陆70周年，据说多国政要都将参加今年的活动，其中还包括德国领导人。为在6月6日迎接来自世界各地的纪念者，诺曼底附近的卡昂市也在紧锣密鼓地新建或修缮各种设施，包括卡昂的二战纪念馆内部也在装修。

在美军登陆地之一的奥马哈海滩，战后修建了美军墓地及美军登陆纪念馆，该纪念馆内展示了一些战争遗物以及各种音像资料。在这个昔日的战争遗址上，已看不到当年战场上的硝烟，也听不到当年战场上的各种声音，然而，这里的音像可以将参观者带回到70年前。

在那里，我听到了这样的一段故事。

美国五星上将艾森豪威尔负责指挥从英国跨海的"D—Day"作战计划，为了保密，他决定封锁英国沿海，可这要得到英国首相丘吉尔的首肯才可以实施。为此他专门去见丘吉尔，他说："我本人二战前就来过英国，也踏上过欧洲大陆，而我可爱的美国孩子们，他们许多人是因为这次战争才来到英国，更没踏上过欧洲大陆，他们中的许多人，很可能刚踏上欧洲大陆的瞬间就永远倒在那里了，因此我需要英国方面的全力支持。"

听到艾森豪威尔的这番话，丘吉尔当即表示对美军的要求无条件支持并配合。美国人当时不仅为同盟国的各成员国提供物质援助，还派人，贡献出了鲜活的年轻生命。当时的英国，每十个人中就有一个美国人，他们都是来帮英国战胜纳粹法西斯的，而不是来英国享受乡村酒吧的。

法国也同样，法国人称美军是“解放军”，正是他们不惜牺牲，才将自己国家从纳粹德国的占领及奴役下解放出来，获得了自由与真正的和平。

在“诺曼底登陆”之日，的确如艾森豪威尔所说的那样，可爱的美国孩子们在踏上欧洲大陆的瞬间就失去了宝贵的生命，永远长眠在了这里。然而他们的牺牲并非“无谓”，还是换回了德国内部的回应。负责西线防守的，是德军隆美尔元帅，他在北非战场时的前部下一德国军官施陶芬贝格（1907年11月15日—1944年7月20日），以前也曾是希特勒的积极支持者及追随者之一，可当他看到同盟国联军开辟了第二战场，战争的结局只会给本国以及欧洲各国带来更大灾难，他决心挺身而出去阻止战争，他参与并实施了刺杀希特勒的行动。1944年7月20日，也就是同盟国联军诺曼底登陆的六周之后，施陶芬贝格利用去参加希特勒主持的战争会议的机会，将炸弹放入了自己的手提包内，后将该提包放在了希特勒的作战指挥室的大办公桌下。只因包被他人移动到桌角，爆炸发生后希特勒侥幸逃生。此后，包括隆美尔在内，许多被怀疑参与的德国军人被希特勒下令处决。希特勒这个罪该万死的没死；施陶芬贝格等不该死的却死了，到后来希特勒自杀时为止他又多活了十个月，可在他多活的这段时间里，据说又造成1200万人死亡。德国的各大城市都被猛烈的炮火化为焦土，战败后的德国非常凄惨，当时参与推翻希特勒独裁统治的军人们，当他们得知希特勒未死的消息后，因为害怕希特勒报复，部分人开始犹豫不决，进而错过了推翻希特勒纳粹政权的大好时机。他们转向继续追随希特勒，幻想通过抵抗换取谈判，认为这样才能保卫德国，结果带来的却是更大灾难。

再看纳粹法西斯的亚洲伙伴日本，他们总认为自己在世界上最聪明，最会乘人之危。在一战结束后的巴黎凡尔赛和会上，日本作为战胜国，隔着谈判桌声色俱厉地勒令战败国德国交出南太平洋上的岛屿给日本。二战爆发后日本摇身一变，转与德国结盟，日本想利用欧战陷入胶着的时机，独霸亚洲。

1945年5月德国战败投降，日本一边急得像热锅上的蚂蚁般暗中要与苏联单独媾和；另一边要表演给美国看“我们‘大和族’多么不怕死”，企图通过扩大无谓牺牲将美国拉上谈判桌。正是因为日本在硫磺岛、在冲绳拼命制造无谓牺牲，美国为了减少双方的伤亡，先通过《波茨坦宣言》对日本发出警告，遭到拒绝后往日本丢了两颗原子弹，结果日本投降。

当美国占领军踏上日本本土之后，每当日本电影院里放映的纪录片出现美军镜头时，观众会立刻起立并高呼“美军万岁”。从牢里放出来的反战斗士们的第一句话也是：感谢美国解放军。由此可知，热爱和平及反对战争不分国界，日本老百姓的想法与法国老百姓一样。

德田球一（1894—1955）是日本共产党的创始人之一，他同时还是琉球人，因为他坚决反战而被日本军国主义政府关进了监狱。他没有施陶芬贝格那么悲壮，可德田球一等反战人士被日本关押入狱，他们的反战呼声被封杀，日本也并未从战争中捞到好处。日本吞并了德田球一的世袭家园，后来又毁了他的世袭家园，最终日本也毁了自己。

教训不可谓不深刻。

美国对日本实施单独占领后，最初的动机以及推动的所有改革，应该说都是为了帮助日本实现战后和平重建这一目标。看到日本人开口闭口说忠于天皇，因此在美国主导下的远东军事法庭的审判中，有意放过了昭和天皇，象征性地处死了几个战犯。可美军昔日的宽大却留下了今日的祸根。

战犯们表示愿将昭和天皇的罪责包揽下来，以自己之死，免天皇一死，这些有利于日本战后重建。可企图将昭和天皇粉饰为“和平主义者”的同时，又将自己摆在了擅自下令发动战争的位置上，违背天皇命令是最大的“不忠”。正因为美国的宽大政策中存在漏洞及矛盾，印度法官帕尔才说“所有战犯无罪”，他的出发点建立在：最该承担罪责的人不担责，而让追随者完全承担责任，这样会遗留后患。他认为美国不应通过强权豁免昭和天皇的战争罪责。

当时日本保守分子痛哭流涕地恳求美国宽大，事后也明知美国人宽大，但缓过劲来之后却极尽歪曲之能事，干脆在靖国神社院子里竖起了一个“帕尔纪念碑”，打美国脸还不算，进而还要利用帕尔彻底否定自己的战争责任以及战争罪行。如今搞得天皇无罪；甲级战犯们也是精忠报国的勇士。

艾森豪威尔的话言犹在耳：可爱的美国小伙子们踏上琉球的瞬间就永远倒在了海滩上。年轻的美国军人来亚洲，既不是为了领略亚洲的异国情调，也不是为了个人冒险发财，为了和平，死了那么多人，德国总理可以出席诺曼底的“登陆纪念”仪式，可从未有谁听说过日本政府代表去参加“珍珠港遇袭纪念日”并献花。只听说日本想方设法要拉所有战胜国代表参加每年8月6日的“广岛原子弹纪念日”，日本要将自己装扮成“战争受害者”。

日本得寸进尺，得陇望蜀，这样的事例不胜枚举。美国前脚归还给日本小笠原群岛，日本后脚就接着要琉球；苏联说赠予日本两个小岛，前提是日本做一个名副其实的和平国家，本土没有美军基地，可日本立刻提出要四个岛，而让日本理直气壮的，竟然是“我们有美军基地”。

中国、美国、俄罗斯等战胜国，都免除了对日战争索赔，如此宽大换回的却是被日本反咬一口。日本骂上述所有国家，嫉恨上述所有国家。是各大国该认真反省、接受教训的时候了！

日本至今仍想靠战争威胁占有“琉球”，假如战胜国不联手阻止这个要求，那么只会让日本觉得这个手段很奏效，今后仍会不断地用、反复地用，而大国则陷入不断受日本威胁的困境中。

2014.3.27

联合国教科文组织院内，为维护和平，发展教育而立的“誓约碑”。

日本『特殊文化』是『主观』的产物

在日本，谁是最大的获益者，谁就会是最大的推动者。这里举出了最好的例证。

统治者受益，统治者就会千方百计地积极推动。统治者掌握话语权，他们就要利用自己的有利地位歪曲，给你灌输错误思想，让你上当受骗都毫无察觉，心甘情愿。

以前曾有文化人说："因为'大和族'是个讲究精准的民族，中国人对南京大屠杀提供的数字不够精准，造成日本难以接受。"

"大和族"特殊就"特殊"在这里，他们总喜欢搞"因为文化特殊，所以外国人无法理解我们；误判了我们"。

"因为我们对死亡的见解与众不同，所以你们难以理解我们对'靖国神社'的特别定义，你们批评我们参拜，主要原因是你们无知而非我们犯错，你们无法理解我们文化中之特殊。我们'大和族'，女儿从小就跟父亲一起泡澡，所以我们对'男女之禁'看得很淡，'从军慰安妇'不算什么！战后我们立刻建立了'国家慰安设施'，我们日本女子跟美国大兵一起泡澡的照片，全世界的人都看到了，这算啥！"

"特殊"，说穿了，就是假"文化"之糖衣，为自己开脱、免责，让自己游离于人类良知之外。对于战争期间日本虐杀俘虏、屠杀妇孺平民、奸淫妇女，等等，日本总以我们有特殊的"武士道"，我们"文化特殊"为由，为自己开脱。同时有意将日本战后设立"慰问"美军的"国家卖春机关"与自己强掳女子满足日军性欲混同。

日本政府二战后设立"国家卖春机关"，服务对象是进驻的"占领军"，动机之一是"软化"美军。当年佩里舰队到达日本后，日本幕府故意把色情书发给美国水兵。或从小船上投掷到大船上。为此，"佩里向幕府官员提出了严重抗议。”[1]

1866年（庆应二年），高叫“坚决攘夷”的萨摩藩人，却在长崎接待英国海军提督一行时，“萨摩代表一次上了四十余道菜。三个小时内上了十八道，英国人大呼够了，并认为晚餐该结束了的时候，餐桌上又端上来了各种菜肴，此后宴会又继续了两个小时。”[2]

畏“强”才“慰”强，另一面是对“弱”欺负死，直至当人为“畜牲”。

女儿从小跟父亲一起洗澡，有男女混浴的传统，这些跟“强掳女子为性奴”完全是两回事，模糊、混淆、偷换概念，目的在于造成你思想混乱。

日本战后的大藏大臣池田勇人曾为美军修建“国家慰安设施”拨专款，他事后称：“拨款建设‘国家慰安设施’很值，因为它保护了众多日本女子的贞操。”

为什么一部分日本女孩要献出自己的，保护另外一部分女孩？那另外一部分女孩究竟是什么人？倒过来又会怎么样？

牺牲社会底层穷人家女孩子的“贞操”，换取保护上层有钱有势人家女孩子的“贞操”，这说明日本统治者对女孩的“贞操”很在乎，“国家慰安设施”正是在这种想法下建立起来的。它表明池田勇人之流对要什么人陪美军睡觉实际上有严格区分。所有日本女孩都在跟父亲一起洗澡的过程中长大，对“性”的理解也没有信仰“儒教”的中国、韩国那般严厉。既然如此，所有人家的女孩子都可以去陪美军睡觉，理应大家一起去陪，尤其是在国家处于危难之时，统治阶级的女儿更应该做出表率，她们应该率先去陪美军睡觉，当“慰安女”，拯救国家于危难之中。可事实并非如此，到了“关键”时刻，只有一般老百姓的女儿加入了“女子挺身队”，统治阶层的女儿们则成为“被保护对象”，不能让美国大兵碰。这能说是“日本文化特殊造成女子贞操观松弛，所有日本女孩对‘贞操’都不在乎吗？”

“从军慰安妇”则完全不同，中国、韩国的女子都是被日本军队掳掠、强迫的“性奴”，这是日本人对人类尊严的极大侵犯，把人当牲口，而且是用枪逼着。用日本文化特殊，对男女肉体观念松弛等模糊，这是对人类良知的公然践踏。决不能容忍！若用“日本文化特殊”来说事，那么他们“特殊”就“特殊”在这里，他们历来都是“强盗逻辑”，只要比你强，就可以“为所欲为”，

---

① 威廉姆斯《佩里日本远征随行记》雄松堂出版，1970年，第347—348页。

② Jephson and Eimhirst *Our Life in Japan* London 1869, pp.382—384.

而且不需要任何借口。

在日本，谁是最大的获益者，谁就会是最大的推动者。以上事例就是最好的例证。

统治者受益，统治者就会千方百计地积极推动。统治者掌握话语权，他们就要利用自己的有利地位歪曲，给你灌输错误思想，让你上当受骗都毫无察觉，心甘情愿。

日本跟中国都使用汉字，汉字仅仅是一个视觉符号，汉字所表记的词，其中的词义，往往中、日之间各有不同。比如“幹部”，中、日都用同样的汉字，但我们的“幹部”指“官员”；日本指黑社会中的头目。中文的“爱人”是“妻子”；日本写同样汉字，但却是“包养的女人”之义。

汉字“援助”，我们中文的意思是“支援”、“帮助”，通常指善意的、无偿的支持，而日文中是“互通有无”的意思，将这个意思更上升一步就是“利益交换”。正是因为有这个意思，因此才创造了“援助交际”这个词。“援助交际”就是“互通有无”，“利益交换”。你是“援交女”，你有年轻的身体，

日本女高中生喜欢将裙子提高。

我是“爸爸”，我有钱，我们“互通有无”。“援交女”与“爸爸”之间的“互助支援”就建立在金钱的“转换”之上。

在日本东京，日本人的娱乐地点基本上是因人而异的。涩谷一带是“十代的天堂”，新宿是“二十代、三十代的乐园”；银座则是“四十代、五十代的理想乡”。在公司里打拼的年轻白领，他们喜欢到新宿聚集；而四、五十岁的所谓“成功人士”，乐去银座消费，这里的“陪酒女郎”年轻、漂亮。假如要“猎狩”十几岁的女高中生，那么就去涩谷。

在涩谷，最惹眼的就是女高中生，她们将裙子提得很高，露出性感的大腿。这里有许多“电话俱乐部”，安静街区的一隅是“情人旅馆”密集区。“爸爸”与女高中生都在“援交电话俱乐部”登记，填报各自所需，此后一切交给“援交电话俱乐部”，由他们促成“速配”。

“爸爸”与“援交女”通过“援交俱乐部”的电话短信在约定地点碰头，然后进入下一个环节。

女高中生干“援助交际”，是因为钱来得容易、来得快；“爸爸”们乐此不疲，他们瞄准“速战速决”，付了钱，马上就可以买到自己想要的。

将日本这种“色情泛滥”看成“日本文化”，这仅仅是看到表象并从表象上把握，但将其看成所有日本女孩都对“贞操”不在乎，都愿意干这种事，那就大错特错了。跟上面的“国家慰安妇”问题同样，几乎所有女孩都会从小就跟父亲一起泡澡，但并非所有女孩都愿当“援交女”，都对让父亲级别的老男人观赏、玩弄无所谓，换言之，它跟女儿与父亲从小一起洗澡之间没有任何因果关系。父女俩一起洗澡很普遍，但愿意当“援助女”的仅为一小部分。

在日语中，“你这个老太婆”是句骂人话。什么人算“老太婆？”“女大学生”叫“女子大生”，走上社会工作的年轻女子叫“社会人”，女子到了二十二岁左右大学毕业，走上社会就业时就已经“贬值”，被归类到“挨骂”、“承担污名”的“老太婆”大类中去了。有话语权者刻意营造让高中生自我陶醉的氛围，使其认为自己是“绽放的樱花”。

“老太婆”不值钱；“援交女”值钱，营造这种社会观念的巨大推手是有钱人。假如女高中生都很有“廉耻”，都拒绝“援助交际”，那么势必造成市场稀缺，而稀缺导致价高。价格高了，“消费”这些女孩子的人自然不高兴了。如何造成市场“货源充足”？那就是要不断地“再生产”她们，不断推出新人进入这个市场。市场上“小女孩”（小girl，日语表述）源源不断，女高中生的“援助交际”价格自然上不去，同样，女子大学生、女社会人也无法抬高价格。而这些对要“消费”她们的人最有利。

有钱人，从政治家到资本家，只有这些人才有“消费”年轻女子的经济实力，一般的工薪阶层，连养活自己都困难，养活一家人就更难，各方面都需要钱，哪里有闲钱去贡献给“援交女”？！消费“援交女”的有钱人，他们同时还掌握着话语权，为了降低女高中生的准入门槛，那么首先就是要卸下她们的心理包袱，让她们失去廉耻心。

“哎呀，人生在世，18岁只有一次，被‘爸爸’们看看、摸两下，你们很轻松就能赚到钱，这不是双方都各取所需吗？想那么多干啥？看看，涩谷街头背LV的年轻女孩子有多少？快去让‘爸爸’给买一个吧。”

社会上反复鼓吹麻醉，意志不坚定的女高中生的思想堤坝逐渐崩溃，进而对自己堕落麻木，最终她们相互之间也不以当“援交女”为耻；反以“不会利用自己身体赚钱”为耻，没“爸爸”丢人，最后谁得利了？大量女高中生不断涌入这个市场，价格便宜了，有消费能力的“爸爸”们高兴了。

日本就是这样的一个“纵向社会”，社会底层只能干“脏事”。日本人可以“口是心非”，他们内心其实鄙视这样“为了钱可以出售身体”的女孩，她们“太贱、太不值钱了”，但口头上还要加以赞美。有话语权者就是要造成你思想混乱，让你被他们掏空也心甘情愿，而且还乐在其中，乐此不疲，毫无怨言。这才是真实的日本文化。

2014.4.2

美国人曾劝日本不要发动侵略战争

美国豪斯上校劝阻日本肯定是真实的，但吉田茂回国后是否将他们之间的谈话内容转达给日本各方是个疑问，他或许真将这番话转达给了各方，但是军人们渴望通过战争再次论功行赏。

当年明明是美国人劝日本别学一战前的德国，可如今日本竟然倒打一耙，将自己粉饰为“亚洲的英国”，同时抹黑中国。日本数典忘祖，将吉田茂的告诫忘得一干二净。

以下引用吉田茂著《十年回忆》第一章“日本外交经历的道路”豪斯上校的忠告。

“1932年到1933年，我奉外务省的命令，前往我国驻欧美各国使馆视察。当时的外交大臣是内田康哉、次长是重光葵，可能是由于重光次长的好意才派遣暂时无所任的我去欧美考察。我在这次旅行途中，通过岳父牧野伸显伯爵的介绍，在纽约拜访了豪斯上校。

爱德华·豪斯上校（1858—1938）在第一次世界大战前后，曾任美国总统伍德罗·威尔逊的顾问（私人特使），活跃于国际舞台。当时他在日本也是个响当当的人物，在凡尔赛举行媾和会议时，他与我国全权代表之一的牧野伯爵成为了好友。豪斯上校见到我时第一句话就说：‘没有Diplomatic sense的国家一定会衰败。’Diplomatic sense一词，直译就是‘外交感觉’的意思，或可译为‘对国际局势的直感’。总之，上校是这样说明的：

‘我在上次欧洲大战爆发前不久，奉威尔逊总统的命令到欧洲访问，拜访了德国皇帝威廉二世。当时他正前往检阅北海舰队，我们在德国皇帝的快艇上举行了会谈。我对德国的主战倾向提出了忠告，我说：德国如果今后不发动战争，一定可以成为世界一流强国并继续繁荣下去；反之，如果发动战争，那就不仅是德、法之间的战争，很可能发展成为世界大战。如果出现了这种局面，德国就将受到英、法等国的围攻，或许会造成德国迄今为止大力营造的强国大

业毁于一旦。然而，德国皇帝及德国的政治家们并没有听从我的忠告，后来发动了战争，结果恰如我所说的那样。'

第一次世界大战前的德国，是一个蒸蒸日上的新兴国家，在经济、军事上都超过英国，而在我与豪斯上校见面的时候，日本的情况也可以说是第二个德国。上校接着说，而且这是他的肺腑之言：'对于今天的日本，我也想提出当年对德国同样的忠告。如果日本执意要打仗，那么近代日本的辉煌就会毁于一旦；反之，日本如果现在能够自重，维持和平，专心致力于国家的发展，那么日本的前途不可限量。殷鉴不远，德意志帝国就是一个教训。这是我这个老人从过往的经验中得出的结论，希望今天的日本能够仔细认真地思考我所说的。'

上校的忠告终成泡影。

回国后，我将豪斯上校的忠告向各方面传达，据说后来近卫文麿公爵去美国会见豪斯上校时，上校也再次诚挚地重复了对日本的这个忠告。近卫公好像也和我一样，回国后将这一忠告转达给了朝野各方。

然而不幸的是，对于豪斯上校这番苦口婆心，我国也跟德国一样，没能听进去。最后竟然改变了明治以来多年的外交传统，走上了轻率发动战争的道路，彻底颠覆了兴国大业。"

以上是吉田茂写的回忆录，美国豪斯上校劝阻日本肯定是真实的，但吉田茂回国后是否将他们之间的谈话内容转达给日本各方是个疑问，因为上述内容都是吉田茂个人的"事后英雄"式的表述。日本在二战后战败投降了，他才这样写。还有，他或许真将这番话转达给了各方，但是军人们渴望通过战争再次论功行赏，大久保利通、牧野伸显、吉田茂等三代人飞黄腾达占据高位，他们就是军人们的榜样，同时还是横亘在军人上升通道中的巨大障碍。"世袭制"与"论功行赏"是"相克"的，没有"下克上"及军人们"再立新功"，军人们将继续屈居在这个家族的统治之下，军人们肯定不服气。而且日本具有"一强就霸"的根性，这让吉田茂借助外国人之口的"忠告"变成"维护既得利益"。第三，当时日本刚刚发动完"九一八"，吉田茂外游，向列强推销日本建立的"满洲国"应是他使命之一，日本要用谎言蒙骗各国不要阻止。

中国如今对钓鱼岛的态度，只是索要回当年被日本侵占的领土，正当且正义。同时，全世界都知道，琉球曾是个独立国家，可她至今仍被日本侵占。恢复并保证琉球独立，就是中国承担大国责任。

2014.4.7

二战英国皇家空军飞机。（摄于新西兰战争纪念博物馆）

闻安倍晋三参观『安妮小屋』有感

安倍的所谓"牢记历史教训"也是一个"双关语"。日本要提高警惕，严防有人为了利益出卖日本。

2014年3月23日，日本首相安倍晋三利用去荷兰参加7国峰会的空档，于深夜参拜了荷兰阿姆斯特丹的安妮小屋（Anne Frank Huis），此前的2月开始，日本国内各大媒体热炒国内多家图书馆内的《安妮日记》被人撕毁，换个角度来说，假如没有日本媒体一齐上阵炒作，那么"撕书"之事也就无声无息，作为自然报损处理了，正因为日本国内要把它"当回事"，果不其然引发国际舆论关注，接着日本警察跟进，而当日本警方捉拿到当事人后，此后的结果却让人感觉吃了个"涩柿子"，它朝当初大肆报道截然相反的方向收尾，日本警方对该人物进行精神鉴定的结果为：他是个疯子，一个精神病患者。

1891年5月，有一名日本警察突然"发疯"，用刀砍向到远东来游玩的沙俄皇太子尼古拉二世。1895年3月24日又有一个"疯子"，对着来日本谈判的李鸿章开了一枪。1946年5月3日远东军事法庭开庭，大川周明在审判席上突然"发疯"，拍打东条英机的秃头，最后被架出法庭。还有1964年3月，又有一个"疯子"，在美国驻日使馆门口，对准美国驻日大使、日本通赖肖尔的腿上捅了几刀。这次"日本疯子"行列中又添加了一位新成员，他是一个撕书的"疯子"，从日本警察披露出来的消息判断，他没用刀砍人，是个仅仅"撕书"的"雅（亚）疯"？！这个疯子没有对单一书架或某座图书馆放火，而是出入多间图书馆，专找犹太女孩的《安妮日记》下手，他是个能够在诸多图书中找到他想毁的书去毁的那种"疯子"，敏锐程度绝不亚于能在众多杂乱货物中嗅到海洛因的缉毒犬。

"疯子"任何一个国家里都有，可像日本那样"疯子"在前面挥舞武士刀，

荷兰阿姆斯特丹的安妮小屋。

策划阴谋的利益集团在背后获得巨大利益的“疯事”却不多见。“疯汉”刀刃沙俄皇太子的结果，是让《明治宪法》中“天皇总揽大权”变得有名无实，此后实权被“辅弼”天皇的“萨长藩阀”牢牢控制；李鸿章遭遇“疯子”后，与国内往来的密电陡增，而它们都悉数落入伊藤博文事先布置好的口袋中，日本人依据早已破译了的中国的密码，将李鸿章及清政府的底牌摸得一清二楚。大川周明装“疯”，救了自己还保护了昭和天皇，最后东条英机上绞架当替死鬼。赖肖尔遇到日本“疯子”，日本医生似当初美国军医抢救自杀的东条英机那般卖劲工作，大量血液流入了日本女婿赖肖尔（娶日本明治元勋松方正义的孙女为妻）的体内，1945年东条说自己体内有美军的血；1964年赖肖尔想幽默一把，他称日本人的血在自己体内流淌，而事后他却“欲哭无泪”，携带了“乙肝”病毒的血液被输进了他的体内。

赖肖尔这个日本通曾说：日本是一个喜欢精心策划的民族。他对日本的透彻观察以及亲身经历，让人想起美国人在欧洲的“自相矛盾”计划。这次日本“疯子”前脚撕毁《安妮日记》，安倍晋三首相后脚去参拜安妮小屋，感觉日本统治者又在“人造波浪”。安倍的观后感是“一定要牢记历史教训”。

日本记者通常喜欢解读日本或外国领导人言行，因为“面从腹背”、“口是心非”是日本社会的痼疾，或者说是日本文化中的奇葩，表面上的言行与内心的真实想法南辕北辙是常态。日本人坚信任何时候都不能仅看表面现象就下结论，正是因为日本读者中也存在强烈的这类需求，日本记者们很喜欢通过被报道者言行推测他们的“真心”、“本意”，翻看了安倍参拜安妮小屋前后的相关报道，并未发现日本记者像以往那样去多方解读安倍的“真意”。

想想连安倍这个被欧美媒体誉为“爱国者”的大人物都开始站在被害人一方并开始同情战争被害者了，咱去欧洲、去荷兰阿姆斯特丹，说啥也得去那个“小屋”内外窥视一下。去之前曾在网上搜攻略，看到不少网友留言“排队四小时，参观四十分钟”。亲身体验后感觉网友留言“甚对”！为了保证参观质量，主办方限制入馆人数，而希望入内参观者众，加之还有人网上预约参观时间，尽管该“小屋”从早上九点开放到晚上九点，但在馆外等候的参观队伍依然似长龙，这本身表明，生活在和平时代的民众对战争年代发生在小屋里的一切极为关切。

参观了“安妮小屋”之后，突然产生了一种要揣摩安倍晋三首相“真意”的冲动。我在小屋内外、楼上楼下，无论怎么看并绞尽脑汁想，均无法找到犹太小女孩安妮与日本之间的联系点。

安妮的经历与我上两代人的亲身感受倒有许多共通点。我的上两代人，谈起日本就回忆说他们当年如何“躲”日本鬼子。活下来的都是没被日本人杀死的避难成功者，似安妮的父亲奥托；死难者就是千万个安妮，许多人甚至比安妮还惨，他们连一句话、一行字都没留下。

二战是日本与纳粹德国共同发动并一直坚持到最后不得已投降，纳粹德国在欧洲各地修建集中营大规模屠杀犹太人；日本则在中国各地布置“防疫给水”部队，听起来是要提供纯净的饮用水，可实际却是在工厂、实验室里制造各种病毒，用生化武器大规模屠杀中国人。一个拒绝认罪，处处美化日本对外扩张侵略的安倍，怎么可能为被害人“抹泪”呢！假如真心牢记历史，那么他首先应该表明自己是人类社会中的一员，对任何非正义的种族屠杀都表现出强烈愤慨，而且安倍大可不必“舍近求远”地跑到欧洲去同情那里的受害者，同时扇自己当年盟友——纳粹德国的耳光。他应把发生在自己家门口的账认了，谴责了，清算了，获得亚洲国家人民的谅解。南京大屠杀、马尼拉大屠杀、新加坡大屠杀，731部队，掳掠女子充当日军“性奴”，对这些铁证如山的事实，安倍之流都可以信口雌黄，一个颠倒黑白者怎么可能突然善心大发，去同情受害者？！

好似当年福田康夫用“梅屋庄吉值得认真研究”告诫去日本访问的胡锦涛总书记以及随行的中国的日本问题专家，安倍的所谓“牢记历史教训”也是一个“双关语”。日本要提高警惕，严防有人为了利益出卖日本。安倍的“恢复强大的日本”、“建立国防军”，正是上述内容的背书。

只有在“被出卖”的这一点上，安倍的日本才与安妮遭遇之间存在交叉点。

安妮（1929.6.12—1945.3）一家曾生活在德国的法兰克福。她父亲奥托法兰克一战期间曾加入过德国军队并获得过德军颁发的勋章，希特勒上台后疯狂迫害犹太人，奥托不得不于1933年率全家离开德国，到达中立国荷兰阿姆斯特丹。奥托于1940年12月买下了运河边上的房子，继续其家族生意。该建筑一楼为仓库，二楼办公。奥托雇人时专门挑选了自己认为忠实可靠的人。1939年9月二战爆发，1940年5月德军攻占了中立国荷兰、比利时，此后纳粹占领地又开始新一轮的疯狂排犹，1942年7月起，安妮一家不得不躲到自家房子的楼上，开始了不见天日的隐匿生活。在父亲几个“忠诚”雇员的帮助下，躲藏在楼上的八个犹太人，尽管不舒服，但还是相对平静地渡过了两年多。

1944年8月4日，德国党卫军人突然闯入，将八名藏匿的犹太人悉数抓走并送进了集中营，1945年3月，也就是纳粹德国投降前的两个月，安妮死在了集中营，所有匿藏者中只有父亲奥托活了下来。出卖安妮等犹太人的“犹大”，最初两年曾积极参与保护，可最终还是为了金钱，他（她）将安妮等藏匿在楼内的秘密泄露给了德国党卫军。

20世纪六十年代日本爆发“安保斗争”后，赖肖尔作为新任驻日大使赴任，此后不久，就有一本名为《日本人和犹太人》的书上市，该书假“比较文化研究”之名，兜售日本为安全需要为美国付费之实。该书的作者是个日本人（或一群人），但他假冒犹太人，站在犹太人的立场上，以犹太人的视点灌输所谓“犹太人的安全观”，比较后的结论为：犹太人重视安全，日本人对安全迟钝。换言之，日本人生活在美国提供的保护之下，属于“身在福中不知福”。该书上市后，在媒体大肆推波助澜下，立刻成为日本最畅销书之一。

安倍再次出任日本首相后，一要驻日美军为保卫“日本领土”流血，同时将中国的钓鱼岛划入日本版图，强化“日美同盟”实际上是要赖着美国为钓鱼岛不惜与中国打一仗。二要修宪，成立国防军，这属于踢开美国。也就是说，美国靠不住，我们要自己保卫自己。

安倍这次故意拿犹太人说事，实际上就是当年《日本人和犹太人》一书中结论之延长，同一个问题的两面。美国愿为钓鱼岛打中国，那么就属于继续提供保护，是日本的忠实“盟友”；不为日本打就是“犹大”。

2014.9.18

在纽伦堡看德国人如何帮助青年形成正确历史观

德国的博物馆通过史实告诉参观者，“反人类罪”、“破坏和平罪”并非战胜者强加给战败者的罪名，一切定罪都有强大的证据支撑。纳粹领导人大肆屠杀无辜平民，破坏和平在先，他们死有余辜，送他们上绞架是正义战胜邪恶。

在德国旅游期间专程前往纽伦堡参观。以前曾多次阅读过《第三帝国的兴亡》一书，在不同时段及知识背景下阅读该书总有不同感想，最近一次是想，二战后，美国调查团无论是去德国还是去日本，去了之后都是忙着抢夺“箱子”——德国的秘密档案、日本731部队的实验记录等，因此才保证美国学者可以利用大量档案写出类似《第三帝国的兴亡》那样的“有料”的书。反观中国，也是战胜国之一，可国民党的“劫收”大员们，去了敌占区后就忙着抢“条子、房子、女子”，抗战期间也没见他们在这“三子”上憋得特别难过，但中国人就这副德行，民族大敌尚未完全败退，自己人之间就在南京、上海、北平等地为争夺“三子”闹得不可开交了。“愚”、“弱”、“贫”造成我们短视；而“贪婪、腐败”让我们沿着“愚”、“弱”、“贫”的道路继续走下去。如今中国人搞研究，往往因手头上没资料而不掌握“话语权”，更可恨的是，许多所谓搞研究的人也时刻紧盯“黄金屋、颜如玉”，有些人要么公然抄外国人的，要么将外国人的思想垃圾重新包装一下再兜售给中国人。

以前对“第三帝国”的称谓也不甚明了，这次去纽伦堡看了“纳粹党集会场地及档案中心”，才明白希特勒为何在纽伦堡宣布德国是“第三帝国”。查理曼大帝时代的“神圣罗马帝国”是“第一”；普鲁士统一德国之后是“第二”，前两者都与巴伐利亚州的第二大城市纽伦堡密切相关，希特勒将纳粹党总部放在纽伦堡的同时，宣布自己是“第三帝国”，他要表示对过去的继承，展示未来膨胀的野心。一个从奥地利漂泊到德国来的穷光蛋，于一战后的1919年加入仅有六个人的“德国国家社会主义工人党”，1921年当上党首，到了十年后

纳粹党集会场地及档案中心二楼放映厅。

的1932年，该党已在国会中占有230个席位。在异国他乡而且又无亲属之牵挂，“乱世”给了这个混世魔王大赌一把的机会。一战后沙俄、德国、奥匈帝国等崩塌，平民可以从军，还可以问鼎政权，奥地利混混通过民选成为“德国国家社会工人党”党首、德国总理并最终成为“第三帝国”元首本身，就是对所谓“民主政治”的莫大嘲弄。

希特勒主政后，每年9月都定期在纽伦堡召开纳粹党的党代表大会，据说希特勒年轻时曾想当一名画家，也梦想过成为一名建筑师，他偏爱古罗马的巨石重厚建筑，为用建筑物这一符号展示“帝国”威严，他对建筑师下令，必须将纳粹党总部建成不朽的建筑。该庞大建筑如今被改建成博物馆，或许设计师为了让每个进出者都获得“穿越”感觉，该博物馆的入口是从二楼“破窗而入”，进出都必须通过这个唯一的、长长的走廊上下。纳粹党过去留下的各种物证，如今均已成为揭露他们罪行的利器。为了能够深入浅出地让年轻人了解过去发生的一切，同时吸引更多年轻人前来参观并帮助他们形成正确的历史观，据说主办方专门邀请了年轻人加入布展设计，请年轻人从自己的角度参与制作介绍。

展览的起点，是位于二楼展馆的首个电影厅，本人既不会德语英文又不好，但这里不间断放映的短片弥补了上述不足，同时助我获得更佳直觉。

短片始于一对年轻男女玩滑板，他们动作娴熟，穿行在各种障碍物之间，充分享受着和平环境下的愉悦生活。突然，男孩滑入了一栋建筑，接着女孩也跟进去了，里面黑乎乎的，但深处有亮光，他们俩朝有光亮的方向奔去，光亮来自一个大屏幕，那里正在放映80多年前纽伦堡党代会时的纪录片。

从明亮处走进黑暗，从当代走入80年前，黑暗既可以象征“黑暗时代”，又可以表现“穿越”时光隧道。好似电梯升降，火箭载人升空，“滑板”将这对年轻人送入上个世纪30年代的纽伦堡。电影屏幕上出现的年轻人，他们与“滑板男女”年纪相仿，只有他们的装束打扮及行为举止让观众明白身处隔世。当代年轻人服装休闲，富有个性；而影片中的同龄人，每个人的发式都大同小异，都是小分头，他们身着统一服装，从早到晚都是集体活动，一同住在帐篷里，在同一时间起床、洗漱、吃饭，然后列队接受各种准军事训练，夜晚的统一活动结束后，在同一时间熄灯睡觉。党卫队是成年人，他们的衣领上有两个SS标志，青年团则只有一个S，之下还有少年团，他们身着统一的衬衫，短裤，长袜。当希特勒出现在纽伦堡时，来自全国各地的少年团、青年团、党卫队齐聚在这里，纽伦堡全市万人空巷，他们一起行举手礼，高呼口号，激动得泪流满面。希特勒成为了新“上帝”。

接着希特勒发声了，“根除犹太人”。

在希特勒面前表现得有组织、有纪律的日耳曼年轻人，在犹太人面前则演变为暴徒，他们打砸犹太人的店铺，焚烧他们的财产，犹太人无论男女老少都在他们的威逼下作“举手投降”状，面无表情地被押上汽车、火车。犹太人被关进集中营之后，日耳曼人针对其他国家的战争爆发。德国青年踊跃报名参军，奔赴战场，德国的机械化部队一路高歌地前进。斯拉夫人大量被俘或被屠杀，德国士兵轻松地在一旁观看，脸上浮现出得意的笑容。战争进行得热火朝天，在非洲战场上的德国人光着膀子打；在欧洲东线战场上的德国士兵穿着单薄的衣衫在天寒地冻中接近了莫斯科，此后苏联红军反击，“优等”的日耳曼人被“劣等”的斯拉夫人打得抱头鼠窜。

这时希特勒再次出现了，此前他“嘚瑟”着号召年轻人为打造“千年德意志帝国”去扩大“生存空间”，可仅仅才过了1%年，他就强装笑脸接见少年团员，要求他们为“保卫柏林”献身。与他握手的是一个十几岁的青年团员，满脸稚气，表情凝重，他避开希特勒的目光，看着照相机镜头。(1945年4月20日，是希特勒56岁生日。这一天他在地面上接见青年团员，还拍了照片。

当他再次从地堡上到地面上时，是被他的卫士用毯子裹着抱出来的。4月30日，他在总理府地堡中的自己房间内自杀，死后被抱出地堡，放在地面上浇上汽油焚烧）发动对外侵略战争非但没有让德国的版图扩大，而且连希特勒本人都钻进了总理府地下十五米的狭小房间里，貌似他当初为少年团、青年团、党卫军安排好了一切，让他们一个接另一个的班，而现实却是这种阶梯变成为通往绞架的台阶，“第三帝国”以及“雅利安人种优秀”的神话彻底破灭。

苏联红军坐在国会大厦顶上挥舞着国旗，纽伦堡检阅台上的纳粹万字徽被炮弹击落。欧洲各地集中营里成千上万的死难者的尸体让人不寒而栗，经纽伦堡军事法庭审判而被判处绞刑的战犯们，看着他们被绞死的照片也仍让人觉得不解气。

看完这个博物馆之后，让我不由得联想起自己在日本参观战争纪念馆的经历。

当年希特勒在大西洋彼岸叫嚣“雅利安”人必须统治欧洲；日本统治者则在太平洋一边鼓吹“八纮一宇”，共同瓜分世界的野心让他们走到了一起，他们不断地发动对外侵略战争。二战以法西斯轴心国被彻底打败而告终，德、日鼓吹的“人种优秀论”也随之破产。我本人曾去过日本三次，前两次属日本政府邀请，当时日本邀请方为了给我们这些懂日语的学子们“普及”日本史知识，专门请来日本教授给我们讲授日本近代史，其中一名教授在讲台上大放厥词，否定南京大屠杀。日本一方面对受难者的后代大讲日本人没在亚洲干过坏事；另一方面却要我们站在日本人一边，讲座结束后安排我们一行去广岛看原子弹纪念馆，看美国人“屠杀”日本人。

对于广岛原子弹之“受难”，主办方只谈自己如何“受害”。原子弹落下的瞬间死了许多人是事实，可日本为何走到这一步，原子弹被投掷之前日本发生了什么却没见任何介绍。似乎日本羊正在吃草，美国狼来了就将他们吃掉。“纳粹党集会场地及档案中心”将“第三帝国”的兴亡过程完整地介绍了一遍，将判断是非、善恶的机会留给每个参观者，而日本的广岛原子弹和平纪念馆，断章取义，向观众灌输片面的历史，只说“日本受害”。让我们中国人同情日本人，可日本人在中国都干过些什么，只字不提还不算，他们连“孽债”都不认。

日、德两个法西斯孪生兄弟何其相似！1945年5月德国宣布战败投降，冲绳战结束后，日本军部在6月22日颁布了《义勇兵役法》，动员15—60岁的男性及17—40岁的女性参军，教授他们如何“一人一殺”（一个人杀死一个美国人），号召为进行“本土防卫”而“一亿玉碎”。几年前刚说全力建设“大东亚共荣圈”，这个宏伟目标是否实现？为何终止？一切全无交代，给老百姓发个“竹枪”，就进入“本土防卫”新体制了。统治者们私下里急得如同热锅上的蚂蚁，毫无廉耻地要动用一切手段找苏联，妄想通过苏联调停“终战”，可对外、对日本的老百姓，却依旧宣传“完遂圣战”。联合国通过《波茨坦宣言》已明确警告日本统治者，但遭日本无视，这才引来了美国的原子弹，明明是日本统治者自己不把自己人当人，但广岛和平纪念馆却掐头去尾，只说美国人“残虐”。

广岛和平纪念馆并非个案。

战争结束了，战争的结果表明“雅利安人”、“大和族”，既不优秀，还“多行不义必自毙”，同盟国军队不单是战争的胜利者，同时还是道义上的战胜者。他们并不因为战胜并手里有枪就“以牙还牙”，对战败国的老百姓进行疯狂的报复，对他们实施种族屠杀，战胜国民给了这些瑟瑟发抖的战败国老百姓再生的机会，向他们提供了食物及和平生活的空间，他们在宽容中获得了新生。蒋介石政权宣布要“以德报怨”，中国政府1972年放弃了对日本的战争索赔。

德国人的博物馆通过史实告诉参观者，“反人类罪”、“破坏和平罪”并非战胜者强加给战败者的罪名，一切定罪都有强大的证据支撑。纳粹领导人大肆屠杀无辜平民，破坏和平在先，他们死有余辜，送他们上绞架是正义战胜邪恶。

反观日本，至今仍抱着“日本人优秀”的僵腐观念不放，否定“南京大屠杀”，妄图推翻“远东军事法庭”的审判结果。日本人死了就成了天大灾难；而其他人死了草芥不如。日本领导人的战后表现全世界人民都看到了，他们不断参拜靖国神社，为被绞死的战犯叫冤。不久前日本首相菅直人登上当年日、美激战地——硫磺岛，他跪在硫磺岛日本士兵遗骨前的照片传遍全世界。当年日本统治者诱骗日本兵去外国开拓“生存空间”，他们的遗骨散落在新几内亚的原始森林中，菲律宾、印尼的海岛上，从缅甸到蒙古直至西伯利亚的广袤大地里，日本首相要跪应该各地都去跪一遍，日本士兵遗骨散落他乡，又不是被亚洲国家人民拉到那里去的，而是日本统治者送他们出国抢掠，后来死在那里化为白骨的。美国人说日本人是“耻感民族”，而他们领导人的行为有“耻”可言吗？跪在几根不明不白的几条白骨面前，他们究竟是英雄？还是冤鬼？

与其重视过去的白骨，不如重视过去、今后鲜活的生命。断章取义有利于欺骗，为了欺骗才故意隐瞒真相，不说明前因后果，将整个过程掐头去尾。在日语中，“政”就是“祭祀活动”，它的本义是“演戏、表演”。日本统治者与今天的德国截然不同，他们掩盖一面，突出强调另一面，营直人给硫磺岛日军遗骨下跪，就是一场政治表演。

单看结果，硫磺岛上的日军守备队的确死在美军的枪炮下，但今天的解密文件表明，早在美军发起“硫磺岛之战”之前，大本营就密令守岛部队“死守”，大本营企图用人为扩大“牺牲”的方式，削弱美军的“战意”，为日本说服苏联赢得时间，最终日、苏“联盟”，迫使美国停战。中文的“纸上谈兵”，日语就是“在榻榻米上操练海军”。日本都死到临头了，大本营依然陶醉在“日本人最会用计谋”的虚幻之中，希特勒趴在地球仪上将压在自己身下的地方划归德国，日本军部妄想反法西斯同盟会按照他们制定的计划行事。

不光硫磺岛，昭和天皇及大本营早就将“海外部队”视为弃子，他们将自己士兵的人命当“劫材”用，跟美国“打劫”，误以为这样可以消耗掉美军的战争意志，人命只有一次，把人命“劫材”，是将所有人不当人。他们的目的只有一个：维护日本的天皇制。

根据同名小说改编并在中国家喻户晓的电影《望乡》，它依据山崎朋子的《山打根八号娼馆》改编，书中记录了“南洋女”最初如何被骗到山打根，后来返乡遭到歧视，最终不得不再次流落他乡的故事。她们后来至死也坚决不回日本，埋在异国他乡都要“脚对着日本”。日本统治者不把她们当人，她们才痛恨日本。她们在阴间里都让日本不得安宁，她们变成了“怨灵”，日夜诅咒欺骗、榨取她们的日本统治者。与她们“死都不想回日本”相反，战争期间流落在海外的日本士兵，“死都想回日本”。无援军，没有给养，找不到交通工具，这些无头苍蝇般的日本军人，情愿吃掉自己的“战友”也要先保住自己的命，都是为了能活着回日本。“吃”与“被吃”的日本兵，他们进入靖国神社后也会化作“怨灵”，日夜诅咒那些送他们上战场最后又抛弃他们的日本领导人。

别以为日本统治者修改教科书是“小恶”，它们是日本军国主义复活的“超级病毒”，一旦机会成熟将可能再次祸害全世界。为了来之不易的世界和平，也为日本民众不再成为受害者，所有正义力量必须联合并行动起来，坚决将日本统治者歪曲、篡改历史的活动扑灭，直至根绝。

2014.9.25

德国纽伦堡纳粹党集会场地及档案中心入口。

后记

2010年9月1日，在世界知识出版社出版了《从小到大说日本》一书。当年9月13日，中国渔民詹其雄在中国钓鱼岛海域被日本海上保安厅抓捕并押解到冲绳，日本准备对他治罪；中国方面要求放人，自此中日之间围绕钓鱼岛展开的“钓鱼岛争端”逐步升级。中国以前一直对日本采取“韬光养晦”的忍让态度，而中国之忍让反使日本觉得中国是“软柿子”。钓鱼岛事件发生后，日本每一步都想压过中国，但中国不急不躁，沉着应对，对日本的每一次挑衅都予以坚决回击。

在这四年期间，中日之间的角力让老百姓明白了一个最浅显的道理：国家以及老百姓的利益，只有中国富强才有保障，要靠举国上下万众一心共同维护。

钓鱼岛争端爆发后，笔者开始在凤凰网上写博客，能够让笔者坚持写到今日，重要原因之一就是读者的点击率一直保持在较高的数量上，它表明中国民众对中日问题极为关心。笔者先在中国学日语并后去日本留学，深感将自己对日本长达三十年的观察与思考传递给中国大众“责无旁贷”。“真理在对立中产生”，互联网的发达，给了所有人前所未有的机会，他们可以在网上迅速地获取知识的同时，还可以发表自己的见解，这是一个公平、公开、公正的园地，笔者的文章，不少就是针对某些人在网上公开发表的文章而写作的，笔者的目的及动机，就是想给中国读者提供更多一种选择。

看日本要用“过去时”，思考日本要“现在时”，对日本下结论应是前两者叠加之上的“将来时”。望中国广大读者在全面了解日本之后对日本给出自己的结论。

上大学时，自己最喜欢的知识性杂志之一就是《世界知识》，当时中国的资讯远没有今天这么发达，从文字上了解外国当时主要就是两个途径，要么《参考消息》要么《世界知识》。因《世界知识》属世界知识出版社辖下的杂志，看到自己的研究心得也有机会在《世界知识》上发表并贡献给读者观赏，颇感激动并受到激励。这次世界知识出版社决定将笔者这四年的博客中有关日本的部分再结集出版，笔者深感欣慰、激动并感谢。感谢世界知识出版社张永椿编辑的积极努力。

笔者敬佩的当代中国留日学生中有一个女王选，当年她为跟日本政府打官司到各地调查收集证据，据她介绍，每到一地都获得了中国民众的默默支持与帮助，这本身就是她行动的动力。笔者在凤凰网上写博客的这四年中，也遇到王选同样的情况。当周围的中国人，无论知识分子还是普通老百姓，只要他们知道你在认真地思考日本，向中国读者介绍日本时，几乎所有人都愿意提供无私的大力支持，这就是真正的中国人的对日民情、国情。

在这四年期间，深圳市滨江新村物业管理处的所有成员，都为笔者写作提供了各种便利。陈风光主任不单提供他的办公室供本人上网查资料、发文章，钟剑铃女士还不厌其烦地多次为笔者打印稿件甚至泡好茶水方便我写作。我所在单位广东财经大学（原广东商学院）的上下同仁，从学校到学院，都对笔者表现出了极大的宽容，给了我最宝贵的时间，让笔者全心投入对日本的学习与研究中。《从小到大说日本》一书的出版经费由香港同胞马加宁先生、朱建红女士赞助，这次出版《从小到大再说日本》，他们再次提供了赞助。女儿曾在日本、澳大利亚、美国以及英国学习并生活过，书中的许多照片都取自她的影集，她与我的共同心愿，是中日世代友好。

在此对以上所有单位以及个人致谢。

希望也曾经培养过我的日本知道，日本通过和平手法从中国获得的，一定远比通过战争失去的要多许多。日本自古以来就在和平状态下从中国获取过巨大好处，今后也将同样。过去的对外扩张侵略战争让日本背上了沉重的负担，切望日本警醒，只有彻底反省并认罪，才能重新回归亚洲，才可获得中国乃至亚洲、世界民众的谅解。